校企合作双元开发新形态教材
普通高等院校测绘工程人才培养实用教材

测绘法规与管理

（第二版）

主 编 谢 波 常允艳 郭 涛

西南交通大学出版社
·成 都·

图书在版编目（CIP）数据

测绘法规与管理 / 谢波，常允艳，郭涛主编. —2版. —成都：西南交通大学出版社，2022.11（2025.2 重印）
校企合作双元开发新形态教材 普通高等院校“十四五”测绘工程人才培养规划教材
ISBN 978-7-5643-8947-5

Ⅰ. ①测… Ⅱ. ①谢… ②常…③郭…Ⅲ. ①测绘法令－中国－高等学校－教材 Ⅳ. ①D922.17

中国版本图书馆 CIP 数据核字（2022）第 188843 号

校企合作双元开发新形态教材
普通高等院校测绘工程人才培养实用教材

Cehui Fagui yu Guanli
测绘法规与管理（第二版）

主编 谢 波 常允艳 郭 涛

责任编辑	陈 斌
封面设计	何东琳设计工作室
出版发行	西南交通大学出版社 四川省成都市金牛区二环路北一段 111 号 西南交通大学创新大厦 21 楼
发行部电话	028-87600564 028-87600533
邮政编码	610031
网址	http://www.xnjdcbs.com
印刷	四川森林印务有限责任公司
成品尺寸	185 mm × 260 mm
印张	18.5
字数	462 千
版次	2015 年 8 月第 1 版 2022 年 11 月第 2 版
印次	2025 年 2 月第 6 次
书号	ISBN 978-7-5643-8947-5
定价	48.00 元

课件咨询电话：028-81435775

前　言

随着我国测绘地理信息事业的迅速发展，测绘法制建设急需得到进一步的加强，因此，全国很多高校测绘专业均开设了“测绘法规与管理”这门课程。但是目前尚无统一和规范的教材，大多数采用的是自编讲义，内容覆盖面较为简单，未能形成本课程的课程体系。为适应培养德、智、体、美、劳全面发展的测绘专业人才的需要，我们编写了这本《测绘法规与管理》教材。

《测绘法规与管理》自 2015 年 8 月第一版出版以来，得到了部分高校测绘专业教学同行和测绘专业人士的认可和热情支持。但是，随着我国国民经济和社会事业的发展，测绘地理信息行业发生了巨大的变化，尤其是 2014 年国务院深化简政放权政策、2018 年国家机构改革落实到位以来，测绘管理的法制建设和管理体制也发生了重大变化，如 2017 年 4 月 27 日新修订了《中华人民共和国测绘法》，原国家测绘地理信息局整合到新成立的自然资源部，自然资源部先后废止和修订了四批部门规章和规范性文件，我国测绘资质分级分类标准发生较大变化，等等。而且，2015 年以来，我国的测绘标准体系也在不断进行调整、补充和完善。因此，本书第一版中的部分内容已经不适合于现在的测绘法规和管理的要求，迫切需要进行与时俱进的修订。

修订版的教材删除了采用国际坐标的管理，将基础测绘管理和测绘成果管理独立作为一章，增加了海域权属测绘、建立地理信息系统、地理国情监测管理等内容，充实了测绘行政处罚、测绘资质管理、基础测绘应急保障、测绘成果汇交管理、测绘成果保密、地图管理等内容。

本书有如下特点：

1. 强调本课程的系统性。虽然本教材各章节的内容可以自成体系，但整体上构成了完整的系统性。该课程的体系涵盖了测绘法律、测绘管理规范和测绘技术规范三部分。

2. 内容较为翔实。教材涉及的内容包含了测绘法规体系和行政处罚、测绘市场管理、测绘从业资格管理、测绘生产管理、基础测绘管理、测绘成果管理、测绘国家主权和安全管理、其他测绘管理、测量标志管理等法律、规范和技术规范。

3. 以“必需够用”为原则。教材结合了当前测绘专业的特点，理论联系实际，附录中部分测绘案例，可以在教学过程中加以讲解，增强课程的实用性和针对性。

参加本书编写和修订的有合肥职业技术学院谢波（第 1、2、3、4、7 章）、重庆水利电力职业技术学院常允艳（第 5、6 章）、长江工程职业技术学院郭涛（第 8、9 章）。全书修订工作由合肥职业技术学院谢波教授负责具体实施。

鉴于作者的水平有限，书中仍有疏漏与不足之处，恳请专家、读者批评指正。

编　者

2022 年 4 月

本书数字资源目录

目　录

第1章　绪　论

1.1　测绘法规概述

1.1.1　法律、法制与法规

1. 法和法律

法是一种规范，它确定了人的行为的自由程度，即在法律界限之内，人可以自由地活动；超越了界限，必然要被矫正。法的本质是国家意志，是国家利益的集中反映。第一，法是上层建筑的组成部分，受经济基础的制约，具有什么样的经济模式就必然形成什么样的法；第二，法是人们的行为规范，它调整的是人们的行为而不是思想或其他的非行为的东西；第三，法的内容不是所有人的想法，只能是国家利益，且不是简单相加，而是集中、高度的概括；第四，法的作用是由国家确立、维护和发展社会秩序的工具，这个工具的使用，是以军队、法庭、监狱等为后盾的。法律是由国家制定或认可并以国家强制力保证实施的，反映由特定物质生活条件所决定的统治阶级意志的规范体系。

从广义上讲，法和法律是有区别的。法律强调的是具体的、明确的规范，法则是这些具体规范的总和。所以，法是抽象的、伦理性的；法律是具体的、应用性的。

2. 法　制

法制是法律和制度的简称。从广义上讲，法律制度是指一个国家法律规范的总和；从狭义上讲，法律制度是指调整某一类特定关系、规范某一类特定行为的法律规范的总和。

3. 法　规

1）法规的概念

法律规范简称法规，是由国家机关制定或认可并由国家强制力保证其实施的具体行为规范。法规与法律的关系是个体与整体的关系。法规是法律的具体化，调整某类行为的不同法律规范组成法律。

2）法规的构成要素

任何一个法律规范都必须由假定、处理、制裁三部分组成，法学上称之为法律规范的三要素。

（1）假定指在法律规范中，确定使用该规范的条件和环境的部分。

（2）处理指行为规则的本身，是法律规范确定的允许做什么，禁止做什么，要求做什么的部分。

（3）制裁是法律规范的后果部分。它说明的是违反法律规范时，国家将给予怎样的处置，即法律规范的强制措施。

1.1.2 测绘法规的概念和调整的对象

1. 测绘法规的概念

测绘是指对自然地理要素或者地表人工设施的形状、大小、空间位置及其属性等进行测定、采集、表述以及对获取的数据、信息、成果进行处理和提供的活动。测绘法规是国家权力机关或其授权的行政机关制定的，旨在调整国家及有关机构、企事业单位、社会团体、公民之间在测绘活动中发生的各种社会关系的法律法规的统称。

2. 测绘法规调整的对象

测绘法规调整的对象为在测绘活动中所发生的各种社会关系，包括测绘活动中所发生的行政管理关系、经济协作关系及其相关的民事关系。

1）测绘活动中的行政管理关系

测绘活动在国民经济建设、国防建设和科学研究等方面有着重要的地位，对国家可持续发展发挥着越来越重要的作用，国家必须进行全面的严格管理。当国家及其测绘行政主管部门对测绘活动进行管理时，就会与测绘单位、测绘项目立项及发包单位、公民及其他测绘有关主体产生管理与被管理关系。它包括两个相互关联的方面：一方面是规划、指导、协调与服务；另一方面是检查、监督、控制与调节。在法制社会里，这种关系必须要由相应的测绘法规来规范和调整。

2）测绘活动中的经济关系

随着社会主义市场经济的发展，测绘活动中存在着大量的和相互合作、协调的关系，在这些经济关系所产生的利益双方之间的权利、义务关系，一般应以经济合同的形式确定，经济合同是法人之间为了实现一定的经济目的、明确相互的权利义务关系的协议，当然也可以由测绘法规来加以规范和调整。

3）测绘活动中的民事关系

民事关系指因从事测绘活动而产生的国家、单位法人、公民之间的民事权利义务关系。民事关系既涉及国家社会利益，又关系到个人的利益和自由，因此必须按照民法和测绘法规中的民事法律规范加以规范和调整。

1.1.3 测绘法律责任

1. 测绘法律责任的概念和特征

法律责任也称违法责任，是指自然人、法人或国家公职人员因违反法律而应依照法律承担的法律后果。法律责任有如下的特征：

（1）法律责任具有法定性。主要表现在法律的强制性，即违反法律时就必然要受到法律的制裁，它是国家强制力在法律规范中的一个具体体现。

（2）引起法律责任的原因是法律关系的主体违反了法律。法律关系主体违反法律不仅包括没有履行法定义务，而且还包括超越法定权利。任何违反法定的义务或超越法律权利的行为，都是对法律秩序的破坏，因而必然要受到国家强制力的修正或制裁。

（3）法律责任的大小同违反法律义务的程度相适应。违反法律义务的内容多、程度大、法律责任就大；相反，违反法律义务少、程度浅，法律责任就小。

（4）法律责任须由专门的国家机关和部门来认定。法律责任是根据法律的规定而让违法者承担一定的责任，是法律适用的一个组成部分，必须由专门的国家机关或部门来认定。

2. 测绘法律责任的种类

1）刑事责任

刑事法律责任是指当事人由于违反刑事法律规定的义务构成刑事违法而依法承担法律上的后果。根据刑法的规定：承担刑事责任的刑罚种类主要有以下两类：一类是主刑，即管制、拘役、有期徒刑、无期徒刑、死刑；另一类是附加刑，包括罚金、剥夺政治权利、没收财产。

2）行政责任

行政法律责任是指行政法律关系主体由于违反行政法律规范规定的义务构成行政违法以及行政不当而依法承担法律上的消极后果。

行政责任包括两种情况：一是公民和法人因违反行政管理法律、法规的行为而应承担的行政责任；二是国家工作人员因违反政纪或在执行职务时违反行政法规的行为。与此相适应的行政责任的承担方式分为两类：一类是行政处罚，即由国家行政机关或授权的企事业单位、社会团体，对公民和法人违反行政管理法律和法规的行为所实施的制裁，主要有警告、罚款、拘留、没收、责令停业整顿、吊销营业执照等；另一类是行政处分，即由国家机关、企事业单位对其工作人员违反行政法规或政纪的行为所实施的制裁，主要有警告、记过、记大过、降职、降薪、撤职、留用察看、开除等。

3）民事责任

民事法律责任是指违反合同或其他民事义务而应负的法律责任。在《中华人民共和国民法典》中，根据责任发生的原因，将民事责任分为违约责任和侵权责任两类，其中侵权行为包括侵犯国家、集体和公民的财产权利以及侵犯法人名称权和自然人的人身权等。民事责任主要是补偿性的，以财产补偿为主，非财产性的排除措施为辅，如停止侵害、排除妨碍、消除影响、赔礼道歉等。

4）经济责任

经济责任是指经济法主体因违反经济法律和法规而应承担的法律责任。由于经济法律关系包含了行政、民事法律关系的内容，因此，其法律责任的承担方式主要是行政责任和民事责任的承担方式，如果违反经济法律关系的行为触犯了刑法的规定，那么，必须承担刑事责任。

1.1.4 测绘法规的法律地位和作用

1. 测绘法规的法律地位

法律地位是指法律在整个法律体系中所处的状态，具体指法律属于哪一部门，且属于何等层次。测绘法规调整的对象是测绘活动中的行政管理关系、经济关系和民事关系。对行政管理关系采取行政手段的方式，对经济关系采取的是行政的、经济的、民事的诸多手段相结合的方式，对民事关系的调整主要采取民事手段的方式。但测绘法规是运用综合的手段对行政的、经济的、民事的社会关系加以调整的法规。就法律规范性质来说，多数属于行政法、经济法范围。

2. 测绘法规的作用

测绘法规具有规范指导测绘行为、保护合法测绘行为、处罚违法测绘行为等三方面的作用。

1）规范指导测绘行为

测绘法规对人们行为的规范性表现为其规定了必需的测绘行为和禁止的测绘行为。法律的规范作用指法律作为调整人的行为的规范对人的行为所产生的影响。一般认为，规范作用可概括为指引、预测、评价、保护、强制和教育等方面。

2）保护合法测绘行为

保护合法测绘行为指对符合测绘法规的测绘行为给予确认和保护。保护的目的在于实现法律权利与法律义务，维护社会正义。从保护的角度看，法律对于义务者来说是一种强制约束，对于权利者来说则是一种强制保护。

3）处罚违法测绘行为

测绘法规的实现要求对测绘行为进行规范和指导，而且必须对违法测绘行为给予应有的处罚。处罚指法律运用国家强制力制裁违法和犯罪，保障其得以实施。没有处罚，法律的指引作用就会降低，预测作用就会被怀疑，评价作用就会在很大程度上失去意义，教育作用的效力也会受到严重影响。

1.2 测绘法规体系

1.2.1 测绘法规体系的概念和特征

1. 测绘法规体系的概念

测绘法规体系的概念可以从广义和狭义的角度去理解。广义的理解，测绘法规体系是指适用于测绘活动的所有法律规范的总和及其构成体系，它不仅仅包括专门的测绘法律法规，也包括其他各类法律法规中适用于测绘活动的规定。狭义的理解仅仅是广义的理解中的前半部分。作为一门测绘专业性的著作，本书的主要内容是狭义的测绘法规。

2. 测绘法规体系的特征

（1）测绘法规体系是我国法律体系的组成部分。法律体系在横向上由各个法律部门组成，在纵向上由不同层次的法律规范组成。无论是在法律部门还是在不同层次的法律规范，测绘法律都是其中重要的组成部分，并且总可以从不同的法律部门和不同层次的规范中分解出来一个测绘法律法规体系来，因此，测绘法律法规体系是我国法律体系的一个组成部分。

（2）测绘法规体系是适用于测绘领域的法律法规体系。无论是从广义还是狭义的理解，测绘法规都是适用于测绘领域的，是规范测绘活动的法律法规的总和，是从事测绘活动和进行测绘管理的基本依据，对于推进我国测绘法制建设和测绘依法行政、加强测绘管理、规范测绘行为、提高各项保障能力和服务水平、满足经济建设和人民生活对地理空间信息日益增长的需求具有十分重要的意义。

（3）测绘法规体系是以行政法为主，同时也涉及民法、经济法、刑法、诉讼法、军事法等法律部门。我国的测绘法规是以测绘法为核心的法律法规体系，测绘法的主要调整对象是测绘行政法律关系，包括行政职权的划分、行政权力行使和应用过程中行政机关与公民、法人或者其他组织所发生的关系，以及行政机关之间的关系等。由测绘法派生出来的法规、规章、规范性文件主要表现为行政法的特点。同时，测绘法律法规体系也涉及民法、经济法、刑法、诉讼法、军事法等法律部门。因而，除了专门的测绘法律法规以外，其他的法律法规也有相应的规范或者可以适用于其他的法律法规。例如，涉及的知识产权、招投标等规范也属于民法的范畴，涉及的军事内容的规范也属于军事法的范畴。

1.2.2 测绘法规体系的构成

我国的测绘法规体系由测绘法与相关法律、行政法规、部门规章和规范性文件、地方性法规及规章等构成主体，并由散见于其他法律法规中适用于测绘领域的规范性文件共同组成。

1.《测绘法》与相关法律

法律是行使国家立法权的全国人民代表大会及其常务委员会制定颁布的规范性文件，其效力仅次于宪法，在全国范围内具有普遍的约束力。我国测绘的基本法是《中华人民共和国测绘法》，相关的法律有《中华人民共和国保守国家秘密法》《中华人民共和国档案法》《中华人民共和国计量法》《中华人民共和国标准化法》《中华人民共和国产品质量法》《中华人民共和国反不正当竞争法》《中华人民共和国对外贸易法》《中华人民共和国价格法》《中华人民共和国著作权法》《中华人民共和国招标投标法》《中华人民共和国土地管理法》《中华人民共和国城市房地产管理法》《中华人民共和国民法典》《中华人民共和国公司法》《中华人民共和国企业破产法》《中华人民共和国军事设施保护法》《中华人民共和国刑法》《中华人民共和国行政处罚法》《中华人民共和国行政诉讼法》《中华人民共和国民事诉讼法》等。

2. 行政法规

行政法规是国务院为执行法律的规定或行政管理职权的事项而制定颁布的规范性文件，

其效力低于宪法和法律，在全国范围内具有普遍的约束力。行政法规的名称可表述为条例、规定、办法等。对某一方面的行政工作做比较全面、系统的规定称条例；对某一方面的行政工作做部分的规定称规定；对某一项行政工作做比较具体的规定称办法。我国现行的专门的测绘行政法规有《地图管理条例》《基础测绘条例》《中华人民共和国测量标志保护条例》《中华人民共和国测绘成果管理条例》等 4 部。

3. 部门规章和规范性文件

部门规章是国务院各部、委员会、中国人民银行、审计署和具有行政管理职能的直属机构等，为执行法律或者国务院的行政法规、决定、命令的事项而制定颁布的规范性文件，其效力低于法律和行政法规，在本部门内具有普遍约束力。部门规章可表述为规定、办法、决定等。

部门规章规定的事项应当属于执行法律或者国务院的行政法规、决定、命令的事项。没有法律或者国务院的行政法规、决定、命令的依据，部门规章不得设定减损公民、法人和其他组织权利或者增加其义务的规范，不得增加本部门的权力或者减少本部门的法定职责。涉及两个以上国务院部门职权范围的事项，应当提请国务院制定行政法规或者由国务院有关部门联合制定规章。

行政规范性文件是除国务院的行政法规、决定、命令以及部门规章和地方政府规章外，由行政机关或者经法律、法规授权的具有管理公共事务职能的组织依照法定权限、程序制定颁布的涉及公民、法人和其他组织权利义务，具有普遍约束力，在一定期限内反复适用的非立法性文件，在本部门和行政管辖范围内具有普遍约束力。行政规范性文件可表述为公告、通知、意见等。

我国现行的由中华人民共和国自然资源部（简称“自然资源部”）颁布的专项测绘部门规章有《外国的组织或者个人来华测绘管理暂行办法》等 3 部。由中华人民共和国财政部颁布的测绘专项部门规章有《基础测绘经费管理办法》等 2 部。由中华人民共和国国家发展和改革委员会（简称“国家发改委”）颁布的测绘专项部门规章有《基础测绘计划管理办法》1 部。

自然资源部、自然资源部与其他部委联合颁布的测绘专门规范性文件约有 70 件，主要有《测绘市场管理暂行办法》《测绘资质管理办法》《注册测绘师制度暂行规定》等。

4. 地方性法规和规章

地方性法规和规章是对测绘法律、行政法规的必要补充。地方性法规是指地方人民代表大会及其常务委员会为执行法律、行政法规的规定，需要根据本行政区域的实际情况做具体规定或处理属于地方性事务的事项而制定颁布的规范性文件，其效力低于宪法、法律、行政法规，只能在地方区域内有效，如《安徽省测绘条例》《重庆市测绘管理条例》《江苏省测绘地理信息条例》等。

地方政府规章是地方政府为执行法律、行政法规、地方性法规的规定和处理本行政区域的具体行政管理事项而制定颁布的规范性文件，其效力低于宪法、法律、行政法规、地方性法规，只能在地方区域内有效，如《安徽省测绘成果管理实施办法》《重庆市测绘资质管理办法》《江苏省地图管理办法》等。

1.2.3 我国测绘法规体系的现状

自 1992 年 12 月 28 日《中华人民共和国测绘法》颁布实施以来，我国的测绘法制建设逐步发展完善，由测绘法、行政法规、部门规章和规范性文件、地方性法规和规章组成的测绘法规体系全面建立，这些测绘法规保证了测绘市场管理、测绘资质管理、测绘生产管理、测绘国家主权与安全管理、房地产测绘管理等有法可依，为推进测绘依法行政、保证测绘事业的发展提供了有力的支撑和保障。

1. 法 律

在我国，测绘的基本法律是《中华人民共和国测绘法》(以下简称《测绘法》)。《测绘法》于 1992 年 12 月 28 日经第七届全国人民代表大会常务委员会第 29 次会议审议通过，自 1993 年 7 月 1 日起实施。2002 年 8 月 29 日第九届全国人民代表大会常务委员会第 29 次会议第 1 次修订，自 2002 年 12 月 1 日起施行。2017 年 4 月 27 日第十二届全国人民代表大会常务委员会第 27 次会议第 2 次修订，自 2017 年 7 月 1 日起施行。

《测绘法》分为总则、测绘基准和测绘系统、基础测绘、界线测绘和其他测绘、测绘资质资格、测绘成果、测量标志保护、监督管理、法律责任、附则等 10 章，共 68 条，是在我国从事测绘活动和进行测绘管理、维护国家地理信息安全的基本准则和依据。

2. 行政法规

我国现行的专项测绘行政法规有《地图管理条例》《基础测绘条例》《中华人民共和国测量标志保护条例》《中华人民共和国测绘成果管理条例》等 4 部。

1)《地图管理条例》

《地图管理条例》于 2015 年 11 月 26 日中华人民共和国国务院令第 664 号公布，自 2016 年 1 月 1 日起施行。该条例对在中华人民共和国境内从事向社会公开的地图的编制、审核、出版和互联网地图服务以及监督检查活动做出规定，分为总则、地图的编制、地图审核、地图出版、互联网地图服务、监督检查、法律责任等 8 章 58 条。该条例的颁布实施，对加强地图管理，维护国家主权、安全和利益，促进地理信息产业健康发展，为经济建设、社会发展和人民生活服务，具有重要作用。

2)《基础测绘条例》

《基础测绘条例》于 2009 年 5 月 12 日中华人民共和国国务院令第 556 号公布，自 2009 年 8 月 1 日起施行。该条例对在中华人民共和国领域和中华人民共和国管辖的其他海域从事基础测绘活动做出规定，分为总则、基础测绘规划、基础测绘项目的组织实施、基础测绘成果的更新与利用、法律责任、附则等 6 章 35 条。该条例的颁布实施，对加强基础测绘管理，规范基础测绘活动，保障基础测绘事业为国家经济建设、国防建设和社会发展服务，具有重要作用。

3）《中华人民共和国测量标志保护条例》（简称《测量标志保护条例》）

《测量标志保护条例》于 1996 年 9 月 4 日由国务院令第 203 号公布，自 1997 年 1 月 1 日起施行。根据 2011 年 1 月 8 日中华人民共和国国务院令第 588 号《国务院关于废止和修改部分行政法规的决定》修订，自公布之日起施行。该条例对在中华人民共和国领域内和中华人民共和国管辖的其他海域设置的测量标志的保护和管理做出规定，基本内容包括测量标志的性质、部门职责、建设永久性测量标志的要求和测量标志的保管、使用、维修、保护、拆迁以及法律责任等共 26 条。该条例的颁布实施，对加强测量标志的保护和管理，具有重要作用。

4）《中华人民共和国测绘成果管理条例》（简称《测绘成果管理条例》）

《测绘成果管理条例》于 2006 年 5 月 27 日由国务院令第 469 号公布，自 2006 年 9 月 1 日起施行。该条例对测绘成果的汇交、保管、利用和重要地理信息数据的审核与公布做出规定，分为总则、汇交与保管、利用、重要地理信息数据的审核与公布、法律责任、附则等共 6 章 32 条。该条例的颁布实施，对加强测绘成果的管理，维护国家安全，促进测绘成果的利用，满足经济建设、国防建设和社会发展的需要，具有重要作用。

3. 部门规章和规范性文件

自然资源部颁布的专项测绘部门规章有《外国的组织或者个人来华测绘管理暂行办法》《房产测绘管理办法》《地图审核管理规定》等 3 部。财政部颁布的测绘专项部门规章有《基础测绘经费管理办法》《边远地区 少数民族地区基础测绘专项补助经费管理办法》等 2 部。国家发改委颁布的测绘专项部门规章有《基础测绘计划管理办法》等 1 部，共计 6 部。

自然资源部、自然资源部与其他部委联合颁布的测绘专门规范性文件主要有《测绘市场管理暂行办法》《测绘资质管理办法》《注册测绘师制度暂行规定》《测绘作业证管理规定》《建立相对独立的平面坐标系统管理办法》《国家基础测绘项目管理办法（试行）》《测绘生产质量管理规定》《测绘地理信息质量管理办法》《测绘计量管理暂行办法》《测绘地理信息业务档案管理规定》《测绘安全生产管理暂行规定》《对外提供我国涉密测绘成果审批程序规定》《公开地图内容表示若干规定》《遥感影像公开使用管理规定（试行）》等。

下面分别简要介绍。

1）《外国的组织或者个人来华测绘管理暂行办法》（简称《来华测绘管理办法》）

《来华测绘管理办法》于 2007 年 1 月 19 日由原国土资源部第 38 号令公布，自 2007 年 3 月 1 日起施行。根据 2011 年 4 月 27 日《国土资源部关于修改〈外国的组织或者个人来华测绘管理暂行办法〉的决定》第一次修正，根据 2019 年 7 月 16 日自然资源部第 2 次部务会议《自然资源部关于第一批废止和修改的部门规章的决定》第二次修正。

该办法对外国的组织或者个人在中华人民共和国领域和管辖的其他海域从事测绘活动的管理做出规定，基本内容包括来华测绘遵循的原则、部门职责、采取的形式及流程、禁止从事的活动、成果管理、法律责任等共 22 条。该办法对加强来华测绘活动的管理，维护国家安全和利益，促进中外经济、科技的交流与合作，具有重要作用。

2）《房产测绘管理办法》

《房产测绘管理办法》于 2000 年 12 月 28 日由原建设部、原国家测绘局令第 83 号发布，自 2001 年 5 月 1 日起施行。

该办法对在中华人民共和国境内从事房产测绘活动、实施房产测绘管理做出规定，分为总则、房产测绘的委托、资格管理、成果管理、法律责任、附则等 6 章 26 条。该办法对加强房产测绘管理、规范房产测绘行为、保护房屋权利人的合法权益，具有重要作用。

3)《地图审核管理规定》

《地图审核管理规定》于 2006 年 6 月 23 日由原国土资源部令第 34 号公布，自 2006 年 8 月 1 日起施行。根据 2017 年 11 月 28 日原国土资源部第 77 号令修订，根据 2019 年 7 月 16 日自然资源部第 2 次部务会议《自然资源部关于第一批废止和修改的部门规章的决定》修正。

该规定对地图审核管理做出规定，基本内容包括地图审核管理的原则、部门职责和地图审核的申请、受理、审查、审批以及法律责任等做出了规定。该规定对加强地图审核管理，维护国家主权、安全和利益，具有重要意义。

4)《基础测绘经费管理办法》

《基础测绘经费管理办法》于 2001 年 12 月 5 日由财政部财建〔2001〕923 号发布，自公布之日起实施。

该办法分为总则、部门职责与预算管理、经费开支与成本核算、财务监督与检查、附则等 5 章 20 条。该办法对加强和规范基础测绘经费管理、提高资金使用效益、保障基础测绘任务顺利完成，具有重要作用。

5)《边远地区 少数民族地区基础测绘专项补助经费管理办法》

《边远地区 少数民族地区基础测绘专项补助经费管理办法》于 2006 年 9 月 5 日由财政部财建〔2006〕452 号发布，自公布之日起实施。该办法分为总则、部门职责、预算管理、资金管理、监督检查、附则等 6 章 33 条。该办法对加强边远地区、少数民族地区基础测绘专项补助经费的管理，提高资金使用效益，促进边远地区、少数民族地区基础测绘加快发展，具有重要作用。

6)《基础测绘计划管理办法》

《基础测绘计划管理办法》于 2007 年 3 月 5 日由原国家测绘局、国家发展和改革委员会发改地区〔2007〕522 号发布，自发布之日起实施。

该办法分为总则、基础测绘中长期规划、基础测绘年度计划、组织实施与监督评估、附则等 5 章 30 条。该办法对加强基础测绘计划的统一监督管理、保障国民经济和社会发展对基础测绘成果的需求，具有重要作用。

7)《测绘市场管理暂行办法》

《测绘市场管理暂行办法》于 1995 年 6 月 6 日由原国家工商行政管理局、原国家测绘局国测法字〔95〕15 号发布，自 1995 年 7 月 1 日起施行。2010 年 12 月 26 日由原国家测绘局修改，以国测法发〔2010〕7 号发布。

该办法对从事测绘活动的单位相互间以及它们与其他部门、单位和个人之间进行的测绘项目委托、承揽、技术咨询服务或测绘成果交易的活动做出规定，分为总则、测绘市场活动当事人条件、测绘合同当事人的权利和义务、测绘项目的招投标及承发包管理、合同管理、质量与价格管理、法律责任、附则等 8 章 37 条。该办法对培育和发展测绘市场、规范测绘市场行为、维护测绘市场活动当事人的合法权益、促进测绘事业为社会主义现代化建设服务，具有重要作用。

8）《测绘资质管理办法》

《测绘资质管理办法》于 2021 年 6 月 7 日由自然资源部自然资办发〔2021〕43 号发布，自 2021 年 7 月 1 日起施行。

该办法对在中华人民共和国领域和中华人民共和国管辖的其他海域从事测绘活动的单位的测绘资质等级、部门职责、申请条件、审批、审查、发证、注销、监察、信用管理、罚则等做出规定。该办法对促进地理信息产业发展、维护国家地理信息安全，具有重要作用。

9）《注册测绘师制度暂行规定》

《注册测绘师制度暂行规定》于 2007 年 1 月 24 日由原人事部、原国家测绘局共同发布，2007 年 3 月 1 日起施行。

该规定对在具有测绘资质的机构中，从事测绘活动的专业技术人员做出规定，分为总则、考试、注册、执业、权利义务、附则等 5 章 42 条。该规定对提高测绘专业技术人员素质、保证测绘成果质量、维护国家和公众利益，具有重要作用。

10）《测绘作业证管理规定》

《测绘作业证管理规定》于 2004 年 3 月 19 日由原国家测绘局以国测法字〔2004〕5 号发布，自 2004 年 6 月 1 日起施行。该规定对测绘作业证的管理、申请、受理、审核、发放、注册、使用、当事人的权利义务等做出规定。该规定对保障测绘外业人员进行测绘活动时的基本权利，具有重要作用。

11）《建立相对独立的平面坐标系统管理办法》

《建立相对独立的平面坐标系统管理办法》于 2006 年 4 月 10 日由原国家测绘局以国测法字〔2006〕5 号发布，自发布之日起施行。该办法对在中华人民共和国领域和管辖的其他海域，建立相对独立的平面坐标系统的部门职责、申请、审批、审查、处罚等做出规定。该办法对加强建立相对独立的平面坐标系统的管理、避免重复建设、促进测绘成果共享，具有重要作用。

12）《国家基础测绘项目管理办法（试行）》

《国家基础测绘项目管理办法（试行）》于 2001 年 4 月 12 日由原国家测绘局以国测国字〔2001〕7 号颁布，自颁发之日起实行。该办法分为总则、管理职责、前期准备、项目申报、项目实施、项目验收、附则等 7 章 37 条。该办法对科学、规范管理国家基础测绘项目，保证国家基础测绘项目的顺利实施，具有重要作用。

13）《测绘生产质量管理规定》

《测绘生产质量管理规定》于 1997 年 7 月 22 日由原国家测绘局以国测国字〔1997〕20

号发布，自发布之日起施行。该规定分为总则、测绘质量责任制、生产组织准备的质量管理、生产作业过程的质量管理、产品使用过程的质量管理、质量奖惩、附则等 7 章 29 条。该规定对提高测绘生产质量管理水平、确保测绘产品质量，具有重要作用。

14）《测绘地理信息质量管理办法》

《测绘地理信息质量管理办法》于 2015 年 6 月 26 日由原国家测绘地理信息局以国测国发〔2015〕17 号发布，自发布之日起施行。该办法对从事测绘地理信息质量控制活动及质量监督管理工作做出规定，分为总则、监督管理、测绘单位的质量责任与义务、测绘质检机构的质量责任与义务、质量奖惩、附则等 6 章 37 条。该办法对加强测绘地理信息质量管理、明确质量责任、保证成果质量，具有重要作用。

15）《测绘计量管理暂行办法》

《测绘计量管理暂行办法》于 1996 年 5 月 22 日由原国家测绘局以国测国字〔1996〕24 号发布，自发布之日起施行。该办法对单位和个人建立测绘计量标准，开展测绘计量器具检定，进口、销售和使用测绘计量器具等做出规定。该办法对加强测绘计量管理、确保测绘量值准确溯源和可靠传递、保证测绘产品质量，具有重要作用。

16）《测绘地理信息业务档案管理规定》

《测绘地理信息业务档案管理规定》于 2015 年 3 月 5 日由原国家测绘地理信息局以国测成发〔2015〕1 号发布，自发布之日起施行。该规定对测绘地理信息行政主管部门组织实施的测绘地理信息业务活动所形成的测绘地理信息业务档案的管理做出规定，分为总则、机构与职责、建档与归档、保管与销毁、服务与利用、监督管理、附则等 7 章 35 条。该规定为加强测绘地理信息业务档案管理工作，确保测绘地理信息业务档案真实、完整、安全和有效利用，具有重要作用。

17）《测绘安全生产管理暂行规定》

《测绘安全生产管理暂行规定》于 1997 年 3 月 26 日由原国家测绘局以国测人字〔1997〕8 号发布，自发布之日起施行。该规定分为总则、安全生产责任制、监督检查、安全生产教育、事故报告、调查和处理、附则等 7 章 36 条。该规定对加强安全生产管理，保障测绘职工在生产、经营活动中的安全和健康，促进测绘事业发展，具有重要作用。

18）《对外提供我国涉密测绘成果审批程序规定》

《对外提供我国涉密测绘成果审批程序规定》于 2010 年 12 月 30 日由原国家测绘局以测办〔2010〕108 号文发布，本规定自发布之日起施行。该规定对开展对外经济、文化、科技合作中向国外、境外的组织、国内合资合作单位的外方、外资企业及在国内的外国组织提供我国涉密测绘成果的部门职能、申请、审查、决定和送达等程序做出规范规定。

19）《公开地图内容表示若干规定》

《公开地图内容表示若干规定》于 2003 年 5 月 9 日由原国家测绘局以国测法字〔2003〕1 号发布，自发布之日起施行。该规定对各种载体表现的公开地图和地图产品做出规定，分为总则，比例尺、开本、经纬线，界线，有关省区及相邻国外地区地图，其他，附则等 6 章 21 条。该规定对维护国家主权和利益、正确反映国家版图的内容、加强地图管理、规范地图编制、提高地图质量，具有重要作用。

20）《遥感影像公开使用管理规定（试行）》

《遥感影像公开使用管理规定（试行）》于 2011 年 11 月 29 日由原国家测绘地理信息局以国测成发〔2011〕10 号发布，自发布之日起施行。该规定对卫星遥感影像和航空遥感影像，以及采用测绘遥感技术方法加工处理形成的遥感影像图以公开出版、登载、展示和引进、销售、传播等方式公开使用遥感影像做出规定。该规定为维护国家安全和利益、加强对遥感影像公开使用的管理、促进遥感影像资源有序开发利用，具有重要作用。

其他的部门规章和重要规范性文件还有《国家测绘地理信息局法规制定程序规定》《测绘成果质量监督抽查管理办法》《测绘地理信息行业信用管理办法》《测绘地理信息市场信用信息管理暂行办法》《测绘计量检定人员资格认证办法》《地图受理审核程序规定》《公开地图内容表示补充规定（试行）》《国家涉密基础测绘成果资料提供使用审批程序规定》《国家永久性测量标志拆迁审批程序规定》《航空摄影管理暂行办法》《基础测绘成果提供使用管理暂行办法》《基础测绘成果应急提供办法》《基础测绘计划管理办法》《基础测绘经费管理办法》《基础地理信息公开表示内容的规定（试行）》《甲级测绘资质审批程序规定》《建立相对独立的平面坐标系统审批程序规定》《生产过程成果提供使用管理规定》《外国的组织或者个人来华从事测绘活动审批程序规定》《卫星导航定位基准站建设备案办法（试行）》《卫星导航定位基准站数据密级划分表》《注册测绘师继续教育学时认定和登记办法（试行）》《注册测绘师执业管理办法（试行）》《注册测绘师资格考核认定办法》《注册测绘师资格考试实施办法》等。

4. 地方性法规与规章

目前，我国测绘地方性法规与规章近百部，还有大量的地方规范性文件，这些是对测绘法律、行政法规的必要补充，是我国测绘法规体系的重要组成部分。

1）地方性法规

省、自治区、直辖市的人民代表大会及其常务委员会根据本行政区域的具体情况和实际需要，在不同宪法、法律、行政法规相抵触的前提下，可以制定地方性法规。

设区的市的人民代表大会及其常务委员会根据本市的具体情况和实际需要，在不同宪法、法律、行政法规和本省、自治区、直辖市的地方性法规相抵触的前提下，可以制定地方性法规，报省、自治区、直辖市的人民代表大会常务委员会批准后施行。

目前，绝大多数省、自治区、直辖市都制定了测绘地方性法规，多见于各地的测绘管理条例或者实施测绘法的办法，如《安徽省测绘条例》《重庆市测绘管理条例》《江苏省测绘地理信息条例》等。

2）地方政府规章

省、自治区、直辖市和设区的市的人民政府，可以根据法律、行政法规和本省、自治区、直辖市的地方性法规，制定地方政府规章。地方政府规章应当经政府常务会议或者全体会议决定，由省长或者自治区主席或者市长签署命令予以公布。

1.3 测绘行政处罚

1.3.1 行政处罚的概念和特征

1. 行政处罚的概念

根据2021年1月修订的《中华人民共和国行政处罚法》，行政处罚是指行政机关依法对违反行政管理秩序的公民、法人或者其他组织，以减损权益或者增加义务的方式予以惩戒的行为。

行政处罚的目的是纠正违法行为，教育公民、法人或者其他组织自觉守法。公民、法人或者其他组织因违法行为受到行政处罚，其违法行为对他人造成损害的，应当依法承担民事责任；其违法行为构成犯罪的，应当依法追究刑事责任。

2. 行政处罚的特征

1）法定性

测绘行政处罚的主体、手段和程序等都是源于法律、法规的直接规定或授权。测绘行政处罚的主体是各级测绘行政主管部门或法律、法规授权的其他机构或组织，除此之外，其他未经授权的国家机关、社会组织、企事业单位均不能从事测绘行政处罚活动。测绘行政处罚的主体在处罚活动中的手段、程序等都要受到法规的约束，不得超出法定的范围，否则，不具法律效力。

2）具体性

测绘行政处罚是测绘行政主管部门对外实行管理的具体行政行为。即测绘行政处罚是对具体的测绘行政管理相对人的公民、法人或组织具体的监督检查、奖励或处罚的具体行政行为。

3）相对性

测绘行政处罚的法律关系是测绘行政主管部门和测绘管理相对人之间所发生的法律关系。一方面测绘行政主管部门行使职权，另一方面，测绘行政管理相对人如果对测绘行政主管部门的处罚不服，可以按照行政复议法或者行政诉讼法的规定：提出复议申请或者起诉。

4）强制性

测绘行政处罚受国家强制力的保障，测绘行政机关一旦做出行政处罚，管理相对人就必须完全履行。对拒不执行的或者妨碍执行的，测绘行政机关有权强制执行或者依法予以制裁。即使管理相对人对具体测绘行政处罚不服而上诉，在诉讼期间，测绘行政机关仍可以不停止处罚的执行。但是，在法院已做出判决的情况下，要按照法院的判决执行。

1.3.2 测绘行政处罚的管辖、种类和程序

1. 测绘行政处罚的管辖

自然资源行政处罚办法

依据《中华人民共和国行政处罚法》、2020 年 3 月修订的《自然资源行政处罚办法》的规定，测绘行政处罚由违法行为发生地的县级自然资源主管部门管辖，但法律、法规和规章另有规定的除外。

（1）自然资源部管辖。

自然资源部管辖全国范围内重大、复杂和法律法规规定应当由其管辖的自然资源违法案件。全国范围内重大、复杂的自然资源违法案件是指：

① 国务院要求自然资源部管辖的自然资源违法案件。

② 跨省级行政区域的自然资源违法案件。

③ 自然资源部认为应当由其管辖的其他自然资源违法案件。

（2）省级、市级自然资源主管部门管辖。

省级、市级自然资源主管部门管辖本行政区域内重大、复杂和法律法规规定应当由其管辖的自然资源违法案件。

（3）有下列情形之一的，上级自然资源主管部门有权管辖下级自然资源主管部门管辖的案件：

① 下级自然资源主管部门应当立案调查而不予立案调查的。

② 案情复杂，情节恶劣，有重大影响的。

（4）上级自然资源主管部门可以将本级管辖的案件交由下级自然资源主管部门管辖，但是法律法规规定应当由其管辖的除外。有管辖权的自然资源主管部门由于特殊原因不能行使管辖权的，可以报请上一级自然资源主管部门指定管辖。

（5）因管辖权发生争议的，报请共同的上一级自然资源主管部门指定管辖。上一级自然资源主管部门应当在接到指定管辖申请之日起 7 个工作日内，做出管辖决定。

2. 测绘行政处罚的种类

根据《中华人民共和国行政处罚法》的规定，行政处罚的种类有：

（1）警告、通报批评。

（2）罚款、没收违法所得、没收非法财物。

（3）暂扣许可证件、降低资质等级、吊销许可证件。

（4）限制开展生产经营活动、责令停产停业、责令关闭、限制从业。

（5）行政拘留。

（6）法律、行政法规规定的其他行政处罚。

3. 测绘行政处罚的程序

自然资源违法行为立案查处工作规程（试行）

根据《中华人民共和国行政处罚法》《自然资源行政处罚办法》，测绘行政处罚的一般程序为：

1）立　案

自然资源主管部门发现自然人、法人或者其他组织行为涉嫌违法的，应当及时核查。对

于行为人明确、事实清楚、属于本部门管辖且没有超过追诉时效的违法行为，应当在10个工作日内予以立案。

2）调　查

立案后，自然资源主管部门应当指定案件承办人员，及时组织调查取证。调查取证时，案件调查人员应当不少于2人。

调查人员应当收集、调取与案件有关的书证、物证、视听资料、证人证言、当事人陈述、询问笔录、现场勘测笔录、鉴定意见等证据。

调查终结，案件承办人员应当提交调查报告。调查报告应当包括当事人的基本情况、违法事实以及法律依据、相关证据、违法性质、违法情节、违法后果，并提出依法是否应当给予行政处罚以及给予何种行政处罚的处理意见。

3）听　证

自然资源听证规定

听证是指行政机关在作出有关行政行为之前，听取行政相对人陈述、申辩、质证的程序。

行政相对人是指行政管理法律关系中与行政主体相对应的另一方当事人，即行政主体的行政行为影响其权益的个人或组织。行政相对人是行政法律关系中的一方主体。无论是包括国家行政机关在内的国家机关，还是我国公民、法人或其他组织以及我国境内的外国人、无国籍人、外国组织，都可以作为行政法律关系的行政相对人主体参加行政法律关系，享有一定的权利，并承担一定的义务。

行政机关拟作出下列行政处罚决定，应当告知当事人有要求听证的权利：较大数额罚款；没收较大数额违法所得、没收较大价值非法财物；降低资质等级、吊销许可证件；责令停产停业、责令关闭、限制从业；其他较重的行政处罚；法律、法规、规章规定的其他情形。

当事人要求听证的，行政机关应当组织听证。听证应当依照以下程序组织：

（1）当事人要求听证的，应当在行政机关告知后5日内提出。

（2）行政机关应当在举行听证的7日前，通知当事人及有关人员听证的时间、地点。

（3）除涉及国家秘密、商业秘密或者个人隐私依法予以保密外，听证公开举行。

（4）听证由行政机关指定的非本案调查人员主持；当事人认为主持人与本案有直接利害关系的，有权申请回避。

（5）当事人可以亲自参加听证，也可以委托1～2人代理。

（6）当事人及其代理人无正当理由拒不出席听证或者未经许可中途退出听证的，视为放弃听证权利，行政机关终止听证。

（7）举行听证时，调查人员提出当事人违法的事实、证据和行政处罚建议，当事人进行申辩和质证。

4）审　理

自然资源主管部门在审理案件调查报告时，应当就下列事项进行审理：事实是否清楚、证据是否确凿；定性是否准确；适用法律是否正确；程序是否合法；拟定的处理意见是否适当。

审理过程中，案件承办人员介绍案件情况，对违法事实、案件定性、处理意见和法律适用等做出说明；参会人员就案件有关问题进行提问和讨论，案件承办人员进行解答或者补充说明；会议主持人总结形成审理意见；案件承办人员如实记录参会人员意见和审理意见。

5）决　定

审理结束后，自然资源主管部门根据不同情况，自行政处罚案件立案之日起 90 日内，分别作出下列行政处罚决定：

（1）违法事实清楚、证据确凿、依据正确、调查审理符合法定程序的，作出行政处罚决定。

（2）违法情节轻微、依法可以不给予行政处罚的，不予行政处罚。

（3）违法事实不成立的，不得给予行政处罚。

（4）违法行为涉及需要追究党纪、政纪或者刑事责任的，移送有权机关。

违法行为依法需要给予行政处罚的，自然资源主管部门应当制作《行政处罚告知书》，按照法律规定的方式，送达当事人。当事人有权进行陈述和申辩。陈述和申辩应当在收到《行政处罚告知书》后 3 个工作日内提出。当事人未在规定时间内陈述、申辩或者要求听证的，以及陈述、申辩或者听证中提出的事实、理由或者证据不成立的，自然资源主管部门应当依法制作《行政处罚决定书》，并按照法律规定的方式，送达当事人。

行政处罚决定书应当载明下列事项：

（1）当事人的姓名或者名称、地址。

（2）违反法律、法规、规章的事实和证据。

（3）行政处罚的种类和依据。

（4）行政处罚的履行方式和期限。

（5）申请行政复议、提起行政诉讼的途径和期限。

（6）作出行政处罚决定的行政机关名称和作出决定的日期。

（7）依法经过听证程序的，应当在测绘行政处罚决定书中写明有关听证的情况，包括：举行听证的时间、地点、主持人、参加人、听证结论等。

自然资源行政处罚告知书

6）送　达

行政处罚决定书应当在 7 日内依照《中华人民共和国民事诉讼法》的有关规定，将行政处罚决定书送达当事人。

送达诉讼文书，应当直接送交受送达人。受送达人是公民的，若本人不在，交他的同住成年家属签收；受送达人是法人或者其他组织的，应当由法人的法定代表人、其他组织的主要负责人或者该法人、组织负责收件的人签收；受送达人有诉讼代理人的，可以送交其代理人签收；受送达人已向人民法院指定代收人的，送交代收人签收。

受送达人或者他的同住成年家属拒绝接收诉讼文书的，送达人可以邀请有关基层组织或者所在单位的代表到场，说明情况，在送达回证上记明拒收事由和日期，由送达人、见证人签名或者盖章，把诉讼文书留在受送达人的住所；也可以把诉讼文书留在受送达人的住所，并采用拍照、录像等方式记录送达过程，即视为送达。当事人同意并签订确认书的，行政机关可以采用传真、电子邮件等方式，将行政处罚决定书等送达当事人。受送达人下落不明，或者无法送达的，公告送达。自发出公告之日起，经过 30 日，即视为送达。

送达诉讼文书必须有送达回证，由受送达人在送达回证上记明收到日期、签名或者盖章。

受送达人在送达回证上的签收日期为送达日期。邮寄送达的，以回执上注明的收件日期为送达日期。公告送达，应当在案卷中记明原因和经过。

行政处罚决定书一经送达，即发生法律效力。当事人对行政处罚决定不服申请行政复议或者提起行政诉讼的，在行政复议或者行政诉讼期间，行政处罚决定不停止执行；法律另有规定的除外。

7）执 行

行政处罚决定依法作出后，当事人应当在行政处罚决定书载明的期限内，予以履行。当事人逾期不履行行政处罚决定的，根据《中华人民共和国行政处罚法》规定，作出行政处罚决定的行政机关可以采取下列措施：

（1）到期不缴纳罚款的，每日按罚款数额的百分之三加处罚款，加处罚款的数额不得超出罚款的数额。

（2）根据法律规定，将查封、扣押的财物拍卖、依法处理或者将冻结的存款、汇款划拨抵缴罚款。

（3）根据法律规定，采取其他行政强制执行方式。

（4）依照《中华人民共和国行政强制法》的规定申请人民法院强制执行。

自然资源主管部门除采取上述措施外，还可以采取以下措施：

（1）向本级人民政府和上一级自然资源主管部门报告。

（2）向当事人所在单位或者其上级主管部门通报。

（3）向社会公开通报。

（4）停止办理或者告知相关部门停止办理当事人与本案有关的许可、审批、登记等手续。

1.3.3 测绘行政处罚事项清单

自然资源部2021年7月修订的《自然资源部行政处罚事项清单》，见表1.1。清单列举了40项测绘地理信息类行政处罚事项清单，详细界定了违法事项的名称、行政处罚的种类、实施处罚的主体以及行政处罚的依据。

表1.1 测绘行政处罚事项清单

序号	事项名称	处罚种类	实施主体层级	设定依据
90	对外国的组织或者个人未经批准，或者未与中华人民共和国有关部门、单位合作，擅自从事测绘活动的行政处罚	责令停止违法行为，没收违法所得、测绘成果和测绘工具，罚款	国家级自然资源主管部门	【法律】 《中华人民共和国测绘法》第五十一条
91	对未经批准擅自建立相对独立的平面坐标系统，或者采用不符合国家标准的基础地理信息数据建立地理信息系统的行政处罚	警告，责令改正，罚款	国家级、省级自然资源主管部门	【法律】 《中华人民共和国测绘法》第五十二条 【行政法规】 《中华人民共和国测绘成果管理条例》（国务院令第469号）第二十九条第一项

续表

序号	事项名称	处罚种类	实施主体层级	设定依据
92	对卫星导航定位基准站建设单位未报备案的行政处罚	警告，责令限期改正，罚款	国家级、省级自然资源主管部门	【法律】 《中华人民共和国测绘法》第五十三条
93	对卫星导航定位基准站的建设和运行维护不符合国家标准、要求的行政处罚	警告，责令限期改正，没收违法所得和测绘成果，罚款，没收相关设备	国家级、省级自然资源主管部门	【法律】 《中华人民共和国测绘法》第五十四条
94	对未取得测绘资质证书，擅自从事测绘活动的行政处罚	责令停止违法行为，没收违法所得和测绘成果，罚款，没收测绘工具	国家级、省级、市级、县级自然资源主管部门	【法律】 《中华人民共和国测绘法》第五十五条第一款 【行政法规】 （1）《基础测绘条例》（国务院令第556号）第二十九条 （2）《地图管理条例》（国务院令第664号）第四十八条
95	对以欺骗手段取得测绘资质证书从事测绘活动的行政处罚	吊销测绘资质证书，没收违法所得和测绘成果，罚款，没收测绘工具	国家级、省级、市级、县级自然资源主管部门	【法律】 《中华人民共和国测绘法》第五十五条第二款
96	对测绘单位超越资质等级许可的范围从事测绘活动的行政处罚	责令停止违法行为，没收违法所得和测绘成果，罚款，责令停业整顿、降低测绘资质等级，吊销测绘资质证书	国家级、省级、市级、县级自然资源主管部门	【法律】 《中华人民共和国测绘法》第五十六条第一项 【行政法规】 《基础测绘条例》（国务院令第556号）第三十条
97	对测绘单位以其他测绘单位的名义从事测绘活动的行政处罚	责令停止违法行为，没收违法所得和测绘成果，罚款，责令停业整顿、降低测绘资质等级，吊销测绘资质证书	国家级、省级、市级、县级自然资源主管部门	【法律】 《中华人民共和国测绘法》第五十六条第二项
98	对测绘单位允许其他单位以本单位的名义从事测绘活动的行政处罚	责令停止违法行为，没收违法所得和测绘成果，罚款，责令停业整顿、降低测绘资质等级，吊销测绘资质证书	国家级、省级、市级、县级自然资源主管部门	【法律】 《中华人民共和国测绘法》第五十六条第三项
99	对测绘项目的招标单位让不具有相应资质等级的测绘单位中标，或者让测绘单位低于测绘成本中标的行政处罚	责令改正，罚款	国家级、省级、市级、县级自然资源主管部门	【法律】 《中华人民共和国测绘法》第五十七条

续表

序号	事项名称	处罚种类	实施主体层级	设定依据
100	对中标的测绘单位向他人转让测绘项目的行政处罚	责令改正，没收违法所得，罚款，责令停业整顿，降低测绘资质等级，吊销测绘资质证书	国家级、省级、市级、县级自然资源主管部门	【法律】 《中华人民共和国测绘法》第五十八条
101	对未取得测绘执业资格，擅自从事测绘活动的行政处罚	责令停止违法行为，没收违法所得和测绘成果，罚款，没收测绘工具	国家级、省级、市级、县级自然资源主管部门	【法律】 《中华人民共和国测绘法》第五十九条
102	对不汇交测绘成果资料的，测绘项目出资人逾期不汇交的，承担国家投资的测绘项目的单位逾期不汇交的，自暂扣测绘资质证书之日起6个月内仍不汇交的行政处罚	责令限期汇交，罚款，暂扣测绘资质证书，吊销测绘资质证书	国家级、省级、市级、县级自然资源主管部门	【法律】 《中华人民共和国测绘法》第六十条
103	对擅自发布中华人民共和国领域和中华人民共和国管辖的其他海域的重要地理信息数据的行政处罚	警告，责令改正，罚款	国家级、省级、市级、县级自然资源主管部门	【法律】 《中华人民共和国测绘法》第六十一条 【行政法规】 《中华人民共和国测绘成果管理条例》(国务院令第469号)第二十九条第二项
104	对测绘单位测绘成果质量不合格的行政处罚	责令测绘单位补测或者重测，责令停业整顿，降低测绘资质等级、吊销测绘资质证书	国家级、省级、市级、县级自然资源主管部门	【法律】 《中华人民共和国测绘法》第六十三条 【行政法规】 《基础测绘条例》(国务院令第556号)第三十三条
105	对损毁、擅自移动永久性测量标志或者正在使用中的临时性测量标志的行政处罚	警告，责令改正，罚款	国家级、省级、市级、县级自然资源主管部门	【法律】 《中华人民共和国测绘法》第六十四条第一项 【行政法规】 (1)《中华人民共和国测量标志保护条例》(国务院令第203号)第二十二条 (2)《中华人民共和国测量标志保护条例》(国务院令第203号)第二十三条

续表

序号	事项名称	处罚种类	实施主体层级	设定依据
106	对侵占永久性测量标志用地的行政处罚	警告，责令改正，罚款	国家级、省级、市级、县级自然资源主管部门	【法律】 《中华人民共和国测绘法》第六十四条第二项 【行政法规】 （1）《中华人民共和国测量标志保护条例》（国务院令第 203 号）第二十二条 （2）《中华人民共和国测量标志保护条例》（国务院令第 203 号）第二十三条
107	对在永久性测量标志安全控制范围内从事危害测量标志安全和使用效能的活动的行政处罚	警告，责令改正，罚款	国家级、省级、市级、县级自然资源主管部门	【法律】 《中华人民共和国测绘法》第六十四条第三项 【行政法规】 （1）《中华人民共和国测量标志保护条例》（国务院令第 203 号）第二十二条第三项 （2）《中华人民共和国测量标志保护条例》（国务院令第 203 号）第二十三条
108	对擅自拆迁永久性测量标志或者使永久性测量标志失去使用效能，或者拒绝支付迁建费用的行政处罚	警告，责令改正，罚款	国家级、省级、市级、县级自然资源主管部门	【法律】 《中华人民共和国测绘法》第六十四条第四项 【行政法规】 （1）《中华人民共和国测量标志保护条例》（国务院令第 203 号）第二十二条 （2）《中华人民共和国测量标志保护条例》（国务院令第 203 号）第二十三条
109	对违反操作规程使用永久性测量标志，造成永久性测量标志毁损的行政处罚	警告，责令改正，罚款	国家级、省级、市级、县级自然资源主管部门	【法律】 《中华人民共和国测绘法》第六十四条第五项 【行政法规】 （1）《中华人民共和国测量标志保护条例》（国务院令第 203 号）第二十二条 （2）《中华人民共和国测量标志保护条例》（国务院令第 203 号）第二十三条

续表

序号	事项名称	处罚种类	实施主体层级	设定依据
110	对地理信息生产、保管、利用单位未对属于国家秘密的地理信息的获取、持有、提供、利用情况进行登记、长期保存的，泄露国家秘密的行政处罚	警告，责令改正，罚款,责令停业整顿，降低测绘资质等级或者吊销测绘资质证书	国家级、省级、市级、县级自然资源主管部门	【法律】《中华人民共和国测绘法》第六十五条第一款
111	对违法获取、持有、提供、利用属于国家秘密的地理信息的行政处罚	警告，责令停止违法行为，没收违法所得，罚款	国家级、省级、市级、县级自然资源主管部门	【法律】《中华人民共和国测绘法》第六十五条第二款
112	对实施基础测绘项目，不使用全国统一的测绘基准和测绘系统或者不执行国家规定的测绘技术规范和标准的行政处罚	责令限期改正，警告，罚款	国家级、省级、市级、县级自然资源主管部门	【行政法规】《基础测绘条例》(国务院令第556号)第三十一条
113	对干扰或者阻挠测量标志建设单位依法使用土地或者在建筑物上建设永久性测量标志的行政处罚	责令限期改正，警告，罚款	国家级、省级、市级、县级自然资源主管部门	【行政法规】《中华人民共和国测量标志保护条例》(国务院令第203号)第二十三条第一项
114	对无证使用永久性测量标志并且拒绝县级以上人民政府管理测绘工作的部门监督和负责保管测量标志的单位和人员查询的行政处罚	责令限期改正，警告，罚款	国家级、省级、市级、县级自然资源主管部门	【行政法规】《中华人民共和国测量标志保护条例》(国务院令第203号)第二十三条第四项
115	对测绘成果保管单位未按照测绘成果资料的保管制度管理测绘成果资料，造成测绘成果资料损毁、散失的行政处罚	警告，责令改正，没收违法所得	国家级、省级、市级、县级自然资源主管部门	【行政法规】《中华人民共和国测绘成果管理条例》(国务院令第469号)第二十八条第一项
116	对测绘成果保管单位擅自转让汇交的测绘成果资料的行政处罚	警告，责令改正，没收违法所得	国家级、省级、市级、县级自然资源主管部门	【行政法规】《中华人民共和国测绘成果管理条例》(国务院令第469号)第二十八条第二项
117	对测绘成果保管单位未依法向测绘成果的使用人提供测绘成果资料的行政处罚	警告，责令改正，没收违法所得	国家级、省级、市级、县级自然资源主管部门	【行政法规】《中华人民共和国测绘成果管理条例》(国务院令第469号)第二十八条第三项

续表

序号	事项名称	处罚种类	实施主体层级	设定依据
118	在对社会公众有影响的活动中使用未经依法公布的重要地理信息数据的行政处罚	责令改正，警告，罚款	国家级、省级、市级、县级自然资源主管部门	【行政法规】 《中华人民共和国测绘成果管理条例》（国务院令第 469 号）第二十九条第三项
119	对应当送审而未送审地图或者附着地图图形产品的行政处罚	责令改正，警告，没收违法地图或者附着地图图形的产品，罚款，没收违法所得	国家级、省级、市级、县级自然资源主管部门	【法律】 《中华人民共和国测绘法》第六十二条 【行政法规】 《地图管理条例》（国务院令第 664 号）第四十九条
120	对不需要送审的地图不符合国家有关标准和规定的行政处罚	责令改正，警告，没收违法地图或者附着地图图形的产品，罚款，没收违法所得	国家级、省级、市级、县级自然资源主管部门	【法律】 《中华人民共和国测绘法》第六十二条 【行政法规】 《地图管理条例》（国务院令第 664 号）第五十条
121	对经审核不符合国家有关标准和规定的地图未按照审核要求修改即向社会公开的行政处罚	责令改正，警告，没收违法地图或者附着地图图形的产品，罚款，没收违法所得，责令停业整顿，降低资质等级、吊销测绘资质证书	国家级、省级、市级、县级自然资源主管部门	【法律】 《中华人民共和国测绘法》第六十二条 【行政法规】 《地图管理条例》（国务院令第 664 号）第五十一条
122	对弄虚作假、伪造申请材料骗取地图审核批准文件，或者伪造、冒用地图审核批准文件和审图号的行政处罚	责令停止违法行为，警告，没收违法地图和附着地图图形的产品，罚款，没收违法所得，责令停业整顿，降低资质等级、吊销测绘资质证书	国家级、省级、市级、县级自然资源主管部门	【法律】 《中华人民共和国测绘法》第六十二条 【行政法规】 《地图管理条例》（国务院令第 664 号）第五十二条
123	对未在地图的适当位置显著标注审图号，或者未按照有关规定送交样本的行政处罚	责令改正，警告，责令停业整顿，降低资质等级、吊销测绘资质证书	国家级、省级、市级、县级自然资源主管部门	【法律】 《中华人民共和国测绘法》第六十二条 【行政法规】 《地图管理条例》（国务院令第 664 号）第五十三条
124	对互联网地图服务单位使用未经依法审核批准的地图提供服务，或者未对互联网地图新增内容进行核查校对的行政处罚	责令改正，警告，罚款，没收违法所得，责令停业整顿，降低资质等级、吊销测绘资质证书	国家级、省级、市级、县级自然资源主管部门	【法律】 《中华人民共和国测绘法》第六十二条 【行政法规】 《地图管理条例》（国务院令第 664 号）第五十四条

续表

序号	事项名称	处罚种类	实施主体层级	设定依据
125	对通过互联网上传标注了含有按照国家有关规定在地图上不得表示的内容的行政处罚	责令改正，警告，罚款	国家级、省级、市级、县级自然资源主管部门	【法律】 《中华人民共和国测绘法》第六十二条 【行政法规】 《地图管理条例》（国务院令第664号）第五十五条
126	对最终向社会公开的地图与审核通过的地图内容及表现形式不一致，或者互联网地图服务审图号有效期届满未重新送审的行政处罚	责令改正、警告，罚款	国家级、省级、市级、县级自然资源主管部门	【部门规章】 《地图审核管理规定》（原国土资源部令第34号）第三十二条
127	对外国的组织或者个人来华测绘以伪造证明文件、提供虚假材料等手段，骗取一次性测绘批准文件的行政处罚	责令停止测绘活动，罚款	国家级自然资源主管部门	【部门规章】 《外国的组织或者个人来华测绘管理暂行办法》（原国土资源部令第38号）第十八条第一项
128	对外国的组织或者个人来华测绘超出一次性测绘批准文件的内容从事测绘活动的行政处罚	责令停止测绘活动，罚款	国家级自然资源主管部门	【部门规章】 《外国的组织或者个人来华测绘管理暂行办法》（原国土资源部令第38号）第十八条第二项
129	对外国的组织或者个人来华测绘未经依法批准将测绘成果携带或者传输出境的行政处罚	罚款	国家级自然资源主管部门	【部门规章】 《外国的组织或者个人来华测绘管理暂行办法》（原国土资源部令第38号）第十九条

第 2 章　测绘市场管理

2.1　测绘项目承发包

2.1.1　测绘项目承发包的概念

1. 测绘项目发包

发包是指将工程项目、加工生产项目等生产经营项目交给承担单位或个人来完成。项目的发包方式有两种：招标发包和直接发包。

一般来说，较大规模的工程测绘项目、地籍测绘项目、房产测绘项目等一般采取招标发包的方式；较小规模的则采取直接发包的方式；基础测绘成果往往属于保密范畴，以直接发包为主。

2. 测绘项目承包

承包是指接受工程、加工、订货或其他生产经营项目并且负责完成。测绘项目承包是指具有测绘资质的测绘单位通过与发包单位签订测绘项目合同，负责承担测绘项目组织实施活动。测绘项目承包可以通过测绘项目发包方的直接发包或者参加测绘项目的招标方式进行。

2.1.2　测绘项目承发包的一般规定

1. 承发包合同应当采用书面形式

根据原国家测绘局、原国家工商行政管理局2010 年 12 月修订的《测绘市场管理暂行办法》的要求，测绘项目当事人应当按照《中华人民共和国民法典》第三编合同（简称《民法典》合同编）的有关规定，签订书面形式合同，使用统一的测绘合同文本。

测绘市场管理暂行办法

书面形式是合同书、信件、电报、电传、传真等可以有形地表现所载内容的形式。以电子数据交换、电子邮件等方式能够有形地表现所载内容，并可以随时调取查用的数据电文，视为书面形式。

统一的测绘合同文本是指由原国家测绘局、原国家工商行政管理局2000 年 3 月修订的《测绘合同》示范文本，该示范文本主要条款包括：测绘范围、测绘内容、执行技术标准、测绘工程费、甲方乙方的义务、测绘项目完成工期、甲方乙方违约责任等共 18 条。

2. 承包单位必须有相应的资质等级

案例 1

《测绘法》第二十九条规定：测绘单位不得超越资质等级许可的范围从事测绘活动。

《测绘市场管理暂行规定》第七条规定：进入测绘市场承担测绘任务的单位，必须持有国务院测绘行政主管部门或省、自治区、直辖市人民政府测绘主管部门颁发的《测绘资质证书》，并按资格证书规定的业务范围和作业限额从事测绘活动。

《测绘资质管理办法》第一条规定：取得测绘资质证书的测绘单位，只能依法在测绘资质等级许可的专业类别和作业限制范围内承揽测绘项目。

自然资源部 2021 年 6 月发布的《测绘资质管理办法》把我国的测绘资质分为甲、乙两个等级；测绘业务分为 10 个专业类别，分别为：大地测量、测绘航空摄影、摄影测量与遥感、地理信息系统工程、工程测量、不动产测绘、海洋测绘、地图编制、导航电子地图制作、互联网地图服务。

乙级测绘资质证书的业务范围限制为：不得从事二等及以上水准、三角、天文测量；不得从事 B 级及以上卫星定位测量；不得从事专业重力测量；不得承担卫星导航定位基准站建设和坐标参考框架服务；不得从事二等及以上控制测量、国家建设重点工程的规划测量、单个建筑物 10 万平方米及以上的建筑工程测量、特大型水利水电工程测量、4 千米及以上隧道工程测量；不得从事深度基准测量、海图编制；不得从事连片区域 100 平方千米及以上的海岸地形测量、水深测量、水文观测、海洋工程测量和扫海测量；不得从事国界线测绘、规划许可证载单栋建筑 10 万平方米及以上的房产测绘；不得从事世界和全国政区地图、超出省级行政区域范围的教学地图编制；不得在相关政府部门划定的自动驾驶区域外从事导航电子地图制作；不得从事地图数据库开发；不得承揽两个及以上省级行政区域范围的测绘航空摄影、摄影测量与遥感、地理信息系统工程项目。

3. 限制分包、禁止转包

分包是指工程的承包单位或总承包单位将其承包的工程建设任务中的除主体结构以外的部分通过合同委托给其他单位完成的行为。转包是指承包方在承包工程后，不履行合同约定的责任和义务，将其承包的全部工程转给他人或者将其承包的全部工程肢解以后以分包的名义分别转给其他单位承包，或者将测绘项目的主体工作或大部分工作转包给他人完成的行为。

测绘合同的签订是测绘项目发包单位对承包单位能力的信任，测绘项目的承包方必须以自己的设备、技术和劳力完成所承揽项目的主要部分。这里的主要部分一般指对测绘成果的质量起决定性作用或者工作量最大的工作部分。但是，在实际工作中，有些单位和个人不顾发包单位的权益，将测绘项目层层转包，从中牟取暴利，使测绘成果质量难以得到保障；有些单位和个人与测绘项目发包方从事私下交易，暗中收受回扣，严重扰乱测绘市场秩序。

因此，《测绘法》第二十九条规定：中标的测绘单位不得向他人转让测绘项目。

《招标投标法》第四十八条规定：中标人应当按照合同约定履行义务，完成中标项目。中标人不得向他人转让中标项目，也不得将中标项目肢解后分别向他人转让；中标人按照合同约定或者经招标人同意，可以将中标项目的部分非主体、非关键性工作分包给他人完成，接受分包的人应当具备相应的资格条件，并不得再次分包；中标人应当就分包项目向招标人负责，接受分包的人就分包项目承担连带责任。

《测绘市场管理暂行规定》第二十一条规定：测绘项目的承包方必须以自己的设备、技术和劳力完成所承揽项目的主要部分。测绘项目的承包方，可以向其他具有测绘资格的单位分包，但分包量不得大于该项目总承包量的百分之四十。分包出的任务由总承包方向发包方负完全责任。

4. 质量合格、价格市场化

《测绘市场管理暂行办法》第二十八条规定：进入测绘市场的测绘项目，应当严格执行国家统一的技术规范和质量标准（包括国家标准和行业标准），确保测绘产品质量。国家标准和行业标准中未做规定的，双方可在合同中约定并按合同约定的标准执行。测绘成果质量不合格的，不得交付使用。

第二十九条规定：各级人民政府技术监督行政主管部门批准的测绘产品质量监督检验机构，是对测绘产品质量进行监督检验的指定单位，测绘单位应当按规定如实向其提供抽查样品，测绘项目委托单位也可以委托其进行产品检验。

第三十条规定：对已交付使用的测绘成果，因不符合合同规定的质量标准出现质量不合格并造成损失的，由测绘单位负责。对于重大质量责任事故，测绘单位须向测绘主管部门及时报告。测绘主管部门按国家有关规定进行调查处理。

我国实行的是社会主义市场经济体制，市场在国家宏观调控下对资源配置起决定作用。目前，测绘地理信息行业具有较健全的市场主体体系，测绘市场具有统一性和开放性，测绘法规体系也逐步完善，原国家测绘地理信息局于 2017 年 12 月废止了《测绘工程产品价格》，测绘工程产品价格不再是政府指导价，完全由市场决定。当然，价格市场化并不是不要计划或政府，仍然需要国家在规范测绘市场环境、规范行政权力、规范市场主体的价格行为等方面发挥宏观调控作用。

2.1.3 测绘项目承发包方的条件

根据《测绘市场管理暂行办法》的规定，测绘项目承发包方的条件分别如下：

1. 发包方的条件

（1）测绘项目委托方须符合有关法律法规规定的资格，其委托行为应当符合法律法规的规定。

（2）在中华人民共和国领域和管辖的其他海域内，外国的组织或者个人与中华人民共和国有关部门或单位合资、合作进行测绘活动的，须报经国务院测绘行政主管部门和军队测绘主管部门审查批准。

（3）香港特别行政区、澳门特别行政区、台湾地区的组织或者个人来内地（大陆）从事测绘活动的，依照前条规定进行审批。

2. 承包方的条件

（1）进入测绘市场承担测绘任务的单位，必须持有国务院测绘行政主管部门或省、自治区、直辖市人民政府测绘主管部门颁发的《测绘资质证书》，并按资格证书规定的业务范围和作业限额从事测绘活动。

（2）从事经营性测绘活动的单位，依照国家有关规定，须经工商行政管理部门核准登记，在核准登记的经营范围内从事测绘活动。

（3）测绘事业单位在测绘市场活动中收费的，应当持有物价主管部门颁发的收费许可证。

2.1.4　测绘项目承发包方的权利和义务

《测绘市场管理暂行办法》对测绘项目承发包方的权利和义务做了如下的规定：

1. 发包方的权利

（1）检验承包方的测绘资格证书。

（2）对委托的项目提出符合国家有关规定的技术、质量、价格、工期等要求。

（3）明确规定承包方完成的成果的验收方式。

（4）对由于承包方未履行合同造成的经济损失，提出赔偿要求。

（5）按合同约定享有测绘成果的所有权或使用权。

2. 发包方的义务

（1）遵守有关法律、法规，履行合同。

（2）向承包方提供与项目有关的可靠的基础资料，并为承包方提供必要的工作条件。

（3）向测绘项目所在省、自治区、直辖市测绘主管部门汇交测绘成果目录或副本。

（4）执行国家规定的测绘收费标准。

（5）不得对他人的测绘成果非法复制、转借，不得侵犯他人测绘成果的所有权和著作权。

3. 承包方的权利

（1）公平参与市场竞争。

（2）获得所承揽的测绘项目应得的价款。

（3）按合同约定享有测绘成果的所有权或使用权。

（4）拒绝委托方提出的违反国家规定的不正当要求。

（5）对由于委托方未履行合同而造成的经济损失提出赔偿要求。

4. 承包方的义务

（1）遵守有关的法律、法规，全面履行合同，遵守职业道德。

（2）保证成果质量合格，按合同约定向委托方提交成果资料。

（3）根据各省、自治区、直辖市人民政府对测绘任务登记的管理规定：向测绘主管部门进行测绘任务登记。

（4）按合同约定，不向第三方提供受委托完成的测绘成果。

（5）不得对他人的测绘成果非法复制、转借，不得侵犯他人测绘成果的所有权和著作权。

2.2 测绘项目招投标

2.2.1 招投标的概念及原则和方式

1. 招投标的概念

招投标是在市场经济条件下进行大宗货物的买卖、工程建设项目的发包与承包，以及服务项目的采购与提供时所采用的一种交易方式。招标是发包的一种方式，招标是业主对自愿参加某一特定工程项目的承包单位进行审查、评比和选定的过程。投标指有意承包项目的单位响应招标，向招标方书面提出自己提供的项目报价及其他响应项目招标要求的条件，参与项目竞争。

招标投标的交易方式是市场经济的产物，采用这种交易方式，须具备两个基本条件：一是要有能够开展公平竞争的市场经济运行机制。二是必须存在招标采购项目的买方市场，对采购项目能够形成卖方多家竞争的局面，买方才能够居于主导地位，有条件以招标方式从多家竞争者中择优选择中标者。

2. 招投标的原则

招标投标行为是市场经济的产物，并随着市场的发展而发展，必须遵循市场经济活动的基本原则。《招标投标法》第五条规定：招标投标活动应当遵循公开、公平、公正和诚实信用的原则。

中华人民共和国
招标投标法

1）“公开”原则

“公开”原则就是要求招标投标活动具有较高的透明度，实行招标信息、招标程序公开，公开开标，公开中标结果，使每一个投标人获得同等的信息，知悉招标的一切条件和要求。

2）“公平”原则

“公平”原则就是要求给予所有投标人平等的机会，使他们享有的权利和履行的义务都是平等的，不得歧视任何一方。

3）“公正”原则

“公正”原则就是要求按事先公布的标准进行评标，要公正对待每一个投标人。

4）“诚实信用”原则

“诚实信用”原则也称诚信原则，就是招标投标当事人应以诚实、善意的态度行使权利，履行义务，以维持双方的利益平衡，以及自身利益与社会利益的平衡。

3. 招标的方式

招标有公开招标、邀请招标、议标三种方式。

（1）公开招标是无限竞争性招标，是招标方按照法定程序，在公开的媒体上发布招标公告，所有符合条件自愿承包的单位都可以平等参加竞标，从中选择承包者的方式。

（2）邀请招标也称为有限竞争性招标，是招标方选择若干自愿承包的单位，向其发出邀请，由被邀请的单位竞争，从中选择承包者的方式。

（3）议标也称为非竞争性招标或指定性招标，是发包人邀请两家或两家以上的愿意承包的单位直接协商确定承包者。

2.2.2　测绘项目招投标的程序

1. 确定招标人和招标项目的审批

招标人是提出招标项目、进行招标的法人或者其他组织。根据《招标投标法》第十二条规定：招标人有权自行选择招标代理机构，委托其办理招标事宜；招标人具有编制招标文件和组织评标能力的，可以自行办理招标事宜；依法必须进行招标的项目，招标人自行办理招标事宜的，应当向有关行政监督部门备案。

招标项目是采用招标方式进行采购的工程、货物或服务项目。根据《招标投标法》第九条规定：招标项目按照国家有关规定需要履行项目审批手续的，应当先履行审批手续，取得批准。

2. 确定招标方式

1）公开招标

《测绘市场管理暂行办法》第十六条规定：进入测绘市场的测绘项目，金额超过二十万元的及其他须实行公开招标的测绘项目，应当通过招标方式确定承揽方。

2）邀请招标

《招标投标法》第十一条规定：国务院发展计划部门确定的国家重点项目和省、自治区、直辖市人民政府确定的地方重点项目不适宜公开招标的，经国务院发展计划部门或者省、自治区、直辖市人民政府批准，可以进行邀请招标。

《招标投标法实施条例》第八条规定：国有资金占控股或者主导地位的依法必须进行招标的项目，应当公开招标；但有下列情形之一的，可以邀请招标：

（1）技术复杂、有特殊要求或者受自然环境限制，只有少量潜在投标人可供选择。

（2）采用公开招标方式的费用占项目合同金额的比例过大。

中华人民共和国招标投标法实施条例

3. 发布招标公告或投标邀请书

《招标投标法》第十六条规定：招标人采用公开招标方式的，应当发布招标公告。依法必须进行招标的项目的招标公告，应当通过国家指定的报刊、信息网络或者其他媒介发布。招标公告应当载明招标人的名称和地址、招标项目的性质、数量、实施地点和时间以及获取招标文件的办法等事项。

第十七条规定：招标人采用邀请招标方式的，应当向三个以上具备承担招标项目能力的、资信良好的特定的法人或者其他组织发出投标邀请书。投标邀请书应当载明同招标公告相同的事项。

4. 资格预审

资格预审是在投标前对投标申请人进行的资格审查。资格审查还有资格后审的方式，是在评标时对投标申请人进行的资格审查。

资格审查主要审查投标申请人是否具有独立订立合同的权利；是否有履行合同的能力，包括专业、技术资格和能力，资金、设备和其他物质设施状况，管理能力，经验，信誉和相应的工作人员；以往承担类似项目的业绩情况；未处于被责令停业，财产未处于被接管、冻结、破产状态；在最近几年内如最近3年内没有与合同有关的犯罪或严重违约、违法行为等。

《招标投标法》第十八条规定：招标人可以根据招标项目本身的要求，在招标公告或者投标邀请书中，要求潜在投标人提供有关资质证明文件和业绩情况，并对潜在投标人进行资格审查；国家对投标人的资格条件有规定的，依照其规定。

《招标投标法实施条例》规定：招标人采用资格预审办法对潜在投标人进行资格审查的，应当发布资格预审公告、编制资格预审文件。

招标人应当按照资格预审公告规定的时间、地点发售资格预审文件或者招标文件，发售期不得少于5日。依法必须进行招标的项目提交资格预审申请文件的时间，自资格预审文件停止发售之日起不得少于5日。

资格预审应当按照资格预审文件载明的标准和方法进行。国有资金占控股或者主导地位的依法必须进行招标的项目，招标人应当组建资格审查委员会审查资格预审申请文件。资格审查委员会及其成员应当遵守有关评标委员会及其成员的规定。

资格预审结束后，招标人应当及时向资格预审申请人发出资格预审结果通知书。未通过资格预审的申请人不具有投标资格。通过资格预审的申请人少于3个的，应当重新招标。

5. 发出招标文件

《招标投标法实施条例》规定：招标人应当按照招标公告或者投标邀请书规定的时间、地点发售招标文件，发售期不得少于5日。一般情况下，招标文件应包括：

（1）投标须知，包括工程概况、招标范围、资格预审条件、工程资金来源或者落实情况（包括银行出具的资金证明）、标段划分、工期要求、质量标准、现场踏勘和答疑安排，以及投标文件编制、提交、修改、测绘的要求，投标报价要求，投标有效期，开标时间和地点，评标方法和标准等。

（2）招标工程的技术要求和设计文件。

（3）采用工程量清单招标的，应当提供工程量清单。

（4）投标函的格式及附录。

（5）拟签订合同的主要条款。

（6）要求投标申请人提交的其他材料。

国家对招标项目的技术、标准有规定的，招标人应当按照其规定在招标文件中提出相应要求。招标项目需要划分标段、确定工期的，招标人应当合理划分标段、确定工期，并在招标文件中载明。招标文件不得要求或者标明特定的生产供应者以及含有倾向或者排斥潜在投标人的其他内容。

招标文件不得以不合理的条件限制、排斥潜在投标人或者投标人，包括：

（1）就同一招标项目向潜在投标人或者投标人提供有差别的项目信息。

（2）设定的资格、技术、商务条件与招标项目的具体特点和实际需要不相适应或者与合同履行无关。

（3）依法必须进行招标的项目以特定行政区域或者特定行业的业绩、奖项作为加分条件或者中标条件。

（4）对潜在投标人或者投标人采取不同的资格审查或者评标标准。

（5）限定或者指定特定的专利、商标、品牌、原产地或者供应商。

（6）依法必须进行招标的项目非法限定潜在投标人或者投标人的所有制形式或者组织形式。

（7）以其他不合理条件限制、排斥潜在投标人或者投标人。

6. 踏勘现场或答疑

《招标投标法》第二十一条规定：招标人根据招标项目的具体情况，可以组织潜在投标人踏勘项目现场。但是，《招标投标法实施条例》第二十八条规定：招标人不得组织单个或者部分潜在投标人踏勘项目现场。

潜在投标人对投标文件或投标邀请赛有疑问的，可以向投标人提出疑问，投标人应予以答复。答疑一般采取书面形式进行，必要时也可召开招标文件答疑会。

7. 编制、送达与签收投标文件

1）编制投标文件

投标文件应按招标文件的要求进行编制。投标文件应当包括：投标函；施工组织设计或施工方案；投标报价；招标文件要求提供的其他材料。

2）投标文件的送达与签收

投标人应当在招标文件要求提交投标文件的截止时间前，将投标文件密封送达招标文件规定的地点。

3）投标文件的补充、修改或撤回

投标人在招标文件要求提交投标文件的截止时间前，可以补充、修改或者撤回已提交的投标文件。

8. 开标、评标与中标

1）开　标

在开标时，投标文件出现下列情形之一的，应当作为无效投标文件，不得进入评标：

（1）投标文件未按照招标文件的要求予以密封的。

（2）投标文件中的投标函未加盖投标人的企业及企业法定代表人印章的，或者企业法定代表人委托代理人没有合法、有效的委托书（原件）及委托代理人印章的。

（3）投标文件的关键内容字迹模糊、无法辨认的。

（4）投标人未按照招标文件的要求提供投标保函或者投标保证金的。

（5）组成联合体投标的，投标文件未附联合体各方共同投标协议的。

2）评标和中标

为了确保评标的公正性，评标不能由招标人或其代理机构独自承担，而应组成一个由有

关专家和人员参加的评标委员会，负责依据招标文件规定的评标标准和方法，对所有投标文件进行评审，向招标人推荐中标候选人或者直接确定中标人。

《测绘市场管理暂行办法》第十七条规定：测绘项目进行招标时，须组织评标委员会，评标委员会由招标单位与当地测绘主管部门和工商行政管理部门组成。重大测绘项目的评标委员会由省级以上测绘主管部门和工商行政管理部门及有关专家组成。

9. 签署合同

招标人和中标人应当自中标通知书发出之日起 30 日内，按照招标文件和中标人的投标文件订立书面合同，招标人和中标人不得再行订立背离合同实质性内容的其他协议。

2.2.3 测绘项目招投标的相关法规

1.《测绘法》的规定

《测绘法》第二十九条规定：测绘项目实行招投标的，测绘项目的招标单位应当依法在招标公告或者投标邀请书中对测绘单位资质等级做出要求，不得让不具有相应测绘资质等级的单位中标，不得让测绘单位低于测绘成本中标。中标的测绘单位不得向他人转让测绘项目。

第五十七条规定：测绘项目的招标单位让不具有相应资质等级的测绘单位中标，或者让测绘单位低于测绘成本中标的，责令改正，可以处测绘约定报酬二倍以下的罚款。招标单位的工作人员利用职务上的便利，索取他人财物，或者非法收受他人财物为他人谋取利益的，依法给予处分；构成犯罪的，依法追究刑事责任。

第五十八条规定：中标的测绘单位向他人转让测绘项目的，责令改正，没收违法所得，处测绘约定报酬一倍以上二倍以下的罚款，并可以责令停业整顿或者降低测绘资质等级；情节严重的，吊销测绘资质证书。

2.《测绘市场管理暂行办法》的规定

1）对招投标人的规定

第四条规定：测绘市场活动当事人必须遵守国家的法律、法规，不得扰乱社会经济秩序，不得损害国家利益、社会公共利益和他人的合法权益。

第六条规定：禁止测绘市场活动中的不正当竞争行为和非法封锁、垄断行为。

第二十二条规定：测绘项目的招投标及承发包，必须遵守国家的有关法律法规，禁止行贿、受贿、索贿、账外暗中“回扣”等违法行为。

中华人民共和国反不正当竞争法

不正当竞争行为在《反不正当竞争法》第七条界定为：经营者采用财物或者其他手段贿赂下列单位或者个人，以谋取交易机会或者竞争优势：（一）交易相对方的工作人员；（二）受交易相对方委托办理相关事务的单位或者个人；（三）利用职权或者影响力影响交易的单位或者个人。

经营者的工作人员进行贿赂的，应当认定为经营者的行为；但是，经营者有证据证明该工作人员的行为与为经营者谋取交易机会或者竞争优势无关的除外。

2）对招标人的规定

第十条规定：测绘项目委托方须符合有关法律法规规定的资格，其委托行为应当符合法律法规的规定。

第十六条：进入测绘市场的测绘项目，金额超过二十万元的及其他须实行公开招标的测绘项目，应当通过招标方式确定承揽方。可以不进行招标的项目在《招标投标法》第六十六条界定为：涉及国家安全、国家秘密、抢险救灾或者属于利用扶贫资金实行以工代赈、需要使用农民工等特殊情况，不适宜进行招标的项目，按照国家有关规定可以不进行招标。

第十七条规定：测绘项目进行招标时，须组织评标委员会，评标委员会由招标单位与当地测绘主管部门和工商行政管理部门组成。重大测绘项目的评标委员会由省级以上测绘主管部门和工商行政管理部门及有关专家组成。

第十八条规定：招标单位须制定规范的招标文件，为投标单位提供有关资料。第二十条规定：评标工作应实行公正、公开的原则，当众开标、议标、确定中标单位。

3）对投标人的规定

第十八条规定：投标单位须按招标文件的要求填写标书。第十九条规定：投标单位应以其实力参与竞争，禁止投标单位之间或招投标单位之间恶意串通，损害国家或者第三方利益。

第二十一条规定：测绘项目的承包方必须以自己的设备、技术和劳力完成所承揽项目的主要部分。测绘项目的承包方，可以向其他具有测绘资格的单位分包，但分包量不得大于该项目总承包量的百分之四十。分包出的任务由总承包方向发包方负完全责任。

第三十八条规定：违反规定压价竞争的，或者有其他不正当竞争行为的，由县级以上工商行政管理部门依照《反不正当竞争法》的有关规定给予处罚。

3. 招投标违法违规行为的界定

1)《招标投标法》界定的违法违规行为

（1）必须进行招标的项目而不招标的，将必须进行招标的项目化整为零或者以其他任何方式规避招标的。

（2）招标代理机构泄露应当保密的与招标投标活动有关的情况和资料的，或者与招标人、投标人串通损害国家利益、社会公共利益或者他人合法权益的。

（3）招标人以不合理的条件限制或者排斥潜在投标人的，对潜在投标人实行歧视待遇的，强制要求投标人组成联合体共同投标的，或者限制投标人之间竞争的。

（4）依法必须进行招标的项目的招标人向他人透露已获取招标文件的潜在投标人的名称、数量或者可能影响公平竞争的有关招标投标的其他情况的，或者泄露标底的。

（5）投标人相互串通投标或者与招标人串通投标的，投标人以向招标人或者评标委员会成员行贿的手段谋取中标的。

（6）投标人以他人名义投标或者以其他方式弄虚作假，骗取中标的。

（7）依法必须进行招标的项目，招标人违反规定，与投标人就投标价格、投标方案等实质性内容进行谈判的。

（8）评标委员会成员收受投标人的财物或者其他好处的，评标委员会成员或者参加评标的有关工作人员向他人透露对投标文件的评审和比较、中标候选人的推荐以及与评标有关的其他情况的。

（9）招标人在评标委员会依法推荐的中标候选人以外确定中标人的，依法必须进行招标的项目在所有投标被评标委员会否决后自行确定中标人的。

（10）中标人将中标项目转让给他人的，将中标项目肢解后分别转让给他人的，违反本法规定将中标项目的部分主体、关键性工作分包给他人的，或者分包人再次分包的，转让、分包的。

（11）招标人与中标人不按照招标文件和中标人的投标文件订立合同的，或者招标人、中标人订立背离合同实质性内容的协议的。

（12）中标人不履行与招标人订立的合同的；中标人不按照与招标人订立的合同履行义务的。

（13）限制或者排斥本地区、本系统以外的法人或者其他组织参加投标的，为招标人指定招标代理机构的，强制招标人委托招标代理机构办理招标事宜的，或者以其他方式干涉招标投标活动的。

（14）对招标投标活动依法负有行政监督职责的国家机关工作人员徇私舞弊、滥用职权或者玩忽职守。

2）《招投标法实施条例》界定的违法违规行为

（1）招标人依法应当公开招标的项目不按照规定在指定媒介发布资格预审公告或者招标公告；在不同媒介发布的同一招标项目的资格预审公告或者招标公告的内容不一致，影响潜在投标人申请资格预审或者投标；依法必须进行招标的项目的招标人不按照规定发布资格预审公告或者招标公告。

（2）招标人依法应当公开招标而采用邀请招标；招标文件、资格预审文件的发售、澄清、修改的时限，或者确定的提交资格预审申请文件、投标文件的时限不符合招标投标法和规定；接受未通过资格预审的单位或者个人参加投标；接受应当拒收的投标文件。

（3）招标代理机构在所代理的招标项目中投标、代理投标或者向该项目投标人提供咨询，接受委托编制标底的中介机构参加受托编制标底项目的投标或者为该项目的投标人编制投标文件、提供咨询。

（4）招标人超过规定的比例收取投标保证金、履约保证金或者不按照规定退还投标保证金及银行同期存款利息。

（5）投标人相互串通投标或者与招标人串通投标，投标人向招标人或者评标委员会成员行贿谋取中标。

（6）投标人以他人名义投标或者以其他方式如伪造、变造资格、资质证书或者其他许可证件弄虚作假骗取中标。

（7）出让或者出租资格、资质证书供他人投标。

（8）依法必须进行招标的项目的招标人不按照规定组建评标委员会，或者确定、更换评标委员会成员违反规定。

（9）评标委员会成员应当回避而不回避；擅离职守；不按照招标文件规定的评标标准和方法评标；私下接触投标人；向招标人征询确定中标人的意向或者接受任何单位或者个人明示或者暗示提出的倾向或者排斥特定投标人的要求；对依法应当否决的投标不提出否决意见；暗示或者诱导投标人做出澄清、说明或者接受投标人主动提出的澄清、说明；其他不客观、不公正履行职务的行为。

（10）评标委员会成员收受投标人的财物或者其他好处。

（11）依法必须进行招标的项目的招标人无正当理由不发出中标通知书；不按照规定确定中标人；中标通知书发出后无正当理由改变中标结果；无正当理由不与中标人订立合同；在订立合同时向中标人提出附加条件。

（12）中标人无正当理由不与招标人订立合同，在签订合同时向招标人提出附加条件，或者不按照招标文件要求提交履约保证金。

（13）招标人和中标人不按照招标文件和中标人的投标文件订立合同，合同的主要条款与招标文件、中标人的投标文件的内容不一致，或者招标人、中标人订立背离合同实质性内容的协议。

（14）中标人将中标项目转让给他人的，将中标项目肢解后分别转让给他人的，违反规定将中标项目的部分主体、关键性工作分包给他人，或者分包人再次分包。

（15）投标人或者其他利害关系人捏造事实、伪造材料或者以非法手段取得证明材料进行投诉，给他人造成损失。

（16）招标人不按照规定对异议做出答复，继续进行招标投标活动。

（17）项目审批、核准部门不依法审批、核准项目招标范围、招标方式、招标组织形式。

（18）有关行政监督部门不依法履行职责，对违反规定的行为不依法查处，或者不按照规定处理投诉、不依法公告对招标投标当事人违法行为的行政处理决定。

（19）项目审批、核准部门和有关行政监督部门的工作人员徇私舞弊、滥用职权、玩忽职守。

（20）国家工作人员利用职务便利，以直接或者间接、明示或者暗示等任何方式非法干涉招标投标活动，如要求对依法必须进行招标的项目不招标，或者要求对依法应当公开招标的项目不公开招标；要求评标委员会成员或者招标人以其指定的投标人作为中标候选人或者中标人，或者以其他方式非法干涉评标活动，影响中标结果；以其他方式非法干涉招标投标活动。

4. 串通投标的规定

《招标投标法实施条例》将串通投标行为分为三类。第三十九条规定：有下列情形之一的，属于投标人相互串通投标：投标人之间协商投标报价等投标文件的实质性内容；投标人之间约定中标人；投标人之间约定部分投标人放弃投标或者中标；属于同一集团、协会、商会等组织成员的投标人按照该组织要求协同投标；投标人之间为谋取中标或者排斥特定投标人而采取的其他联合行动。

第四十条规定：有下列情形之一的，视为投标人相互串通投标：不同投标人的投标文件由同一单位或者个人编制；不同投标人委托同一单位或者个人办理投标事宜；不同投标人的投标文件载明的项目管理成员为同一人；不同投标人的投标文件非常一致或者投标报价呈规律性差异；不同投标人的投标文件相互混装；不同投标人的投标保证金从同一单位或者个人的账户转出。

第四十一条规定：有下列情形之一的，属于招标人与投标人串通投标：招标人在开标前开启投标文件并将有关信息泄露给其他投标人；招标人直接或者间接向投标人泄露标底、评标委员会成员等信息；招标人明示或者暗示投标人压低或者抬高投标报价；招标人授意投标人撤换、修改投标文件；招标人明示或者暗示投标人为特定投标人中标提供方便；招标人与投标人为谋求特定投标人中标而采取的其他串通行为。

《招标投标法》《招标投标法实施条例》《反不正当竞争法》均将串通投标作为限制竞争行为予以禁止。招标投标中的限制竞争行为可分为两类：第一类是投标者之间串通投标，抬高标价或压低标价。串通的目的是通过某种安排排挤其他投标者或使招标者得不到竞争利益，即理想的价位及其他合同条件。第二类是投标者和招标者相互勾结排挤竞争对手。这种共谋行为目的是让参与共谋的投标者中标，以排挤其他的投标者。因为招标投标是一种竞争性缔约，在招标投标过程中，如果招标人与投标人或投标人之间相互串通，使招标投标的竞争性降低或丧失，就完全失去了招标投标制度的意义和作用。

《招标投标法》第三十二条规定：投标人不得相互串通投标报价，不得排挤其他投标人的公平竞争，损害招标人或者其他投标人的合法权益。投标人不得与招标人串通投标，损害国家利益、社会公共利益或者他人的合法权益。

第五十三条规定：投标人相互串通投标或者与招标人串通投标的，中标无效，处中标项目金额千分之五以上千分之十以下的罚款，对单位直接负责的主管人员和其他直接责任人员处单位罚款数额百分之五以上百分之十以下的罚款；有违法所得的，并处没收违法所得；情节严重的，取消其一年至二年内参加依法必须进行招标的项目的投标资格并予以公告，直至由工商行政管理机关吊销营业执照；构成犯罪的，依法追究刑事责任。给他人造成损失的，依法承担赔偿责任。

上述规定中的情节严重，指的是投标人有下列行为之一：以行贿谋取中标；3 年内 2 次以上串通投标；串通投标行为损害招标人、其他投标人或者国家、集体、公民的合法利益，造成直接经济损失 30 万元以上；其他串通投标情节严重的行为。

《招标投标法实施条例》第三十九条规定：禁止投标人相互串通投标。第四十一条规定：禁止招标人与投标人串通投标。

第六十七条规定：投标人相互串通投标或者与招标人串通投标的，中标无效；构成犯罪的，依法追究刑事责任；尚不构成犯罪的，依照招标投标法第五十三条的规定处罚。投标人未中标的，对单位的罚款金额按照招标项目合同金额依照招标投标法规定的比例计算。

投标人自本条第一款规定的处罚执行期限届满之日起 3 年内又有该款所列违法行为之一的，或者串通投标、以行贿谋取中标情节特别严重的，由工商行政管理机关吊销营业执照。法律、行政法规对串通投标报价行为的处罚另有规定的，从其规定。

《反不正当竞争法》第十五条规定：投标者不得串通投标、抬高标价或者压低标价；投标者和招标者不得相互勾结，以排挤竞争对手的公平竞争。

第二十七条规定：投标者串通投标、抬高标价或者压低标价；投标者和招标者相互勾结，以排挤竞争对手的公平竞争的，其中标无效。监督检查部门可以根据情节处以一万元以上二十万元以下的罚款。

5. 招投标异议的规定

《招标投标法实施条例》第二十二条规定：潜在投标人或者其他利害关系人对资格预审文

件有异议的，应当在提交资格预审申请文件截止时间 2 日前提出；对招标文件有异议的，应当在投标截止时间 10 日前提出。招标人应当自收到异议之日起 3 日内作出答复；作出答复前，应当暂停招标投标活动。

第四十四条规定：招标人应当按照招标文件规定的时间、地点开标。投标人少于 3 个的，不得开标，招标人应当重新招标。投标人对开标有异议的，应当在开标现场提出，招标人应当当场作出答复，并制作记录。

第五十四条规定：依法必须进行招标的项目，招标人应当自收到评标报告之日起 3 日内公示中标候选人，公示期不得少于 3 日。投标人或者其他利害关系人对依法必须进行招标的项目的评标结果有异议的，应当在中标候选人公示期间提出。招标人应当自收到异议之日起 3 日内作出答复；作出答复前，应当暂停招标投标活动。

2.2.4　测绘项目招投标的监督管理

1. 监督管理的部门

为加强对测绘项目招投标活动的监督管理，规范招标投标行为，预防和遏制招投标过程中的违法行为，《招标投标法》第七条规定：招标投标活动及其当事人应当接受依法实施的监督。

《招标投标法实施条例》第四条规定：国务院发展改革部门指导和协调全国招标投标工作，对国家重大建设项目的工程招标投标活动实施监督检查。国务院工业和信息化、住房和城乡建设、交通运输、铁道、水利、商务部等部门，按照规定的职责分工对有关招标投标活动实施监督。

县级以上地方人民政府发展改革部门指导和协调本行政区域的招标投标工作。县级以上地方人民政府有关部门按照规定的职责分工，对招标投标活动实施监督，依法查处招标投标活动中的违法行为。县级以上地方人民政府对其所属部门有关招标投标活动的监督职责分工另有规定的，从其规定。

财政部门依法对实行招标投标的政府采购工程建设项目的预算执行情况和政府采购政策执行情况实施监督。监察机关依法对与招标投标活动有关的监察对象实施监察。

《测绘市场管理暂行办法》第三条规定：县级以上人民政府测绘主管部门和工商行政管理部门负责监督管理本行政区域内的测绘市场。

2. 监督管理的内容

1）对测绘项目是否应当招标进行监督

必须进行招标的项目不得将其化整为零或者以其他任何方式规避招标；应当进行招标的项目必须依法履行审批、核准手续；不适于招标的项目依法不准予招标；对于财政资金和其他国有资金投入的测绘项目，有适宜测绘成果的，应当尽量采用已经有的成果；依法必须进行招标的项目，招标人自行办理招标事宜的，应当向行政监督部门备案等。

2）对招标投标项目是否依照法定规则和程序进行监督

凡属招标的项目，必须依照法定规则和程序进行，以确保招标投标符合公开、公正、公平的原则，测绘行政主管部门应依法对招标投标活动的规程和招标人、招标代理机构、投标人、评标委员会成员等当事人的行为进行监督。

3）对承包单位的测绘资质进行监督

参与投标、承包单位是否取得相应的等级的测绘资质证书；是否超越资质等级许可范围投标、承包；是否以他人名义投标或者以其他方式如伪造、变造资格、资质证书或者其他许可证件参与投标、承包；是否出让或者出租资格、资质证书供他人投标、承包；发包单位是否向不具有相应的测绘资质等级的单位发包等。

4）接收投诉和处理

《招标投标法》第六十五条规定：投标人和其他利害关系人认为招标投标活动不符合本法有关规定的，有权向招标人提出异议或者依法向有关行政监督部门投诉。

《招标投标法实施条例》第六十条规定：投标人或者其他利害关系人认为招标投标活动不符合法律、行政法规规定的，可以自知道或者应当知道之日起10日内向有关行政监督部门投诉。投诉应当有明确的请求和必要的证明材料。

第六十一条规定：投诉人就同一事项向两个以上有权受理的行政监督部门投诉的，由最先收到投诉的行政监督部门负责处理。行政监督部门应当自收到投诉之日起3个工作日内决定是否受理投诉，并自受理投诉之日起30个工作日内作出书面处理决定；需要检验、检测、鉴定、专家评审的，所需时间不计算在内。投诉人捏造事实、伪造材料或者以非法手段取得证明材料进行投诉的，行政监督部门应当予以驳回。

第七十七条规定：投标人或者其他利害关系人捏造事实、伪造材料或者以非法手段取得证明材料进行投诉，给他人造成损失的，依法承担赔偿责任。

第六十二条规定：行政监督部门处理投诉，有权查阅、复制有关文件、资料，调查有关情况，相关单位和人员应当予以配合。必要时，行政监督部门可以责令暂停招标投标活动。行政监督部门的工作人员对监督检查过程中知悉的国家秘密、商业秘密，应当依法予以保密。

2.3 测绘合同

2.3.1 测绘合同的内容

合同是平等主体的自然人、法人、其他组织之间设立、变更、终止民事权利义务关系的协议。按照《民法典》第四百七十条，合同的内容由当事人约定，一般包括下列条款：当事人的姓名或者名称和住所；标的；数量；质量；价款或者报酬；履行期限、地点和方式；违约责任；解决争议的方法。

当事人可以参照各类合同的示范文本订立合同，也可以在遵守《民法典合同》的基础上由双方协商去制定相应的合同。测绘项目的完成一般需要项目委托方和项目承担方共同协作来完成，在项目实施过程中存在多种不确定因素，因此测绘合同的订立又和一般的技术服务合同有所区别，特别是在有关合同标的如测绘范围、数量、质量等方面，以及报酬和履约期限等约定上，一定要根据具体的项目及相关技术条件等来进行约定，以保证合同能够被正常执行，同时也有利于保证合同双方的权益。

鉴于测绘项目种类繁多，其规模、工期及质量要求存在较大差异，因此合同的订立也存在一定的差异，合同内容也不尽相同。2000 年 3 月 8 日原国家测绘局发布的《测绘合同示范文本》（GF-2000-0306）的主要内容包括 15 条：

《测绘合同》示范文本

1）测绘范围（包括测区地点、面积、测区地理位置等）

测绘项目有别于其他工程项目，它是针对特定的地理位置和空间范围展开的工作，所以在测绘合同中，首先必须明确该测绘项目所涉及的工作地点、具体的地理位置、测区边界和所覆盖的测区面积等内容。这同时也是合同标的的重要内容之一，测绘范围、测绘内容和测绘技术依据及质量标准构成了对测绘合同标的的完整描述。对于测绘范围，尤其是测区边界，必须有明确的、较为精细的界定，因为它是项目完工和项目验收的一个重要参考依据。

2）测绘内容（包括测绘项目和工作量等）

合同中的测绘内容是直接规约受托方所必须完成的实际测绘任务，它不仅包括所需开展的测绘任务种类，还必须包括具体应完成任务的数量（或大致数量），即明确界定本项目所涉及的具体测绘任务，以及必须完成的工作量，测绘内容也是合同标的的重要内容之一。测绘内容必须用准确简洁的语言加以描述，明确地逐一罗列出所需完成的任务及需提交的测绘成果种类、等级、数量及质量，这些内容也是项目验收及成果移交的重要依据。

3）执行技术标准和其他技术要求

和一般的技术服务合同不同，测绘项目的实施过程和所提交的测绘成果必须按照国家的相关技术规范或规程来执行，需依据这些规范及规程来完成测绘生产的过程控制及质量保证。所以，测绘合同中需对所采用的技术依据及测绘成果质量检查及验收标准有明确的约定，这是项目技术设计、项目实施及项目验收等的主要参照标准。一般情况下，技术依据及质量标准的确定需在合同签订前由当事人双方协商认定；对于未做约定的情形，应注明按照本行业相关规范及技术规程执行，以避免出现合同漏洞导致不必要的争议。另一个极为重要的内容是约定测绘工作开展及测绘成果的数据基准，包括平面控制基准和高程控制基准。

4）测绘工程费

测绘工程费包括：取费依据；取费项目及预算工程总价款；工程完工后，根据实际测绘工作量核计实际工程价款总额。

合同中工程费用的计算，首先应注明所采用的国家正式颁布的收费依据或收费标准，然后需全部罗列出本项目涉及的各项收费分类细项，而后根据各细项的收费单价及其估算的工程量得出该细项的工程费用。除直接的工程费用外，可能还包括其他费用，都需在费用预算列表中逐一罗列，整个项目的工程总价为各细项费用的总和。

费用的支付方式由甲乙双方参照行业惯例协商确定，一般按照工程进度（或合同执行情况）分阶段支付，包括首付款、项目进行中的阶段性付款及尾款几个部分。视项目规模大小不同，阶段性付款可以为一次或多次。阶段性付款的阶段划分一般由甲乙双方约定，可以按阶段性标志性成果来划分，也可以按照完成工程进度的百分比来划分，具体支付方式及支付额度需由双方协商解决。

5）甲方的义务

（1）自合同签订之日起××日内向乙方提交有关资料。

（2）自接到乙方编制的技术设计书之日起××日内完成技术设计书的审定工作，并提出书面审定意见。

（3）应当保证乙方的测绘队伍顺利进入现场工作，并对乙方进场人员的工作、生活提供必要的条件。

（4）甲方保证工程款按时到位，以保证工程的顺利进行。

（5）允许乙方内部使用执行本合同所生产的测绘成果。

6）乙方的义务

（1）自收到甲方的有关材料之日起××日内，根据甲方的有关资料和本合同的技术要求，完成技术设计书的编制，并交甲方审定。

（2）自收到甲方对技术设计书同意实施的审定意见之日起××日内组织测绘队伍进场作业。

（3）乙方应当根据技术设计书要求确保测绘项目如期完成。

（4）允许甲方内部使用乙方为执行本合同所提供的属乙方所有的测绘成果。

（5）未经甲方允许，乙方不得将本合同标的的全部或部分转包给第三方。

7）测绘项目完成工期

全部成果应于××年××月××日前交甲方验收。

项目进度安排也是合同中的一项重要内容，对项目承接方（测绘单位）实际测绘生产有指导作用，是委托方及监理方监督和评价承接方是否按计划执行项目，以及是否达到约定的阶段性目标的重要依据，也是阶段性工程费用结算的重要依据。进度安排应尽可能详细，一般应将拟定完成的工程内容罗列出来，标明每项工作计划完成的具体时间，以及预期的阶段性成果。对工程内容出现时间重叠和交错的情形，应按照完成的工程量进行阶段性分割。

8）验收方式

乙方应当于工程完工之日起××日内书面通知甲方验收，甲方应当自接到完工通知之日起××日内，组织有关专家，依据本合同约定使用的技术标准和技术要求，对乙方所完工的测绘工程完成验收，并出具测绘成果验收报告书。

对乙方所提供的测绘成果的质量有争议的，由测区所在地的省级测绘产品质量监督检验站裁决。其费用由败诉方承担。

成果的验收方式须由双方协商确定，一般情况下，应根据提交成果的不同类别进行分类验收；在存在监理方的情况下，验收工作必须由委托方、项目承接方和项目监理方三方共同来完成成果的质量检查及成果验收工作。

9）对乙方测绘成果的所有权、使用权和著作权归属的约定

根据《民法典》物权编的规定，测绘成果的所有权、使用权属于测绘项目发包单位；根

据 2020 年 11 月 11 日修订的《中华人民共和国著作权法》的规定，测绘成果的著作权属于测绘承包单位的个人或法人。

10）测绘工程费支付日期和方式

（1）自合同签订之日起××日内甲方向乙方支付定金人民币××元。并预付工程预算总价款的××%，人民币××元。

（2）当乙方完成预算工程总量的××%时，甲方向乙方支付预算工程价款的××%，人民币××元。

（3）当乙方完成预算工程总量的××%时，甲方向乙方支付预算工程价款的××%，人民币××元。

（4）乙方自工程完工之日起××日内，根据实际工作量编制工程结算书，经甲、乙双方共同审定后，作为工程价款结算的依据。自测绘成果验收合格之日起××日内，甲方应根据工程结算结果向乙方全部结清工程价款。

11）测绘成果交付

自测绘工程费全部结清之日起××日内，乙方根据技术设计书的要求向甲方交付全部测绘成果。乙方向甲方交付约定的测绘成果××份。甲方如需增加测绘成果份数，需另行向乙方支付每份工本费××元。

测绘合同中必须对项目完成后拟提交的测绘成果进行详细说明，并逐一罗列出成果名称、规格、数量及其他需要说明的内容。

12）甲方违约责任

（1）合同签订后，乙方未进入现场工作前，由于甲方工程停止而终止合同的，甲方无权请求返还定金。双方没有约定定金的，偿付乙方预算工程费的 30%，人民币××元；乙方已进入现场工作，甲方应按完成的实际工作量支付工程价款，并按预算工程费的××%（××元）向乙方偿付违约金。

（2）乙方进场后，甲方未给乙方提供必要的工作、生活条件而造成停窝工时，甲方应支付给乙方停窝工费，停窝工费按合同约定的平均工日产值（××元/日）计算，同时工期顺延。

（3）甲方未按要求支付乙方工程费，应按顺延天数和当时银行贷款利息，向乙方支付违约金。影响工程进度的，甲方应承担顺延工期的责任，并根据本条第二项的约定向乙方支付停窝工费。

（4）对于乙方提供的图纸等资料以及属于乙方的测绘成果，甲方有义务保密，不得向第三人提供或用于本合同以外的项目，否则乙方有权要求甲方按本合同工程款总额的 20%赔偿损失。

13）乙方违约责任

（1）合同签订后，如乙方擅自中途停止或解除合同，乙方应向甲方双倍返还定金。双方没有约定定金的，乙方应向甲方赔偿已付工程价款的××%，人民币××元，并归还甲方预付的全部工程款。

（2）在甲方提供了必要的工作、生活条件，并且保证了工程款按时到位，乙方未能按合同规定的日期提交测绘成果时，应向甲方赔偿拖期损失费，每天的拖期损失费按合同约定的预算工程总造价款的××%计算。因天气、交通、政府行为、甲方提供的资料不准确等客观原因造成的工程拖期，乙方不承担赔偿责任。

（3）乙方提供的测绘成果质量不合格的，乙方应负责无偿予以重测或采取补救措施，以达到质量要求。因测绘成果质量不符合合同要求（而又非甲方提供的图纸资料原因所致）造成后果时，乙方应对因此造成的直接损失负赔偿责任，并承担相应的法律责任（由于甲方提供的图纸资料原因产生的责任由甲方自己负责）。返工周期为××天，到××年××月××日完成，并向甲方提供测绘成果。

（4）对于甲方提供的图纸和技术资料以及属于甲方的测绘成果，乙方有保密义务，不得向第三人转让，否则，甲方有权要求乙方按本合同工程款总额的20%赔偿损失。

（5）乙方擅自转包本合同标的的，甲方有权解除合同，并可要求乙方偿付预算工程费30%（人民币××元）的违约金。

14）其他约定

（1）由于不可抗力，致使合同无法履行时，双方应按有关法律规定及时协商处理。

（2）本合同执行过程中的未尽事宜，双方应本着实事求是、友好协商的态度加以解决。双方协商一致的，签订补充协议。补充协议与本合同具有同等法律效力。

（3）因本合同发生争议，由双方当事人协商解决或由双方主管部门调解，协商或调解不成的，当事人双方同意××仲裁委员会仲裁（当事人双方未在合同中约定仲裁机构，事后又未达成书面仲裁协议的，可向人民法院起诉）。

15）附　则

（1）本合同由双方代表签字，加盖双方公章或合同专用章即生效。全部成果交接完毕和测绘工程费结算完成后，本合同终止。

（2）本合同一式××份，甲方××份，乙方××份。

2.3.2　测绘合同管理

测绘合同的管理包括合同的订立、合同的履行、合同的变更、合同的违约与责任等。

1. 合同的订立

1）合同订立的概念

合同的订立指两方以上当事人通过协商而于互相之间建立合同关系的行为，又称缔约，也是当事人为设立、变更、终止财产权利义务关系而进行协商、达成协议的过程。

《民法典》第四百六十九条规定：当事人订立合同，可以采用书面形式、口头形式或者其他形式。书面形式是合同书、信件、电报、电传、传真等可以有形地表现所载内容的形式。以电子数据交换、电子邮件等方式能够有形地表现所载内容，并可以随时调取查用的数据电文，视为书面形式。

《中华人民共和国民法典》第三编　合同

2）合同订立的内容

测绘合同订立的内容包含测绘范围；测绘内容；执行技术标准和其他技术要求；测绘工

程费；甲方、乙方的义务；测绘项目完成工期；验收方式；对乙方测绘成果的所有权、使用权和著作权归属的约定；测绘工程费支付日期和方式；甲方、乙方违约责任；其他约定等详尽内容。

3）合同订立的过程

《民法典》第四百六十九条规定：当事人订立合同，可以采取要约、承诺方式或者其他方式。

（1）要约是希望与他人订立合同的意思表示，该意思表示内容具体确定，且表明经受要约人承诺，要约人即受该意思表示约束。招标公告等为要约邀请。要约邀请是希望他人向自己发出要约的表示。

（2）承诺是受要约人同意要约的意思表示。承诺生效时合同成立。

2. 合同的履行

1）合同履行的概念

合同的履行指的是合同规定义务的执行。任何合同规定义务的执行，都是合同的履行行为；相应地，凡是不执行合同规定义务的行为，都是合同的不履行。因此，合同的履行，表现为当事人执行合同义务的行为。当合同义务执行完毕时，合同也就履行完毕。

2）合同履行的内容

（1）合同履行是当事人的履约行为。测绘合同双方应严格按照合同约定履行各自的义务，保证合同的严肃性。

（2）履行合同的标准。履行合同指合同的全部履行。只有当事人双方按照合同的约定或者法律的规定，全面、正确地完成各自承担的义务，才能使合同债权得以实现，也才使合同法律关系归于消灭。

（3）不明确合同内容履行的规定。

① 质量要求不明确的，按照强制性国家标准履行；没有强制性国家标准的，按照推荐性国家标准履行；没有推荐性国家标准的，按照行业标准履行；没有国家标准、行业标准的，按照通常标准或者符合合同目的的特定标准履行。

② 价款或者报酬不明确的，按照订立合同时履行地的市场价格履行；依法应当执行政府定价或者政府指导价的，依照规定履行。

③ 履行地点不明确、给付货币的，在接受货币一方所在地履行；交付不动产的，在不动产所在地履行；其他标的，在履行义务一方所在地履行。

④ 履行期限不明确的，债务人可以随时履行，债权人也可以随时请求履行，但是应当给对方必要的准备时间。

⑤ 履行方式不明确的，按照有利于实现合同目的的方式履行。

⑥ 履行费用的负担不明确的，由履行义务一方负担；因债权人原因增加的履行费用，由债权人负担。

3. 合同的变更

1）合同变更的概念

有效成立的合同在尚未履行完毕之前，双方当事人经协商一致而使合同内容发生改变，双方签订变更后的合同。合同内容改变包括合同标的、数量、质量、价款或者报酬、履行期限、履行地点和方式、违约责任和解决争议方法等合同内容的实质性变更。

2）合同变更的条件

（1）原合同关系的有效存在。合同变更是在原合同的基础上，通过当事人双方的协商或者法律的规定改变原合同关系的内容。

（2）当事人双方协商一致，不损害国家及社会公共利益。在协商变更合同的情况下，变更合同的协议必须符合相关法律的有效要件，任何一方不得采取欺诈、胁迫的方式来欺骗或强制他方当事人变更合同。

（3）合同非要素内容发生变更。合同变更仅指合同的内容发生变化，不包括合同主体的变更，因而合同内容发生变化是合同变更不可或缺的条件。当然，合同变更必须是非实质性内容的变更，变更后的合同关系与原合同关系应当保持同一性。

（4）须遵循法定形式。合同变更必须遵守法定的方式。按照规定应当办理批准等手续的，合同应当办理批准等手续。未办理批准等手续影响合同生效的，不影响合同中履行报批等义务条款以及相关条款的效力。应当办理申请批准等手续的当事人未履行义务的，对方可以请求其承担违反该义务的责任。

3）合同变更的效力

（1）就合同变更的部分发生债权债务关系消灭的后果。合同变更的实质在于使变更后的合同代替原合同。因此，合同变更后，当事人应按变更后的合同内容履行。

（2）仅对合同未履行部分发生法律效力，即合同变更没有溯及力。合同变更原则上向将来发生效力，未变更的权利义务继续有效，已经履行的债务不因合同的变更而失去合法性。

（3）不影响当事人请求赔偿的权利。合同的变更不影响当事人要求赔偿的权利。原则上，提出变更的一方当事人对对方当事人因合同变更所受损失应负赔偿责任。

4. 合同的违约与责任

1）合同违约

合同违约指违反合同债务的行为，也称为合同债务不履行。合同债务，既包括当事人在合同中约定的义务，又包括法律直接规定的义务，还包括根据法律原则和精神的要求，当事人所必须遵守的义务。仅指违反合同债务这一客观事实，不包括当事人及有关第三人的主观过错。

在测绘合同履行过程中，双方都可能不同程度地出现违约行为，多数比较轻微的违约行为对方可以谅解，严重违约主要有以下三种表现：

（1）项目委托方不按合同约定及时支付工程款。

（2）增加额外工作量或变更技术设计的主要条款造成工作量增加而不增加费用。

（3）不能在合同约定时间提交成果或提交的成果质量不符合要求。

2）合同违约责任

（1）当事人一方不履行合同义务或者履行合同义务不符合约定的，应当承担继续履行、采取补救措施或者赔偿损失等违约责任。

（2）当事人一方明确表示或者以自己的行为表明不履行合同义务的，对方可以在履行期限届满前请求其承担违约责任。

（3）当事人一方未支付价款、报酬、租金、利息，或者不履行其他金钱债务的，对方可以请求其支付。

（4）履行不符合约定的，应当按照当事人的约定承担违约责任。对违约责任没有约定或者约定不明确，依据受损害方根据标的的性质以及损失的大小，可以合理选择请求对方承担修理、重做、更换、退货、减少价款或者报酬等违约责任。

（5）当事人一方不履行合同义务或者履行合同义务不符合约定的，在履行义务或者采取补救措施后，对方还有其他损失的，应当赔偿损失。损失赔偿额应当相当于因违约所造成的损失，包括合同履行后可以获得的利益；但是，不得超过违约一方订立合同时预见到或者应当预见到的因违约可能造成的损失。

2.3.3　测绘合同的相关法规

1.《招标投标法》的规定

第三十一条规定：两个以上法人或者其他组织可以组成一个联合体，以一个投标人的身份共同投标。联合体中标的，联合体各方应当共同与招标人签订合同，就中标项目向招标人承担连带责任。

联合体各方均应当具备承担招标项目的相应能力；国家有关规定或者招标文件对投标人资格条件有规定的，联合体各方均应当具备规定的相应资格条件。由同一专业的单位组成的联合体，按照资质等级较低的单位确定资质等级。

联合体各方应当签订共同投标协议，明确约定各方拟承担的工作和责任，并将共同投标协议连同投标文件一并提交招标人。

第四十六条规定：招标人和中标人应当自中标通知书发出之日起三十日内，按照招标文件和中标人的投标文件订立书面合同。招标人和中标人不得再行订立背离合同实质性内容的其他协议。

2.《招标投标法实施条例》的规定

第十四条规定：招标人应当与被委托的招标代理机构签订书面委托合同。

第五十七条规定：招标人和中标人应当依照招标投标法和本条例的规定签订书面合同，合同的标的、价款、质量、履行期限等主要条款应当与招标文件和中标人的投标文件的内容一致。招标人和中标人不得再行订立背离合同实质性内容的其他协议。

招标人最迟应当在书面合同签订后 5 日内向中标人和未中标的投标人退还投标保证金及银行同期存款利息。

3.《测绘市场管理暂行办法》的规定

第二十三条规定：测绘项目当事人应当按照《民法典》合同编的有关规定，签订书面合同，使用统一的测绘合同文本。测绘合同示范文本由国家工商行政管理局和国家测绘局共同制定。

第二十四条规定：当事人签订测绘合同的正本份数，由双方根据需要确定并具有同等效力，自双方签字盖章后由双方分别保存。

第二十五条规定：在测绘合同中应明确规定合同标的技术标准。合同工期按照国家测绘局制定的《测绘生产统一定额》计算。合同价款按照国家测绘局颁发的现行《测绘收费标准》或国家物价主管部门批准的测绘收费标准计算。

第二十六条规定：当事人双方应当全面履行测绘合同。测绘合同发生纠纷时，当事人双方应当依照《民法典》合同编的有关规定解决。

2.3.4 测绘成本预算

2009 年 2 月，财政部和原国家测绘局联合颁布了修订的《测绘生产成本费用定额》《测绘生产成本费用定额计算细则》《测绘生产困难类别细则》，它是各级财政部门核定基础测绘预算的主要依据，也是各类测绘单位编制预算和组织生产管理的基础。根据《测绘事业单位财务制度》，成本费用的具体内容包括以下几个部分：

1. 直接费用

直接费用是单位在生产、业务活动中直接耗用的材料、支付的工资、运输费和其他直接费用。直接费用直接计入测绘项目、测绘产品和科研课题等成本中。

（1）工资包括直接从事测绘生产、业务活动的人员的工资、津贴和补贴等。

（2）材料包括测绘生产、业务活动中实际耗用的各种原材料、辅助材料、备品配件、低值易耗品燃料和动力、勘测用具、测试检验用具、野外营具等。

（3）运输费包括测绘生产、业务活动中直接发生的仪器、器材的运输费，包括使用自备运输工具的消耗和外雇运输工具的费用。

自备运输工具的消耗包括：燃料、配件、车辆保险费、养路费、修理费及缴纳的各种费用；外雇运输费包括直接运输仪器、器材的车船运输、铁路航空运输及外雇人力、畜力搬运费等。

（4）其他直接支出包括直接从事测绘生产、业务人员的职工福利费、社会保障费、劳动保护费、资料费、设计费、外协费、仪器设备鉴定费、软件购置费、招标投标费、现场检验费、项目评审费等，以及信息咨询费、会议费、邮电通信费、雇佣劳务费、差旅费、修理费、租赁费、青苗及占地补偿费、房租、水电燃料费、取暖费等。

2. 间接费用

间接费用是单位的中队（分院、业务部门）等为组织管理测绘生产和业务活动所发生的各项费用支出。其中包括工资、津贴、补贴、职工福利费、社会保障费、劳动保护费、办公费、水电费、燃料费、取暖费、电算费、软件购置费、邮电通信费、交通运输费、差旅费、修理费、质量检验费、会议费、学术交流费、低值易耗品摊销以及按比例提取的修购基金等。间接费用按一定比例分配计入测绘项目、测绘产品和科研课题等成本中。

3. 期间费用

期间费用是单位行政管理部门为组织和管理测绘生产、业务和其他经营活动所发生的管理费用、销售费用、财务费用。

（1）管理费用包括管理人员的工资、津贴、补贴、职工福利费、社会保障费、离退休人员经费、工会经费、职工教育费、办公费、水电费、取暖费、差旅费、公用设备购置费、办公用房修缮费、劳动保护费、缴纳的学会会费、环境治理和排污费、卫生绿化费、业务费、业务招待费、材料盘亏毁损和报废、呆账坏账损失、税金、按比例提取的修购基金及其他费用。

（2）销售费用是单位在销售测绘产品和提供劳务等过程中发生的各项费用以及专设销售机构的各项费用。其中包括由单位承担的运输费、装卸费、包装费、保险费、委托代销手续费、广告费、展览费、租赁费和销售服务费用；销售部门人员工资、职工福利费、差旅费、办公费、修理费、物料消耗、低值易耗品以及其他费用。

（3）财务费用包括单位为筹措资金发生的利息支出、汇兑损益、金融机构手续费以及为筹资发生的其他费用。

第3章　测绘从业资格管理

3.1　测绘从业资格

3.1.1　行政许可

测绘从业资格属于行政许可的范畴。行政许可是指行政机关根据公民、法人或者其他组织的申请，经依法审查，准予其从事特定活动的行为。行政许可分为普通许可、特许、认可、核准、登记等五类。《中华人民共和国行政许可法》第十二条规定，下列事项可以设定行政许可：

（1）直接涉及国家安全、公共安全、经济宏观调控、生态环境保护以及直接关系人身健康、生命财产安全等特定活动，需要按照法定条件予以批准的事项。

（2）有限自然资源开发利用、公共资源配置以及直接关系公共利益的特定行业的市场准入等，需要赋予特定权利的事项。

（3）提供公众服务并且直接关系公共利益的职业、行业，需要确定具备特殊信誉、特殊条件或者特殊技能等资格、资质的事项。

（4）直接关系公共安全、人身健康、生命财产安全的重要设备、设施、产品、物品，需要按照技术标准、技术规范，通过检验、检测、检疫等方式进行审定的事项。

（5）企业或者其他组织的设立等，需要确定主体资格的事项。

（6）法律、行政法规规定可以设定行政许可的其他事项。

测绘事业是经济建设、国防建设、社会发展的基础性事业，测绘地理信息行业关乎国计民生和国家安全，测绘从业资格审批属于认可类行政许可。

3.1.2　实行测绘从业资格制度的意义

测绘从业资格制度是指测绘单位和个人须取得相应的资质和资格，才允许从事测绘活动的制度。从业资格制度包括两方面的内容：一是从业单位的资质制度；二是从事测绘活动的专业技术人员的执业资格制度。从事测绘活动的单位和专业技术人员应取得相应的资质证书和执业资格证书，并在证书许可的范围内从事测绘活动。

截至 2019 年末，我国测绘地理信息行业共有测绘资质单位 2.1 万多个，从业人员 50 多万人，形成了测绘生产、科研、教育、仪器制造、地图出版、行政管理等门类齐全的体系，主要分布在测绘、国土、建设、地矿、水利、交通、电力、地震、煤炭、铁道、有色、石油、农业、林业、海洋、建材、航空航天、电子、国防等多个领域。随着社会主义市场经济的发展和行政管理体制改革的深入，大多数的测绘队伍进入市场承揽测绘业务，测绘市场逐渐形成。如果一个从事测绘活动的单位和个人不具备相应的素质和能力，就无法保证测绘成果的质量，无法保障测绘为国民经济和社会发展提供有效的服务，影响后续工作的工程质量，严重的甚至还会危害人民的生命、财产安全，危害国家安全和主权。

为了证明或者提供测绘单位和个人从事测绘活动能力的信誉、信息，测绘法规将测绘从业资格审批作为一种测绘单位或个人从事测绘活动的事前控制手段，设定了测绘从业资格审批行政许可，规定测绘单位包括在部门、系统单位内部从事测绘活动的单位和个人只有获得相应从业资格后方可从事测绘活动。国家以法律形式规定测绘从业资格管理制度充分反映了国家对测绘工作的高度重视，同时也反映了测绘工作的特殊性。

3.1.3　测绘从业资格的法规

案例 2

2017 年 4 月 27 日新修订的《中华人民共和国测绘法》是我国测绘工作的根本法，规定了测绘从业资格的基本原则。《测绘法》第二十七条规定，国家对从事测绘活动的单位实行测绘资质管理制度，从事测绘活动的单位依法取得相应等级的测绘资质证书，方可从事测绘活动；第三十条规定，从事测绘活动的专业技术人员应当具备相应的执业资格条件。

1986 年 9 月 1 日，原国家测绘局发布施行的《测绘许可证试行条例》，是我国最早关于测绘资格审查和测绘许可规定的法规，要求测绘生产单位都应经过资格审查，取得测绘许可证，才具有从事测绘生产的资格。1995 年 1 月 14 日，原国家测绘局发布的《测绘资格审查认证管理规定》，要求凡承担测绘任务的单位和个体测绘从业者，必须经测绘资格审查，取得《测绘资格证书》方可承担测绘任务，标志着我国测绘资质管理制度的正式建立。该规定于 2000 年 8 月 8 日第一次修订；2004 年 2 月 16 日第二次修订为《测绘资质管理规定》，此后 2009 年 5 月 18 日、2014 年 7 月 1 日予以两次修订；2021 年 7 月 1 日第五次修订为《测绘资质管理办法》，该办法是目前测绘单位取得测绘资质证书和从事测绘活动的专业类别和作业限制范围的根本依据。

我国对从事测绘活动的专业技术人员，实行职业准入和推行注册测绘师制度。2007 年 1 月 24 日发布的《注册测绘师制度暂行规定》《注册测绘师资格考试实施办法》《注册测绘师资格考核认定办法》和 2014 年 7 月 9 日发布的《注册测绘师执业管理办法（试行）》以及 2015 年 7 月 13 日发布的《注册测绘师继续教育学时认定和登记办法（试行）》等对注册测绘师的考试和认定、注册、执业、权利和义务、继续教育等方面进行了明确规定，是注册测绘师制度和管理的基本遵循。

3.2 测绘资质

3.2.1 测绘资质等级及其标准

测绘资质是指测绘单位从事测绘活动的素质和能力，包括人员素质、仪器设备等物质条件及生产能力、业绩等。自然资源部 2021 年 6 月 7 日发布了新修订的《测绘资质管理办法》和《测绘资质分类分级标准》，将测绘资质分为甲、乙两个等级，将测绘资质等级标准分为通用标准、专业标准。其中专业标准的专业类别分为大地测量、测绘航空摄影、摄影测量与遥感、工程测量、海洋测绘、界线与不动产测绘、地理信息系统工程、地图编制、导航电子地图制作、互联网地图服务。

测绘资质的通用标准和专业标准分别见表 3.1 和表 3.2。

1. 测绘资质通用标准（见表 3.1）

表 3.1 测绘资质通用标准

一、测绘地理信息安全保障措施和管理制度要求	
基本要求	1. 设立测绘地理信息安全保密工作机构
	2. 从事涉密测绘业务的人员应当具有中华人民共和国国籍，签订保密责任书，接受保密教育
	3. 建立健全测绘地理信息安全保密管理制度。明确涉密人员管理、保密要害部门部位管理、涉密设备与存储介质管理、涉密测绘成果全流程保密、保密自查等要求
	4. 明确涉密测绘成果使用审批流程和责任人，未经批准，涉密测绘成果不得带离保密要害部门部位
	5. 涉密存储介质专人管理，建立台账；涉密设备与存储介质应粘贴密级标识；涉密计算机、涉密存储介质不得接入互联网或其他公共信息网络；涉密网络与互联网或其他公共信息网络之间实行物理隔离；涉密计算机外接端口封闭管理
	6. 建立健全涉密测绘外业安全保密管理制度，落实监管人员和保密责任，外业所用涉密计算机纳入涉密单机进行管理
	7. 对属于国家秘密的地理信息的获取、持有、提供、利用情况进行登记并长期保存，实行可追溯管理
	8. 从事测绘活动，应当遵守保密法律法规规章等有关规定
导航电子地图制作补充要求	1. 涉密网络应配备系统管理员、安全保密管理员和安全审计员
	2. 保密要害部门部位应当确定安全控制区域，采取电子监控、防盗报警等必要的安全防范措施
	3. 配置符合要求的安全保密专用产品，包括身份鉴别、访问控制、安全审计、保密技术防护（三合一）、漏洞扫描、计算机病毒查杀、边界安全防护和数据库安全等产品
	4. 软件开发不得在保密要害部门部位内进行

续表

导航电子地图制作补充要求	5. 未经单位安全保密工作机构批准，单位内部涉密测绘成果不得采用移动存储介质进行交换，应基于涉密网络操作，并进行审计
	6. 涉密测绘成果对外提供应配置专人专机。专机需安装安全审计软件，进行实时审计
	7. 配置红黑电源
互联网地图服务补充要求	存放地图数据的服务器设在中华人民共和国境内
二、技术和质量保证体系要求	
机构人员	1. 设立技术和质量管理机构
	2. 明确技术和质量管理工作的主管领导、技术和质量管理机构的负责人。技术和质量管理机构负责人应当具备中级及以上测绘专业技术职称
	3. 配备与业务相适应的质检人员。质检人员应当是测绘专业技术人员
管理制度	1. 建立健全技术管理制度，明确技术设计、技术处理和技术总结等要求。其中简单、日常性的测绘项目可以制定《作业指导书》
	2. 建立健全质量检查管理制度，明确过程检查、最终检查、质量评定、检查记录和检查报告等要求
	3. 建立健全人员培训与岗位管理制度，明确岗位职责、岗前培训考核、继续教育等要求
	4. 建立健全测绘仪器设备检定、校准管理制度，明确测绘仪器设备的检定、校准、日常管理等要求
其他	测绘技术和质量保证体系应当遵守法律法规规章等有关规定
三、测绘成果和资料档案管理制度要求	
机构人员	1. 设立测绘成果和资料档案管理机构
	2. 明确测绘成果和资料档案管理工作的主管领导、工作人员及岗位职责
管理制度	1. 建立健全测绘成果和资料档案管理制度，明确测绘成果接收、整理、保管、使用、销毁以及建立台账等管理要求
	2. 建立健全测绘成果和资料档案信息化管理的安全保护制度
设施设备	1. 有专门的测绘成果和资料档案库房，具备防盗、防火、防潮、防光、防尘、防磁、防有害生物和污染等安全措施
	2. 配有与业务相适应的测绘成果和资料档案专用柜架、专用数据存储设备
其他	测绘成果和资料档案管理应当遵守法律法规规章等有关规定

2. 测绘资质专业标准（见表3.2）

表 3.2　测绘资质专业标准

序号	专业类别		甲级							乙级						
			专业技术人员					技术装备	测绘业绩	专业技术人员					技术装备	作业限制范围
	名称	业务类型	总数	测绘专业			测绘相关专业			总数	测绘专业			测绘相关专业		
				高级	中级	初级					高级	中级	初级			
1	大地测量	卫星定位测量、卫星导航定位基准站网位置数据服务、水准测量、三角测量、天文测量、重力测量、基线测量、大地测量数据处理	60	4	7	13	36	GNSS 接收机（扼流圈天线）、全站仪、水准仪、重力仪合计30台	取得相应专业类别乙级测绘资质满2年。所申请的每个专业类别近2年完成测绘服务总值不少于600万元，且完成至少一个金额不低于50万元的测绘项目	25	1	4	5	15	GNSS 接收机、全站仪、水准仪合计15台	不得从事二等及以上水准、三角、天文测量；不得从事B级及以上卫星定位测量；不得从事专业重力测量；不得承担卫星导航定位基准站建设和坐标参考框架服务
2	测绘航空摄影	一般航摄、无人飞行器航摄、倾斜航摄	30	2	4	6	18	无人飞行测量采集系统、专业测绘航摄仪及其他测绘传感器合计4台（套）		15	1	2	3	9	无人飞行测量采集系统、专业测绘航摄仪及其他测绘传感器合计2台（套）	不得承揽两个及以上省级行政区域范围的项目

续表

序号	专业类别		甲级							乙级						
	名称	业务类型	专业技术人员					技术装备	测绘业绩	专业技术人员					技术装备	作业限制范围
			总数	测绘专业			测绘相关专业			总数	测绘专业			测绘相关专业		
				高级	中级	初级					高级	中级	初级			
3	摄影测量与遥感	摄影测量与遥感外业、摄影测量与遥感内业、摄影测量与遥感监理	40	4	7	13	16	1.GNSS 接收机、全站仪合计12台或者三维激光扫描仪2台； 2.摄影测量系统、遥感图像处理系统合计8套		8	—	2	3	3	1.GNSS 接收机、全站仪合计3台或者三维激光扫描仪1台； 2.摄影测量系统、遥感图像处理系统合计2套	不得承揽两个及以上省级行政区域范围的项目（线状项目除外）
4	工程测量	控制测量、地形测量、规划测量、建筑工程测量、变形形变与精密测量、市政工程测量、水利工程测量、线路与桥隧测量、地下管线测量、矿山测量、工程测量监理	40	4	7	13	16	GNSS 接收机、全站仪、水准仪、地下管线探测仪合计20台		6	—	2	2	2	GNSS 接收机、全站仪、水准仪、地下管线探测仪合计4台	不得从事二等及以上控制测量、国家建设重点工程的规划测量、单个建筑物10万平方米及以上的建筑工程测量、特大型水利水电工程测量、4千米及以上隧道工程测量

续表

序号	专业类别		甲级							乙级						
			专业技术人员							专业技术人员						
	名称	业务类型	总数	测绘专业			测绘相关专业	技术装备	测绘业绩	总数	测绘专业			测绘相关专业	技术装备	作业限制范围
				高级	中级	初级					高级	中级	初级			
5	海洋测绘	海岸地形测量、水深测量、水文观测、海洋工程测量、扫海测量、深度基准测量、海图编制、海洋测绘监理	40	4	7	13	16	1.GNSS 接收机、全站仪合计10台； 2.浅地层剖面仪、侧扫声呐、海洋磁力仪、测深仪、声速仪、水位计、验流计合计14台或者多波束测深系统2套		6	—	2	2	2	1.全站仪1台； 2.测深仪1台	不得从事深度基准测量、海图编制；不得从事连片区域100平方千米及以上的海岸地形测量、水深测量、水文观测、海洋工程测量和扫海测量
6	界线与不动产测绘	行政区域界线测绘，地籍测绘、房产测绘、海域权属测绘等不动产测绘，不动产测绘监理	40	4	7	13	16	GNSS 接收机、全站仪合计10台		6	—	2	2	2	GNSS 接收机、全站仪、手持测距仪合计2台	不得从事国界线测绘、规划许可证载单栋建筑10万平方米及以上的房产测绘

续表

序号	专业类别		甲级							乙级						
	名称	业务类型	专业技术人员					技术装备	测绘业绩	专业技术人员					技术装备	作业限制范围
			总数	测绘专业			测绘相关专业			总数	测绘专业			测绘相关专业		
				高级	中级	初级					高级	中级	初级			
7	地理信息系统工程	地理信息数据采集、地理信息数据处理、地理信息系统及数据库建设、地面移动测量、地理信息软件开发、地理信息系统工程监理	40	4	7	13	16	1.GNSS 接收机、三维激光扫描仪合计 6 台； 2.地理信息处理软件、地理信息系统平台软件合计 12 套	—	8	—	2	3	3	1.GNSS 接收机、三维激光扫描仪合计 2 台； 2.地理信息处理软件、地理信息系统平台软件合计 2 套	不得承揽两个及以上省级行政区域范围的项目
8	地图编制	地形图、教学地图、世界政区地图、全国及地方政区地图、电子地图、真三维地图、其他专用地图	60	4	7	13	36	1. 数据服务器 2 台； 2. 图形输出设备（A0 幅面）1 台		25	1	4	5	15	数据服务器 1 台	不得从事世界和全国政区地图、超出省级行政区域范围的教学地图编制
9	导航电子地图制作	导航电子地图制作	100	4	8	28	60	1. 外业数据采集设备 30 台(套)(定位精度≤10 m)； 2. 具备导航地图编辑系统		15	1	2	3	9	外业数据采集设备 5 台(套)(定位精度≤10 m)	不得在相关政府部门划定的自动驾驶区域外从事导航电子地图制作
10	互联网地图服务	地理位置定位、地理信息上传标注、地图数据库开发	20	—	2	—	18	有独立地图引擎		12	—	1	—	11	—	不得从事地图数据库开发

专业标准说明：

1）关于专业技术人员

（1）专业技术人员包括测绘专业技术人员和测绘相关专业技术人员。专业技术人员应当具有中华人民共和国国籍，不得兼职，测绘专业技术人员具有测绘专业职称，测绘相关专业技术人员具有测绘相关专业学历或职称。用于申请甲、乙级测绘资质的专业技术人员中，退休的专业技术人员分别不得超过 2 人和 1 人。

（2）测绘专业是指大地测量、工程测量、摄影测量、遥感、地图制图、地理信息、地籍测绘、测绘工程、矿山测量、海洋测绘、导航工程、土地管理、地理国情监测等专业。测绘相关专业是指地理、地质、工程勘察、资源勘查、土木、建筑、规划、市政、水利、电力、道桥、工民建、海洋、计算机、软件、电子、信息、通信、物联网、统计、生态、印刷、人工智能、大数据、云计算、保密、档案等专业。

（3）本标准规定的专业技术人员数量为最低要求。高级别测绘专业技术人员可以冲抵低级别测绘专业技术人员，测绘专业技术人员可以冲抵测绘相关专业技术人员。

2）关于技术装备

（1）技术装备要求的“合计”，不需要每种技术装备都具备。

（2）GNSS 接收机、全站仪、水准仪精度应当分别不低于 $5\ \mathrm{mm}+1\times10^{-6}D$、2″、S1。

（3）无人飞行测量采集系统：至少同时具备飞行平台和航摄传感器（包括相机、机载激光扫描仪、机载 SAR）。

（4）专业测绘航摄仪及其他测绘传感器：包括航摄仪、机载激光扫描仪、航空重力仪、机载 SAR。

（5）摄影测量系统：从影像、点云等数据获取到过程数据处理、成果输出，均采用数字化或智能化等形式进行的摄影测量系统。

（6）遥感图像处理系统：能够对遥感图像信息进行数字化、复原、几何校正、增强、统计分析、信息提出、分类、识别等图像加工的系统。

（7）地理信息处理软件：用于处理和分析地理信息的软件。

（8）地理信息系统平台软件：用于地理信息系统及数据库建设的基础软件，具备地理信息的获取、存储、编辑、处理、分析和显示等功能，并可支持软件定制开发。

（9）独立地图引擎：部署于服务器上，能够向用户提供地图显示、空间搜索、上传标注、接口调用等服务的软件系统。

（10）外业数据采集设备：至少同时具备 GNSS 接收机和数据获取设备。

（11）本标准规定的技术装备数量为最低要求。

3）关于测绘业绩

增加甲级测绘资质专业类别的，应当符合专业标准规定的甲级测绘业绩要求。测绘单位转制或分立的，申请原资质等级和专业类别不受本标准规定的甲级测绘业绩要求限制。

4）其　他

申请两个及以上专业类别的，应当符合所有申请专业类别的条件，对专业技术人员、技术装备的数量要求不累加计算。

3.2.2　测绘资质管理

全国测绘资质管理信息系统

1. 申　请

导航电子地图制作甲级测绘资质，应当向自然资源部提出申请，其他类别和等级的，应当向省、自治区、直辖市人民政府自然资源主管部门提出申请。

申请测绘资质的单位应当符合下列条件：

（1）有法人资格。

（2）有与从事测绘活动相适应的测绘专业技术人员和测绘相关专业技术人员。

（3）有与从事测绘活动相适应的技术装备和设施；省、自治区、直辖市人民政府自然资源主管部门可以根据本地实际，适当提高测绘资质分类分级标准中的专业技术人员、技术装备的数量要求，并于发布之日起 30 日内报送自然资源部备案。

（4）有健全的技术和质量保证体系、安全保障措施、信息安全保密管理制度以及测绘成果和资料档案管理制度。

（5）满足测绘资质等级专业类别的申请条件和申请材料的具体要求。其中申请甲级测绘资质的，应取得相应专业类别乙级测绘资质满 2 年。所申请的每个专业类别近 2 年完成测绘服务总值不少于 600 万元，且完成至少一个金额不低于 50 万元的测绘项目。项目应取得省级以上测绘地理信息行政主管部门认可的并由质检机构出具的质量检验合格证明。

2. 受　理

审批机关对申请单位提出的测绘资质申请，应当根据下列情形分别做出处理：

（1）申请材料齐全并符合法定形式的，应当决定受理并出具受理通知书。

（2）申请材料不齐全或者不符合法定形式的，应当当场或者在 5 个工作日内一次告知申请单位需要补正的全部内容，逾期不告知的，自收到申请材料之日起即为受理。

（3）申请事项依法不属于本审批机关职责范围的，应当即时作出不予受理的决定，并告知申请单位向有关审批机关申请。

3. 审　查

对导航电子地图制作甲级测绘资质的审批，自然资源部通过网上受理，并采用以下方式对申请材料进行审查：

（1）将申请单位的基本信息、所申请测绘资质类别等级及除涉及国家秘密、商业秘密和个人隐私外的申请信息等通过本机关网站公开。

（2）引入第三方机构做技术性审查。

（3）必要时，进行实地核查或专家评议。

（4）部机关内部会审。

省、自治区、直辖市人民政府自然资源主管部门在审查申请材料时，除应严格执行上述第（1）条的规定外，其他规定可根据本地实际参照执行。

自然资源部在 2021 年 6 月 28 日发布的《自然资源部办公厅关于开展测绘资质复审换证工作的通知》中，给出了测绘资质《通用标准审查细则（试行）》，详见表 3.3。

表 3.3　通用标准审查细则（试行）

<table>
<tr><td colspan="4">一、测绘地理信息安全保障措施和管理制度要求</td></tr>
<tr><td colspan="2">要求条款</td><td>审查标准</td><td>所需申请材料</td></tr>
<tr><td rowspan="8">基本要求</td><td>1. 设立测绘地理信息安全保密工作机构</td><td>有/无</td><td>机构组建文件（承担工作职责和内容）</td></tr>
<tr><td>2. 从事涉密测绘业务的人员应当具有中华人民共和国国籍，签订保密责任书，接受保密教育</td><td>完整</td><td>1. 从事涉密测绘业务并签署保密责任书的人员清单(包括：姓名、身份证号码、工作岗位、责任书签署日期)；
2. 近三年内（或培训证书仍在有效期内）接受过省级自然资源主管部门或者其他单位及部门组织的测绘地理信息安全保密政策等专题培训的人员清单（包括：姓名、工作岗位、培训机构和时间）</td></tr>
<tr><td>3. 建立健全测绘地理信息安全保密管理制度，明确涉密人员管理、保密要害部门部位管理、涉密设备与存储介质管理、涉密测绘成果全流程保密、保密自查等要求</td><td>有/无，内容全面</td><td>测绘地理信息安全保密管理制度文件</td></tr>
<tr><td>4. 明确涉密测绘成果使用审批流程和责任人，未经批准，涉密测绘成果不得带离保密要害部门部位</td><td>有/无，内容全面</td><td>1. 单位内部涉密测绘成果使用流程规章制度；
2. 明确责任人及岗位等文件材料；
3. 涉密测绘成果提供使用台账</td></tr>
<tr><td>5. 涉密存储介质专人管理，建立台账；涉密设备与存储介质应粘贴密级标识；涉密计算机、涉密存储介质不得接入互联网或其他公共信息网络；涉密网络与互联网或其他公共信息网络之间实行物理隔离；涉密计算机外接端口封闭管理</td><td>有/无</td><td>1. 涉密设备及照片清单（包括：名称、密级、数量、场所）；
2. 采用地理信息安全防控技术的相关材料；
3. 涉密网络及环境通过国家法律法规要求的测评材料（非必要项）</td></tr>
<tr><td>6. 建立健全涉密测绘外业安全保密管理制度，落实监管人员和保密责任，外业所用涉密计算机纳入涉密单机进行管理</td><td>有/无，内容全面</td><td>1. 涉密测绘外业安全保密管理制度；
2. 外业人员及设备清单（包括：外业从业人员名单、工作岗位，外业设备名称、密级、数量）</td></tr>
<tr><td>7. 对属于国家秘密的地理信息的获取、持有、提供、利用情况进行登记并长期保存，实行可追溯管理</td><td>有/无</td><td>数据记录（包括获取、持有、提供、利用、销毁等全闭环）</td></tr>
<tr><td>8. 从事测绘活动，应当遵守保密法律法规规章等有关规定</td><td></td><td>是否发生过失泄密情况，是否有因失泄密隐患问题被公安、保密、安全、网安等部门处理情况等。如有，需提供后续整改情况材料</td></tr>
<tr><td rowspan="3">导航电子地图制作补充要求</td><td>1. 涉密网络应配备系统管理员、安全保密管理员和安全审计员</td><td>完整</td><td>人员清单（包括：姓名、身份证号码、工作岗位）</td></tr>
<tr><td>2. 保密要害部门部位应当确定安全控制区域，采取电子监控、防盗报警等必要的安全防范措施</td><td>有/无</td><td>部门部位及照片清单（包括：名称、密级、防范措施）</td></tr>
<tr><td>3. 配置符合要求的安全保密专用产品，包括身份鉴别、访问控制、安全审计、保密技术防护（三合一）、漏洞扫描、计算机病毒查杀、边界安全防护和数据库安全等产品</td><td>有/无</td><td>采用的地理信息安全防控技术及产品清单（包括：产品名称、型号、数量、用途及产品保密测评证书编号）</td></tr>
</table>

续表

导航电子地图制作补充要求	4. 软件开发不得在保密要害部门部位内进行	有/无	情况说明
	5. 未经单位安全保密工作机构批准，单位内部涉密测绘成果不得采用移动存储介质进行交换，应基于涉密网络操作，并进行审计	有/无	规章制度及批准或审计情况
	6. 涉密测绘成果对外提供应配置专人专机。专机需安装安全审计软件，进行实时审计	有/无	清单（包括：专人姓名，专机名称、数量、审计软件安装情况）
	7. 配置红黑电源	有/无	电源清单（数量、用途）
互联网地图服务补充要求	存放地图数据的服务器设在中华人民共和国境内	有/无	相关设备存放地点（包括IP地址）情况。如使用云服务，相关云服务提供单位应符合国家基础设施要求。如有网络等保材料一并提供
二、技术和质量保证体系要求			
要求条款		审核标准	所需申请材料
机构人员	1. 设立技术和质量管理机构	有/无	设立技术和质量管理机构文件
	2.明确技术和质量管理工作的主管领导、技术和质量管理机构的负责人。技术和质量管理机构负责人应当具备中级及以上测绘专业技术职称	有/无	1. 技术和质量管理工作主管领导、技术和质量机构负责人的任命文件； 2. 技术和质量机构负责人的专业技术职称
	3. 配备与业务相适应的质检人员。质检人员应当是测绘专业技术人员	有/无	任命质检人员的任命文件;质检人员的专业技术职称
管理制度	1. 建立健全技术管理制度，明确技术设计、技术处理和技术总结等要求。其中简单、日常性的测绘项目可以制定《作业指导书》	有/无 内容全面	技术管理制度
	2. 建立健全质量检查管理制度，明确过程检查、最终检查、质量评定、检查记录和检查报告等要求	有/无 内容全面	质量检查管理制度
	3. 建立健全人员培训与岗位管理制度，明确岗位职责、岗前培训考核、继续教育等要求	有/无 内容全面	人员培训与岗位管理制度
	4. 建立健全测绘仪器设备检定、校准管理制度，明确测绘仪器设备的检定、校准、日常管理等要求	有/无 内容全面	测绘设备检定、校准管理制度
其他	测绘技术和质量保证体系应当遵守法律法规规章等有关规定	有/无	情况说明
三、测绘成果和资料档案管理制度要求			
要求条款		审核标准	所需申请材料
机构人员	1. 设立测绘成果和资料档案管理机构	有/无，内容全面	有关文件或制度（其中应明确测绘成果和资料档案管理机构）
	2. 明确测绘成果和资料档案管理工作的主管领导、工作人员及岗位职责	有/无，内容全面	有关文件或制度（其中应明确测绘成果和资料档案管理工作的主管领导、工作人员及岗位职责）

续表

管理制度	1. 建立健全测绘成果和资料档案管理制度，明确测绘成果接收、整理、保管、使用、销毁以及建立台账等管理要求	有/无，内容全面	测绘成果和资料档案管理制度（其中应明确测绘成果接收、整理、保管、使用、销毁等各环节以及建立台账的具体要求）
	2. 建立健全测绘成果和资料档案信息化管理的安全保护制度	有/无，内容全面	有关制度（其中应明确存储测绘成果资料数据的计算机、网络和各类存储介质的安全防护要求）
设施设备	1. 有专门的测绘成果和资料档案库房，具备防盗、防火、防潮、防光、防尘、防磁、防有害生物和污染等安全措施	有/无	1. 关于库房和采取安全措施的说明材料； 2. 库房照片（应能够反映所采取安全措施）
	2. 配有与业务相适应的测绘成果和资料档案专用柜架、专用数据存储设备	有/无	1. 柜架和数据存储设备情况的说明材料； 2. 柜架、数据存储设备的照片
其他	测绘成果和资料档案管理应当遵守法律、法规、规章等的有关规定	有/无	情况说明

4. 决　定

审批机关自受理之日起 15 个工作日内作出是否批准测绘资质的书面决定。因特殊情况在 15 个工作日内不能作出决定的，经本审批机关负责人批准，可以延长 10 个工作日，并将延长期限的理由告知申请单位。

审批机关作出不予批准测绘资质决定的，应当说明理由，并告知申请单位享有依法申请行政复议或者提起行政诉讼的权利；审批机关作出批准测绘资质决定的，应当自作出决定之日起 10 个工作日内，向申请单位颁发测绘资质证书。

5. 发　证

测绘资质证书包括纸质证书和电子证书，纸质证书和电子证书具有同等法律效力。测绘资质证书样式由自然资源部统一规定，包含单位名称、法定代表人、注册地址、证书编号、有效期、专业范围等。

测绘资质证书

6. 延续资质

测绘资质证书有效期 5 年。测绘单位需要延续依法取得的测绘资质证书有效期的，应当在测绘资质证书有效期届满 30 日前，向审批机关提出延续申请。

审批机关应当根据测绘单位的申请，在测绘资质证书有效期届满前作出是否准予延续的决定；逾期未作出决定的，视为准予延续。

7. 变　更

测绘单位变更测绘资质等级或者专业类别的，应当按照规定的审批权限和程序重新申请办理测绘资质审批。

测绘单位名称、注册地址、法定代表人发生变更的，应当向审批机关提交有关部门的核准材料，申请换发新的测绘资质证书。

测绘单位合并的，可以承继合并前的测绘资质等级和专业类别。测绘单位转制或者分立的，应当向相应的审批机关重新申请测绘资质。

另外，测绘单位取得测绘资质后，变更专业技术人员或者技术装备的，应当在 30 日内通过全国测绘资质管理信息系统申请更新有关信息。

8. 吊　销

测绘单位有以欺骗手段取得测绘资质证书从事测绘活动、超越资质等级许可的范围从事测绘活动、以其他测绘单位的名义从事测绘活动、允许其他单位以本单位的名义从事测绘活动、中标的测绘单位向他人转让测绘项目、不汇交测绘成果、测绘成果不合格、泄露国家秘密等，情节严重的，吊销测绘资质证书。

3.2.3　测绘资质监督检查

《测绘资质管理办法》规定了自然资源主管部门对依法取得《测绘资质证书》的测绘单位实施监督检查，主要措施包括：

1. 年度报告

测绘资质单位应当按照规定，通过测绘资质管理信息系统向测绘地理信息行政主管部门报送本单位上一年度测绘资质年度报告，并向社会公示，任何单位和个人均可查询。测绘资质年度报告内容包括：

（1）单位资质情况。包括单位名称、注册地址、单位地址、邮政编码、单位类型（一般单位或有特殊资质要求及密级要求的单位）、法定代表人、资质等级、证书编号、发证日期、证书有效期、业务范围等。

（2）测绘资质条件变化情况。包括单位名称、注册地址、办公地址、法定代表人、专业范围等变更情况。

（3）专业技术人员数量情况。包括本年度初、末的测绘专业和相关专业高、中、初级人数以及注册测绘师、地图安全审校员、无人飞行器操控人员、核心涉密人员的人数。

（4）专业技术人员流动情况。包括流入或流出人员的姓名、身份证号、流入本单位时间、流出本单位时间。

（5）仪器设备变化情况。包括变更情形、设备类型、出厂编号、性能指标、变更时间。

（6）是否发生重大情况变化。包括上市挂牌、兼并重组、改制分立、重大股权变化等具体情况。

（7）涉外情况。包括是否 VIE 模式（Variable Interest Entities，又称协议控制模式）、外资并购、外资持有公司股份、工商登记类型变更为中外合资或外商独资、聘用外籍人士担任高级管理人员、聘用外籍员工从事测绘活动、其他涉外具体情况。

（8）测绘地理信息项目情况。包括项目名称、合同签订日期、是否按规定备案、合同是否履行、项目完成日期、是否汇交测绘成果。

（9）接受主管部门监督检查情况。包括抽查时间、抽查主体、抽查内容（资质巡查、成果保密、质量检查等）、抽查是否发现问题及具体情况、整改情况。

（10）其他情况。包括遵守测绘地理信息法律法规及诚信经营情况、是否准确完整报送测绘地理信息统计报表情况、报送时间、其他需要说明的情况、承诺书扫描件等。

2. 随机抽查

县级以上人民政府自然资源主管部门应当建立健全随机抽查机制，依法对测绘单位的安全保障措施、信息安全保密管理制度、测绘成果和资料档案管理制度、技术和质量保证体系、专业技术人员、技术装备等测绘资质情况进行检查，并将抽查结果向社会公布。

县级以上人民政府自然资源主管部门应当合理确定随机抽查比例；对于投诉举报多、有相关不良信用记录的测绘单位，可以加大抽查比例和频次。

3. 信用信息公示

县级以上人民政府自然资源主管部门应当加强测绘单位信用体系建设，及时将随机抽查结果纳入测绘单位信用记录，依法将测绘单位信用信息予以公示。测绘单位在测绘行业信用惩戒期内不得申请晋升测绘资质等级和增加专业类别。

2015 年 12 月 3 日，原国家测绘地理信息局印发的《测绘地理信息行业信用指标体系》和《测绘地理信息行业信用管理办法》，详细规定了测绘资质单位信用信息的征集、发布和管理。

1）信息征集

测绘资质单位信用信息主要来源如下：测绘地理信息行政主管部门征集；测绘资质单位申报；政府有关部门公开；经查实的公众举报；其他有关渠道。

县级以上测绘地理信息行政主管部门负责测绘资质单位信用信息的征集工作。征集测绘资质单位信用信息不得采用欺骗、盗窃、胁迫、利用计算机网络侵入或者其他不正当手段。

依照《测绘地理信息行业信用指标体系》，测绘资质单位信用信息由基本信息、良好信息和不良信息构成，详见表 3.4。

表 3.4 测绘地理信息行业信用指标体系

类别	代码	指标内容
基本信息	1-01	测绘资质单位名称、单位类型、所属系统、成立日期、办公地址、法定代表人、人员规模、仪器设备、资质等级、专业范围、资质变更记录等
	1-02	测绘资质单位质量管理、成果及资料档案管理、保密管理制度等
	1-03	测绘资质单位基本情况变化（含上市、兼并重组、改制分立、重大股权变化等）
良好信息	2-01	测绘地理信息市场行为获得工商、银行、税务等部门授予的良好资信评级
	2-02	单位测绘地理信息工作受到县级以上人民政府及其有关行政管理部门的表彰奖励
	2-03	获得国家和测绘地理信息领域学会、协会等社会团体评定的相关奖项或荣誉称号
	2-04	取得测绘地理信息领域相关产品发明专利权、软件著作权
	2-05	在国家级或省级测绘成果质量监督检查中，批成果质量合格且样本质量等级达到优级
	2-06	为政府、公众提供防灾减灾、应急保障等测绘地理信息服务

续表

类别		代码	指标内容
良好信息		2-07	参与国际合作或者开拓国际市场
		2-08	主导制定测绘地理信息国家标准或者行业标准
不良信息	严重失信信息	3-01	未依法送审地图或者未按照审查要求修改地图即向社会公开
		3-02	违反保密规定加工、处理和利用涉密测绘成果，存在失密泄密隐患被查处
		3-03	测绘成果质量经测绘地理信息质检机构判定为批不合格
		3-04	涂改、倒卖、出租、出借或者以其他形式转让测绘资质证书
		3-05	侵犯商业秘密或者知识产权被查处
		3-06	由于市场不正当竞争行为被查处
		3-07	以欺骗手段取得测绘资质证书从事测绘活动
		3-08	超越资质等级许可范围从事测绘活动
		3-09	以其他测绘资质单位名义从事测绘活动
		3-10	允许其他单位以本单位的名义从事测绘活动
		3-11	测绘资质单位将承包的测绘项目转包
		3-12	伪造、变造测绘成果
		3-13	被工商机关吊销营业执照
		3-14	在从事测绘活动中，因泄露国家秘密被国家安全机关查处
		3-15	受到其他行政处罚或被依法追究刑事责任
	一般失信信息	4-01	提供虚假测绘地理信息行政许可申请材料
		4-02	不配合测绘地理信息行政主管部门依法实施监督检查，隐瞒、拒绝和阻碍提供有关文件、资料
		4-03	在测绘地理信息市场抽查检查中发现的测绘资质单位经营异常信息
		4-04	不履行与测绘有关的处罚、判决、裁定等，被人民法院强制执行
		4-05	未按规定汇交测绘成果资料
	轻微失信信息	5-01	测绘资质单位名称、注册地址、法定代表人发生变化且30日内未申请变更
		5-02	未按照相关规定要求履行测绘项目备案（任务登记、验证登记等）义务
		5-03	未按要求报送测绘资质年度报告
		5-04	因与测绘有关的不良行为被提起民事诉讼，法院终审判决测绘资质单位承担责任或者履行义务

（1）基本信息是指测绘资质管理信息系统中的测绘资质单位资质条件、年度报告公示等

基本情况信息。

（2）良好信息是指测绘资质单位受到表彰、取得荣誉、科技创新、社会贡献等信息。

（3）不良信息是指测绘资质单位违反测绘地理信息及相关法律法规和政策规定产生失信行为的信息。不良信息分为严重失信信息、一般失信信息和轻微失信信息。

2）信息发布

中华人民共和国自然资源部负责指导全国测绘地理信息行业信用体系建设，负责建立全国统一的测绘地理信息行业信用管理平台，负责甲级测绘资质单位信用信息的发布和管理工作。

测绘地理信息行业信用管理平台

各省、自治区、直辖市自然资源主管部门负责本行政区域内乙级测绘资质单位信用信息的发布和管理工作。

测绘资质单位信用信息经省级以上自然资源主管部门审核后生效。自然资源主管部门对不良信息的保存期限，自不良行为或者事件终止之日起为 5 年；超过 5 年的，应当予以删除。

测绘资质单位的信用信息通过测绘地理信息行业信用管理平台公开发布，公民、法人或者其他组织均可查询。

测绘资质单位可以向省级以上自然资源主管部门申请获取本单位的信用报告。其他查询者获取测绘资质单位的信用报告，应当向省级以上自然资源主管部门提交载明查询事由的书面申请及该测绘资质单位同意查询的书面意见。

3）处理措施

测绘资质单位受到自然资源主管部门及相关部门行政处罚的，计入该单位的严重失信信息，自该信息生效之日起两年内不得申请晋升测绘资质等级或者新增专业范围。

测绘资质单位被自然资源主管部门计入一般失信信息的，自该信息生效之日起一年内不得申请晋升测绘资质等级或者新增专业范围。

测绘资质单位被自然资源主管部门计入轻微失信信息的，自该信息生效之日起半年内不得申请晋升测绘资质等级或者新增专业范围。

对信用不良的单位，列为重点监管对象，采取限制或者取消享有相关优惠政策、加大日常监督检查频次等惩戒措施。

3.3　注册测绘师

3.3.1　职业资格证书制度

根据 1995 年 1 月 17 日原人事部发布的《职业资格证书制度暂行办法》，在涉及国家、人民生命财产安全的专业技术工作领域，实行专业技术人员职业资格制度。专业技术人员职业资格是对从事某一职业所必备的学识、技术和能力的基本要求。职业资格分为从业资格和执业资格两种。

从业资格指政府规定专业技术人员从事某种专业技术工作的学识、技术和能力的起点标准。从业资格通过学历认定或考试取得。从业资格确认工作由各省、自治区、直辖市人事（职改）部门会同当地业务主管部门组织实施。

执业资格是政府对某些责任较大、社会通用性强、关系公共利益的执业实行准入控制的制度，是专业技术人员依法独立开业或者独立从事某种专业技术工作学识、技术和能力的必备标准。

执业资格通过考试方法取得。执业资格考试工作由人事部会同国务院有关业务主管部门按照客观、公正、严格的原则组织进行。执业资格考试由国家定期举行，考试实行全国统一大纲、统一命题、统一组织、统一时间。所取得的执业资格经注册后全国范围有效。

执业资格实行注册登记制度。未经注册者不得使用相应名称和从事有关业务。国务院有关业务主管部门为执业资格的注册管理机构，各省、自治区、直辖市业务主管部门负责审核注册并报国务院业务主管部门备案，各省、自治区、直辖市人事（职改）部门负责对注册工作的监督检查。

《测绘法》第三十条规定：从事测绘活动的专业技术人员应当具备相应的执业资格条件。测绘是国民经济和社会发展的一项前期性、基础性工作，广泛服务于经济建设、国防建设、科学研究、文化教育、行政管理和人民生活等诸多领域，属于责任较大、社会通用性强、专业技术性强、关系公共利益的技术工作。测绘成果对国家版图、疆域的反映，体现了国家的主权和政府的意志。测绘成果的质量与国家经济建设和人民群众日常生活密切相关，地籍测绘、房产测绘及其他一些测绘成果的质量更是直接与人民群众的生活息息相关。建立测绘执业资格制度完全符合《职业资格证书制度暂行办法》的要求，能够更好地维护国家安全和人民群众的利益。

测绘是一项专业性很强的技术工作，通过推行测绘执业资格制度，可选拔一批业务素质较高的专业人才，有利于提高测绘队伍的整体素质；市场经济体制的建立，要求行业管理从现有的单位资质管理为主逐步过渡到以个人资格管理为主的轨道上，测绘执业资格制度建立后，将逐步推行单位资质管理与个人执业资格管理相结合的市场准入管理机制，有效规范测绘市场秩序，有利于促进行业管理体制改革；同时，通过开展国际互认，为我国专业技术人员走向国际市场创造条件，有利于与国际测绘市场接轨。

3.3.2　注册测绘师资格证和注册证

注册测绘师资格考核认定办法

1. 考核认定

注册测绘师的考核认定是指国家测绘主管部门对长期从事测绘专业工作并符合《注册测绘师资格考核认定办法》规定条件的人员，通过考核方式认定具有注册测绘师资格。国家对考核认定人员数额实行总量控制。

2. 考　试

注册测绘师资格实行全国统一大纲、统一命题的考试制度，原则上每年举行一次。自然资源部负责拟定考试科目、考试大纲、考试试题，研究建立并管理考试题库，提出考试合格标准建议。人事部组织专家审定考试科目、考试大纲和考试试题，会同自然资源部确定考试合格标准和对考试工作进行指导、监督、检查。

1）考试资格

《注册测绘师制度暂行规定》第九条规定，具备以下条件之一的，可申请参加注册测绘师资格考试：

（1）取得测绘类专业大学专科学历，从事测绘业务工作满 6 年。

（2）取得测绘类专业大学本科学历，从事测绘业务工作满 4 年。

（3）取得含测绘类专业在内的双学士学位或者测绘类专业研究生班毕业，从事测绘业务工作满 3 年。

（4）取得测绘类专业硕士学位，从事测绘业务工作满 2 年。

（5）取得测绘类专业博士学位，从事测绘业务工作满 1 年。

（6）取得其他理学类或者工学类专业学历或者学位的人员，其从事测绘业务工作年限相应增加 2 年。

2）考试时间

参加考试由本人提出申请，携带所在单位证明及相关材料，到当地考试管理机构报名。考试管理机构按规定程序和报名条件审核合格后，发给准考证。参加考试人员在准考证指定的时间、地点参加考试。注册测绘师资格考试原则上每年举行一次。考试日期为每年第三季度。

3）考试内容

注册测绘师资格考试设《测绘综合能力》《测绘管理与法律法规》《测绘案例分析》3 个科目。

4）资格证书

参加注册测绘师资格全部 3 个科目考试的人员，必须在一个考试年度内参加全部科目的考试并合格，方可获得《中华人民共和国注册测绘师资格证书》，证书由中华人民共和国人力资源和社会保障部（简称“人社部”）统一印制，人社部、自然资源部共同用印，在全国范围有效。

对以不正当手段取得《中华人民共和国注册测绘师资格证书》的，由发证机关收回。自收回该证书之日起，当事人 3 年内不得再次参加注册测绘师资格考试。

注册测绘师资格证书

注册测绘师注册管理系统

3. 注　册

依法取得中华人民共和国注册测绘师资格证书的人员，通过一个且只能是一个具有测绘资质的单位办理注册手续，并取得《中华人民共和国注册测绘师注册证》和执业印章后，方可以注册测绘师名义开展执业活动。

（1）注册申请人不具有完全民事行为能力；刑事处罚尚未执行完毕；因在测绘活动中受到刑事处罚，自刑事处罚执行完毕之日起至申请注册之日止不满 3 年；法律、法规规定不予注册的其他情形等情况时，不予注册。

（2）初始注册。自取得《中华人民共和国注册测绘师资格证书》之日起 1 年内向省、自治区、直辖市人民政府自然资源主管部门提出初始注册申请。初始注册需要提交下列材料：《中华人民共和国注册测绘师初始注册申请表》；《中华人民共和国注册测绘师资格证书》；与聘用单位签订的劳动或者聘用合同。

取得资格证书超过 1 年不满 3 年提出申请初始注册者，须提供不少于 30 学时继续教育必修内容培训的证明。取得资格证书 3 年以上提出申请初始注册者，须提供相当于一个注册有效期要求的继续教育证明。

（3）审批。省、自治区、直辖市人民政府自然资源主管部门按规定条件和程序完成申报材料的审查工作，并将申报材料和审查意见报国家自然资源主管部门审批。国家自然资源主管部门批准核发《中华人民共和国注册测绘师注册证》和执业印章。

注册测绘师注册证章

（4）延续注册。注册证和执业印章每一注册有效期为 3 年，期满需要继续执业的，应在期满 30 个工作日前提出延续注册申请。延续注册需要提交下列材料：《中华人民共和国注册测绘师延续注册申请表》；与聘用单位签订的劳动或者聘用合同；达到注册期内继续教育要求的证明材料。

4. 变更执业单位

变更注册需要提交下列材料：《中华人民共和国注册测绘师变更注册申请表》；与新聘用单位签订的劳动或者聘用合同；工作调动证明或者与原聘用单位解除劳动或者聘用合同的证明、退休人员的退休证明。

5. 撤销、注销和回收

（1）撤销。注册申请人以不正当手段取得注册的，应当予以撤销，并由自然资源部依法给予行政处罚；当事人在 3 年内不得再次申请注册。

（2）注销。注册申请人有下列情形之一的，应提出注销申请，由自然资源部审核批准后，办理注销手续：不具有完全民事行为能力的；申请注销注册的；注册有效期满且未延续注册的；被依法撤销注册的；受到刑事处罚的；与聘用单位解除劳动或者聘用关系的；聘用单位被依法取消测绘资质证书的；聘用单位被吊销营业执照的；因本人过失造成利害关系人重大经济损失的；应当注销注册的其他情形。

（3）回收。对以不正当手段取得《中华人民共和国注册测绘师资格证书》的，由发证机关收回，自收回该证书之日起，当事人 3 年内不得再次参加注册测绘师资格考试。注册测绘师因丧失行为能力、死亡或者被宣告失踪的，其《中华人民共和国注册测绘师注册证》和执业印章失效。

6. 继续教育

继续教育是注册测绘师延续注册、重新申请注册和逾期初始注册的必备条件。在每个注册期内，注册测绘师应按规定完成本专业的继续教育。

注册测绘师继续教育分必修课和选修课，在一个注册期内必修课和选修课均为 60 学时。

（1）必修课。注册测绘师继续教育必修内容通过参加注册测绘师继续教育培训计划中的培训完成，每次培训计 30 学时。

参与全国注册测绘师资格考试命题 1 次，可确认必修课内容 30 学时。参加国家测绘地理信息局有关司局举办的与培训大纲内容一致的业务培训，经国家测绘地理信息局人事司审核认可后，可按实际培训时间确认必修内容学时。

（2）选修课。注册测绘师继续教育选修内容通过参加自然资源部指定的网络学习获得 40 学时，另外 20 学时通过参加省级自然资源主管部门以及自然资源部认可的技术培训、学术会议、学术活动，以及参加授课或技术培训；出版专著，发表论文，获得奖励，攻读学历学位；参与制定标准规范等方式获得。

3.3.3 注册测绘师的执业

注册测绘师继续教育平台

1. 执业能力

《注册测绘师制度暂行规定》第三十条规定了注册测绘师的执业能力：

（1）熟悉并掌握国家测绘及相关法律、法规和规章。

（2）了解国际、国内测绘技术发展状况，具有较丰富的专业知识和技术工作经验，能够处理较复杂的技术问题。

（3）熟练运用测绘相关标准、规范、技术手段，完成测绘项目技术设计、咨询、评估及测绘成果质量检验管理。

（4）具有组织实施测绘项目的能力。

2. 执业范围

《注册测绘师制度暂行规定》第二十八条规定：注册测绘师应在一个具有测绘资质的单位，开展与该单位测绘资质等级和业务许可范围相应的测绘执业活动。

第二十九条规定了注册测绘师的执业范围：

（1）测绘项目技术设计。

（2）测绘项目技术咨询和技术评估。

（3）测绘项目技术管理、指导与监督。

（4）测绘成果质量检验、审查、鉴定。

（5）国务院有关部门规定的其他测绘业务。

在测绘活动中形成的技术设计和测绘成果质量文件，必须由注册测绘师签字并加盖执业印章后方可生效。修改经注册测绘师签字盖章的测绘文件，应由该注册测绘师本人进行；因特殊情况，该注册测绘师不能进行修改的，应由其他注册测绘师修改，并签字、加盖印章，同时对修改部分承担责任。

注册测绘师从事执业活动，由其所在单位接受委托并统一收费。因测绘成果质量问题造成的经济损失，接受委托的单位应承担赔偿责任。接受委托的单位依法向承担测绘业务的注册测绘师追偿。

3. 注册测绘师的权利和义务

1）注册测绘师享有的权利

（1）使用注册测绘师称谓。

（2）保管和使用本人的《中华人民共和国注册测绘师注册证》和执业印章。
（3）在规定的范围内从事测绘执业活动。
（4）接受继续教育。
（5）对违反法律、法规和有关技术规范的行为提出劝告，并向上级自然资源主管部门报告。
（6）获得与执业责任相应的劳动报酬。
（7）对侵犯本人执业权利的行为进行申诉。

2）注册测绘师应履行的义务

（1）遵守法律、行政法规和有关管理规定，恪守职业道德。
（2）执行测绘技术标准和规范。
（3）履行岗位职责，保证执业活动成果质量，并承担相应责任。
（4）保守知悉的国家秘密和委托单位的商业、技术秘密。
（5）只受聘于一个有测绘资质的单位执业。
（6）不准他人以本人名义执业。
（7）更新专业知识，提高专业技术水平。
（8）完成注册管理机构交办的相关工作。

3.3.4 注册测绘师的监督管理

1. 注册测绘师执业责任鉴定机制

各级测绘地理信息行政主管部门履行监督管理职责，纠正注册测绘师违反有关法律、法规、本办法及有关规范和标准的行为。对注册测绘师违反有关法律、法规、本办法及有关规范和标准的行为，情节严重的，应当依照《中华人民共和国测绘法》及有关法律、法规的规定予以处罚。

2. 建立注册测绘师信用档案

注册测绘师信用档案应包括注册测绘师执业业绩记录、学术研究及项目获奖情况、被举报投诉核实处理情况、违法违纪行为处罚情况及其他需要记入档案的信息。

注册测绘师信用信息按照规定程序向社会公开。单位和个人可以通过注册测绘师姓名和注册证编号或执业印章编号查询注册测绘师的有关信息。

3.4 测绘作业证

为实施《测绘法》的有关规定，维护测绘人员进行测绘活动的合法权利，保障测绘工作的顺利进行，原国家测绘局于 1995 年 1 月 14 日制定了《测绘工作证管理规定》，并印制了测绘工作证，在全国范围内向从事野外作业的测绘人员和需要持有测绘作业证的其他测绘人员配发测绘作业证。测绘人员依法使用测绘作业证，对维护自身的合法权利和保障测绘工作的顺利开展具有重要作用。

3.4.1 测绘作业证的概念和特征

1. 测绘作业证的概念

测绘作业证是测绘工作者经常离开单位驻地，需要和施测地区的单位联系工作或者进入他人的场地、建筑物、宅院等，为了方便联系工作，保障测绘人员的权益，表明测绘人员的身份而由国家测绘主管部门颁发的证书。

根据《测绘法》，从事测绘活动的单位必须依法取得相应等级的测绘资质证书。测绘人员在取得测绘资质的单位承担相应的测绘工作，才能配发测绘作业证。未取得测绘资质的单位的人员不具有配发测绘作业证的合法条件，不能配发。

2. 测绘作业证的特征

（1）测绘作业证是测绘人员从事测绘活动的合法身份证明。《测绘法》规定：从事测绘活动必须持有测绘作业证。一个测绘人员从事某项测绘活动，需要相关单位和个人提供便利，并不得妨碍依法进行的测绘活动。这里，并不是任何一个人从事的测绘活动，相关单位和个人都要无条件地提供便利，因为有的测绘活动的单位和个人不具备法定的主体资格，有些具体的测绘活动本身就是法律所禁止的。如从事测绘活动的单位和个人不具备相应的测绘资格等，在这种情况下，相关单位和个人为其提供便利就是错误的。所以，作为其从事测绘活动的合法身份证明的测绘作业证必须是具备一定的条件才能获得。

（2）有利于保护与测绘活动发生关系的单位和个人的权益。测绘人员在取得了测绘作业证以后，取得了从事测绘活动的合法身份，所从事的测绘活动符合法律规定，那么测绘作业证为测绘作业人员从事测绘活动提供了权利保障。如果在测绘活动中，受到妨碍、阻拦，其行为就要承担相应的法律责任。另一方面，测绘人员只有测绘证件从事测绘活动，事实上也赋予了与测绘活动发生关系的单位和个人检查测绘作业证的权利，对于具备测绘作业证的测绘人员允许其进行测绘，否则，该单位有权利不允许该测绘人员进入该单位进行测绘，避免损害该单位合法权益的事情发生。

（3）从事测绘活动出示测绘作业证是测绘人员的法定义务，同时也可以防范非法测绘活动。从事测绘活动是测绘人员的法定义务，但是在测绘活动中向相关单位和个人出示测绘作业证也是测绘人员的法定义务。在测绘活动中，对于能够出示测绘作业证的人员允许进行测绘活动，不能出示测绘作业证的人员不允许进行测绘活动，则也是防止非法测绘活动的一个有效途径。

（4）为持有测绘作业证从事测绘活动的测绘人员提供便利是与测绘活动发生关系的单位和个人的法定义务。测绘人员从事测绘活动，如果得不到相关单位或者个人的配合是难于进行工作的，因而，《测绘作业证管理规定》第八条规定：各有关部门、单位和个人，对依法进行外业测绘活动的测绘人员应当提供测绘工作便利并给予必要的协助。任何单位和个人不得阻挠和妨碍测绘人员依法进行的测绘活动。当然，测绘人员进行测绘活动时，应当遵守职业道德，不得损毁国家、集体和他人的财产。

（5）测绘作业证效力的有限性。测绘作业证是测绘人员身份的证明，为测绘人员提供了权利保障，但是它的效力是有限的，持有测绘作业证的测绘人员的权利是有限的，并不是持有测绘作业证就可以到处畅通无阻。一般地，它适用于以下情况：测绘人员与从事测绘活动所在地的人民政府和有关单位、个人联系工作时；使用测量标志工作时；接受测绘管理部门执法检查时；进入机关、厂矿、住宅、耕地或者其他地块时；办理与所进行的测绘相关的其他事项时。《测绘作业证管理规定》第七条规定：进入保密单位、军事禁区和法律法规规定的需经特殊审批的区域进行测绘活动时，还应当按照规定持有关部门的批准文件。第十条规定：测绘人员必须依法使用测绘作业证，不得利用测绘作业证从事与其测绘工作身份无关的活动。

3.4.2　测绘作业证的管理

测绘作业证管理信息系统

1. 申　请

申请测绘作业证是取得测绘资质证书的单位为本单位的测绘人员申请，个人不能直接申请；测绘作业证主要是为了保障外业测绘人员的合法权益，申请测绘作业证的人员是测绘外业作业人员和需要持测绘作业证的其他工作人员。

1）准备材料

包括申请报告、测绘资质证书、测绘作业证申请表、测绘作业证申请汇总表等材料。

2）提出申请

申请单位向单位所在地的省、自治区、直辖市人民政府的自然资源主管部门或者其委托的地市级自然资源主管部门提出申请，并提交申请材料。申请领证单位必须如实反映领证人员情况，严格执行领证规定，不得弄虚作假、虚报冒领，并对领证人员的真实情况负责。

3）审核发证

省、自治区、直辖市人民政府的自然资源主管部门或者其委托的地市级自然资源主管部门审核各种申请材料并发证。

2. 注　册

我国对测绘作业证实行注册制度。由省、自治区、直辖市人民政府自然资源主管部门或者其委托的市（地）级人民政府自然资源主管部门负责注册核准。每次注册核准有效期为 3 年。注册核准有效期满前 30 日内，各测绘单位应当将测绘作业证送交单位所在地的省、自治区、直辖市人民政府自然资源主管部门或者其委托的市（地）级人民政府自然资源主管部门注册核准。过期不注册核准的测绘作业证无效。

3. 补换和收回

1）补　换

测绘单位办理遗失证件的补证和旧证换新证，省、自治区、直辖市人民政府自然资源主管部门或者其委托的市（地）级人民政府自然资源主管部门应当自收到补（换）证申请之日起 30 日内，完成补（换）证工作。

2）收　回

测绘单位申报材料不真实，虚报冒领测绘作业证的，由省、自治区、直辖市人民政府自然资源主管部门收回冒领的证件。测绘人员有下列情况之一的，由所在单位收回其测绘作业证并及时交回发证机关：将测绘作业证转借他人的；擅自涂改测绘作业证的；利用测绘作业证严重违反工作纪律、职业道德或者损害国家、集体或者他人利益的；利用测绘作业证进行欺诈及其他违法活动的；调离、退休的。

3.4.3 测绘作业证的使用

1. 使用范围

测绘人员在下列情况下应当主动出示测绘作业证：进入机关、企业、住宅小区、耕地或者其他地块进行测绘时；使用测量标志时；接受自然资源主管部门的执法监督检查时；办理与所进行的测绘活动相关的其他事项时。

2. 使用规定

（1）进入保密单位、军事禁区和法律法规规定的需经特殊审批的区域进行测绘活动时，应当按照规定持有关部门的批准文件。

（2）测绘人员进行测绘活动时，应当遵守国家法律法规，保守国家秘密，遵守职业道德，不得损毁国家、集体和他人的财产。

（3）测绘人员必须依法使用测绘作业证，不得利用测绘作业证从事与其测绘工作身份无关的活动。

（4）测绘人员对测绘作业证应当妥善保存，防止遗失，不得损毁，不得涂改。测绘作业证只限持证人本人使用，不得转借他人。

（5）测绘人员遗失测绘作业证，应当立即向本单位报告并说明情况。所在单位应当及时向发证机关书面报告情况。

（6）测绘人员离（退）休或调离工作单位的，必须由原所在测绘单位收回测绘作业证，并及时上交发证机关。测绘人员调往其他测绘单位的，由新调入单位重新申领测绘作业证。

3. 法律责任

（1）测绘单位申报材料不真实，虚报冒领测绘作业证的，由省、自治区、直辖市人民政府自然资源主管部门收回冒领的证件，并根据其情节给予通报批评。

（2）测绘人员有下列行为之一的，由所在单位收回其测绘作业证并及时交回发证机关，对情节严重者依法给予行政处分；构成犯罪的，依法追究刑事责任：将测绘作业证转借他人的；擅自涂改测绘作业证的；利用测绘作业证严重违反工作纪律、职业道德或者损害国家、集体或者他人利益的；利用测绘作业证进行欺诈及其他违法活动的。

第 4 章　测绘生产管理

4.1　测绘基准和测绘系统

4.1.1　测绘基准和测绘系统的管理

1. 测绘基准

测绘基准是指一个国家的整个测绘的起算依据和各种测绘系统的基础，测绘基准包括所选用的各种大地测量参数、统一的起算面、起算基准点、起算方位以及有关的地点、设施和名称等。我国目前采用的测绘基准包括大地基准、高程基准、重力基准和深度基准。

1）大地基准

大地基准是建立大地坐标系统和测量空间点点位的大地坐标的基本依据。我国曾采用的大地基准有 1954 年北京坐标系、1980 西安坐标系。2008 年 7 月 1 日，经国务院批准，正式启用 2000 国家大地坐标系。2000 国家大地坐标系是全球地心坐标系在我国的具体体现。

2）高程基准

高程基准是建立高程系统和测量空间点高程的基本依据。我国曾采用 1956 年黄海高程系统。1987 年 5 月启用 1985 年国家高程基准。1985 年国家高程基准以 1952 年至 1979 年青岛验潮站验潮资料为依据计算确定的平均海水面作为我国的高程基准面。所有水准测量测定的高程都以这个面为零起算，也就是以这个高程基准面作为零高程面。

3）重力基准

重力基准是建立重力测量系统和测量空间点的重力值的基本依据。我国曾使用 57 重力测量系统、85 重力测量系统，目前采用的重力基准为 2000 国家重力基准。

4）深度基准

深度基准是海洋深度测量和海图上图载水深的基本依据。我国深度基准面 1976 年后在海域统一采用理论深度基准面，而在陆地的江河、湖泊则采用设计水位为深度基准面。

2. 测绘系统

测绘系统是指由测绘基准延伸，在一定范围内布设的各种测量控制网。它们是各类测绘成果的依据，包括大地坐标系统、平面坐标系统、高程系统、地心坐标系统和重力测量系统。

1）大地坐标系统

大地坐标系统是用来表述地球点的位置的一种地球坐标系统。我国先后采用了 1954 年北京坐标系、1980 西安坐标系，2000 国家大地坐标系是我国新的大地坐标系统。

2）平面坐标系统

平面坐标系统是指确定地面点的平面位置所采用的一种坐标系统。我国在陆地上采用的平面坐标系统是高斯-克吕格平面直角坐标系。

3）高程系统

高程系统是用以传算全国高程测量控制网中各点高程所采用的统一系统。我国规定采用的高程系统是正常高系统，高程起算依据是国家黄海 1985 高程基准。

4）地心坐标系统

地心坐标系统是以坐标原点与地球质心重合的大地坐标系统，或空间直角坐标系统。我国目前采用的 2000 国家大地坐标系即是全球地心坐标系在我国的具体体现，其原点为包括海洋和大气的整个地球的质量中心。

国家测绘局在 2008 年发布的 2 号公告中指出，2000 国家大地坐标系与现行国家大地坐标系转换、衔接的过渡期为 8～10 年。现有各类测绘成果在过渡期内可沿用现行国家大地坐标系，2008 年 7 月 1 日后新生产的各类测绘成果应采用 2000 国家大地坐标系。

5）重力测量系统

重力测量系统是指重力测量施测与计算所依据的重力测量基准和计算重力异常所采用的正常重力公式的总称。我国曾先后采用的 57 重力测量系统、85 重力测量系统，2000 重力测量系统为我国新的重力测量系统。

3. 测绘基准和测绘系统的管理

1）国家设立测绘基准和建立测绘系统

《测绘法》第九条规定：国家设立和采用全国统一的大地基准、高程基准、深度基准和重力基准，其数据由国务院自然资源部审核，并与国务院其他有关部门、军队测绘部门会商后，报国务院批准。

国家对测绘基准的规定是非常严格的。一方面，体现在测绘基准的数据由国务院测绘地理信息行政主管部门审核后，还必须与国务院其他有关部门、军队测绘主管部门进行会商，充分听取各相关部门的意见。另一方面，测绘基准的数据经相关部门审核后，必须经过国务院批准后才能实施，各项测绘基准数据经国务院批准后，便成为所有测绘活动的起算依据。

《测绘法》第十条规定：国家建立全国统一的大地坐标系统、平面坐标系统、高程系统、地心坐标系统和重力测量系统，确定国家大地测量等级和精度以及国家基本比例尺地图的系列和基本精度。具体规范和要求由国务院自然资源部会同国务院其他有关部门、军队测绘部门制定。

（1）国家大地测量等级和精度。

根据《国家大地测量基本技术规定（GBT 22021—2008）》，国家大地测量分为大地控制网、高程控制网、似大地水准面、重力测量控制网和深度基准。

① 大地控制网。

大地控制网按照精度和用途分为一、二、三、四等大地控制网。

A. 国家一等大地控制网由卫星定位连续运行基准站构成，它是国家大地基准的骨干和主要支撑，以实现和维持我国三维、动态地心坐标系统，保证大地控制网点位三维地心坐标的精度和现势性。国家一等大地控制网的卫星定位连续运行基准站地心坐标各分量年平均中误差应不大于 ± 0.5 mm，相对精度应不低于 1×10^{-8}，坐标年变化率中误差水平方向应不大于 ± 2 mm，垂直方向应不大于 ± 3 mm。

B. 国家二等大地控制网布测目的是实现对国家一、二等水准网的大尺度稳定性监测，结合精密水准测量、重力测量等技术精化我国似大地水准面，为三、四等大地控制网和地方大地控制网的建立提供起始数据。国家二等大地控制网相邻点间基线水平分量的中误差应不大于 ± 5 mm，垂直分量的中误差应不大于 ± 10 mm，各控制点的相对精度应不低于 1×10^{-7}。国家二等大地控制网复测周期为 5 年，每次复测执行时间应不超过 2 年。

C. 国家三等大地控制网布测目的是建立和维持省级或区域大地控制网，满足国家基本比例尺测图的基本需求。结合水准测量、重力测量技术，精化省级或区域似大地水准面。三等大地控制网相邻点间基线水平分量的中误差应不大于 ± 10 mm，垂直分量中误差应不大于 ± 20 mm，各控制点的相对精度应不低于 1×10^{-6}，其点间平均距离应不超过 20 km。

D. 四等大地控制网相邻点间基线水平分量的中误差应不大于 ± 20 mm，垂直分量的中误差应不大于 ± 40 mm；各控制点的相对精度应不低于 1×10^{-5}，其各控制点间平均距离应不超过 5 km。

② 高程控制网。

高程控制网主要采用水准测量方式布设，分为一、二、三、四等水准网。

A. 国家一等水准网是国家高程控制网的骨干，其主要目的是实现国家高程基准的高精度传递。国家一等水准路线应闭合成环形，并构成网状。环的周长在我国东部地区应不超过 1 600 km，西部地区不超过 2 000 km。国家一等水准测量用往返测量不符值计算的每千米偶然中误差应不大于 ± 0.45 mm，用环闭合差计算的每千米全中误差应不大于 ± 1.0 mm。国家一等水准网每 15 年复测一次，每次复测执行时间不超过 5 年。

B. 国家二等水准网是国家一等水准网的加密，在国家一等水准网内布设成附合路线或环形。国家二等水准环线的周长，在平原和丘陵地区应不大于 750 km，山区和困难地区经批准可适当放宽。二等水准测量用往返测量不符值计算每千米偶然中误差应不大于 ± 1.0 mm，用环闭合差计算的每千米全中误差应不大于 ± 2.0 mm。二等水准网应根据需要进行复测，复测周期最长不超过 20 年。

C. 三、四等水准网是国家一、二等水准网的进一步加密。三等水准路线一般应构成环形，或闭合于高等级水准路线间。四等水准路线应闭合于高等级水准路线间或形成支线。三、四等水准测量用往返测量不符值计算的每千米偶然中误差应分别不大于 ± 3.0 mm 和 ± 5.0 mm，用环闭合差计算的每千米全中误差应分别不大于 ±6.0 mm 和 ±10.0 mm。

③ 似大地水准面。

我国似大地水准面按范围、精度和用途的不同，分为国家似大地水准面、省级似大地水准面和城市似大地水准面。

A. 国家似大地水准面的分辨率应不低于 $15' \times 15'$，其精度：平地、丘陵地应不低于 ±0.3 m，山地及高山地应不低于 ±0.6 m。国家似大地水准面的高程异常控制点，其坐标和高程精度应不低于国家二等大地控制网点和国家二等水准网点的精度。

B. 省级似大地水准面的分辨率应不低于 $5' \times 5'$，其精度：平地、丘陵地应不低于 ±0.1 m，山地、高山地应不低于 ±0.3 m。省级似大地水准面的相邻高程异常控制点，其高程异常差的精度在平地、丘陵地不低于 ±0.1 m，在山地、高山地不低于 ±0.3 m。

C. 城市似大地水准面的分辨率应不低于 $2.5' \times 2.5'$，其精度应不低于 ±0.05 m。城市似大地水准面的相邻高程异常控制点，其高程异常差的精度不低于 ±0.05 m。

④ 重力测量控制网。

国家重力测量控制网的目的是建立和维持国家重力基准，为各类重力测量提供统一的重力起算值。分为重力基本网、一等重力网和二等重力点。

A. 重力基本网由重力基准点、基本点及其引点组成，基准点绝对重力值的测定中误差应不大于 $\pm 5 \times 10^{-8}\,\mathrm{m \cdot s^{-2}}$。在重力基准点与基本点及其引点之间进行相对重力测量，相对重力测量重力段差联测中误差应不大于 $\pm 10 \times 10^{-8}\,\mathrm{m \cdot s^{-2}}$。重力基本网应每 15 年复测一次，每次复测执行时间不超过 2 年。

B. 一等重力网是重力基本网的扩展，应布设成闭合环线。一等重力点与重力基本网点的重力段差联测中误差应不大于 $\pm 25 \times 10^{-8}\,\mathrm{m \cdot s^{-2}}$。

C. 二等重力点是一等重力网的加密。二等重力点根据不同时期不同地区加密重力测量的实际需要布设，其联测中误差应不大于 $\pm 250 \times 10^{-8}\,\mathrm{m \cdot s^{-2}}$。

⑤ 深度基准。

深度基准在沿岸海域采用理论最低潮位，在内陆水域采用设计水位。深度基准与国家高程基准之间通过验潮站的水准联测建立联系。

（2）国家基本比例尺地图的系列和基本精度。

根据《国家基本比例尺地图测绘基本技术规定》（GB 35650—2017），国家基本比例尺地图的系列和基本精度为：

① 国家基本比例尺地图的系列。

国家基本比例尺地图系列包括 1∶500、1∶1 000、1∶2 000、1∶5 000、1∶10 000、1∶25 000、1∶50 000、1∶100 000、1∶250 000、1∶500 000、1∶1 000 000。

国家基本比例尺地图应采用统一的空间基准、时间系统、数学基础；采用国家统一的分幅编号、图式符号、图廓整饰；采用统一的要素分类及描述；应具有权威性、现势性和可靠性，满足编制其他地图的需求。

② 基本精度。

A. 平面位置精度。

地物点相对于邻近平面控制点的平面位置中误差不应大于表 4.1 中的规定，特殊困难地区可按表 4.1 中的规定值放宽 0.5 倍。

表 4.1　平面位置中误差　　m

比例尺	平面位置中误差			
	平地	丘陵地	山地	高山地
1：500	0.3	0.3	0.4	0.4
1：1 000	0.6	0.6	0.8	0.8
1：2 000	1.2	1.2	1.6	1.6
1：5 000	2.5	2.5	3.75	3.75
1：10 000	5.0	5.0	7.5	7.5
1：25 000	12.5	12.5	18.75	18.75
1：50 000	25.0	25.0	37.0	37.0
1：100 000	50.0	50.0	75.0	75.0
1：250 000～1：1 000 000	用于编绘的原图应符合精度要求			

B. 高程精度。

（Ⅰ）等高线对邻近高程控制点的高程中误差不应大于表 4.2 中的规定。

表 4.2　等高线中误差　　m

比例尺	平面位置中误差			
	平地	丘陵地	山地	高山地
1：500	0.25	0.5	0.7	1.0
1：1 000	0.25	0.7	1.0	2.0
1：2 000	0.5	0.7	1.5	2.0
1：5 000	0.5	1.5	3.0	4.0
1：10 000	1.0	1.5	3.0	6.0
1：25 000	1.5	2.5	4.0	7.0
1：50 000	3.0	5.0	8.0	14.0
1：100 000	6.0	10.0	16.0	28.0
1：250 000～1：1 000 000	用于编绘的原图应符合精度要求			

（Ⅱ）高程注记点对邻近高程控制点的高程中误差不应大于表 4.3 中的规定。

表 4.3　高程注记点高程中误差　m

比例尺	平面位置中误差			
	平地	丘陵地	山地	高山地
1∶500	0.2	0.4	0.5	0.7
1∶1 000	0.2	0.5	0.7	1.5
1∶2 000	0.2	0.5	1.2	1.5
1∶5 000	0.35	1.2	2.5	3.0
1∶10 000	0.75	1.2	2.5	4.0
1∶25 000	1.2	2.0	3.0	5.0
1∶50 000	2.5	4.0	6.0	10.0
1∶100 000	5.0	8.0	12.0	20.0
1∶250 000～1∶1 000 000	用于编绘的原图应符合精度要求			

C. 数字高程模型精度。

数字高程模型的精度分为三级，用格网点的高程中误差表示，应不大于表 4.4 中的规定。

表 4.4　数字高程模型精度　m

比例尺	数字高程模型格网点高程中误差											
	平地			丘陵地			山地			高山地		
	一级	二级	三级	一级	二级	三级	一级	二级	三级	一级	二级	三级
1∶500	0.20	0.25	0.37	0.40	0.50	0.75	0.50	0.70	1.05	0.70	1.00	1.50
1∶1 000	0.20	0.25	0.37	0.50	0.70	1.05	0.70	1.00	1.50	1.50	2.00	3.00
1∶2 000	0.40	0.50	0.75	0.50	0.70	1.05	1.20	1.50	2.25	1.50	2.00	3.00
1∶5 000	0.50	0.70	1.00	1.20	1.70	2.50	2.50	3.30	5.00	4.00	6.00	8.00
1∶10 000	0.50	0.70	1.00	1.20	1.70	2.50	2.50	3.30	5.00	5.00	6.70	10.00
1∶25 000	1.50	2.00	3.00	2.50	3.50	5.00	4.00	5.50	8.00	7.00	9.50	14.00
1∶50 000	3.00	4.00	6.00	5.00	7.00	10.0	8.00	11.0	16.00	14.00	19.00	28.00
1∶100 000	6.00	8.00	12.0	10.0	14.0	20.0	16.0	22.0	32.00	28.00	38.00	54.00
1∶250 000～1∶1 000 000	用于编绘的原图应符合精度要求											

D. 地面分辨率。

国家基本比例尺地图中的数字正射影像数据地面分辨率应不大于表 4.5 中的规定。

E. 格网间距。

国家基本比例尺地图中的数字高程模型格网间距应不大于表 4.6 中的规定。

表 4.5　数字正射影像数据分辨率　　m

比例尺	分辨率
1∶500	0.05
1∶1 000	0.1
1∶2 000	0.2
1∶5 000	0.5
1∶10 000	10
1∶25 000	25
1∶50 000	50
1：100 000	250

表 4.6　数字高程模型格网间距　　m

比例尺	格网间距
1∶500	0.5
1∶1 000	1
1∶2 000	2
1∶5 000	2.5
1∶10 000	5
1∶25 000	10
1∶50 000	25
1∶100 000	50
1∶250 000	250（100）
1∶500 000	500（250）
1∶1 000 000	1 000（500）

注：表中括号内的数值可根据需要选用。

2）国家要求使用统一的测绘基准和测绘系统

《测绘法》第五条规定：从事测绘活动，应当使用国家规定的测绘基准和测绘系统，执行国家规定的测绘技术规范和标准。

测绘基准和测绘系统是进行测绘工作的基础和基本的技术依据。使用国家规定的统一的测绘基准和测绘系统，有利于保证国家测绘成果的整体性、系统性和科学性，保障测绘事业为国家经济建设、国防建设和社会发展服务。从事测绘活动使用国家规定的测绘基准和测绘系统，是从事测绘活动的基本技术原则和前提，不使用国家规定的测绘基准，要依法承担相应的法律责任。

4.1.2 建立相对独立的平面坐标系统的管理

1. 相对独立的平面坐标系统的概念

相对独立的平面坐标系统，是指为满足在局部地区进行大比例尺测图和工程测量的需要，以任意点和方向起算建立的平面坐标系统或者在全国统一的坐标系统基础上，进行中央子午线投影变换以及平移、旋转等而建立的平面坐标系统。

2. 城市平面坐标系统

城市平面坐标系统是为减小投影变形，满足城市建设、规划和工程施工的需要而建立的相对独立平面坐标系统。根据《城市坐标系统建设规范》（GB/T 28584—2012），城市平面坐标系统建设包括以下主要内容：

（1）城市平面坐标系统的定义，包括参考椭球的选择、中央子午线的选择、投影面高程的选择和坐标系原点与定向的确定。

（2）城市平面坐标系统的实现和维持，包括城市框架网或卫星连续运行参考站建设、城市基本网建设及其进一步加密等。

（3）城市平面坐标系统成果的统一和转换，包括新建与改造的城市平面坐标系与1954年北京坐标系、1980西安坐标系、CGCS2000坐标系、城市已有平面坐标系之间转换关系的建立，城市各坐标系成果的统一等。

3. 城市平面坐标系统的定义

1）参考椭球选择

城市平面坐标系统采用的参考椭球应与CGCS2000坐标系定义的参考椭球一致。CGCS2000坐标系的大地测量基本常数采用无潮汐系统，具体数值如下：

长半轴 $a = 6\ 378\ 137$ m

扁率 $\alpha = 1/298.257\ 222\ 101$

地球引力常数 $GM = 3.986\ 004\ 418 \times 10^{14}\ \mathrm{m^3 \cdot s^{-2}}$

地球自转角速度 $\omega = 7\ 292\ 115 \times 10^{-11}\ \mathrm{rad \cdot s^{-1}}$

2）中央子午线和投影面高程选择

（1）如果采用CGCS2000坐标椭球，在国家标准的3°带高斯投影下，城市区域内长度变形值不大于2.5 cm/km时，应直接采用国家统一3°带高斯投影的平面直角坐标系统，其投影面采用CGCS2000坐标系参考椭球面，中央子午线采用国家统一3°带的中央子午线。

（2）如果采用CGCS2000坐标椭球，在国家标准的3°带高斯投影下，城市区域内长度变形值大于 2.5 cm/km 时，可依次选用以下方法：

① 采用自定义中央子午线高斯投影平面直角坐标系统，其投影面采用国家坐标系参考椭球面，中央子午线的选择应考虑测区平均大地高，如平均大地高在 160 m 以内，中央子午线可位于城市中心，如测区平均大地高超过 160 m，中央子午线可左右适度调整。

② 采用具有高程抵偿面的国家统一 3°带高斯投影平面直角坐标系统，其中央子午线与国家坐标系采用的 3°带相同，投影面采用高程抵偿面，高程抵偿面一般选择为当地的平均高程面。

③ 采用具有高程抵偿面的自定义中央子午线高斯投影平面直角坐标系统，其投影面一般选择为当地的平均高程面，中央子午线位于城市中心。

（3）城市东西跨度过大或地形变化复杂，采用一个具有高程抵偿面的自定义中央子午线坐标系仍然无法满足长度变形值不大于 2.5 cm/km 要求时，可分区域定义具有不同高程抵偿面的自定义中央子午线城市平面坐标系。

3）坐标系原点和定向

（1）城市平面坐标系原点一般选择为城市区域的中心点或易于长期保存的、稳定可靠的城市高等级控制点。坐标系原点坐标可加入常数，该常数选择应保证城市平面坐标系所有坐标值为正值。

（2）城市平面坐标系定向用于确定整个坐标系的起始方位角，一般应与国家坐标系的定向一致。

4. 城市平面坐标系统的实现和维持

1）城市框架网建设

（1）城市框架网的精度应不低于 GPSB 级网的精度要求，网点个数应不少于 5 个，且均匀分布于整个城市。

（2）城市框架网点应优先选用区域内已经建成的国家卫星定位连续运行参考站、城市卫星定位连续运行参考站、国家 GPSA 级网点、国家 GPSB 级网点、中国地壳运动观测网络基准网点、中国地壳运动观测网络区域网点。如城市有已建成的、覆盖全市域的城市连续运行卫星定位服务系统（CORS），可直接以 CORS 的参考站网作为城市的框架网。其他的新建城市框架网点的布网、选埋、观测和数据处理应按相关规定执行。

2）城市基本网建设

（1）城市基本网的布设应与城市高等级水准网的布设统筹考虑，宜布设为 GPS 水准网，精度应不低于 GPSC 级网的精度要求。

（2）城市基本网以城市框架网点为基础，在城市范围内均匀布设，点位平均间距为 7～12 km。在市内及城郊，点位平均间距为 5～8 km；在远城区和市外，点位平均间距为 10～15 km。

（3）城市基本网点优先选用区域内已有的省级、城市高等级控制点和具备进行卫星定位观测条件的一、二等水准点，其他的所选定的城市基本网点应便于水准联测。

5. 坐标系之间的联系

1）坐标系之间联系的建立

（1）城市平面坐标系应建立与 2000 国家大地坐标系的联系。应实现城市平面坐标系与 CGCS2000 坐标系、1954 年北京坐标系、1980 西安坐标系之间的相互转换，以及城市平面坐标系新、旧网之间的相互转换。

（2）如城市旧平面坐标系所依据的各项参数因某些原因而不明确，不能直接计算相互的联系，可通过选择 5 个以上具有其他坐标系坐标的控制点与具有城市平面坐标系坐标的网点进行联测，通过坐标转换解算两者之间的转换参数。

（3）对城市控制网的改造，可通过对新城市坐标系的控制点与改造前的旧坐标系的控制点进行联测，将 5 个以上分布均匀、稳定可靠的旧网点联测到新网中，通过坐标转换解算新、旧网之间的转换参数。

2）坐标转换

坐标系之间的转换应该选择兼容性好的公共点求取坐标转换参数。坐标转换方法包括“七参数”法和“四参数”法。

（1）可采用“七参数”法建立城市区域内不同的国家坐标系之间的转换关系。

（2）可采用“四参数”法建立城市区域内国家坐标系与城市平面坐标系之间、新旧城市平面坐标系之间的转换关系。采用“四参数”法时，不同坐标系坐标应该在统一的中央子午线和投影高程面下求取坐标转换参数，以避免投影变形不一致的影响。

（3）如果城市平面坐标系相对于某一种国家坐标系有明确的定义，可先按“七参数”法建立不同的国家坐标系之间的转换关系，再依据城市平面坐标系的定义由转换后的国家坐标系直接投影到城市平面坐标系。

3）转换精度检验

（1）通过参与转换的公共点残差来评定坐标转换的内部精度。转换内部精度检验中应保证用于转换检验的成果的可靠性，对于残差过大的点，要重点分析其原因，避免因个别点的粗差影响对整体转换精度的评定。

（2）均匀选择至少 5 个外部检核点来进行坐标转换精度的外部检核。

6. 建立相对独立的平面坐标系统的原则

《测绘法》第十一条规定了建立相对独立的平面坐标系统必须坚持的原则：因建设、城市规划和科学研究的需要，国家重大工程项目和国务院确定的大城市确需建立相对独立的平面坐标系统的，由国务院自然资源部批准；其他确需建立相对独立的平面坐标系统的，由省、自治区、直辖市人民政府自然资源主管部门批准。建立相对独立的平面坐标系统，应当与国家坐标系统相联系。

（1）必须是因建设、城市规划和科学研究的需要。如果不是满足建设、城市规划和科学研究的需要，必须按照国家规定采用全国统一的测绘系统。

（2）确实需要建立。建立相对独立的平面坐标系统必须有明确的目的和理由，不建设就会对工程建设、城市规划等造成严重影响。

（3）必须经过批准。未按照规定程序经省级以上测绘行政主管部门批准，任何单位都不得建立相对独立的平面坐标系统。

（4）应当与国家坐标系统相联系。建立的相对独立的平面坐标系统必须与国家统一的测量控制网点进行联测，建立与国家坐标系统之间的联系。

7. 建立相对独立的平面坐标系统的程序

为加强对建立相对独立的平面坐标系统的管理，原国家测绘局 2007 年颁布了《建立相对独立的平面坐标系统管理办法》、2012 年颁布了《建立相对独立的平面坐标系统审批程序规定》，对建立相对独立的平面坐标系统的程序进行了详细规定。

1）申　请

（1）城市确需建立相对独立的平面坐标系统的，由申请单位向该城市的测绘行政主管部门提交申请材料，经测绘行政主管部门审核并报该市人民政府同意后，逐级报省级测绘行政主管部门。

（2）直辖市确需建立相对独立的平面坐标系统的，由申请单位向该市的测绘行政主管部门提交申请材料，经测绘行政主管部门审核并报该市人民政府同意后，报国家测绘局。

（3）其他需要建立相对独立的平面坐标系统的，由建设单位向拟建相对独立的平面坐标系统所涉及的省级测绘行政主管部门提交申请材料。

申请人应当如实提交有关材料，并对申请材料的真实性负责。申请材料一式四份，包括：建立相对独立的平面坐标系统申请书；属工程项目的申请人的有效身份证明；立项批准文件（复印件）；能够反映建设单位测绘成果及资料档案管理设施和制度的证明文件（复印件）；建立城市相对独立的平面坐标系统的，应当提供该市人民政府同意建立的文件（原件）。

建立相对独立的平面坐标系统管理办法

2）受　理

申请人提交的申请材料齐全、符合规定形式要求的，测绘行政主管部门应当受理其申请，并向申请人出具书面受理通知。申请材料不齐全或者不符合法定形式的，测绘行政主管部门应当当场或者在 5 日内一次性告知申请人需要补正的全部内容。

3）审　批

测绘行政主管部门受理申请后，应当依法对申请材料进行审查和审批。建立相对独立的平面坐标系统的审批权限为：

（1）国家测绘局的审批范围为：50 万人口以上的城市；列入国家计划的国家重大工程项目；其他需国家测绘局审批的。

（2）省级测绘行政主管部门的审批范围为：50 万人口以下的城市；列入省级计划的大型工程项目；其他需省级测绘行政主管部门审批的。

（3）有以下情况之一的，对建立相对独立的平面坐标系统的申请不予批准：申请材料内容虚假的；国家坐标系统能够满足需要的；已依法建有相关的相对独立的平面坐标系统的；测绘行政主管部门依法认定的应当不予批准的其他情形。

4）决　定

测绘行政主管部门应当自受理建立相对独立的平面坐标系统的申请之日起 20 日内作出

行政许可决定。20 日内不能作出行政许可决定的，经负责人批准，可以延长 10 日，并应当将延长期限的理由告知申请人。

测绘行政主管部门作出行政许可决定需要听证、检测、鉴定和专家评审的，依法组织实施，所需时间不计算在行政许可期限内。测绘行政主管部门应当将所需时间书面告知申请人。

测绘行政主管部门作出行政许可决定后，应当自作出决定之日起 10 日内向申请人送达准予或者不准予建立相对独立的平面坐标系统的书面决定。国家测绘局作出的行政许可决定，应当同时抄送有关省级测绘行政主管部门。

4.1.3 卫星导航定位系统的管理

1. 卫星导航定位系统的概念和分类

卫星导航定位系统是指由若干连续运行基准站、数据中心及数据通信网络组成的，提供数据、定位、定时及其他服务的系统，也称为卫星导航定位基准站网。目前，世界上的卫星导航定位系统主要有美国的全球定位系统（GPS）、俄罗斯的格洛纳斯卫星导航系统（GLONASS）、欧盟的伽利略卫星导航系统（Galileo satellite navigation system）和中国的北斗卫星导航系统（BDS）等。

（1）连续运行基准站。由 GNSS 设备、气象设备、电源设备、通信设备、计算机等设备以及观测墩、观测室、工作室等基础设施构成，具备长期连续跟踪观测和记录卫星信号的能力，并通过数据通信网络定时或实时将观测数据传输到数据中心。

（2）数据中心。由计算机、网络设备、专业软件系统以及机房等构成，具备数据管理、数据处理分析及产品服务等功能，用于汇集、存储、处理、分析和分发基准站数据，形成产品和开展服务。

（3）数据通信网络。由公用或专用的通信网络构成，用于实现基准站与数据中心、数据中心与用户间数据交换，完成数据传输、数据产品分发等任务。

2. 卫星导航定位基准站网的分类

依据管理形式、任务要求和应用范围，基准站网可划分为国家基准站网、区域基准站网和专业应用站网。

（1）国家基准站网是国家地理空间信息的重要基础设施，覆盖我国领土及领海，全国范围内均匀分布，站间距 100 ~ 200 km，主要用于维持和更新国家地心坐标参考框架，开展全国范围内高精度定位、导航、工程建设、地震监测、气象预报等国民经济建设、国防建设和科学研究服务。

（2）区域基准站网是省、自治区、直辖市等区域地理空间信息的重要基础设施，均匀覆盖省、自治区、直辖市等行政辖区，用于维持和更新区域地心坐标参考框架，开展区域内位置服务和相关信息服务。区域地心坐标参考框架应与国家地心坐标参考框架保持一致。

（3）专业应用站网是由专业部门或机构根据专业需求建立的基准站网，根据专业服务目标进行设计，按照专业需求确定基准站分布，用于开展专业信息服务。

3. 卫星导航定位系统管理

1）卫星导航定位系统管理的内容

国家建立统一的卫星导航定位系统，提供导航定位基准信息公共服务。

《测绘法》第十二条规定：国务院自然资源部和省、自治区、直辖市人民政府自然资源主管部门应当会同本级人民政府其他有关部门，按照统筹建设、资源共享的原则，建立统一的卫星导航定位基准服务系统，提供导航定位基准信息公共服务。

2017 年 12 月 19 日发布的《卫星导航定位基准站网基本产品规范》，依据卫星导航定位基准站网产品的内容，将导航定位基准站提供的公共服务分为基本信息、观测数据和成果数据三类产品。

（1）基本信息。

基本信息是指描述或标识卫星导航定位基准站和基准站网的相关信息，包括站点基本信息和站网基本信息。

① 站点基本信息包括站点基本情况、设备信息、网络信息和其他信息等。

A. 站点基本情况：名称、代码、备案号、所在地、建设时间、运行时间、墩标类型、概略坐标、所属基准站网等。

B. 设备信息：GNSS 接收机品牌、GNSS 接收机型号、GNSS 天线品牌、GNSS 天线型号等。

C. 网络信息：网络类型、网络技术等。

D. 其他信息：重力观测墩、水准标志、基准站照片等。

② 站网基本信息主要包括站网基本情况、服务接入信息、应用服务信息和其他信息等。

A. 站网基本情况：站网名称、备案号、建设完成时间、投入运行时间、站点数量、站点分布示意图等。

B. 服务接入信息：IP 地址或域名、端口、源节点、网络协议等。

C. 应用服务信息：应用服务类型、数据格式、卫星导航系统等。

D. 其他信息：联系方式、填表时间等。

（2）观测数据。

观测数据产品是指卫星导航定位基准站通过连续观测生成的 GNSS 观测数据、气象要素数据等，包括观测数据文件和观测数据流。

① 观测数据文件包括 GNSS 观测数据、气象要素数据和其他数据。

A. GNSS 观测数据：伪距、载波相位、多普勒、信噪比等观测值；站名、代码、接收机类型、接收机固件版本号、接收机序列号、天线类型、天线罩类型、天线序列号、天线高及偏心、概略坐标、采样间隔、起始观测时间、结束观测时间、卫星信息、观测值类型，以及其他信息，如文件版本号、观测者、跳秒等辅助信息。

B. 气象要素数据：观测时间、温度、湿度、气压等观测值。

C. 其他数据：基准站观测过程中可采集的原子频标、倾斜仪等其他传感器观测数据。

② GNSS 观测数据流是指基准站以一定的时间间隔输出的观测数据，包括观测值及其辅

助信息。

A. 观测值：伪距观测值、载波相位观测值、相位锁定时间标示、半周模糊度标示、信噪比等。

B. 辅助信息：编号、站名、代码、数据格式、接入协议和参数、测站数据龄期、平滑间隔等。

（3）成果数据。

成果数据是指利用站点和站网基本信息、观测数据，通过数据处理产出的数据产品，包括基准站坐标、实时差分数据、时间序列、速度场、精密卫星轨道、精密卫星钟差和电离层模型等。

① 基准站坐标产品包括坐标数据及其辅助信息，其中坐标数据包含站点名称、代码、坐标值等；辅助信息包括坐标系统、框架和历元、观测时间、精度等。

② 实时差分数据是指用于实时定位服务的观测值及修正值，包括伪距、载波相位、多普勒等观测值以及电离层、钟差等模型修正值。

③ 时间序列是指以基准站坐标与参考值的差值为统计指标，按时间先后顺序排列而成的数列。参考值一般为一段时间内坐标的平均值。坐标时间序列的主要内容包括站名、代码、观测时间、坐标变化值等。

④ 速度场产品包括站名、代码、起止时间、速度矢量等内容。

⑤ 精密卫星轨道产品根据周期、延迟时间划分为事后精密卫星轨道和实时精密卫星轨道两类。

A. 事后精密卫星轨道包括轨道数据及其辅助信息。其中轨道数据包括产品历元、卫星导航系统、卫星号、卫星坐标等数据；辅助信息包括产品时间、GNSS 周、产品时间间隔、儒略日、卫星信息、产品提供者等信息。

B. 实时精密卫星轨道包括轨道数据及其辅助信息。其中轨道数据包括卫星号、数据龄期 IOD、径向修正值、切向修正值、法向修正值、径向变化率、切向变化率、法向变化率等数据；辅助信息包括电文类型号、历元时间、SSR 更新间隔、多电文标志、卫星参考基准、IODSSR、产品提供者、SSR 解决方案编号、卫星数等信息。

⑥ 精密卫星钟差产品根据周期、延迟时间划分为事后精密卫星钟差和实时精密卫星钟差两类。

A. 事后精密卫星钟差产品包括钟差数据及其辅助信息。钟差数据包括钟差类型、卫星导航系统、卫星号、历元、卫星钟差等，以及卫星钟差精度、卫星钟差偏移速度及其精度、卫星钟差偏移加速度及其精度等可选项。辅助信息包括格式版本、跳秒信息、钟差类型、产品提供者等信息。

B. 实时精密卫星钟差产品包括钟差数据及其辅助信息。其中钟差数据包括卫星号、钟差改正系数（C0、C1、C2）等数据。辅助信息包括电文类型号、历元时间、SSR 更新间隔、多电文标志、IODSSR、产品提供者、SSR 解决方案 ID、卫星数等。

⑦ 电离层模型是用来反映基准站网区域内电离层电子密度含量的格网数值或模型参数，包括格网数据及其辅助信息。格网数据包括每个格网处对应的 VTEC 值数据；辅助信息包括

坐标范围、时间、电离层模型参数、分辨率、精度等信息。

2）卫星导航定位基准站的备案制度

《测绘法》第十三条规定：建设卫星导航定位基准站的，建设单位应当按照国家有关规定报国务院自然资源部或者省、自治区、直辖市人民政府自然资源主管部门备案。国务院自然资源部应当汇总全国卫星导航定位基准站建设备案情况，并定期向军队测绘部门通报。

为规范卫星导航定位基准站建设备案工作，原国家测绘地理信息局 2016 年 04 月 22 日发布的《卫星导航定位基准站建设备案办法（试行）》，详细规定了备案的程序和要求。

（1）职能部门。

国家测绘地理信息局和省、自治区、直辖市人民政府自然资源行政主管部门负责卫星导航定位基准站建设的备案工作。

国务院相关部门、中央单位建设卫星导航定位基准站以及跨省、自治区、直辖市范围建设卫星导航定位基准站的，应当向国家测绘地理信息局备案。

其他建设卫星导航定位基准站的，应当向卫星导航定位基准站所在地的省、自治区、直辖市人民政府自然资源行政主管部门备案。

（2）卫星导航定位基准站建设备案内容。

卫星导航定位基准站建设备案表包括卫星导航定位基准站建设站网信息备案表和卫星导航定位基准站建设站点信息备案表。

卫星导航定位基准站建设站网信息备案表的内容包括：

① 备案人情况。

A. 建设单位：包括组织机构代码/个人身份证号；注册地址/住址；单位性质、股权结构；联系人、联系方式。

B. 运营维护单位：包括名称；组织机构代码/个人身份证号；注册地址/住址；单位性质、股权结构；联系人、联系方式。

② 基准站网情况。

A. 基本情况：包括项目名称、建设时间、站点数量、覆盖范围。

B. 数据中心网络：数据中心位置、备份中心情况、网络类型、获取外部数据网络类型、获取外部数据安全措施、对外服务网络类型、对外服务网络安全措施。

C. 数据中心软件：数据中心软件品牌、数据中心软件名称、卫星系统兼容性。

D. 应用服务：应用服务内容、典型应用项目、用户行业分布、收费情况。

卫星导航定位基准站建设站点信息备案表的内容包括：

① 基准站点情况。

A. 站点基本情况：包括站点名称、站点代码、详细地址、经度（分）、纬度（分）、高程、站点类型、有无重力观测墩、所属基准站网、向境外发送数据情况。

B. 设备情况：接收机品牌、接收机型号、可接收的卫星系统频率、天线品牌及参数。

C. 网络：网络类型、网络技术、安全措施、采用的技术标准。

D. 照片和点之记：基准站近景、基准站远景、点之记。

② 备注：备案人承诺、单位公章及备案时间。

3）卫星导航定位基准站的数据安全管理

《测绘法》第十四条规定：卫星导航定位基准站的建设和运行维护应当符合国家标准和要求，不得危害国家安全。卫星导航定位基准站的建设和运行维护单位应当建立数据安全保障制度，并遵守保密法律、行政法规的规定。

县级以上人民政府自然资源主管部门应当会同本级人民政府其他有关部门，加强对卫星导航定位基准站建设和运行维护的规范和指导。

2017 年 1 月 29 日原国家测绘地理信息局发布《关于规范卫星导航定位基准站数据密级划分和管理的通知》，进一步明确基准站数据密级划分及管理措施，如表 4.7 所示。军事部门卫星导航定位基准站的建设、管理和应用服务，按照军队测绘主管部门有关要求执行。

表 4.7 卫星导航定位基准站数据密级划分

<table>
<tr><th colspan="2">数据内容</th><th>基准站类型</th><th>密级划分</th><th>管理措施</th></tr>
<tr><td rowspan="3">观测数据</td><td rowspan="3">伪距、载波相位观测数据、多普勒观测数据</td><td>作战指挥工程和重要军事设施区域内的基准站</td><td>机密</td><td rowspan="2">按照国家保密要求进行传输和管理</td></tr>
<tr><td>其他军事禁区内的基准站</td><td>秘密</td></tr>
<tr><td>普通基准站（普通基准站是指建在军事禁区外的基准站）</td><td></td><td>受控管理。
采用专网或商用密码手段加密保护后向数据中心进行传输</td></tr>
<tr><td rowspan="5">数据中心数据</td><td rowspan="2">基准站坐标、基准站网观测数据</td><td>军事禁区内的基准站</td><td>机密</td><td rowspan="2">按照国家保密要求进行传输和管理</td></tr>
<tr><td>普通基准站</td><td>秘密</td></tr>
<tr><td>起算点坐标、区域坐标转换模型、区域似大地水准面高程异常值</td><td>所有基准站</td><td>按照《测绘地理信息管理工作国家秘密范围的规定》执行</td><td>按照国家保密要求进行传输和管理</td></tr>
<tr><td rowspan="2">基准站站点信息</td><td>军事禁区内的基准站</td><td>机密</td><td>按照国家保密要求进行传输和管理</td></tr>
<tr><td>普通基准站</td><td></td><td>受控管理。
采取用户审核注册的方式提供服务</td></tr>
<tr><td rowspan="3">服务数据</td><td>实时差分服务数据</td><td>所有基准站</td><td></td><td rowspan="2">受控管理。
采取用户审核注册的方式提供服务。其中提供优于 1 m 精度服务的，基准站数据中心管理部门审核注册后应向省级以上测绘地理信息行政主管部门报备用户及使用目的等信息</td></tr>
<tr><td>观测数据</td><td>普通基准站</td><td></td></tr>
<tr><td>精密后处理服务数据</td><td>所有基准站</td><td></td><td>可公开</td></tr>
</table>

4.2 测绘标准化

4.2.1 标准与标准化

1. 标准的基本概念与分类

1）标准的基本概念

2015 年 6 月 1 日实施的《标准化工作指南第 1 部分：标准化和相关活动的通用术语》（GB/T 20000.1—2014）对标准的定义是：通过标准化活动，按照规定的程序经协商一致制定，为各种活动或其结果提供规则、指南或特性，共同使用和重复使用的文件。

标准有规程、规范、导则或指南等不同的形式。规程是指为产品、过程或服务全生命周期的有关阶段推荐良好惯例或程序的文件。规范是指规定产品、过程或服务应满足的技术要求的文件。导则或指南是指对某项工作的原则方法或某些概念提出指导性或推荐性要求的文件。

中华人民共和国
标准化法

2）标准的分类

按照《中华人民共和国标准化法》，我国将标准划分为国家标准、行业标准、地方标准和团体标准、企业标准四个类别。

（1）国家标准。

对需要在全国范围内统一技术要求，由国务院标准化行政主管部门编制计划，组织草拟，统一审批，编号、发布的标准是国家标准。工程建设、药品、食品卫生、兽药、环境保护的国家标准，分别由国务院工程建设主管部门、卫生主管部门、农业主管部门、环境保护主管部门组织草拟、审批；其编号、发布办法由国务院标准化行政主管部门会同国务院有关行政主管部门制定。

常见的国家标准编号及名称有：GB 国家标准、JJF 国家计量技术规范、JJG 国家计量检定规程、GHZB 国家环境质量标准、GWPB 国家污染物排放标准、GWKB 国家污染物控制标准、GBN 国家内部标准、GBJ 工程建设国家标准、GJB 国家军用标准等。

（2）行业标准。

没有国家标准而又需要在全国某个行业范围内统一的技术要求，由国务院有关行政主管部门编制计划、组织草拟，统一审批、编号、发布，并报国务院标准化行政主管部门备案的标准是行业标准。当同一内容的国家标准公布后，则该内容的行业标准即行废止。

（3）地方标准。

没有国家标准和行业标准而又需要在省、自治区、直辖市范围内统一的工业产品的安全、卫生要求，由省、自治区、直辖市标准化行政主管部门制定，并报国务院标准化行政主管部门和国务院有关行政主管部门备案的标准是地方标准。地方标准也称区域标准。地方标准在公布国家标准或者行业标准之后，该地方标准即应废止。

（4）团体标准、企业标准。

团体标准是指依法成立的社会团体为满足市场和创新需要，协调相关市场主体共同制定的标准。团体标准代号固定为“T/”，如 T/CAS115—2015。国家鼓励学会、协会、商会、联合会、产业技术联盟等社会团体协调相关市场主体共同制定团体标准，由本团体成员约定采用或者按照本团体的规定供社会自愿采用。

企业标准是对企业范围内需要协调、统一的技术要求、管理要求和工作要求所制定的标准。企业标准由企业制定，由企业法人代表或法人代表授权的主管领导批准、发布。

《中华人民共和国标准化法》规定：企业生产的产品没有国家标准和行业标准的，应当制定企业标准，作为组织生产的依据。企业的产品标准须报当地政府标准化行政主管部门和有关行政主管部门备案。已有国家标准或者行业标准的，国家鼓励企业制定严于国家标准或者行业标准的企业标准，在企业内部适用。

此外，为了使我国标准化工作适应社会主义市场经济发展的需要，有利于国际交流，我国还有指导性技术文件。指导性技术文件是指为仍处于技术发展过程中（如变化快的技术领域）的标准化工作提供指南或信息，供科研、设计、生产、使用和管理等有关人员参考使用而制定的标准文件。指导性技术文件不宜由标准引用使其具有强制性或行政约束力。国务院标准化行政主管部门统一负责指导性技术文件的管理工作，制定编制计划，组织草拟，统一审批、编号、发布。

依据《中华人民共和国标准化法》的规定：国家标准分为强制性标准、推荐性标准，行业标准、地方标准是推荐性标准。强制性标准必须执行。国家鼓励采用推荐性标准。

对保障人身健康和生命财产安全、国家安全、生态环境安全以及满足经济社会管理基本需要的技术要求，应当制定强制性国家标准。强制性国家标准由国务院批准发布或者授权批准发布，代号为“GB”。

对满足基础通用、与强制性国家标准配套、对各有关行业起引领作用等需要的技术要求，可以制定推荐性国家标准。推荐性国家标准由国务院标准化行政主管部门制定，代号为“GB/T”；行业标准中的推荐性标准是在行业标准代号后加“T”字，如“JB/T”即机械行业推荐性标准。

2. 标准化

标准化是指为了在既定范围内获得最佳秩序，促进共同效益，对现实问题或潜在问题确立共同使用和重复使用条款以及编制、发布和应用文件的活动。

国务院标准化行政主管部门统一管理全国标准化工作。国务院有关行政主管部门分工管理本部门、本行业的标准化工作。县级以上地方人民政府标准化行政主管部门统一管理本行政区域内的标准化工作。县级以上地方人民政府有关行政主管部门分工管理本行政区域内本部门、本行业的标准化工作。

标准化工作的任务是制定标准、组织实施标准以及对标准的制定、实施进行监督。

1）标准的制定

制定标准应当在科学技术研究成果和社会实践经验的基础上，深入调查论证，广泛征求意见，保证标准的科学性、规范性、时效性，提高标准质量。

下列应当制定国家标准（含标准样品的制作）：

（1）通用的技术术语、符号、代号（含代码）、文件格式、制图方法等通用技术语言要求和互换配合要求。

（2）保障人体健康和人身、财产安全的技术要求，包括产品的安全、卫生要求，生产、储存、运输和使用中的安全、卫生要求，工程建设的安全、卫生要求，环境保护的技术要求。

（3）基本原料、材料、燃料的技术要求。

（4）通用基础件的技术要求。

（5）通用的试验、检验方法。

（6）工农业生产、工程建设、信息、能源、资源和交通运输等通用的管理技术要求。

（7）工程建设的勘察、规划、设计、施工及验收的重要技术要求。

（8）国家需要控制的其他重要产品和工程建设的通用技术要求。

下列标准属于强制性标准：

（1）药品国家标准、食品卫生国家标准、兽药国家标准、农药国家标准。

（2）产品及产品生产、储运和使用中的安全、卫生国家标准，劳动安全、卫生国家标准，运输安全国家标准。

（3）工程建设的质量、安全、卫生国家标准及国家需要控制的其他工程建设国家标准。

（4）环境保护的污染物排放国家标准和环境质量国家标准。

（5）重要的涉及技术衔接的通用技术术语、符号、代号（含代码）、文件格式和制图方法国家标准。

（6）国家需要控制的通用的试验、检验方法国家标准。

（7）互换配合国家标准。

（8）国家需要控制的其他重要产品国家标准。

2）标准的实施

（1）不符合强制性标准的产品、服务，不得生产、销售、进口或者提供。出口产品、服务的技术要求，按照合同的约定执行。

（2）国家实行团体标准、企业标准自我声明公开和监督制度。企业应当公开其执行的强制性标准、推荐性标准、团体标准或者企业标准的编号和名称；企业执行自行制定的企业标准的，还应当公开产品、服务的功能指标和产品的性能指标。企业应当按照标准组织生产经营活动，其生产的产品、提供的服务应当符合企业公开标准的技术要求。

（3）国家建立强制性标准实施情况统计分析报告制度。国务院标准化行政主管部门和国务院有关行政主管部门、设区的市级以上地方人民政府标准化行政主管部门应当建立标准实施信息反馈和评估机制，根据反馈和评估情况对其制定的标准进行复审。标准的复审周期一般不超过五年。经过复审，对不适应经济社会发展需要和技术进步的应当及时修订或者废止。

3）标准的监督

（1）国务院标准化行政主管部门统一负责全国标准实施的监督。国务院有关行政主管部门分工负责本部门、本行业的标准实施的监督。省、自治区、直辖市标准化行政主管部门统一负责本行政区域内的标准实施的监督。省、自治区、直辖市人民政府有关行政主管部门分工负责本行政区域内本部门、本行业的标准实施的监督。市、县标准化行政主管部门和有关行政主管部门，按照省、自治区、直辖市人民政府规定的各自的职责，负责本行政区域内的标准实施的监督。

（2）县级以上人民政府标准化行政主管部门，可以根据需要设置检验机构，或者授权其他单位的检验机构，对产品是否符合标准进行检验和承担其他标准实施的监督检验任务。国务院有关行政主管部门可以根据需要和国家有关规定设立检验机构，负责本行业、本部门的检验工作。处理有关产品是否符合标准的争议，以规定的检验机构的检验数据为准。

（3）国家机关、社会团体、企业事业单位及全体公民均有权检举、揭发违反强制性标准的行为。

4.2.2 测绘标准化

测绘标准化是指在测绘与地理信息产业领域内，制定大家共同遵守的技术规则，并发布和实施测绘与地理信息标准的全过程。测绘标准化工作的任务是制定标准、组织实施标准以及对标准的制定、实施进行监督，加强标准宣传、贯彻等工作。

1. 测绘标准化管理的部门职责

1）国务院自然资源部标准化工作职责

（1）贯彻国家标准化工作的法律、行政法规、方针和政策，制定测绘标准化管理的规章制度。

（2）组织制定和实施国家测绘标准化规划、计划，建立测绘标准体系。

（3）组织实施测绘国家标准项目的制定、修订和标准复审。

（4）组织制定、修订、审批、发布和复审测绘行业标准和测绘行业标准化指导性技术文件。

（5）负责测绘标准的宣传、贯彻和监督实施工作；归口负责测绘标准化工作的国际合作与交流。

（6）指导省、自治区、直辖市自然资源主管部门的测绘标准化工作。

2）省、自治区、直辖市自然资源主管部门标准化工作职责

（1）贯彻国家标准化工作的法律、法规、方针和政策，制定贯彻实施的具体办法。

（2）组织制定和实施地方测绘标准化规划、计划。

（3）组织制定、修订和实施测绘地方标准项目。

（4）组织宣传、贯彻并监督检查测绘标准的实施。

（5）指导下级自然资源主管部门的标准化工作。

2. 测绘标准的制定

1）需要在全国范围内统一的技术要求，应当制定测绘国家标准

（1）测绘术语、分类、模式、代号、代码、符号、图式、图例等技术要求。

（2）国家大地基准、高程基准、重力基准和深度基准的定义和技术参数，国家大地坐标系统、平面坐标系统、高程系统、地心坐标系统和重力测量系统的实现、更新和维护的仪器、方法、过程等方面的技术要求。

（3）国家基本比例尺地图、公众版地图及其测绘的方法、过程、质量、检验和管理等方面的技术要求。

（4）基础航空摄影的仪器、方法、过程、质量、检验和管理等方面的技术指标和技术要求与测绘的遥感卫星影像的质量、检验和管理等方面的技术要求。

（5）基础地理信息数据生产及基础地理信息系统建设、更新与维护的方法、过程、质量、检验和管理等方面的技术要求。

（6）测绘工作中需要统一的其他技术要求。

2）应当制定强制性测绘标准或者标准强制性条款的情况

（1）涉及国家安全、人身及财产安全的技术要求。

（2）建立和维护测绘基准与测绘系统必须遵守的技术要求。

（3）国家基本比例尺地图测绘与更新必须遵守的技术要求。

（4）基础地理信息标准数据的生产和认定。

（5）测绘行业范围内必须统一的技术术语、符号、代码、生产与检验方法等。

（6）需要控制的重要测绘成果质量的技术要求。

（7）国家法律、行政法规规定强制执行的内容及其技术要求。

3）测绘推荐性行业标准

对没有国家标准、需要在测绘某个行业范围内统一的技术要求，制定推荐性行业标准。

4）测绘地方标准、团体标准和企业标准

如因地方自然条件、资源禀赋特点，确需明确特殊技术要求的，省级测绘行业主管部门可组织制定测绘地方标准。鼓励在测绘相关战略性新兴产业、技术更新迅速、市场成熟度较高的领域利用自主创新技术制定团体标准、企业标准。地方标准、团体标准和企业标准的技术要求应与相关国家标准和行业标准协调配套。测绘地方标准、团体标准、企业标准按《地方标准管理办法》《团体标准管理规定》及相关地方性规定制定。

5）测绘标准化指导性技术文件的制定

符合下列情形之一的，可以制定测绘标准化指导性技术文件：

（1）技术尚在发展中，需要有相应的测绘标准文件引导其发展或者具有标准化价值，尚能制定为标准的。

（2）采用国际标准化组织以及其他国际组织（包括区域性国际组织）技术报告的。

（3）国家基础测绘项目及有关重大专项实施过程中，没有国家标准和行业标准而又需要统一的技术要求。

3. 测绘标准的管理

自然资源标准化管理办法

1）测绘标准的审核与发布

按照《自然资源标准化管理办法》，属于测绘国家标准和国家标准化指导性技术文件的，报国务院标准化行政主管部门批准、编号、发布；属于测绘行业标准和行业标准化指导性技术文件的，由国务院自然资源部批准、编号、发布。

测绘行业标准和行业标准化指导性技术文件的编号由行业标准代号、标准发布的顺序号及标准发布的年号构成。

（1）强制性测绘行业标准编号：CH××××（顺序号）—××××（发布年号）。

（2）推荐性测绘行业标准编号：CH／T××××（顺序号）—××××（发布年号）。

（3）测绘行业标准化指导性技术文件编号：CH／Z××××（顺序号）—××××（发布年号）。

测绘国家标准和国家标准化指导性技术文件的复审结论经国务院自然资源部审查同意，报国务院标准化行政主管部门审批发布。测绘行业标准和行业标准化指导性技术文件的复审结论由国务院自然资源部审批。对确定为继续有效或者废止、撤销的，由国务院自然资源部发布公告；对确定为修订、转化的，按相关规定程序进行修订。

测绘地方标准的发布，按照国家和地方有关规定执行。测绘地方标准发布后30日内，省级自然资源主管部门应当向国务院自然资源部备案。备案材料包括：地方标准批文、地方标准文本、标准编制说明及相关材料等。

2）测绘标准的宣传、复审

标准发布后，自然资源主管部门和成员单位应于实施日期开始半年内组织开展标准宣传、贯彻、培训工作。标准化工作管理委员会组织对标准实施情况的监督检查和评估分析。监督检查和评估分析应在标准发布实施两年内完成，并编制工作报告。

标准实施后，部科技主管司局组织或委托标委会适时进行复审，以确认现行标准继续有效或者予以修订、废止。复审周期一般不超过5年。下列情况应当及时进行复审：① 不适应科学技术的发展和经济建设需要的；② 相关技术发生了重大变化的；③ 标准实施过程中出现重大技术问题或有重要反对意见的。

4.2.3 测绘标准

测绘标准是指以测绘科学技术和生产实践经验的综合成果为基础，经有关方面协商一致，与主管部门或权威机构批准、颁布的关于测绘技术方法、产品质量、品种规格、地图表示、数据库建设、生产量技术管理等统一规定的技术文件。

截至2021年1月，测绘国家标准有178项（含指导性技术文件2项），测绘行业标准有161项（含指导性技术文件12项），其他行业测绘标准有31项。原国家测绘地理信息局于2017年颁布了修订的《测绘标准体系》，将测绘标准体系描述为定义与描述、获取与处理、成果、应用服务、检验与测试和管理等6大类35小类，各类的范围和内容如下：

自然资源测绘标准目录（2021）

1. 定义与描述类

定义与描述类标准为测绘提供基础性、公共性描述，确保信息的互联互通和一致理解，促进信息融合、共享和使用。

该大类标准可以作为其他标准的基础和依据，具有普遍指导意义；包含术语、参考系、分幅编号、分类与代码、数据字典、元数据、地图图式和地名译音共8小类标准。

1）术　语

术语定义测绘基本术语、测绘各专业术语和各业务基本术语。术语标准化内容包括测绘基本术语、大地测量术语、摄影测量与遥感术语、地图学术语、海洋测量术语、工程测量术语、不动产测绘术语等。

2）参考系

参考系规定国家统一的测绘基准和时空参考系统的定义、参数、构成与实现，以及测绘基本要求。参考系类标准化内容包括国家地球参考框架、国家大地基准、高程基准、重力基准和深度基准、地方坐标系统、时间参考系、地理格网，以及大地测量基本规定、地图测绘基本规定等。

3）分幅编号

分幅编号规定国家基本比例尺地形图的分幅与编号。分幅编号标准化内容包括国家基本比例尺（1∶500～1∶1 000 000）地形图的分幅与编号等。

4）分类与代码

分类与代码规定地理要素、地理实体、地图等信息分类、编码、代码结构与构成、代码表等。

分类与代码标准化内容包括基础地理信息要素分类与代码、三维基础地理信息要素分类与代码、影像要素分类与代码、专题地图信息分类与代码、管线要素分类与代码、不动产地理要素分类与代码、地下空间信息要素分类与代码、地理实体要素分类与代码、地名地址要素分类与代码等。

5）数据字典

数据字典规定地理信息要素、影像、数据集、数据库等内容、属性、结构、形态和表达等的定义与描述。

数据字典标准化内容包括国家基本比例尺（1∶500～1∶1 000 000）基础地理信息要素数据字典、国家基本比例尺三维基础地理信息要素数据字典、航天影像和航空影像（由光学、雷达、激光等类型遥感传感器获取）数据字典、基础地理信息数据库数据字典等。

6）元数据

元数据规定地理信息数据成果、数据集和数据库的元数据的内容、标识、结构和格式等。元数据标准化内容包括地理信息数据成果元数据、地理信息数据集元数据和地理信息数据库元数据等。

7）地图图式

地图图式规定国家基本比例尺地形图、电子地图等地图表示的各种地物、地貌要素符号和注记的颜色、规格以及使用的原则、要求，以及地图整饰等相关技术要求。

地图图式标准化内容包括国家基本比例尺（1∶500～1∶1 000 000）地形图图式、公众版地图图式、电子地图图式、三维地图图式、普通地图图式、地籍图图式、房产图图式、海图图式等。

8）地名译音

地名译音规定测绘成果所使用的少数民族语音译汉字、国外地名的汉语拼写地名的译音汉字规则。

地名译音标准化内容包括蒙古语地名译音规则、维吾尔语地名译音规则、藏语（拉萨语）

地名译音规则、哈萨克语地名译音规则、藏语（德格话）地名汉字译音规则、黎语地名汉字译音规则、凉山彝语地名汉字译音规则、德宏傣语地名汉字译音规则、柯尔克孜语地名汉字译音规则、藏语（安多语）地名译音规则、西双版纳傣语地名汉字译音规则、英文版地名拼写规则等。

2. 获取与处理类

获取与处理类标准是指为满足特定要求，对测绘生产所采用的技术方法、途径等需要协调的事项进行规范统一，以满足连续、重复使用要求的通用性标准。

该大类标准规定测绘过程中的技术要求、参数和程序，支撑测绘成果按技术规范高效生产，可作为其他标准的基础和依据；包含大地测量、摄影测量与遥感、地图编制与印刷、海洋测绘、不动产测绘、界线测绘和工程测量共 7 小类标准。

1）大地测量

大地测量规定在建立和维持各等级国家或区域大地控制网、高程控制网、重力控制网、距离测量、各等级似大地水准面精化，以及月球测绘、深空测绘、深地测绘等所采用的各种测量方法应满足的技术要求。

大地测量标准化内容包括水准测量、三角测量、导线测量、天文测量、重力测量（航空重力测量）、距离测量、区域大地水准面精化、卫星导航定位基准站网建设与测量等技术过程与方法。

2）摄影测量与遥感

摄影测量与遥感规定各种摄影测量与遥感传感器获取各级影像数据或点云，并以此为数据源采用摄影测量与遥感方式获取、处理和更新国家基本比例尺地图、各种测绘数据、测绘成果（产品），以及进行房产、地籍、工程、三维建模等测绘应满足的技术要求。

摄影测量与遥感标准化内容包括航空摄影（含高、中、低空，有人机、无人机等飞行器）、倾斜航空摄影、雷达遥感、航天遥感、近景摄影、各类地面移动摄影等数据获取；基于摄影测量与遥感的地理信息数据测绘、地理信息数据更新、地形图数据测绘、其他测绘数据测绘等。

3）地图编制与印刷

地图编制与印刷规定国家基本比例尺地形图、公众版地形图、电子地图、专题地图、地理底图的编绘、制作和印刷应达到的技术要求。地图编制与印刷标准化内容包括国家基本比例尺地形图编绘规范、国家基本比例尺公众版地形图加工、电子地图制作、政区图制作、挂图制作、地理底图编制、地图印刷等。

4）海洋测绘

海洋测绘规定海洋大地测量、海洋重力测量、海底地形测量、内陆水下地形测量等应满足的技术要求。海洋测绘标准化内容包括海洋大地测量、海洋重力测量、海洋遥感测量、海底地形测量、海面地形测量（或海面平均高程测量）、海图测绘、海岸带测绘、跨海高程测量、海底水深测量、内陆水下地形测绘等。

5）不动产测绘

不动产测绘规定各级比例尺地籍、宗地、房产、面积测量等应满足的技术要求。不动产测绘标准化内容包括地籍测量、房产测量、农村土地确权测量等。

6）界线测绘

界线测绘规定国界、省界等行政界线测量，以及国界线、省界线绘制应满足的技术要求。界线测绘标准化内容包括界线测量、界线绘制等。

7）工程测量

工程测量规定城市建设、水利、能源、交通、通信、资源开发等领域不同阶段的工程测量应满足的技术要求。工程测量标准化内容涉及规划、建设和管理等不同阶段的控制测量、大比例尺外业测图、施工放样、管线测量、地下空间测绘、变形监测等的测量工作标准。

3. 成果类

成果类标准是测绘成果生产、使用和维护中需遵守技术准则、要求方面的专用标准。该类标准描述测绘成果的结构、规格、质量等技术指标，以保证测绘成果的规范性；包含遥感数据成果、基础地理信息成果、基础地理国情监测成果、基本比例尺地形图、公众版测绘成果、数据库、其他成果共 7 小类标准。

1）遥感数据成果

遥感数据成果规定地面、车载、航空、航天遥感影像、雷达数据成果与产品的内容、技术要求和指标。遥感数据成果标准化内容包括各种平台、传感器获取的遥感影像数据，以及 LiDAR 点云数据、SAR 数据等航空航天雷达遥感数据成果。

2）基础地理信息成果

基础地理信息成果规定基础地理信息成果、数据库成果的内容、技术要求、技术指标等。基础地理信息成果标准化内容包括系列比例尺数字线划图、数字高程模型、数字正射影像图、数字栅格地图、数字表面模型、数字水深模型、地下空间测绘等成果。

3）基础地理国情监测成果

基础地理国情监测成果规定基础地理国情监测相关成果的内容、技术要求、技术指标等。基础地理国情监测成果的标准化内容包括统计、元数据、分类代码、底图、数据、数据库等成果。

4）基本比例尺地形图

基本比例尺地形图规定国家基本比例尺地形图成果与产品应达到的技术要求、技术指标等。基本比例尺地形图标准化内容包括国家基本比例尺地形图成果等。

5）公众版测绘成果

公众版测绘成果规定公众版测绘成果应达到的技术要求、技术指标等。公众版测绘成果标准化内容包括公众版电子地图数据、公众版地图产品等。

6）数据库

数据库规定国家级、省级和城市级地理信息数据库建设过程各阶段的内容与技术要求。

数据库标准化内容包括各级地理信息数据库设计、数据库建设、数据库运行维护、数据库管理、时空信息数据及数据库，以及地理实体数据及数据库等。

7）其他成果

其他成果规定基础地理信息数据产品加工与处理得到的各种数据集及其数字产品的内容、技术要求、技术指标等。其他成果标准化内容包括政区图、挂图、地籍图、房产图、地理底图、航海图、实景三维图、定向运动图、政务电子地图等。

4. 应用服务类

应用服务类标准是测绘应用服务对象定义与描述、技术要求与流程、成果内容与指标、服务运行等方面进行规范的专用标准。该类标准为测绘应用服务提供支撑；包含导航与位置服务、应急测绘服务、地理国情监测、智慧/数字城市、全球地理信息资源建设和其他应用服务共 6 小类标准。

1）导航与位置服务

导航与位置服务规定导航与位置服务信息获取处理的技术方法与要求，导航与位置服务数据内容、技术指标、要求，以及服务的要求等。导航与位置服务标准化内容包括无缝导航、室内导航、多模式协同定位、多维位置、位置智能感知方面关于术语、安全处理、采集更新、产品、软硬件、接口、管理和服务等。

2）应急测绘服务

应急测绘服务规定应急测绘数据获取处理的技术方法与要求，应急测绘数据内容、技术指标、要求，以及服务的要求等。应急测绘标准化包括应急协同标绘符号、应急协同标绘图层、应急制图、应急数据、仪器检定、应急平台、数据获取处理、地图快速制印、管理与应用等。

3）地理国情监测

地理国情监测规定专题地理国情监测技术方法与要求，地理国情监测内容、技术指标、要求，以及服务的要求等。地理国情监测标准化内容包括专题地理国情监测内容和指标要求、信息获取与处理、数据产品、统计分析、信息管理与应用等。

4）智慧/数字城市

智慧/数字城市规定智慧/数字城市的技术方法与要求，智慧/数字城市的内容、技术指标、要求，以及服务的要求等。智慧/数字城市标准化内容包括平台建设、接口、运行服务、质量等方面的标准。

5）全球地理信息资源建设

全球地理信息资源建设规定全球地理信息获取处理的技术方法与要求，全球地理信息数据的内容、技术指标和要求，以及服务的要求等。全球地理信息资源建设标准化内容包括全球地理信息数据成果、数据采集处理、数据库建设、数据应用服务等。

6）其他应用服务

其他应用服务规定采用各种服务方式进行的信息整合、数据提供、地图服务和平台服务应达到的技术要求。其他应用服务标准化内容包括信息整合、测绘数据交换访问与集成、地理信息公共平台、物联网、时空政务、地名地址等方面的应用服务标准。

5. 检验与测试类

检验与测试类标准为验证测绘生产、成果和应用服务是否满足确定准则，对成果、仪器设备、软件和环境进行检查和验收的通用或专用标准。检验与测试类标准提供质量要求、检测内容与方法、质量评定等；包含成果检验、仪器检验、系统与软件测试、检验环境共 4 小类标准。

1）成果检验

成果检验规定测绘成果、数据质量的基本元素及其描述基本要求，各种形式、各种类别的测绘成果（产品）质量检查、验收、质量评定内容、方法与技术要求，测绘标准一致性测试要求等。

成果检验标准化内容包括成果质量元素、子元素的定义和描述方法，以及质量的量度、数据质量的评价过程和数据质量信息报告内容等的基本要求，以及基础地理信息数据或数据库检查和验收、公众版地图产品质量评定和监督检查、基础地理信息数据产品加工与处理得到的各种数据成果质量检验和测绘标准一致性测试等。

2）仪器检验

仪器检验规定各种测绘仪器设备的检验要求等。仪器检验标准化内容包括测绘仪器与工具检验、测绘设备检验等。

3）系统与软件测试

系统与软件测试规定用于测绘工作和测绘数据获取、生产、处理加工、存储维护和服务等的系统与软件测试的方法、内容和技术要求等。系统与软件测试标准化内容包括各类数据获取、生产、处理加工、存储维护、平台服务，以及相关管理软件、建库软件等的测试。

4）检验环境

检验环境规定用于测绘工作和测绘数据获取、生产、处理加工、存储维护和服务检验环境的内容和技术要求等。检验环境标准化内容包括比长基线场、摄影测量与遥感室内与室外检校场等。

6. 管理类

管理类标准是为保障测绘工作的协调运行和顺利实施，以测绘管理领域共性因素为对象所制定的通用标准。管理类标准提供测绘项目、成果、文档和安全方面的管理手段和措施，是测绘生产、管理和维护的重要保障，包含项目管理、成果管理、文档管理和安全管理共 4 小类标准。

1）项目管理

项目管理规定进行测绘技术设计、技术总结以及测绘成果（产品）生产、处理、存储与备份等过程中的技术管理要求与措施。项目管理标准化内容包括测绘技术设计与技术总结编写，测绘数据质量控制，测绘生产监理、处理、存储与备份技术管理等。

2）成果管理

成果管理规定测绘成果管理的技术要求与措施。成果管理标准化内容包括测绘数据库管理、备份、运行维护，测绘成果保密，测绘成果编目、保管、存储，测绘成果汇交等。

3）文档管理

文档管理规定测绘生产、处理、服务、存储与备份等过程中的整理、归档、上交等应满足的要求与措施。文档管理标准化内容包括成果文档归档，文档管理，图、档、库一体化管理等。

4）安全管理

安全管理规定测绘安全管理内容、技术方法与要求，以及测绘成果在生产、处理、服务、存储等过程中应满足的安全要求与措施。安全管理标准化内容包括地理信息安全防控技术体系、技术指标与要求、地理信息安全防控系统等，以及人员人身安全、测绘设备安全、测绘成果安全、服务安全、网络安全等。

4.3 测绘技术设计与总结

4.3.1 测绘技术设计

1. 概　述

原国家测绘局 2005 年 12 月 7 日发布的《测绘技术设计规定》（CH/T 1004—2005）对测绘技术设计做了详细规定。

测绘技术设计是将顾客或社会对测绘成果的要求（即明示的、通常隐含的或必须履行的需求或期望）转换为测绘成果（或产品）、测绘生产过程或测绘生产体系规定的特性或规范的一组过程。测绘技术设计的目的是制定切实可行的技术方案，保证测绘成果（或产品）符合技术标准和满足顾客要求，并获得最佳的社会效益和经济效益。因此，每个测绘项目作业前应进行技术设计。

测绘技术设计分为项目设计和专业技术设计。项目设计是对测绘项目进行的综合性整体设计。专业技术设计是对测绘专业活动的技术要求进行设计，是在项目设计基础上，按照测绘活动内容进行的具体设计，是指导测绘生产的主要技术依据。对于工作量较小的项目，可根据需要将项目设计和专业技术设计合并为项目设计。

项目设计由承担项目的法人代表单位负责；专业技术设计由具体承担相应测绘专业任务的法人单位负责。

2. 测绘技术设计的基本规定

1）技术设计应遵照的基本原则

（1）技术设计应依据技术输入内容，充分考虑顾客的要求，引用适用的国家、行业或地方的相关标准，重视社会效益和经济效益。

（2）技术设计方案应先考虑整体而后局部，且顾及发展；要根据作业区实际情况，考虑作业单位的资源条件（如人员的技术能力和软、硬件配置情况等），挖掘潜力，选择最适用的方案。

（3）积极采用适用的新技术、新方法和新工艺。

（4）认真分析和充分利用已有的测绘成果（或产品）和资料；对于外业测量，必要时应进行实地勘察，并编写踏勘报告。根据外业测绘任务的具体内容和特点，踏勘报告可包括以下内容：

① 作业区的行政划分、经济水平、踏勘的时间、人员的组成及分工、踏勘的路线及范围。

② 作业区的自然地理情况：山脉、水系、主要地貌类型和特征、平均概略高程、一般比高、地貌自然坡度、透视程度。

③ 根据外业测绘任务的具体情况，说明对测绘区作业有影响的作业区气象气候情况（如风、雨、雪、雾、气温、气压、能见度等）以及冻土深度、高秆作物季节、每年可作业年份、月平均作业天数。

④ 作业区交通情况。

⑤ 居民的风俗习惯和语言情况、居民地的分布情况及地名规律以及作业组住地的建议。

⑥ 测区主要交通、水系、山体、居民地、管线和境界等的结合图。

⑦ 土壤、土质、沼泽地等情况。

⑧ 植被的种类和分布情况。

⑨ 作业区供应情况：生活用品、粮食、饮水、燃料的供应情况，木材、水泥、沙、石等就地取材的可能性和价格，消耗品、材料、工具的采购地点。

⑩ 请用劳动力、向导、翻译等情况和工资标准。

⑪ 作业区治安情况、卫生情况及预防措施。

⑫ 作业区已有成果成图及其质量情况、测量标志完好情况以及对利用这些资料的初步分析和意见。

⑬ 典型地物、地貌样片调绘及摄影资料。

⑭ 根据地貌特征、经济水平和技术方法的作业难度，划分作业区困难类别和具体图幅困难类别（可根据情况附图）。

⑮ 其他需补充说明的作业区信息。

⑯ 对今后技术设计方案和作业的建议。

2）设计人员应满足的基本要求

（1）具备完成有关设计任务的能力，具有相关的专业理论知识和生产实践经验。

（2）明确各项设计输入内容，认真了解、分析作业区的实际情况，并积极收集类似设计内容执行的有关情况。

（3）了解、掌握本单位的资源条件（包括人员的技术能力，软、硬件装备情况）、生产能力、生产质量状况等基本情况。

（4）对其设计内容负责，并善于听取各方意见，发现问题，应按有关程序及时处理。

3）技术设计的编写内容要求

（1）内容明确，文字简练，对标准或规范中已有明确规定的，一般可直接引用，并根据引用内容的具体情况，明确所引用标准或规范名称、日期以及引用的章、条编号，且应在引用文件中列出；对作业生产中容易混淆和忽视的问题，应重点描述。

（2）名词、术语、公式、符号、代号和计量单位等应与有关法规和标准一致。

（3）技术设计书的幅面、封面格式和字体要符合《测绘技术设计规定》（CH/T 1004—2005）的要求。

3. 测绘技术设计过程

1）策　划

设计策划的内容包括：设计的主要阶段；设计评审、验证（必要时）和审批活动的安排；设计过程中职责和权限的规定；各设计小组之间的接口。

2）设计输入

测绘技术设计输入应根据具体的测绘任务、测绘专业活动而定。通常情况下，测绘技术设计输入包括：

（1）适用的法律、法规要求。

（2）适用的国际、国家或行业技术标准。

（3）对测绘成果（或产品）功能和性能方面的要求，主要包括测绘任务书或合同的有关要求、顾客书面要求或口头要求的记录、市场的需求或期望。

（4）顾客提供的或本单位收集的测区信息、测绘成果（或产品）资料及踏勘报告等。

（5）使用时，以往测绘技术设计、测绘技术总结提供的信息以及现有生产过程和成果（或产品）的质量记录和有关数据。

（6）测绘技术设计必须满足的其他要求。

3）设计输出

测绘技术设计输出主要包括项目设计书、专业技术设计书以及相应的技术设计更改单。在编写设计书时，当用文字不能清楚、形象地表达其内容和要求时，应增加设计附图。设计附图应在相应的项目设计书和专业技术设计书附录中列出。

4）设计评审

设计评审应确定评审依据、评审目的、评审内容、评审方式以及评审人员等。

5）设计验证

根据技术设计文件的具体内容，设计验证的方法可选用：

（1）将设计输入要求和（或）相应的评审报告与其对应的输出进行比较校检。

（2）试验、模拟或试用，根据其结果验证符合其输入的要求。

（3）对照类似的测绘成果（或产品）进行验证。

（4）变换方法进行验证，如采取可替换的计算方法等。

（5）其他适用的验证方法。

6）设计审批

技术设计文件报批之前，承担测绘任务的法人单位必须对其进行全面审核，并在技术设计文件和（或）产品样品上签署意见并签名（或章）。技术设计文件经审核签字后，一式二至四份报测绘任务的委托单位审批。

7）设计更改

技术设计文件一经批准，不得随意更改。当确需要更改或补充有关的技术规定时，应按照规定对更改或补充内容进行评审、验证和审批后，方可实施。

4.3.2　项目设计书的内容

1. 概　述

说明项目来源、内容和目标、作业区范围和行政隶属、任务量、完成期限、项目承担单位和成果（或产品）接受单位等。

2. 作业区自然地理概况和已有资料情况

1）作业区自然地理概况

根据测绘项目的具体内容和特点，根据需要说明与测绘作业有关的作业区自然地理概况，内容可包括：

（1）作业区的地形概况、地貌特征：居民地、道路、水系、植被等要素的分布与主要特征，地形类别、困难类别、海拔高度、相对高差等。

（2）作业区的气候情况：气候特征、风雨季节等。

（3）其他需要说明的作业区情况等。

2）已有资料情况

说明已有资料的数量、形式、主要质量情况（包括已有资料的主要技术指标和规格等）和评价；说明已有资料利用的可能性和利用方案等。

3. 引用文件

说明项目设计书编写过程中所引用的标准、规范或其他技术文件。文件一经引用，便构成项目设计书设计内容的一部分。

4. 成果（或产品）主要技术指标和规格

说明成果（或产品）的种类及形式、坐标系统、高程基准、比例尺、分带、投影方法、分幅编号及其空间单元、数据基本内容、数据格式、数据精度以及其他技术指标等。

5. 设计方案

1）软件和硬件配置要求

规定测绘生产过程中的硬、软件配置要求，主要包括：

（1）硬件：规定对生产过程所需的主要测绘仪器、数据处理设备、数据传输网络等设备的要求；其他硬件配置方面的要求（如对于外业测绘，可根据作业区的具体情况，规定对生产所需的主要交通工具、主要物资、通信联络设备以及其他必需的装备等要求）。

（2）软件：规定对生产过程中主要应用软件的要求。

2）技术路线及工艺流程

说明项目实施的主要生产过程和这些过程之间输入、输出的接口关系。必要时，应用流程图或其他形式清晰、准确地规定出生产作业的主要过程和接口关系。

3）技术规定

（1）规定各项专业活动的主要过程、作业方法和技术、质量要求。

（2）特殊的技术要求，采用新技术、新方法、新工艺的依据和技术要求。

4）上交和归档成果（或产品）内容及其资料内容和要求

分别规定上交和归档的成果（或产品）内容、要求和数量，以及有关文档资料的类型、数量等，主要包括：

（1）成果数据：规定数据内容、组织、格式，存储介质，包装形式和标志及其上交和归档的数量等。

（2）文档资料：规定需上交和归档的文档资料的类型（包括技术设计文件、技术总结、质量检查验收报告、必要的文档簿、作业过程中形成的重要记录等）和数量等。

5）质量保证措施和要求

质量保证措施和要求的内容主要包括：

（1）组织管理措施：规定项目实施的组织管理和主要人员的职责和权限。

（2）资源保证措施：对人员的技术能力或培养的要求；对软、硬件装备的需求等。

（3）质量控制措施：规定生产过程中的质量控制环节和产品质量检查、验收的主要要求。

（4）数据安全措施：规定数据安全和备份方面的要求。

6. 进度安排和经费预算

1）进度安排

应对以下内容做出规定：划分作业区的困难类别；根据设计方案，分别计算统计各工序的工作量；根据统计的工作量和计划投入的生产实力，参照有关生产定额，分别列出年度计划和各工序的衔接计划。

2）经费预算

根据设计方案和进度安排，编制分年度（或分期）经费和总经费计划，并做出必要说明。

7. 附　录

（1）需进一步说明的技术要求。

（2）有关的设计附图、附表。

4.3.3 专业技术设计书的内容

专业技术设计根据专业测绘活动的不同分为大地测量、摄影测量与遥感、野外地形数据采集及成图、地图制图与印刷、工程测量、界线测绘、基础地理信息数据建库等专业技术设计。《测绘技术设计规定（CH/T1004—2005）》对各专业技术设计书内容编写的一般要求如下：

1. 大地测量

1）任务概述

说明任务来源、目的、任务量、测区范围和行政隶属等基本情况。

2）测区自然地理概况和已有资料情况

测区自然地理概况是根据需要说明与设计方案或作业有关的测区自然地理概况，内容可包括测区地理特征、居民地、交通、气候情况和困难类别等。

已有资料情况主要是说明已有资料的数量、形式、施测年代、采用的坐标系统，高程和重力基准，资料的主要质量情况和评价、利用的可能性和利用方案等。

3）引用文件

说明专业技术设计书编写中所引用的标准、规范或其他技术文件。文件一经引用，便构成专业技术设计书内容的一部分。

4）主要技术指标

说明作业或成果的坐标系、高程基准、重力基准、时间系统、投影方法、精度或技术等级以及其他主要技术指标等。

5）设计方案

（1）选点、埋石。

设计方案的主要内容包括：规定作业所需的主要装备、工具、材料和其他设施；规定作业过程、各工序作业方法和精度质量的要求；满足上交和归档成果及其资料的内容和要求。

选点基本要求：符合测量线路、标志布设的基本要求；点位选址、重合利用旧点的基本要求；需要联测点的踏勘要求；点名及其编号规定；选址作业中还应收集的资料和其他相关要求等。

埋石方面应规定测量标准、标石材料的选取要求；石子、沙、混凝土的比例；标石、标志、观测墩的数学精度；埋设的标石、标志及附属设施的规格、类型；测量标志的外部整饰要求；埋设过程中需获取的相应资料（地质、水文、照片等）及其他应注意的事项；路线图、点之记绘制要求；测量标志保护及其委托保管要求。

（2）平面控制测量。

平面控制测量可采用GNSS测量或三角测量、导线测量方法。

① GNSS测量设计方案主要内容包括：规定GPS接收机或其他测量仪器的类型、数量、精度指标以及对仪器校准或检定的要求，规定测量和计算所需要的专业应用软件和其他配置；规定作业的主要过程、各工序作业方法和精度质量要求，如确定观测网的精度等级和其他技术指标等；规定观测作业各过程的方法和技术要求；规定观测成果记录的内容和要求。

外业数据处理的内容和要求：外业成果检查（或检验）、整理、预处理的内容和要求，基线向量解决方案和数据质量检核的要求，必要时需确定平差方案、高程计算方案；规定补测与重测的条件和要求。

其他特殊要求，如拟定所需的交通工具、主要物资及其供应方式、通信联络方式以及其他特殊情况下的应对措施；上交和归档成果及其资料的内容和要求。

② 三角测量和导线测量设计方案内容主要包括：规定测量仪器的类型、数量、精度指标以及对校准或检定的要求，规定测量和计算所需的计算机、软件及其他配置。

规定作业的主要过程、各工序作业方法和精度质量要求，如说明所确定的锁、网（或导线）的名称、等级、图形、点的密度以及已知点的利用和起始控制情况；规定觇标类型和高度、标石的类型；水平角和导线边的测定方法和限差要求；三角点、导线点高程的测量方法以及新旧点的联测方案等；数据的质量检核、预处理及其他要求。

其他特殊要求：拟定所需的交通工具、主要物资及其供应方式、通信联络方式及其他特殊情况下的对应措施；上交和归档成果及其资料的内容和要求。

（3）高程控制测量。

高程控制测量设计方案内容主要包括：规定测量仪器的类型、数量、精度指标以及对仪器校准或检定的要求，规定测量和计算所需的专业应用软件及其他配置。

规定作业的主要过程、各工序作业方法和精度质量要求，如规定测站设置基本要求；规定观测、联测、检测及跨越障碍的测量方法，观测的时间、气候条件及其他要求等；规定观测记录的方法和成果整饰要求；说明需要联测的气象站、水文站、验潮站和其他水准点；规定外业成果计算、检核的质量要求；规定成果重测和取舍要求；必要时，规定成果的平差计算方法、采用软件和高差改正等技术要求。

其他特殊要求：拟定所需的交通工具、主要物资及其供应方式、通信联络方式及其他特殊情况下的对应措施；上交和归档成果及其资料的内容和要求。

（4）重力测量。

重力测量设计方案内容主要包括：规定测量仪器的类型、数量、精度指标以及对仪器校准或检定的要求，规定对重力仪的维护注意事项，规定测量和计算所需的专业应用软件和其他配置，并规定测量仪的运载工具及其要求。

规定作业的主要过程、各工序作业方法和精度质量要求；规定重力控制点和加密点的布设和联测方案；规定重力点平面坐标和高程的施测方案，说明已知重力点的利用和联测情况；规定测量成果检查、取舍、补测和重测的要求和其他相关的技术要求。

其他特殊要求：拟定所需的交通工具、主要物资及其供应方式、通信联络方式及其他特殊情况下的应对措施；上交和归档成果及其资料的内容和要求。

（5）大地测量数据处理。

设计方案内容主要包括：规定计算所需的软、硬件配置及其检验和测试要求；规定数据处理的技术路线或流程；规定各过程作业要求和精度质量要求，包括：说明对已知数据和外业成果资料的统计、分析和评价的要求；说明数据预处理和计算的内容和要求，如采用的平面、高程、重力基准和起算数据；确定平差计算的数学模型、计算方法和精度要求，规定程序编制和检验的要求等。

其他有关的技术要求内容：规定数据质量检查的要求；规定上述成果内容、形式、打印格式和归档要求。

2. 摄影测量和遥感

1）任务概述

说明任务来源、测区范围、地理位置、行政隶属、成图比例尺、任务量等基本情况。

2）测区自然地理概况和已有资料情况

（1）测区自然地理概况：根据需要说明与设计方案或作业有关的作业区自然地理概况，内容可包括测区地形概况、地貌特征、海拔高度、相对高差、地形类别、困难类别和居民地、道路、水系、植被等要素的分布与主要特征，气候、风雨季节及生活条件等情况。

（2）已有资料情况说明：地图资料采用的平面和高程基准、比例尺、等高距测制单位和年代等；说明基础控制资料的平面和高程基准、精度及其点位分布等；说明航摄资料单位、摄区代号、摄影时间、摄影机型号、焦距、像幅、相片比例尺、航高、底片（相片）质量、扫描分辨率等；说明遥感资料数据的时相、分辨率、波段等；说明资料的数量、形式以及主要质量情况和评价等；说明资料利用的可能性和利用方案等。

3）引用文件

专业技术设计书编写过程中所引用的标准、规范或其他技术文件。文件一经引用，便构成专业技术设计书设计内容的一部分。引用文件主要包括成果（或产品）规格和主要技术指标；作业或成果的比例尺、平面和高程基准、投影方式、成图方法、图幅基本等高距数据精度、格式、基本内容以及其他主要技术指标等。

4）设计方案

（1）摄影测量设计方案。

航空摄影技术设计的要求按《航空摄影技术设计规范》（GB/19294—2003）执行。摄影测量设计方案内容主要内容包括：

① 软、硬件环境及其要求：规定作业所需的测量仪器的类型、数量、精度指标以及对仪器校准或检定的要求；规定多作业所需的数据处理、存储与传输等设备的要求；规定对专业应用软件的要求和其他软、硬件配置方面需特别规定的要求。

② 规定作业的技术路线或流程。

③ 规定各工序作业要求和质量指标：

A. 控制测量：规定平面和高程控制点的布设方案及其相关的技术要求等；规定平面和高程控制测量的施测方法、技术要求、限差规定和精度要求。

B. 调绘：要提出室内判绘和实地调绘的方案及其相关的技术要求，提出新增地物、地貌以及云影、阴影地区的补测要求；根据测绘地理景观特征，对居民地、地形要素的特征和主要表示方法提出要求，其内容如下：

a. 水系：规定测定水位的方法和要求，水网区河流、湖泊、沟渠的取舍原则，对水系附属建筑物的表示方法与要求等。

b. 居民地与建（构）筑物：按测区居民地与建（构）筑物的分布情况，说明其类型、特征、表示方法和综合取舍的原则。

c. 交通：描述铁路、公路类型和分布情况，对公路以下的道路，着重规定综合取舍的要求等。

d. 境界：明确境界表示到哪一级，对国界和其他有争议的境界要提出具体的表示方法和要求等。

e. 地貌和地质：说明测区内各类地貌的特征，对地貌符号和地质符号表示提出要求。

f. 植被：说明测区内主要植被的种类、配合表示的要求、地类界综合取舍的要求等。

C. 其他关于地图要素的技术要求：

a. 地名调查：规定确定地名的依据和方法、人口稠密和人口稀少地区地名综合取舍要求，对少数民族地区地名应写明译音规则，对地名中的地方字要有统一的注释等。

b. 碎部点测量：规定碎部点测量及其相关的技术要求。

c. 影像扫描：规定扫描分辨率、色彩模式、数据格式、数据编辑、扫描质量等主要技术要求。

d. 空中三角测量：确定加密方案及其要求，内容包括采用的空三系统、平差方法、检测点的选点规则和数量及其精度指标、技术要求和上交成果要求等。

e. 数据采集和编辑：

Ⅰ. 规定矢量数据的采集方法和编辑要求，包括数据的分层、编码、属性内容、数据编辑和接边、图幅裁切、图廓整饰等技术和质量要求。

Ⅱ. 规定高程模型格网间隔、格网点高程中误差、数据格式等技术和质量要求。

Ⅲ. 规定数字正射影像图的分辨率、影像数据纠正、镶嵌、裁切、图廓整饰等技术和质量要求。

Ⅳ. 规定元数据的制作要求。

Ⅴ. 对图历簿、文档簿的样式和填写做出规定。

④ 在隐蔽地区、困难地区或特殊情况下测图，或采用新技术、新仪器测图时，需规定具体的作业方法、技术要求、限差规定和必要的精度估算和说明。

⑤ 质量控制环节和质量检查的主要要求。

⑥ 成果上交和归档要求。

⑦ 有关附录。

（2）遥感设计方案。

遥感设计方案内容主要包括：

① 硬件平台和软件环境。

② 作业的技术路线和工艺流程。

③ 规定遥感资料获取、控制和处理的技术和质量要求，可包括：

A. 遥感资料获取：说明获取遥感资料的基本要求，并说明所获取遥感资料的名称、摄影参数、范围、格式、质量情况等。

B. 控制要求：规定控制点选取的方法、点数及其分布和计算的精度要求等。

C.处理要求：规定各工序（包括纠正、融合及其他内容等）的技术要求及影像质量、误差精度要求等；规定遥感图像解译的方法、技术指标和标志（如形态、影像、色调）及其整饰、注记的方法和技术要求等。

④ 其他相关的技术、质量要求。

⑤ 质量控制环节和质量检查的主要内容。

⑥ 成果上交和归档要求。

⑦ 有关附录。

3. 野外地形数据采集及成图

1）任务概述

说明任务来源、测区范围、地理位置、行政隶属、成图比例尺、采集内容、任务量等基本情况。

2）测区自然地理概况和已有资料情况

（1）测区自然地理概况：根据需要说明与设计方案或作业有关的测区自然地理概况，内容可包括测区地理特征、居民地、交通、气候情况和困难类别等。

（2）已有资料情况说明：已有资料的施测年代，采用的平面、高程基准，资料的数量、形式，主要质量情况和评价，利用的可能性和利用方案等。

3）引用文件

说明专业技术设计书编写中所引用的标准、规范或其他技术文件。文件一经引用，便构成专业技术设计书设计内容的一部分。

4）成果（或产品）规格和主要技术指标

说明作业或成果的比例尺、平面和高程基准、投影方式、成图方法、成图基本等高距、数据精度、格式、基本内容以及其他主要技术指标等。

5）设计方案

设计方案内容主要包括：

① 规定测量仪器的类型、数量、精度指标以及对仪器校准或检定的要求；规定作业所需的专业应用软件及其他配置。

② 图根控制测量：规定各类图根的布设和标志的设置，观测使用的仪器、测量方法和测量限差的要求等。

③ 规定作业方法和技术要求：规定野外地形数据采集方法，包括采用全站型速测仪、平板仪、全球定位系统（GPS）测量等；规定野外数据采集的内容、要素代码、精度要求；规定属性调查的内容和要求。

其中规定属性调查的内容和要求有数字高程模型（DEM），应规定高程数据采集的要求；规定数据记录要求；规定数据编辑、接边、处理、检查和成图工具等要求；数字高程模型（DEM）和数字地形模型（DEM），还应规定内插 DEM 和分层设色的要求等。

④ 其他特殊要求：拟定所需的主要物资及交通工具等，指出物资供应、通信联络、业务管理以及其他特殊情况下的应对措施或对作业的建议等；采用新技术、新仪器测图时，需要规定具体的作业方法、技术要求、限差规定和必要时的精度估算和说明。

⑤ 质量控制环节和质量检查的主要要求。

⑥ 上交和归档成果及其资料的内容和要求。

⑦ 有关附录。

4. 地图制图和印刷

1）地图制图

（1）任务概述。

说明任务来源、制图范围、行政隶属、地图用途、任务量、完成期限、承担单位等基本情况。对于地图集（册），还应重点说明其主要反映的主体内容等。对于电子地图，还应说明软件基本功能及应用目标等。

（2）作业区自然地理概况和已有资料情况。

① 作业区自然地理概况。

根据需要说明与设计方案或作业有关的作业区自然地理概况，内容可包括作业区地形概况、地貌特征、困难类别和居民地、水系、道路、植被等要素的主要特征。

② 已有资料情况。

说明已有资料采用的平面和高程基准、比例尺、等高距、测制单位和年代，资料的数量、形式，主要质量情况和评价，并列出基本资料、补充资料和参考资料（包括可利用的图表、图片、文献等）以及资料利用的可能性和利用方案等。说明作者原图或其他专题资料的形式、质量情况，并对其利用方案加以说明。

（3）引用文件。

说明专业技术设计书编写中所引用的标准、规范或其他技术文件。文件一经引用，便构成专业技术设计书设计内容的一部分。

（4）成果（或产品）规格和主要技术指标。

说明地图比例尺、投影、分幅、密级、出版形式、坐标系统及高程基准、等高距，地图类别和规格，地图性质、精度以及其他主要技术指标等。对于地图集（册），还应说明图集的开本及其尺寸、图集（册）的主要结构等主要情况。对于电子地图，则应说明其主题内容、制图区域、比例尺、用途、功能、媒体集成程度、数据格式、可视化模型、数据发布方式及可视化模型表现等。

（5）设计方案。

①普通地图和专题地图设计方案的主要内容包括：

A. 说明作业所需的软、硬件配置。

B. 规定作业的技术路线和流程。

C. 规定所需作业过程、方法和技术要求：地图扫描处理，以及规定地图扫描分辨率、色彩模式、数据格式、纠正方法、数据编辑的主要内容、色彩处理等作业和质量要求等；数学基础，即规定地图的数学基础及其作业方法和技术要求；数据采集与编辑处理。

其中数据采集与编辑处理规定包括：地图表示的数据内容、采集方法、要素表示关系的处理原则、数据接边以及数据编辑处理的其他要求等；规定地图的图面配置、图廓整饰、图幅裁切等技术和质量要求；规定地图各要素符号、注记等的表示要求；规定地图数据的色彩表示、输出分版（或分色）、排版样式、输出材料以及印刷原图的制作要求等；对于地图集（册），规定其详细结构、内容安排、排版样式等，并规定各图幅诸内容的选取原则、表示方法，图片、文字的编辑样式，文字的字体、大小等；规定对地图或图集印刷、装帧的主要要求；规定图历簿填写以及其他要求。

D. 质量控制环节和质量检查的主要要求。

E. 最终提交和归档成果和资料的内容及要求。

F. 有关附录。

② 电子地图。

A. 制作电子地图以及多媒体制作与浏览所需的各种软、硬件配置要求。

B. 电子地图制作的技术路线和主要流程。

C. 电子地图制作的主要内容、方法和要求：规定空间信息可视化对象的基本属性内容；

规定多媒体可视化表现形式和对媒体数据的要求；规定对地图符号系统设计和地图层次结构（由主题信息内容、主题相关信息和背景信息内容等组成）设计的内容、表现手段和要求等；规定电子地图系统设计的主要内容。包括：主题内容、表现形式、软件功能及应用目标等；规定电子地图空间信息可视化的表现手段与基本形式等；规定电子地图空间信息的流程结构和组织方式；规定电子地图的界面结构和交互方式等；其他需要规定的内容和要求等。

D. 最终提交和归档成果和资料的内容及要求。

E. 有关附录。

2）地图印刷

（1）任务概述。

说明任务来源、性质、用途、任务量、完成期限等基本情况。

（2）印刷原图情况。

说明印刷原图的种类、形式、分版情况、制作单位、精度和质量情况，并对存在的问题提出意见；说明其他有关资料的数量、形式、质量情况和利用方案等。

（3）引用文件。

说明专业技术设计书编写中所引用的标准、规范或其他技术文件。文件一经引用，便构成专业技术设计书设计内容的一部分。

（4）主要质量指标。

说明印刷的精度、印色、印刷的主要材料（如纸张、胶片、版材等）、装帧方法以及成品的主要质量、数量情况等。

（5）设计方案。

印刷设计方案的主要内容包括：

① 确定印刷作业的主要工序和流程（必要时，应绘制流程图）。

② 规定所需工序作业的方法和技术、质量要求：

A. 拼版的方法和要求。

B. 制版：规定制版作业的方法、材料、技术和质量要求。

C. 修版：规定修版的方法、内容和要求。

D. 印刷：规定打样的种类、数量和质量要求；规定印刷设备、纸张类型、印色、印序和印数、印刷精度和墨色等要求。

E. 装帧的方法、技术要求、采用的材料以及清样本的制作等。

F. 裁切设备、尺寸和精度要求。

G. 采用新工艺、新方法、新材料的技术质量要求。

H. 其他有关的技术、质量要求。

③ 提交和归档成果（或产品）和资料的要求。

④ 有关的附录。

5. 工程测量

1）任务概述

说明任务来源、用途、测区范围、内容与特点等基本情况。

2）测区自然地理概况和已有资料情况

（1）测区自然地理概况。

根据需要说明与设计方案或作业有关的测区自然地理概况，内容可包括测区的地理特征、居民地、交通、气候情况以及测区困难类别、测区有关工程地质与水文地质的情况等。

（2）已有资料情况。

说明已有资料的施测年代，采用的平面、高程基准，资料的数量、形式、质量情况评价，利用的可能性和利用方案等。

3）引用文件

说明专业技术设计书编写中所引用的标准、规范或其他技术文件。文件一经引用，便构成专业技术设计书设计内容的一部分。

4）成果（或产品）规格和主要技术指标

说明作业或成果的比例尺、平面和高程基准、投影方式、成图方法、成图基本等高距、数据精度、格式、基本内容以及其他主要技术指标等。

5）设计方案

（1）平面和高程控制测量设计方案内容参照大地测量专业技术设计书要求。

（2）施工测量。

施工测量设计方案主要内容包括：

① 规定测量仪器的类型、数量、精度指标以及对仪器校准或检定的要求，作业所需要的专业应用软件及其他配置。

② 规定作业的技术路线和流程。

③ 规定作业方法和技术要求：规定施工场区控制网及建筑控制网的布设方法和精度要求，确定场区高程控制点的布设、精度要求和施测规定；对施工放样使用的图纸和资料提出技术要求，规定各施工工序放样、抄平的技术要求、检核方法和限差规定等；规定结构安装测量中放样的方法和测量允许偏差；规定灌注桩、桩界和红线点的布设和施测方法及要求；水工建筑物施工放样的方法和测量允许偏差、高层建筑物与预制构件拼装的竖向测量偏差的规定等；其他有关要求和规定。

④ 质量控制环节和质量检查的主要要求。

⑤ 上交和归档成果及其资料的内容和要求。

⑥ 有关附录。

（3）竣工测量。

竣工测量设计方案内容主要包括：

① 规定测量仪器的类型、数量、精度指标以及对仪器校准或检定的要求；规定作业所需的应用软件及其他配置。

② 规定作业的技术路线和流程。

③ 规定作业方法和技术要求：

A. 规定竣工图的分幅、编号、比例尺以及图例、符号等。

B. 规定竣工测量的内容、方法和精度要求。

C. 规定竣工图的内容、精度要求和作业技术要求等。

D. 规定对竣工图各项注记及其他要求。

④ 质量控制环节和质量检查的主要要求。

⑤ 上交和归档成果及其资料的内容和要求。

⑥ 有关附录。

（4）线路测量。

线路测量包括铁路测量、公路测量、管线测量、架空索道和架空送电线路；光缆线路测量等。其设计方案内容主要包括：

① 规定测量仪器的类型、数量、精度指标以及对仪器校准或检定的要求；规定作业所需的专业应用软件及其他配置。

② 规定作业的技术路线和流程。

③ 规定作业方法和技术要求：

A. 规定线路控制点的布设方案和要求、联测方法和技术要求，确定线路的测图比例尺。

B. 规定中线、曲线的起、讫点位置，布设要求，施测方法，技术要求以及断面的间距和断面点密度的要求等。

C. 规定各种桩点（中桩、转点、交叉点、断面点、曲线点等）的平面和高程的施测方法和精度要求。

D. 线路测量各阶段对各种点位复测的要求以及各次复测值之间的限差规定。

E. 架空索道的方向点偏离直线的精度要求等。

F. 其他有关要求和规定。

④ 质量控制环节和质量检查的主要要求。

⑤ 上交和归档及其资料的内容和要求。

⑥ 有关附录。

（5）变形测量。

变形测量设计方案内容主要包括：

① 规定测量仪器的类型、数量、精度指标以及对仪器校准或检定的要求；规定作业所需的专业应用软件及其配置。

② 规定作业的技术路线和流程。

③ 规定作业方法和技术要求：

A. 基准点设置和变形观测点的布设方案、标石埋设规格、施测方案及其精度要求。

B. 规定变形测量的观测周期和观测要求。

C. 规定数据处理方法、计算公式和统计检验方法等。

D. 规定手簿、记录和计算的要求。

E. 其他有关要求和规定。

④ 上交和归档成果及其资料的内容和要求。

⑤ 有关附录。

6. 界线测绘

1）任务概述

说明任务来源、测区范围、行政隶属、测图比例尺、任务量等基本情况。

2）测区自然地理概况和已有资料情况

（1）测区自然地理概况。

根据需要说明与设计方案或作业有关的作业区自然地理概况，内容可包括测区的地理特征、居民地、道路、水系、植被等要素的主要特征，地形类别以及测区困难类别，经济总体发展水平，土地等级及利用概况等。

（2）已有资料情况。

说明已有控制成果和图件的形式、采用的平面和高程基准、比例尺、大地点分布密度、等级，行政区划资料、质量情况评价，利用的可能性和利用方案等；对于地籍测绘和房产测绘，还应说明房屋普查资料、土地利用现状调查资料的现势性和可靠性，土地利用分类、土地权属单位的划分、城镇房产类别、房屋建筑结构分类等标准的制定单位和年代等级资料情况和利用方案。

3）引用文件

说明专业技术设计书编写过程中所引用的标准、规范或其他技术文件。文件一经引用，便构成专业技术设计书的内容的一部分。

4）成果（或产品）规格和主要技术指标

说明作业或成果的比例尺、平面和高程基准、投影方式、成图方法、数据精度、格式、基本内容，以及其他主要技术指标等。

5）设计方案

（1）地籍测绘。

地籍测绘设计方案内容主要包括：

① 规定测量仪器的类型、数量、精度指标以及对仪器校准或检定的要求；规定作业所需的专业应用软件及其他配置。

② 规定作业的技术路线和流程。

③ 规定作业方法和技术要求：

A. 控制测量：规定平面控制的布设方案、觇标和埋石的规格、观测方法、观测限差、新旧点联测方案及控制网的精度估算。

B. 外业调绘：规定调绘图件（地形图、航摄像片、影像平面图及其他图件），确定地籍要素调绘或调查的内容和方法、各种权属界线的表示和地块的编号方法等。

C. 规定界址点实测和面积量算的方法和技术、质量要求。

D. 测图作业要求：规定测图的作业方法、使用的仪器、精度要求和各项限差；地籍要素和地形要素的表示方法等。

E. 其他技术要求。

④ 质量控制环节和质量检查。

⑤ 上交和归档成果及其资料的内容和要求。

⑥ 有关附录。

（2）房产测绘。

房产测绘设计方案内容主要包括：

① 规定测量仪器的类型、数量、精度指标以及对仪器校准或检定的要求；规定作业所需的专业应用软件及其他配置。

② 规定作业的技术路线和流程。

③ 规定作业方法和技术要求：

A. 控制测量：规定平面控制的布设方案、觇标和埋石的规格、观测的方法、观测限差、新旧点联测方案及控制网的精度估算。

B. 房产调查（或调绘）：规定房产调查（或调绘）的内容和方法、地块和房屋（幢号）的编号方法、房产调查表的填写要求等。

C. 规定界址点布设、编号和实测的方法和技术质量要求。

D. 房产图绘制和面积量算的方法和技术质量要求。

E. 其他技术质量要求。

④ 质量控制环节和质量检查。

⑤ 上交和归档成果及其资料的内容和要求。

⑥ 有关附录。

（3）境界测绘。

境界测绘设计方案内容主要包括：

① 规定测量仪器的类型、数量、精度指标以及对仪器校准或检定的要求；规定作业所需的专业应用软件及其他配置。

② 规定作业的技术路线和流程。

③ 规定作业方法和技术要求：

A. 控制测量：规定平面控制的布设方案、觇标和埋石的规格、观测的方法、新旧点联测方案及控制网的精度估算。

B. 外业调绘：确定调绘的内容、方法和技术要求等。

C. 规定界址点实测和界桩埋设的方法和要求等。

D. 其他技术要求。

④ 质量控制环节和质量检查。

⑤ 上交和归档成果及其资料的内容和要求。

⑥ 有关附录。

7. 基础地理信息数据建库

1）任务概述

说明任务来源、管理框架、建库目标、系统功能、预期结果、完成期限等基本情况。

2）已有资料情况

结合数据入库前的检查、验收报告或其他有关文件，说明数据的质量情况和利用方案。

3）引用文件

说明专业技术设计书编写过程中所引用的标准、规范或其他技术文件。文件一经引用，便构成专业技术设计书的内容的一部分。

4）成果（或产品）规格和主要技术指标

说明数据库范围、内容、数学基础、分幅编号、成果（或产品）的单元空间、数据精度、格式及其他重要技术指标。

5）设计方案

设计方案内容主要包括：

（1）规定建库的技术路线和流程，应用流程图或其他形式，清晰、准确地规定建库的主要过程及其接口关系。

（2）系统软件和硬件的设计：规定建库的操作系统、数据库管理系统及有关的图制软件等；规定数据库输入设备、输出设备、数据处理设备（如服务器、图形工作站及计算机等）、数据存储设备及其他设备的功能要求或型号、主要技术指标等。规划网络结构（如网络拓扑结构、网线、网络连接设备等）。

（3）数据库概念模型设计：规定数据库的系统构成、空间定位参考、空间要素类型及其关系、属性要素类型及其关系等。

（4）数据库逻辑设计：应规定要素分类与代码、层（块）、属性项及值域范围以及数据安全性控制技术要求等。

（5）数据库物理设计：应描述数据库类型（如关系型数据库、文件型数据库），软、硬件平台，数据库及其子库的命名规则、类型、位置及数据量等。

（6）其他技术规定：如用户界面形式、安全备份要求及其他安全规定等。

（7）数据库管理和应用的技术规定。

（8）数据库建库的质量控制环节和检查要求（包括对数据入库前的检查和整理要求）。

（9）上交和归档成果及其资料的内容和要求。

（10）有关附录。

4.3.4 测绘技术总结

1. 概　述

原国家测绘局 2005 年 12 月 7 日发布的《测绘技术总结编写规定》（CH/T 1001—2005）对测绘技术总结做了详细规定。

测绘技术总结是在测绘任务完成后，对测绘技术设计文件和技术标准、规范等的执行情况，技术设计方案实施中出现的主要技术问题和处理方法，成果（或产品）质量、新技术的应用等进行分析研究、认真总结，并做出的客观描述和评价。

测绘技术总结为用户（或下工序）对成果（或产品）的合理使用提供方便，为测绘单位持续质量改进提供依据，同时也为测绘技术设计和有关技术标准、规定的制定提供资料。测绘技术总结是与测绘成果（或产品）有直接关系的技术性文件，是长期保存的重要技术档案。

测绘技术总结分项目总结和专业技术总结。专业技术总结是测绘项目中所包含的各测绘专业活动在其成果（或产品）检查合格后，分别总结撰写的技术文档。专业技术总结所包含的测绘专业活动范畴以及各测绘专业活动的作业内容遵照《测绘技术设计规定》（CH/T1004—2005）中 5.3.3 的规定。项目总结是一个测绘项目在其最终成果（或产品）检查合格后，在各专业技术总结的基础上，对整个项目所做的技术总结。对于工作量较小的项目，可根据需要将项目总结和专业技术总结合并为项目总结。

项目总结由承担项目的法人单位负责编写或组织编写；专业技术总结由具体承担相应测绘专业任务的法人单位负责编写。具体的编写工作通常由单位的技术人员承担。技术总结编写完成后，单位总工程师或技术负责人应对技术总结编写的客观性、完整性等进行审核并签字，并对技术总结编写的质量负责。技术总结经审核、签字后，随测绘成果（或产品）、测绘技术设计文件和成果（或产品）检查报告一并上交和归档。

2. 测绘技术总结编写的主要依据

（1）测绘任务书或合同的有关要求、顾客书面要求或口头要求的记录、市场的需求或期望。

（2）测绘技术设计文件，相关的法律、法规、技术标准和规范。

（3）测绘成果（或产品）的质量检查报告。

（4）适用时，以往测绘技术设计、测绘技术总结提供的信息以及现有生产过程和产品的质量记录和有关数据。

（5）其他有关文件和资料。

3. 测绘技术总结编写的基本要求

（1）内容真实、全面，重点突出。说明和评价技术要求的执行情况时，不应简单抄录设计书的有关技术要求；应重点说明作业过程中出现的主要技术问题和处理方法、特殊情况的处理及其达到的效果以及经验、教训和遗留问题等。

（2）文字应简明扼要，公式、数据和图表应准确，名词、术语、符号和计量单位等均应与有关法规和标准一致。

（3）测绘技术总结的幅面、封面格式、字体与字号要符合《测绘技术总结编写规定》（CH/T1001—2005）的要求。

4.3.5　测绘技术总结的内容

1. 测绘技术总结的一般内容

测绘技术总结（包括项目总结和专业技术总结）通常由概述、技术设计执行情况、成果（或产品）质量说明和评价、上交和归档的成果（或产品）及其资料清单四部分组成。

1）概　述

概要说明测绘任务总的情况，例如，任务来源、目标、工作量等，任务的安排与完成情况，以及作业区概况和已有资料利用情况等。

2）技术设计执行情况

主要说明、评价测绘技术设计文件和有关的技术标准、规范的执行情况。内容主要包括生产所依据的测绘技术设计文件和有关的技术标准、规范，设计书执行情况以及执行过程中技术性更改情况，生产过程中出现的主要技术问题和处理方法，特殊情况的处理及其达到的效果等，新技术、新方法、新材料等应用情况，经验、教训、遗留问题、改进意见和建议等。

3）成果（或产品）质量说明和评价

简要说明、评价测绘成果（或产品）的质量情况（包括必要的精度统计）、产品达到的技术质量指标，并说明其质量检查报告的名称和编号。

4）上交和归档的成果（或产品）及其资料清单

分别说明上交和归档成果（或产品）的形式、数量等，以及一并上交和归档的资料文档清单。

2. 项目总结的内容

1）概　述

概要说明项目来源、内容、目标、工作量，项目的组织和实施，专业测绘任务的划分、内容和相应任务的承担单位，产品交付与接收情况等；项目执行情况：说明生产任务安排与完成情况，统计有关的作业定额和作业率，经费执行情况等；作业区概况和已有资料的利用情况。

2）技术设计执行情况

（1）说明生产所依据的技术性文件，内容包括：项目设计书、项目所包括的全部专业技术设计书、技术设计更改文件；有关的技术标准和规范。

（2）说明项目总结所依据的各专业技术总结。

（3）说明和评价项目实施过程中，项目设计书和有关技术标准、规范的执行情况，并说明项目设计书的技术更改情况（包括技术设计更改的内容、原因的说明等）。

（4）重点描述项目实施过程中出现的主要技术问题和处理方法、特殊情况的处理及其达到的效果等。

（5）说明项目实施中质量保证措施（包括组织管理措施、资源保证措施和质量控制措施以及数据安全措施）的执行情况。

（6）当生产过程中采用新技术、新方法、新材料时，应详细描述和总结其应用情况。

（7）总结项目实施中的经验、教训（包括重大的缺陷和失败）和遗留问题，并对今后生产提出改进意见和建议。

3）测绘成果（或产品）质量说明与评价

说明和评价项目最终测绘成果（或产品）的质量情况（包括必要的精度统计）、产品达到的技术指标，并说明最终测绘成果（或产品）的质量检查报告的名称和编号。

4）上交和归档测绘成果（或产品）及其资料清单

分别说明上交和归档成果（或产品）的形式、数量等，以及一并上交和归档的资料文档清单。主要包括：

（1）测绘成果（或产品）：说明其名称、数量、类型等，当上交成果的数量或范围有变化时需附上交成果分布图。

（2）文档资料：包括项目设计书及其有关的设计更改文件、项目总结、质量检查报告，必要时也包括项目所包含的专业技术设计书及其有关的专业设计更改文件和专业技术总结、文档簿（图历簿）以及其他作业过程中形成的重要记录。

（3）其他须上交和归档的资料。

3. 专业技术总结的内容

1）概　述

概要说明测绘项目的名称、专业测绘任务的来源；专业测绘任务的内容、任务量和目标，产品交付与接收情况等计划与实际完成情况，作业率的统计作业区概况和已有资料的利用情况。

2）技术设计执行情况

主要内容包括：

（1）说明专业活动所依据的技术性文件，内容包括：专业技术设计书及其有关的技术设计更改文件，必要时也包括本测绘项目的项目设计书及其设计更改文件；有关的技术标准和规范。

（2）说明和评价专业技术活动过程中，专业技术设计文件的执行情况，并重点说明专业测绘生产过程中，专业技术设计书的更改情况（包括专业技术设计更改内容、原因的说明等）。

（3）描述专业测绘生产过程中出现的主要技术问题和处理方法、特殊情况的处理及其达到的效果等。

（4）当作业过程中采用新技术、新方法、新材料时，应详细描述和总结其应用情况。

（5）总结专业测绘生产中的经验、教训（包括重大的缺陷和失败）和遗留问题，并对今后生产提出改进意见和建议。

3）测绘成果（或产品）质量情况

说明和评价测绘成果（或产品）的质量情况（包括必要的精度统计）、产品达到的技术指标，并说明测绘成果（或产品）的质量检查报告的名称和编号。

4）上交测绘成果（或产品）和资料清单

说明上交测绘成果（或产品）和资料的主要内容和形式，主要包括：

（1）测绘成果（或产品）：说明其名称、数量、类型等，当上交成果的数量或范围有变化时需附上交成果分布图。

（2）文档资料：专业技术设计文件、专业技术总结、检查报告，必要的文档簿（图历簿）以及其他作业过程中形成的重要记录。

（3）其他须上交和归档的资料。

4.4 测绘生产质量管理

4.4.1 质量管理与质量管理体系

1. 质量管理

根据《质量管理体系基础和术语》（GB/T 19000—2016），质量管理是指关于质量的指挥和控制组织的协调活动。质量管理包括制定质量方针和质量目标，以及通过质量策划、质量保证、质量控制和质量改进实现这些质量目标的过程。

2. 质量管理的原则

（1）以顾客为关注焦点。质量管理的首要关注点是满足顾客要求并且努力超越顾客期望。

（2）领导作用。各级领导建立统一的宗旨和方向，并创造全员积极参与实现组织的质量目标的条件。

（3）全员积极参与。整个组织内各级胜任、经授权并积极参与的人员，是提高组织创造能力和提供价值能力的必要条件。

（4）过程方法。将活动作为相互关联、功能连贯的过程组成的体系来理解和管理时，可更加有效和高效地得到一致的、可预知的结果。

（5）改进。成功的组织持续关注改进。

（6）循证决策。基于数据和信息的分析和评价的决策，更有可能产生期望的结果。

（7）关系管理。为了持续成功，组织需要管理与有关相关方（如供方）的关系。

3. 质量管理体系

质量管理体系是指组织建立质量方针和目标以及实现这些目标的过程的相互关联或相互作用的一组要素。

质量管理体系要素规定了组织的结构、岗位和职责、策划、运行、方针、惯例、规则、理念、目标，以及实现这些目标的过程。

4. 质量体系认证制度

《测绘生产质量管理规定》第六条规定：测绘单位应当按照国家的《质量管理和质量保证》标准，推行全面质量管理，建立和完善测绘质量体系，并可自愿申请通过质量体系认证。

质量体系认证是指依据国际通用的质量和质量管理标准，经国家授权的独立认证机构对组织的质量体系进行审核，通过注册及颁发证书来证明组织的质量体系和质量保证能力符合要求的行为。

质量体系认证不实行终身制，认证证书的有效期一般为三年，期间认证机构对获证的单位还需进行定期和不定期的监督检查，在监督检查中如发现获证单位在质量管理中有较大、较严重的问题时，认证机构有权采取暂停认证、撤销认证及注销认证等处理方法，以保证认证的严肃性、连续性和有效性。

1）质量体系认证的标准

质量体系认证也常称为 ISO 9000 质量体系认证，是因为质量体系认证以 ISO 9000 族标准为依据。ISO 9000 族标准是由国际标准化组织（ISO）于 1987 年 3 月正式发布，后逐渐为广大国家和组织采用而成为国际标准。1992 年 10 月，我国发布了等同 ISO 9000 族标准的 GB/T 19000—ISO 9000 系列标准。

ISO 9000 族标准包括四个核心标准、一个测量控制系统标准、六个技术报告、两个小册子。四个核心标准及其内容如下：

（1）GB/T 19000—2016/ISO 9000：2015《质量管理体系 基础和术语》。

该标准表述了 ISO 9000 族标准中质量管理体系的基础，确定了 138 个相关术语及其定义。提出了质量管理七项原则，强调这七项质量管理原则是 ISO 9000 族标准的基础。提出了以过程为基础的质量管理体系模式，鼓励采用过程方法管理组织。

（2）GB/T 19001—2016/ISO 9001：2015《质量管理体系 要求》。

该标准规定了质量管理体系要求，以证实组织有能力稳定地提供满足顾客和适用的法律法规要求的产品；通过体系的有效应用，包括体系持续改进的过程以及保证符合顾客与适用的法律法规要求，旨在增进顾客满意。

（3）GB/T 19004—2020/ISO 9004：2018《质量管理 组织的质量 实现持续成功指南》。

该标准阐述了对组织整体绩效的系统性改进，包括对有效和高效的管理体系的策划、实施、分析、评价和改进。倡导自我评价并提供了自我评价工具，以评审组织采用该标准中概念的程度，为组织增强其实现持续成功的能力提供指南。标准强调实现持续改进，适用于组织的各个过程。

（4）GB/T 19011—2003/ISO 19011：2002《质量和（或）环境管理体系审核指南》。

该标准为审核原则、审核方案的管理、质量管理体系审核和环境管理体系审核的实施提供了指南，也对审核员的能力和评价提供了指南。标准明确了审核原则，提出了与审核员有关的三项原则和与审核活动有关的两项原则，强调标准所给出的指南是建立在这些审核原则基础上的，审核的特征就在于其遵循这些原则。

2）质量体系的认证

国家认证认可监督管理委员会发布的 2016 年 10 月 1 日起实施的《质量管理体系认证规则》对质量管理体系认证实施过程做出的具体规定，其中初次认证程序如下：

（1）认证申请。

认证申请组织至少提交以下资料：

① 认证申请书。申请书应包括申请认证的生产、经营或服务活动范围及活动情况的说明。

② 法律地位的证明文件的复印件。若质量管理体系覆盖多场所活动，应附每个场所的法律地位证明文件的复印件（适用时）。

③ 质量管理体系覆盖的活动所涉及法律法规要求的行政许可证明、资质证书、强制性认证证书等的复印件。

④ 质量管理体系成文信息 （适用时）。

（2）受理申请。

认证机构应对申请组织提交的申请资料进行评审，根据申请认证的活动范围及场所、员工人数、完成审核所需时间和其他影响认证活动的因素，综合确定是否有能力受理认证申请。

对符合要求的，认证机构可决定受理认证申请；对不符合要求的，认证机构应通知申请组织补充和完善，或者不受理认证申请。对被执法监管部门责令停业整顿或在全国企业信用信息公示系统中被列入“严重违法企业名单”的申请组织，认证机构不应受理其认证申请。

在实施认证审核前，认证机构应与申请组织订立具有法律效力的书面认证合同，合同应至少包含以下内容：

① 申请组织获得认证后持续有效运行质量管理体系的承诺。

② 申请组织对遵守认证认可相关法律法规，协助认证监管部门的监督检查，对有关事项的询问和调查如实提供相关材料和信息的承诺。

③ 申请组织承诺获得认证后发生影响质量管理体系运行的重要情况时，将及时向认证机构通报。

④ 申请组织承诺获得认证后正确使用认证证书、认证标志和有关信息，不利用质量管理体系认证证书和相关文字、符号误导公众认为其产品或服务通过认证。

⑤ 拟认证的质量管理体系覆盖的生产或服务的活动范围。

⑥ 在认证审核实施过程及认证证书有效期内，认证机构和申请组织各自应当承担的责任、权利和义务。

⑦ 认证服务的费用、付费方式及违约条款。

（3）审核策划。

① 审核时间。认证机构应根据申请组织质量管理体系覆盖的活动范围、特性、技术复杂程度、质量安全风险程度、认证要求和体系覆盖范围内的有效人数等情况，核算并拟定完成审核工作需要的时间。在特殊情况下，可以减少审核时间，但减少的时间不得超过规定审核时间的 30%。整个审核时间中，现场审核时间不应少于总审核时间的 80%。

② 审核组。认证机构应当根据质量管理体系覆盖的活动的专业技术领域选择具备相关能力的审核员组成审核组，必要时可以选择技术专家参加审核组。审核组中的审核员承担审核任务和责任。技术专家主要负责提供认证审核的技术支持，不作为审核员实施审核，不计入审核时间，其在审核过程中的活动由审核组中的审核员承担责任。

③ 审核计划。认证机构应为每次审核制定书面的审核计划（第一阶段审核不要求正式的审核计划）。在审核活动开始前，审核组应将审核计划交申请组织确认，遇特殊情况临时变更计划时，应及时将变更情况通知申请组织，并协商一致。

审核计划至少包括以下内容：审核目的、审核准则、审核范围、现场审核的日期和场所、现场审核持续时间、审核组成员（其中：审核员应标明认证人员注册号；技术专家应标明专业代码、工作单位及专业技术职称）。

如果质量管理体系覆盖范围包括在多个场所进行相同或相近的活动，且这些场所都处于申请组织授权和控制下，认证机构可以在审核中对这些场所进行抽样，但应根据相关要求实施抽样以确保对所抽样本进行的审核对质量管理体系包含的所有场所具有代表性。如果不同场所的活动存在明显差异，或不同场所间存在可能对质量管理有显著影响的区域性因素，则不能采用抽样审核的方法，应当逐一到各现场进行审核。

（4）第一阶段审核。

第一阶段审核应在受审核方的生产经营或服务现场进行。在某些情况，第一阶段审核可以不在申请组织现场进行，但应记录未在现场进行的原因：

① 申请组织已获本认证机构颁发的其他有效认证证书，认证机构已对申请组织质量管理体系有充分了解。

② 认证机构有充足的理由证明申请组织的生产经营或服务的技术特征明显、过程简单，通过对其提交文件和资料的审查可以达到第一阶段审核的目的和要求。

③ 申请组织获得了其他经认可机构认可的认证机构颁发的有效的质量管理体系认证证书，通过对其文件和资料的审查可以达到第一阶段审核的目的和要求。

第一阶段审核应至少覆盖以下内容：

① 结合现场情况，确认申请组织实际情况与质量管理体系成文信息描述的一致性，特别是体系成文信息中描述的产品和服务、部门设置和职责与权限、生产或服务过程等是否与申请组织的实际情况相一致。

② 结合现场情况，审核申请组织理解和实施 GB/T 19001/ISO 9001 标准要求的情况，评价质量管理体系运行过程中是否实施了内部审核与管理评审，确认质量管理体系是否已运行并且超过 3 个月。

③ 确认申请组织建立的质量管理体系覆盖的活动内容和范围、体系覆盖范围内有效人数、过程和场所，遵守适用的法律法规及强制性标准的情况。

④ 结合质量管理体系覆盖产品和服务的特点，识别对质量目标的实现具有重要影响的关键点，并结合其他因素，科学确定重要审核点。

⑤ 与申请组织讨论确定第二阶段审核安排。对质量管理体系成文信息不符合现场实际、相关体系运行尚未超过 3 个月或者无法证明超过 3 个月的，以及其他不具备二阶段审核条件的，不应实施二阶段审核。

审核组应将第一阶段审核情况形成书面文件告知申请组织。对在第二阶段审核中可能被判定为不符合项的关键点，要及时提醒申请组织特别关注。

（5）第二阶段审核。

第二阶段审核应当在申请组织现场进行。重点是审核质量管理体系符合 GB/T 19001/ISO 9001 标准要求和有效运行情况，应至少覆盖以下内容：

① 在第一阶段审核中识别的重要审核点的过程控制的有效性。

② 为实现质量方针而在相关职能、层次和过程上建立质量目标是否具体适用、可测量并得到沟通和监视。

③ 对质量管理体系覆盖的过程和活动的管理及控制情况。

④ 申请组织实际工作记录是否真实。对于审核发现的真实性存疑的证据应予以记录并在做出审核结论及认证决定时予以考虑。

⑤ 申请组织的内部审核和管理评审是否有效。

（6）审核报告。

审核组应对审核活动形成书面审核报告，由审核组组长签字。审核报告应准确、简明和清晰地描述审核活动的主要内容，至少包括以下内容：

① 申请组织的名称和地址。

② 申请组织的活动范围和场所。

③ 审核的类型、准则和目的。

④ 审核组组长、审核组成员及其个人注册信息。

⑤ 审核活动的实施日期和地点，包括固定现场和临时现场；对偏离审核计划情况的说明，包括对审核风险及影响审核结论的不确定性的客观陈述。

⑥ 叙述审核的程序及各项要求的审核工作情况，其中对各项审核要求应逐项描述或引用审核证据、审核发现和审核结论；对质量目标和过程及质量绩效实现情况进行评价。

⑦ 识别出的不符合项。

⑧ 审核组对是否通过认证的意见建议。

认证机构应在作出认证决定后30个工作日内将审核报告提交申请组织，并保留签收或提交的证据。

（7）不符合项的纠正和纠正措施及其结果的验证。

对审核中发现的不符合项，认证机构应要求申请组织分析原因，并提出纠正和纠正措施。对于严重不符合项，应要求申请组织在最多不超过6个月期限内采取纠正和纠正措施。

认证机构应对申请组织所采取的纠正和纠正措施及其结果的有效性进行验证。如果未能在第二阶段结束后6个月内验证对严重不符合项实施的纠正和纠正措施，则应按未通过认证处理，或者重新实施第二阶段审核。

（8）认证决定。

认证机构应该在对审核报告、不符合项的纠正和纠正措施及其结果进行综合评价基础上，有充分的客观证据证明申请组织满足下列要求的，评定该申请组织符合认证要求，向其颁发认证证书。

① 申请组织的质量管理体系符合标准要求且运行有效。

② 认证范围覆盖的产品和服务符合相关法律法规要求。

③ 申请组织按照认证合同规定履行了相关义务。

申请组织不能满足上述要求或者存在重大缺陷或严重违法违规行为的，评定该申请组织不符合认证要求，以书面形式告知申请组织并说明其未通过认证的原因。

认证机构在颁发认证证书后，应当在30个工作日内按照规定的要求将认证结果相关信息报送国家认监委。

（9）监督审核程序。

作为最低要求，初次认证后的第一次监督审核应在认证证书签发日起12个月内进行。此后，监督审核应至少每个日历年（应进行再认证的年份除外）进行一次，且两次监督审核的时间间隔不得超过15个月。超过期限而未能实施监督审核的，应按暂停证书或撤销证书处理。

监督审核应在获证组织现场进行。至少应审核以下内容：

① 上次审核以来质量管理体系覆盖的活动及影响体系的重要变更及运行体系的资源是否有变更。

② 按要求已识别的关键点是否按质量管理体系的要求在正常和有效运行。

③ 对上次审核中确定的不符合项采取的纠正和纠正措施是否继续有效。

④ 质量管理体系覆盖的活动涉及法律法规规定的，是否持续符合相关规定。

⑤ 质量目标及质量绩效是否达到质量管理体系确定值。如果没有达到，获证组织是否运行内审机制识别了原因、是否运行管理评审机制确定并实施了改进措施。

⑥ 获证组织对认证标志的使用或对认证资格的引用是否符合《认证认可条例》及其他相

关规定。

⑦ 内部审核和管理评审是否规范和有效。

⑧ 是否及时接受和处理投诉。

⑨ 针对体系运行中发现的问题或投诉，及时制定并实施了有效的改进措施。

监督审核完成后应编写监督审核的审核报告，逐项描述或引用审核证据、审核发现和审核结论。认证机构根据监督审核报告及其他相关信息，做出继续保持或暂停、撤销认证证书的决定。

4.4.2　测绘单位质量管理体系

根据《测绘单位质量管理体系通用要求》（CH/T 1042—2018）规定，测绘单位质量管理体系内容一般包括：质量方针和质量目标；组织机构、职责权限和人力资源；仪器设备和设施环境；合同管理和设计管理；生产过程控制、成果交付及客户服务；测绘分包管理；不合格成果控制；纠正和预防措施；内部审核和管理评审；质量改进。

测绘单位应具有完整和系统的质量管理体系文件化信息，形式可为质量手册、程序文件、管理制度及其支持性文件、作业指导书、质量管理的各项记录表格等。

1. 质量方针和质量目标

质量方针是由最高管理者正式发布的组织的质量宗旨和方向。测绘质量方针应满足法律、法规和顾客对测绘地理信息成果质量的要求，并应根据本单位的质量管理状况、市场环境变化等情况定期进行评审，以确保质量方针的持续适宜性。

质量目标是要实现的质量结果。质量目标依据组织的质量方针制定，通常在组织的相关职能、层级和过程分别制定质量目标。质量目标应是可测量的，并应制定相应的考核办法。

2. 组织机构、职责权限和人力资源

1）组织机构

测绘单位应根据资质等级和业务范围设定质量管理机构，配备相关人员，明确各部门、各岗位的职责及相互关系，规定考核办法，以作业质量、工作质量确保测绘成果质量。

2）职责权限

（1）测绘单位的最高管理者是单位的第一质量负责人，其职责和权限应包括：组织制定本单位的质量方针和质量目标；组织建立本单位的质量管理体系并为其有效运行配备必要的资源；组织制定、签发质量管理规章制度；组织评价并改进质量管理体系；对提供的测绘成果承担质量责任。

（2）质量管理人员的职责和权限应包括：贯彻实施本单位的质量方针、质量目标；组织编制、审核、签发有关的质量文件；处理生产过程中的重大质量问题和质量争议；处理成果使用中的质量投诉。

（3）各级质量检查人员对其所检查的成果质量负责，其职责和权限中应包括具有质量否决权和有权越级反映质量问题。

3）人力资源

（1）测绘单位应建立并实施满足质量管理需要的人力资源管理制度。

（2）取得技术资格证书的专业技术人员数量应满足测绘资质管理的要求，质量主管、质量检查员、档案管理员、仪器设备管理员等重要岗位的人员应建立档案。测绘工作人员应持有测绘作业证，质量检查人员应持证上岗。测绘单位的质量管理、质量检查人员应由取得相应资格证书的测绘专业技术人员担任并以文件的形式确定。

（3）测绘单位应经常进行质量教育，开展群众性的质量管理活动，不断增强全员质量意识，有计划、分层次地组织岗位技术培训并保持必要的记录。

3. 仪器设备和设施环境

1）仪器设备

（1）测绘地理信息项目实施所使用的仪器设备应按照国家有关规定进行检定、校准。用于基础测绘项目和规模化测绘地理信息项目的新技术、新工艺、新软件，应得到项目委托方的同意或通过合法机构或部门组织的检验、测试或鉴定。

（2）测绘单位应建立仪器、设备、软件等相关设施的管理制度。对采购、日常管理、检定（校准）、使用维护等做出规定，并建立台账。

（3）测绘单位宜确保所采购的仪器、设备、软件、配件、材料等符合有关职业健康、安全与环保的要求。

2）设施环境

测绘单位应按资质等级的要求配备必要的办公设施，应具备与所从事生产和质量要求相适应的工作环境并建立管理制度。

4. 合同管理和设计管理

1）合同管理

（1）测绘合同中相关业务范围应符合测绘资质规定，并采用行业通用的格式。

（2）测绘单位应根据本单位业务情况，建立合同评审（或计划任务评审）制度，规定评审范围、内容、要求及工作程序，并保存评审记录。

（3）合同评审（或计划任务评审）结果应作为技术设计的一项重要依据。

（4）测绘单位对测绘过程中发生的变更，应以书面形式确认，并作为技术设计文件的组成部分。

（5）测绘单位对合同变更信息的接收、确认和处理的职责、流程、方法应符合规定，与变更内容有关的文件应及时进行调整并实施。

（6）测绘单位应在合同履行的各阶段与发包方或其代表进行有效沟通，及时对合同履约情况进行分析和记录，并用于质量改进。

2）设计管理

（1）测绘单位应建立技术设计管理制度。根据单位业务情况规定需要进行技术设计的范围、审批程序等，技术设计的形式可为技术设计书、实施方案、作业指导书等。

（2）项目的实施必须坚持先设计后生产，禁止边设计边生产、没有设计进行生产。

（3）技术设计应依据充分、格式规范，必要时作为测绘合同的附件。

（4）测绘单位应确定技术设计所需的评审、验证和确认活动，明确其程序和要求。

（5）测绘单位应明确设计变更内容及其批准方式和要求，规定变更所需的评审、验证和确认程序；对变更可能造成的成果质量影响进行评审，并保存相关记录。

（6）签发技术设计文件的人员应具备规定的执业资格，并对签发的技术设计文件负相应的质量责任。

5. 生产过程控制、成果交付及客户服务

1）生产过程控制

（1）测绘单位应依据项目质量管理策划的结果实施必要的测绘生产准备，包括技术培训、仪器设备的检验和校正、确认生产中需用的软件及物资、确认项目是否具备开工条件等。

（2）测绘单位应按资质规定的测绘专业、业务范围制定生产过程控制程序并形成文件。

（3）重大测绘项目应在关键工序、重要节点设置必要的检验环节并根据项目实际需要实施首件成果的质量检验，对技术设计进行验证。

（4）生产作业中的工序成果应由作业人员按设计要求进行自查、互查，并如实填写记录，工序成果经检验达到规定的质量要求后，方可转入下工序。

（5）下工序有权退回不符合质量要求的上工序成果，上工序应及时进行修正、处理。退回及修正的过程，应如实填写记录。

（6）测绘成果质量应建立测绘成果两级检查制度，并在制度文件中根据有关标准规定的要求明确各级检查的依据、程序、内容、比例、记录格式、评定标准等。两级检查工作应独立、按顺序进行，不得省略、代替或颠倒顺序。

（7）两级检查均应留下检查记录，内容包括发现的质量问题及其处理情况、复查情况等。

（8）最终检查应审核过程检查记录。最终检查完成后，应编写检查报告并随测绘成果一并归档。

（9）测绘单位应合理调配成果质量检查所需的各类仪器、设备、软件等资源。各类质量元素的检查、检测的技术要求不得低于生产作业的技术要求。

（10）生产作业人员必须严格按照技术设计进行作业，对其所完成的测绘成果质量负责。

2）成果交付及客户服务

（1）测绘单位必须保证向客户交付合格的测绘成果。提交成果的技术指标应符合测绘合同、技术设计的规定。

（2）测绘单位应当建立成果交付及客户服务制度，保护客户的保密信息和所有权，完善质量信息反馈机制，主动征求客户对测绘成果质量的意见，及时、认真地处理客户的质量查询和反馈意见，不断实施质量改进。

（3）测绘单位应当与客户保持沟通，并将生产过程中的延误或主要变更通知客户。

（4）测绘单位应有制度和程序处理来自客户或其他方面的投诉。应保存所有投诉的记录以及针对投诉所开展的调查和处理情况的记录。

6. 测绘分包管理

（1）测绘单位可根据业务开展情况建立并实施分包管理制度，明确各管理层次和部门在

分包活动中的职责和权限。

（2）测绘单位应取得委托方同意，按照总承包合同的约定，依法订立分包合同并对分包活动成果承担质量责任。

（3）测绘单位应审核批准分包方编制的技术文件，对分包方的资质、信用、生产或服务质量进行确认和验证。

（4）测绘单位应按照总承包合同的约定，应留存分包过程中发生的相关记录。

7. 不合格成果控制

（1）测绘单位应建立并实施不合格成果管理制度，内容包括标识和记录不合格成果；对不合格成果进行评价和处置。

（2）对检查发现的不合格成果，应及时进行跟踪处理，应回收正本和所有副本，做好质量记录，采取纠正措施。

（3）不合格成果经返工修正后，应重新进行质量检查和评定。不能进行返工修正的，应规定符合相关法律法规要求的处理办法。

8. 纠正和预防措施

（1）测绘单位应建立并保持实施纠正和预防措施。纠正措施应该能消除产生不合格的原因，防止其再发生。预防措施应能消除潜在的不合格原因，防止其发生。

（2）测绘单位采取的任何纠正或预防措施，应与问题的重要性及承受的风险程度相适应。因实施纠正或预防措施所引起的管理文件的任何更改，都应予以记录并按更改后的执行。

（3）纠正措施一般包括：有效地处理客户的意见和投诉；调查出现质量事故或产生不合格的原因，并记录调查结果；确定消除不合格原因所需的办法；明确执行人员和验证人员的职责和权限，对纠正措施的执行实施控制。

（4）预防措施一般包括：利用来自各方面的信息，以发现、分析并消除不合格的潜在原因；对任何要求预防措施的问题确定所需的处理步骤；对其预防执行情况及结果进行验证，以确保有效性；将采取措施的有关信息提交给管理评审。

9. 内部审核和管理评审

1）内部审核

测绘单位应根据预定的日程和程序，有计划、定期对质量管理体系进行内部审核，以验证其是否得到有效的实施并符合本标准的要求。内部审核一般由质量主管或质量管理部门组织、实施。内部审核的内容一般包括：

（1）法律、法规和标准规范的执行。

（2）质量管理制度及其支持性文件的实施。

（3）岗位职责的落实。

（4）质量管理策划结果的实施。

（5）合同的履行情况。

（6）质量目标的实现。

2）管理评审

最高管理者应根据预定的日程和程序，有计划、定期进行管理评审，分析评价质量管理体系的运行状况，提出改进目标和要求，内容一般包括：

（1）质量管理体系的适宜性、有效性。

（2）生产和服务质量满足要求的程度。

（3）质量管理活动的状况及发展趋势。

（4）潜在问题的预测。

（5）顾客反馈意见的处理情况。

（6）质量管理水平改进和提高的机会。

（7）资源需求及满足要求的程度。

10．质量改进

测绘单位的质量改进活动应包括：质量方针和目标、质量信息分析、自我评价、纠正与预防措施等。

（1）测绘单位应根据质量方针和质量目标的实现情况，明确质量管理体系的改进方向并进行改进。

（2）测绘单位应采用现代管理手段，通过质量信息资源的开发和利用，确定改进的目标，制定并实施质量改进措施，提高质量管理水平。

（3）测绘单位应针对本单位的质量状况和需求，不断优化配置单位资源。

4.4.3　测绘生产质量管理的法规

测绘地理信息质量管理办法

1．测绘单位的质量责任与义务

原国家测绘地理信息局 2015 年 6 月发布的《测绘地理信息质量管理办法》对测绘单位的质量责任和义务做出如下规定：

（1）测绘单位应按照质量管理体系建设要求，建立健全覆盖本单位测绘地理信息业务范围的质量管理体系，规范质量管理行为，确保质量管理体系的有效运行。

（2）甲、乙级测绘资质单位应设立质量管理和质量检查机构；丙、丁级测绘资质单位应设立专职质量管理和质量检查人员。测绘地理信息项目的技术和质检负责人等关键岗位须由注册测绘师充任。

（3）测绘单位应建立质量责任制，明确岗位职责，制定并落实岗位考核办法和质量责任。

（4）测绘地理信息项目实施所使用的仪器设备应按照国家有关规定进行检定、校准。

用于基础测绘项目和规模化测绘地理信息生产的新技术、新工艺、新软件等，须得到项目组织方同意或通过由项目组织方组织的检验、测试或鉴定。

（5）测绘单位应建立合同评审制度，确保具有满足合同要求的实施能力。

测绘地理信息项目实施，应坚持先设计后生产，不允许边设计边生产，禁止没有设计进行生产。技术设计文件需要审核的，由项目委托方审核批准后实施。

（6）测绘地理信息项目实行“两级检查、一级验收”制度。

作业部门负责过程检查，测绘单位负责最终检查。过程成果达到规定的质量要求后方可转入下一工序。必要时，可在关键工序、难点工序设置检查点，或开展首件成果检验。

项目委托方负责项目验收。基础测绘项目、测绘地理信息专项和重大建设工程测绘地理信息项目的成果未经测绘质检机构实施质量检验，不得采取材料验收、会议验收等方式验收，以确保成果质量；其他项目的验收应根据合同约定执行。

（7）国家法律法规或委托方有明确要求实施监理的测绘地理信息项目，应依法开展监理工作，监理单位资质及监理工作实施应符合相关规定。监理单位对其出具的监理报告负责。

（8）测绘单位对其完成的测绘地理信息成果质量负责，所交付的成果，必须保证是合格品。

测绘单位应建立质量信息征集机制，主动征求用户对测绘地理信息成果质量的意见，并为用户提供咨询服务。

测绘单位应及时、认真地处理用户的质量查询和反馈意见。与用户发生质量争议的，报项目所在地测绘地理信息行政主管部门进行处理，或依法诉讼。

（9）测绘地理信息项目通过验收后，测绘单位应将项目质量信息报送项目所在地测绘地理信息行政主管部门。

（10）测绘地理信息项目依照国家有关规定实行项目分包的，分包出的任务由总承包方向发包方负完全责任。

2. 测绘质量责任制

根据《测绘法》第三十九条规定：测绘单位应当对完成的测绘成果质量负责。原国家测绘地理信息局 2015 年 7 月发布的《测绘地理信息质量管理办法》第四条规定：从事测绘地理信息活动的单位应建立健全质量管理体系，完善质量责任制度，依法取得测绘资质，依法对成果质量承担相应责任。

为提高测绘生产质量管理水平，确保测绘产品质量，原国家测绘局 1997 年 7 月发布《测绘生产质量管理规定》，对测绘生产质量责任制做出如下规定：

（1）测绘单位必须建立以质量为中心的技术经济责任制，明确各部门、各岗位的职责及相互关系，规定考核办法，以作业质量、工作质量确保测绘产品质量。

（2）测绘单位的法定代表人确定本单位的质量方针和质量目标，签发质量手册；建立本单位的质量体系并保证其有效运行；对提供的测绘产品承担产品质量责任。

（3）测绘单位的质量主管负责人按照职责分工，负责质量方针、质量目标的贯彻实施，签发有关的质量文件及作业指导；组织编制测绘项目的技术设计书，并对设计质量负责；处理生产过程中的重大技术问题和质量争议；审核技术总结；审定测绘产品的交付验收。

（4）测绘单位的质量管理、质量检查机构及质量检查人员，在规定的职权范围内，负责质量管理的日常工作。编制年度质量计划，贯彻技术标准及质量文件；对作业过程进行现场监督和检查，处理质量问题；组织实施内部质量审核工作。

各级质量检查人员对其所检查的产品质量负责，并有权予以质量否决，有权越级反映质量问题。

（5）生产岗位的作业人员必须严格执行操作规程，按照技术设计进行作业，并对作业成果质量负责。

其他岗位的工作人员，应当严格执行有关的规章制度，保证本岗位的工作质量。因工作质量问题影响产品质量的，承担相应的质量责任。

（6）测绘单位可以按照测绘项目的实际情况实行项目质量负责人制度。项目质量负责人对该测绘项目的产品质量负直接责任。

测绘生产质量管理规定

3. 测绘生产质量管理

测绘生产质量管理是指测绘单位从承接测绘任务、组织准备、技术设计、生产作业直至产品交付使用全过程实施的质量管理，具体包括如下内容：

1）生产组织准备的质量管理

（1）测绘单位承接测绘任务时，应当逐步实行合同评审（或计划任务评审），保证具有满足任务要求的实施能力，并将该项任务纳入质量管理网络。合同评审结果作为技术设计的一项重要依据。

（2）测绘任务的实施，应坚持先设计后生产，不允许边设计边生产，禁止没有设计进行生产。

技术设计书应按测绘主管部门的有关规定经过审核批准，方可付诸执行。市场测绘任务根据具体情况编制技术设计书或测绘任务书，作为测绘合同的附件。

（3）测绘任务实施前，应组织有关人员的技术培训，学习技术设计书及有关的技术标准、操作规程。应对需用的仪器、设备、工具进行检验和校正；在生产中应用的计算机软件及需用的各种物资，应能保证满足产品质量的要求，不合格的不准投入使用。

2）生产作业过程的质量管理

（1）重大测绘项目应实施首件产品的质量检验，对技术设计进行验证。首件产品质量检验点的设置，由测绘单位根据实际需要自行确定。

（2）必须制定完整可行的工序管理流程表，加强工序管理的各项基础工作。生产作业中的工序产品必须经作业人员自查、互检，如实填写质量记录，达到合格标准后，方可转入下工序。应当在关键工序、重点工序设置必要的检验点，实施工序产品质量的现场检查。

（3）对检查发现的不合格品，应及时进行跟踪处理，做出质量记录，采取纠正措施。不合格品经返工修正后，应重新进行质量检查；不能进行返工修正的，应予报废并履行审批手续。

（4）必须建立内部质量审核制度。经成果质量过程检查的测绘产品，必须按《测绘成果质量检查与验收》（GB/T 24356）和《数字测绘成果质量检查与验收》（GB/T 18316）通过质量检查机构的最终检查，评定质量等级，编写最终检查报告。

3）产品使用过程的质量管理

（1）测绘单位所交付的测绘产品，必须保证是合格品。

（2）应当建立质量信息反馈网络，主动征求用户对测绘质量的意见，并为用户提供咨询服务。

（3）测绘单位应当及时、认真地处理用户的质量查询和反馈意见。与用户发生质量争议时，按照《测绘地理信息质量管理办法》的规定，报项目所在地自然资源主管部门进行处理，或依法诉讼。

4.4.4 测绘生产质量的监督管理

1. 监督管理的部门职责

《测绘法》第三十九条规定：县级以上地方人民政府自然资源主管部门应当加强对测绘成果质量的监督管理。

《测绘地理信息质量管理办法》第三条进一步明确：国家测绘地理信息局负责全国测绘地理信息质量的统一监督管理。县级以上地方人民政府测绘地理信息行政主管部门负责本行政区域内测绘地理信息质量监督管理。

各级测绘地理信息行政主管部门应当严格依法行政，强化对测绘单位质量工作的日常监督管理，强化对测绘地理信息生产过程和成果质量的监督管理，强化对重大测绘地理信息项目和重大建设工程测绘地理信息项目质量的监督管理。

2. 监督检查

案例 3

《测绘地理信息质量管理办法》规定：国家对测绘地理信息质量实行监督检查制度。甲、乙级测绘资质单位每 3 年监督检查覆盖一次。测绘单位应配合监督检查，任何组织、个人不得以任何理由和形式设置障碍，拒绝或妨碍监督检查。

为落实测绘地理信息的监督检查制度，目前主要采用了监督抽查等方式。原国家测绘局 2010 年 3 月发布的《测绘成果质量监督抽查管理办法》详细规定了测绘成果质量监督抽查的计划与方案制定、监督检验、异议受理、结果处理等程序。

1）计划与方案制定

（1）国务院自然资源部按年度制定全国质量监督抽查计划，重点组织实施重大测绘项目、重点工程测绘项目以及与人民群众生活密切相关、影响面广的其他测绘项目成果的质量监督抽查。

县级以上地方人民政府自然资源主管部门结合上级质量监督抽查计划制定本级质量监督抽查计划，并报上一级自然资源主管部门备案，重点组织实施本行政区域内测绘项目成果的质量监督抽查。

自然资源主管部门不应对同一测绘项目或者同一批次测绘成果重复抽查。

（2）自然资源主管部门组织实施质量监督抽查时，应当制定工作方案，发布通告，开具通知单，审批技术方案。2009 年 6 月发布的《测绘成果质量监督抽查与数据认定》（CH/T 1018—2009）详细规定了工作方案的内容：

① 监督抽查基本情况。主要包括任务来源、抽查范围、抽查对象等。

② 实施方案编制依据、检验技术依据。主要包括法律、法规要求，以及国家、行业技术标准等。

③ 组织方式、检验人员、执行时间和精度安排等。

④ 抽样、检验、质量统计与评定的方式和方法。

⑤ 需要提交的成果。

（3）质量监督抽查的质量判定依据是国家法律法规、国家标准、行业标准、地方标准，以及测绘单位明示的企业标准、项目设计文件和合同约定的各项内容。

当企业标准、项目设计文件和合同约定的质量指标低于国家法律法规、强制性标准或者推荐性标准的强制性条款时，以国家法律法规、强制性标准或者推荐性标准的强制性条款作为质量判定依据。

（4）监督抽查的主要内容是：

① 项目技术文件的完整性和符合性。

② 项目中使用的仪器、设备等的检定情况及其精度指标与项目设计文件的符合性。

③ 引用起始成果、资料的合法性、正确性和可靠性。

④ 相应测绘成果各项质量指标的符合性。

⑤ 成果资料的完整性和规范性。

⑥ 法律、法规及有关标准规定的其他内容。

2）监督检验

（1）质量监督抽查工作中需要进行的技术检验、鉴定、检测等监督检验活动，自然资源主管部门委托具备从事测绘成果质量监督检验工作条件和能力的测绘成果质量检验单位（简称“检验单位”）承担。

（2）检验单位应当制定技术方案，技术方案经自然资源主管部门批准后，检验单位组织具备相应专业知识和技术能力的检验人员，开展检验工作。

（3）检验人员必须遵守法律法规，遵守工作纪律，恪守职业道德，保守受检测测绘成果涉及的技术秘密、商业秘密，履行检验过程的保密职责。 与受检单位或者受检项目有直接利害关系、可能影响检验公正的人员不得参加检验工作。

（4）检验开始时，检验单位应当组织召开首次会，向受检单位出示自然资源主管部门开具的监督抽查通知单，并告知检验依据、方法、程序等。

检验过程中，检验单位应当按照技术方案规定的程序，开展检验工作。检验单位可根据需要，向测绘项目出资人、设计单位、施测单位、质检单位等调查、了解项目相关情况，实施现场检验。

检验完成后，检验单位应当组织召开末次会，通报检验中发现的问题，提出改进意见和建议。

（5）受检单位应当配合监督检验工作，提供与受检项目相关的合同、质量文件、成果资料、仪器检定资料等，对检验所需的仪器、设备等给予配合和协助。

（6）对依法进行的测绘成果质量监督检验，受检单位不得拒绝。拒绝接受监督检验的，受检的测绘项目成果质量按照“批不合格”处理。

（7）检验单位必须按照国家有关规定和技术标准，客观、公正地做出检验结论，并于全部检验工作结束后 30 个工作日内将检验报告及检验结论寄（交）达受检单位。

3）异议受理

（1）受检单位对监督检验结论有异议的，可以自收到检验结论之日起 15 个工作日内向组织实施质量监督抽查的自然资源主管部门提出书面异议报告，并抄送检验单位。逾期未提出异议的，视为认可检验结论。

（2）检验单位应当自收到受检单位书面异议报告之日起 10 个工作日内做出复验结论，并报组织实施质量监督抽查的自然资源主管部门。

组织实施质量监督抽查的自然资源主管部门收到受检单位书面异议报告，需要进行复检的，应当按原技术方案、原样本组织。

复检一般由原检验单位进行，特殊情况下由组织实施监督抽查的自然资源主管部门指定其他检验单位进行。复检结论与原结论不一致的，复检费用由原检验单位承担。

（3）监督检验工作完成后，检验单位应当在规定时间内将监督检验报告、检验结论及有关资料报送组织实施监督抽查的自然资源主管部门。

4）结果处理

（1）自然资源主管部门负责审定检验结论，依法向社会公布质量监督抽查结果，确属不宜向社会公布的，应当依法抄告有关行政主管部门、有关权利人和利害相关人。

（2）县级以上地方人民政府自然资源主管部门应当将质量监督抽查结果及工作总结报上一级自然资源主管部门备案。对非本行政区域内测绘单位的质量监督抽查结果应当抄告其测绘资质审批和注册机关。

（3）质量监督抽查不合格的测绘单位，组织实施质量监督抽查的自然资源主管部门应当向其下达整改通知书，责令其自整改通知书下发之日起三个月内进行整改，并按原技术方案组织复查。

测绘单位整改完成后，必须向组织实施抽查的自然资源主管部门报送整改情况，申请监督复查。逾期未整改或者未如期提出复查申请的，由实施抽查的自然资源主管部门组织进行强制复查。

（4）测绘成果质量监督抽查不合格的，或复查仍不合格的，自然资源主管部门依照《测绘法》及有关法律、法规的规定责令测绘单位补测或者重测；情节严重的，责令停业整顿，并处降低测绘资质等级或者吊销测绘资质证书；造成损失的，依法承担赔偿责任。

3. 测绘质检机构的质量责任与义务

《测绘地理信息质量管理办法》第四章专门规定了测绘质检机构的质量责任与义务，具体如下：

（1）国家自然资源部依法设立国家测绘地理信息测绘成果质量检验机构（简称“国家测绘质检机构”）；省级人民政府自然资源主管部门依法设立省级自然资源主管部门测绘成果质量检验机构（简称“省级测绘质检机构”）。

（2）测绘质检机构的主要职责是：

① 按照自然资源主管部门下达的测绘地理信息成果质量监督检查计划，承担质量监督检验工作。

② 受委托对测绘地理信息项目成果进行质量检验、检测和评价。

③ 受委托对有关科研项目和新技术手段测制的测绘地理信息成果进行质量检验、检测、鉴定。

④ 受委托承担测绘地理信息质量争议的仲裁检验。

⑤ 向主管的自然资源主管部门定期报送测绘地理信息成果质量分析报告。

（3）国家测绘质检机构同时承担以下职责：

① 协助管理国家测绘地理信息成果质量检验专家库。

② 协助指导测绘单位建立完善质量管理体系。

③ 开展测绘地理信息质检专业技术人员的培训与交流。

④ 对省级测绘质检机构检验业务进行技术指导；对其检验工作中存在的缺点和错误予以纠正。

（4）测绘质检机构应具备从事测绘地理信息质量检验工作所必需的基本条件和技术能力，按照国家有关规定取得相应资质。测绘质检机构取得注册测绘师资格的人员经登记后，以注册测绘师名义开展工作。登记工作参照《注册测绘师执业管理办法（试行）》规定的注册程序进行。

测绘质检机构可根据需要设立质检分支机构，并对其建设和业务工作负责。

（5）测绘质检机构应依照法律法规、技术标准及设计文件实施检验，客观、公正地做出检验结论，对检验结论负责。

（6）监督检验应制定技术方案，技术方案经组织实施监督检验工作的部门批准后实施检验工作。技术方案及检验报告由本单位注册测绘师签字后方可生效。

4.4.5　测绘计量管理

根据 ISO 9000 族标准的支持性文件《测量管理体系 测量过程和测量设备的要求》（GB/T 19011—2003/ISO 19011：2002），测量设备是实现产品质量目标的重要基础性的保障，测量设备的计量确认过程是测量管理体系的核心过程。2015 年 4 月修订的《中华人民共和国计量法》和 2017 年 3 月修订的《中华人民共和国计量法实施细则》对计量监督管理做出了详细规定。为加强测绘计量管理，确保测绘量值准确溯源和可靠传递，保证测绘产品质量，原国家测绘局 1996 年 5 月发布了《测绘计量管理暂行办法》，对测绘计量的管理做出了专门规定。

1. 部门职能

国务院计量行政部门对全国计量工作实施统一监督管理，县级以上地方人民政府计量行政部门对本行政区域内的计量工作实施监督管理。各级自然资源主管部门应协助政府计量行政主管部门管理本行政区内的测绘计量工作，将测绘计量器具纳入测绘资格审查认证考核和产品质量监督检验管理的范畴。

2. 对计量标准的规定

（1）省级以上自然资源主管部门和其他有关主管部门建立的各项最高等级的测绘计量标准，以及政府计量行政主管部门授权建立的社会公用计量标准，必须有计量溯源，并且向同级政府计量行政主管部门申请建标考核。取得计量标准证书后，即具备在本部门或本单位开展计量器具检定的资格。

（2）取得计量标准证书后，属社会公用计量标准的，由组织建立该项标准的政府计量行政主管部门审批核发社会公用计量标准证书，方可使用，并向同级自然资源主管部门备案；属部门最高等级计量标准的，由主管部门批准使用，并向国务院自然资源部备案。测绘计量标准在合格证书期满前六个月，应按规定向原发证机关申请复查。

（3）社会公用计量标准、部门最高等级的测绘计量标准，均为国家强制检定的计量标准器具，应按国务院计量行政主管部门规定的检定周期向同级政府计量行政主管部门申请周期检定，周期检定结果报同级自然资源主管部门备案。未按照规定申请检定或检定不合格的，不准使用。

3. 对计量检定单位的规定

（1）申请面向社会开展测绘计量器具检定、建立社会公用计量标准、承担测绘计量器具产品质量监督试验以及申请作为法定计量检定机构的，应根据申请承担任务的区域，向相应的政府计量行政主管部门申请授权；申请承担测绘计量器具新产品样机试验的，向当地省级政府计量行政主管部门申请授权；申请承担测绘计量器具新产品定型鉴定的，向国务院计量行政主管部门申请授权。计量授权证书复印件，报同级自然资源主管部门备案。

（2）取得计量授权证书后，必须按照授权项目和授权范围开展有关检定、测试工作；需新增计量授权项目的，必须申请新增项目的授权。被授权单位在授权证书期满前六个月应按规定向原发证机关申请复查。

（3）测绘产品质量监督检验机构，必须向省级以上政府计量行政主管部门申请计量认证。取得计量认证合格证书后，在测绘产品质量监督检验、委托检验、仲裁检验、产品质量评价和成果鉴定中提供作为公证的数据，具有法律效力。

4. 对计量检定人员的规定

（1）国家法定计量检定机构的计量检定人员，或从事政府计量行政主管部门授权项目检定、测试的计量检定人员，必须经授权部门考核合格；其他计量检定人员，可由其上级主管部门考核合格。根据实际需要，省级以上自然资源主管部门也可经同级政府计量行政主管部门同意，组织计量检定人员考核并发证。

（2）开展测绘计量器具检定，应执行国家、部门或地方计量检定规程。对没有正式计量检定规程的，应执行有关测绘技术标准或自行编写检校办法报主管部门批准后使用。自行编写的检校办法应与有关测绘技术标准的内容协调一致。

5. 对计量使用者的规定

（1）承担测绘任务的单位和个体测绘业者，其所使用的测绘计量器具必须经政府计量行政主管部门考核合格的测绘计量检定机构或测绘计量标准检定合格，方可申领测绘资格证书。无检定合格证书的，不予受理资格审查申请。

（2）测绘单位和个体测绘业者使用的测绘计量器具，必须经周期检定合格，才能用于测绘生产。未经检定、检定不合格或超过检定周期的测绘计量器具，不得使用。测绘仪器检定周期见表 4.8。

表 4.8　测绘计量器具检定周期

项目	名　称	检定周期
计量标准器具	多齿分度台、彩电副载波校频仪、经纬仪检定仪、水准尺检定仪、激光干涉仪、水准器检定仪、因瓦基线尺、周期误差测试平台、长度基线场、GPS 接收机检定场、航测仪器检定场、重力仪格值检定场、高低温箱、温度膨胀系数检定设备、计时设备、温度计、气压计、频率计等	执行国务院计量行政主管部门或测绘主管部门的规定
工作计量器具	经纬仪：光学经纬仪、激光经纬仪、电子经纬仪、陀螺经纬仪。 水准仪：光学水准仪、激光水准仪、电子水准仪、自动安平水准仪。 测距仪：光学测距仪、微波测距仪、激光测距仪、电磁波测距仪。 电子速测仪（全站仪）。 全球定位系统（GPS）测量型接收机。 重力仪：微伽级重力仪、毫伽级重力仪。 尺类：钢卷尺、水准标尺、基线尺、线纹米尺、坐标格网尺	（1）J2 级以上经纬仪，S3 级以上水准仪，精度优于 10 mm + 3 PPm 的 GPS 接收机，精度优于 5 mm + 5 PPm 的测距仪、全站仪，伽级重力仪以及尺类等一般为一年；其他精度的仪器一般为两年。 （2）新购置的以及修理后的仪器、器具应及时检定
	平板仪：光学平板仪、电子平板仪。 摄影仪：航空摄影仪、地面摄影经纬仪。 测图仪器：立体坐标量测仪、精密立体测图仪、解析测图仪、自动绘图仪、数字采集仪、坐标展点仪、直角定点仪。 工程仪器：准直仪、铅直仪、扫平仪。 其他辅助设备：直角棱镜、重锤、拉力器等	（1）一般为两年。 （2）新购置的以及修理后的仪器、器具应及时检定。 （3）测图仪器可暂由使用单位自行检校

4.5　测绘成果检查与验收

4.5.1　概　述

1. 测绘成果检验的依据

测绘成果检验的依据主要有：有关的法律法规、国家标准、行业标准、设计书、测绘任务书、合同书和委托验收文件等。

2. 测绘成果检验方法

1）比对分析

经过重新平差计算，统计出各项精度指标并与原成果进行比对，分析原成果精度指标的符合性。重新平差计算的方法及各项精度指标应符合规范及技术设计书要求。若重新计算统计结果与原成果较差均不大于规范及技术设计书要求，则认定成果精度符合规范及技术设计书要求，采用检验成果资料中的精度指标评定数学精度。

2）核查分析

分析观测数据资料、数据处理资料，分析观测数据、起算数据的正确性，检查计算过程各项改正是否符合要求，对照相关技术要求（合同、技术设计书、标准规范），对成果表、技术总结、检查报告等样本资料进行检查，认定原成果精度的符合性，采用检验成果资料中的精度指标评定数学精度。

3）实地检测

以不低于所检项目原测精度的技术要求和技术方法，外业实地对抽查的样本单位成果进行检测。检测时，将所采集的样本数据与原提交成果进行比较。若采用同精度检测，二者较差应不大于$\sqrt{2}$倍的限差要求；若采用高精度检测，二者较差应不大于规范及技术设计书规定的限差要求。若满足上述要求，则认定样本中没有粗差。

3. 测绘成果检查方式

测绘成果质量通过“二级检查一级验收”的方式进行控制，即：测绘成果应依次通过测绘单位作业部门的过程检查、测绘单位质量管理部门的最终检查和项目管理单位组织的验收或委托具有资质的质量检验机构进行质量验收。上述工作应独立、按顺序进行，不得省略、代替或颠倒顺序。

（1）过程检查采用全数检查。

（2）最终检查一般采用全数检查。涉及野外检查项的可采用抽样检查，样本以外的应实施内业全数检查。最终检查应审核过程检查记录，审核中发现的问题作为资料质量错漏处理。

（3）验收一般采用抽样检查。质量检验机构应对样本进行详查，必要时可对样本以外的单位成果的重要检查项进行概查。验收应审核最终检查记录，审核中发现的问题作为资料质量错漏处理。

4.5.2 抽样检查程序

抽样检查的程序包括组成批成果、确定样本量、抽取样本、检验、质量评定、编制报告。

1. 组成批成果

批成果应由同一技术设计要求下生产的同一测区的、同一比例尺（或等级）单位成果汇集而成。生产量较大时，可根据生产时间的不同、作业方法不同或作业单位不同等条件分别组成批成果，试试分批检验。

2. 确定样本量

根据批成果的批量，按表 4.9 规定执行。

表 4.9　样本量

批量	样本量	批量	样本量
≤20	3	121～140	12
21～40	5	141～160	13
41～60	7	161～180	14
61～80	9	181～200	15
81～100	10	≥201	分批次提交，批次数应最小，各批次的批量应均匀
101～120	11		

注：当样本量等于或大于批量时，则全数检查。

3. 抽　样

（1）以“点”“景”“幅”“测段”“幢”或“区域网”等为单位在检验批中随机抽取样本。一般采用简单随机抽样，也可根据生产方式或时间、等级等采用分层随机抽样。

（2）按样本量，从批成果中提取样本，并提取单位成果的全部有关资料。下列资料按 100%提取样品原件或复印件：

① 项目设计书、专业设计书、生产过程中的补充规定。

② 技术总结、检查报告及检查记录。

③ 仪器检定证书和检验资料复印件。

④ 其他需要的文档资料。

4. 检　验

根据测绘成果的内容与特性，分别采用详查和概查的方式进行检验。

1）详　查

根据各单位成果的质量元素及检查项，按有关的规范、技术标准和技术设计的要求逐个检验单位成果并统计存在的各类差错数量，按照标准评定单位成果质量。

2）概　查

概查是指对影响成果质量的主要项目和带倾向性的问题进行的一般性检查，一般只记录 A 类、B 类错漏和普遍性问题。若概查中出现 A 类错漏或 B 类错漏小于 3 个时，判成果概查为合格；否则，判成果概查为不合格。

3）质量问题处理

（1）验收中发现有不符合技术标准、技术设计书或其他有关技术规定的成果时，应及时提出处理意见，交测绘单位进行改正。当问题较多或性质较重时，可将部分或全部成果退回测绘单位或部门重新处理，然后再进行验收。

（2）经验收判为合格的批，测绘单位或部门要对验收中发现的问题进行处理，然后进行复查。经验收判为不合格的批，要将检验批全部退回测绘单位或部门进行处理，然后再次申请验收。再次验收时应重新抽样。

（3）过程检查、最终检查中发现的质量问题应改正。过程检查、最终检查工作中当对质量问题的判定存在分歧时，由测绘单位总工程师裁定；验收工作中当对质量问题的判定存在分歧时，由委托方或项目管理单位裁定。

5. 质量评定

1）单位成果质量评定

（1）数学精度评分。

数学精度按表4.10规定采用分段直线内插的方法计算质量分数；多项数学精度评分时，单项数学精度得分均大于60分时，取其算数平均值或加权平均。

表4.10　数学精度评分标准

数学精度值	质量分数
$0 \leqslant M \leqslant 1/3\,M_0$	S=100分
$1/3\,M_0 < M \leqslant 1/2\,M_0$	90分$\leqslant S<$100分
$1/2\,M_0 < M \leqslant 3/4\,M_0$	75分$\leqslant S<$90分
$3/4\,M_0 < M \leqslant M_0$	60分$\leqslant S<$75分

表中，M_0为允许中误差的绝对值，$M_0=\pm\sqrt{m_1^2+m_2^2}$；$m_1$为规范或相应技术条件要求的成果中误差；$m_2$为检测中误差（高精度检测时取$m_2$=0）；$S$为质量分数；$M$为成果中误差的绝对值，其计算方法为：

图类单位成果高程精度检测、平面点位精度检测和平面点位相对精度检测时，检测点（边）应分布均匀、位置明显。检测点（边）数量视地物复杂程度、比例尺等具体情况而定，每幅图一般各取20～50个。

在允许中误差2倍以内的误差值均应参与数学精度统计。超过允许中误差2倍的误差为粗差。同精度检测时，在允许中误差$2\sqrt{2}$倍以内的误差值均应参与数学精度统计，超过允许中误差$2\sqrt{2}$倍的误差视为粗差。检测点边数量少于20时以误差的算术平均值代替中误差，大于20时按中误差统计。

高精度统计中误差公式：

$$M=\sqrt{\frac{\sum_{i=1}^{n}\varDelta_i^2}{n}} \tag{4.1}$$

式中　M——成果中误差；

n——检测点总数；

$\varDelta_i$——较差。

同精度统计中误差公式：

$$M=\sqrt{\frac{\sum_{i=1}^{n}\Delta_i^2}{2n}} \tag{4.2}$$

式中　M——成果中误差；

n——检测点总数；

Δ_i——较差。

（2）成果质量错漏扣分。

成果质量错漏扣分标准按表 4.11 执行。具体质量错漏扣分标准可参考《测绘成果质量检查与验收》（GB/T 24356—2009）、《数字测绘成果质量检查与验收》（GB/T 18316—2008）相关内容。

表 4.11　成果质量扣分标准

差错类型	扣分值
A 类	42 分
B 类	$12/t$ 分
C 类	$4/t$ 分
D 类	$1/t$ 分

注：一般情况下取 t=1。需要进行调整时，以困难类别原则，按《测绘生产困难类别细则》进行调整（平均困难类别时 t=1）。

（3）质量子元素评分。

首先将质量子元素得分预设为 100 分，根据表 4.11 中的要求对相应质量子元素中出现的错漏逐个扣分。S_2的值按式（4.3）计算：

$$S_2=100-[a_1\times(12/t)+a_2\times(4/t)+a_3\times(1/t)] \tag{4.3}$$

式中，S_2为质量子元素得分；a_1、a_2、a_3为质量子元素中相应的 B 类错漏、C 类错漏、D 类错漏个数；t 为扣分值调整系数。

（4）质量元素评分。

采用加权平均法计算质量元素得分，S_1的值按式（4.4）计算。

$$S_1=\sum_{i=1}^{n}(S_{2i}\times p_i) \tag{4.4}$$

式中，S 为单位成果质量得分值；S_{2i} 为第 i 个质量元素的得分值；P_i 为相应质量元素的权；n 为质量元素的总数。

（5）单位成果质量评分。

采用加权平均法计算单位成果质量得分。S 值按式（4.5）计算：

$$S=\sum_{i=1}^{n}(S_{1i}\times p_i) \tag{4.5}$$

式中，S 为单位成果质量得分值；S_{1i} 为第 i 个质量元素的得分值；P_i 为相应质量元素的权；n 为质量元素的总数。

（6）单位成果质量评定。

当单位成果出现以下情况之一时，即判定为不合格：

① 单位成果中出现 A 类错漏。

② 单位成果高程精度检测、平面位置精度检测及相对位置精度检测，任一项粗差比例超过 5%。

③ 质量子元素中任一项质量得分小于 60 分。

根据单位成果的质量得分，按表 4.12 划分质量等级。

表 4.12　单位成果质量等级评定标准

质量得分	质量等级
S≥90 分	优级品
75 分≤S<90 分	良级品
60 分≤S<75 分	合格品
S<60 分	不合格品

2）样本质量评定

（1）当样本中出现不合格单位成果时，评定样本质量为不合格。

（2）全部单位成果合格后，根据单位成果的质量得分，按算术平均方式计算样本质量得分 S。当 S≥90 分，样本质量等级为优；当 75 分≤S<90 分，样本质量等级为良；当 60 分≤S<75 分，样本质量等级为合格。

3）批质量判定

（1）最终检查批成果质量评定。

最终检查批成果合格后，按以下原则评定批成果质量等级：

① 优级：优良品率达到 90%以上，其中优级品率达到 50%以上。

② 良级：优良品率达到 80%以上，其中优级品率达到 30%以上。

③ 合格：未达到上述标准的。

（2）批成果质量核定。

验收单位根据评定的样本质量等级，核定批成果质量等级。当测绘单位未评定批成果质量等级或验收单位评定的样本质量等级与测绘单位评定的批成果质量等级不一致时，以验收单位评定的样本质量等级作为批成果质量等级。

（3）批成果质量判定。

① 生产过程中使用未经计量检定或检定不合格的测量仪器均判为批不合格。

② 当详查和概查均为合格时判为批合格，否则判为批不合格。

③ 若验收中只实施了详查，则只依据详查结果判定批质量。

④ 当详查或概查中发现伪造成果现象或技术路线存在重大偏差，均判为批不合格。

6. 编制报告

最终检查完成后，应编写检查报告；验收工作完成后，应编写检验报告。检查报告和检验报告随测绘成果一并归档。检验报告的格式依据《数字测绘成果质量检查与验收》（GB/T 18316）相关规定编制，内容包括：

1）检验工作概况

检验的基本情况，包括检验时间、检验地点、检验方式、检验人员、检验的软硬件设备等。

2）受检成果概况

简述成果生产基本情况，包括来源、测区位置、生产单位、单位资质等级、生产日期、生产方式、成果形式、批量等。

3）检验依据

列出全部检验依据。

4）抽样情况

抽样情况包括抽样依据、抽样方法、样本数量等。若为计数抽样，应列出抽样方案。

5）检验内容及方法

阐述成果的各个检验参数及检验方法。

6）主要质量问题及处理

按检验参数分别叙述成果中存在的主要质量问题，并举例图幅号、点号等说明质量问题处理结果。

7）质量统计及质量综述

（1）按检验参数分别对成果质量进行综合叙述（注：不含检验结论）。

（2）样本质量统计。检查项及差错数量和错误率、样本得分、样本质量评定。

（3）其他意见或建议。若无意见或建议，可不列本条。

8）附件（附图、附表）

若无附件，可不列本条。

4.5.3 大地测量单位成果质量元素及差错分类

大地测量成果包括：GNSS 测量、三角测量、导线测量、水准测量、光电测距、天文测量、重力测量、大地测量计算。

1. GNSS测量（见表4.13、表4.14）

表4.13　GNSS测量成果质量元素、权及检查项

质量元素	权	质量子元素	权	检查项
数据质量	0.5	数学精度	0.3	1. 点位中误差与规范及设计书的符合情况。 2. 边长相对中误差与规范及设计书的符合情况
		观测质量	0.5	1. 仪器检验项目的齐全性、检验方法的正确性。 2. 观测方法的正确性、观测条件的合理性。 3. GPS点水准联测的合理性和正确性。 4. 归心元素、天线高测定方法的正确性。 5. 卫星高度角、有效观测卫星总数、时段中任一卫星有效观测时间、观测时段数、时段长度、数据采样间隔、PDOP值、钟漂、多路径影响等参数的规范性和正确性。 6. 观测手簿记录和注记的完整性和数字记录、划改的规范性。 7. 数据质量检验的符合性。 8. 规范和设计方案的执行情况。 9. 成果取舍和重测的正确性、合理性
		计算质量	0.2	1. 起算点选取的合理性和起始数据的正确性。 2. 起算点的兼容性及分布的合理性。 3. 坐标改算方法的正确性。 4. 数据使用的正确性和合理性。 5. 各项外业验算项目的完整性、方法正确性、各项指标符合性
点位质量	0.3	选点质量	0.5	1. 点位布设及点位密度的合理性。 2. 点位观测条件的符合情况。 3. 点位选择的合理性。 4. 点之记内容的齐全、正确性
		埋石质量	0.5	1. 埋石坑位的规范性和尺寸的符合性。 2. 标石类型和标石埋设规格的规范性。 3. 标志类型、规格的正确性。 4. 标石质量，如坚固性、规格等。 5. 托管手续内容的齐全、正确性
资料质量	0.2	整饰质量	0.3	1. 点之记和托管手续、观测手簿、计算成果等资料的规整性。 2. 技术设计、技术总结、检查报告格式的规范性。 3. 技术设计、技术总结、检查报告整饰的规整性
		资料完整性	0.7	1. 技术总结编写的齐全和完整情况。 2. 检查报告编写的齐全和完整情况。 3. 上交资料的齐全性和完整情况

表 4.14 GNSS 测量成果质量错漏分类

质量元素	A 类	B 类	C 类	D 类
数学精度	精度超限			
观测质量	1. 原始记录中连环涂改、划改不准划改的观测数据。 2. 其他严重的错漏	1. 成果取舍、重测不合理。 2. 仪器次要技术指标有轻微超限。 3. 电子记录程序的输出格式不规范。 4. 时段划分比例轻微超限。 5. 记录修改不符合规定。 6. 归心元素测定方法不正确。 7. 其他较重的错漏	1. 观测条件掌握不严，不符合规定。 2. 天线高量取方法不正确。 3. 观测记录中的注记错漏。 4. 其他一般的错漏	其他轻微错漏
计算质量	1. 严重的计算错误。 2. 坐标系统错误、起算数据错误。 3. 计算方法错误，采用指标及各类参数错误，计算结果、分析结论不正确。 4. 其他严重的错漏	1. 数据检验后有关条件不满足要求。 2. 数据剔除不符合规定。 3. 数字修约严重不符合规定。 4. 对结果影响较小的计算错误。 5. 其他较重的错漏	1. 不影响成果质量的计算错误。 2. 其他一般的错漏	其他轻微错漏
选点质量	1. 点位条件完全不符合要求。 2. GPS 网布设严重不符合设计要求。 3. 其他严重的错漏	1. 漏绘点之记或点之记重要内容错漏。 2. 点位选择不合理，有高度角大于15°的障碍物，且水平投影大于60°。 3. 其他较重的错漏	1. 点之记一般内容漏项、缺项。 2. 漏注或错注重要注记或小数点。 3. 选点展点图缺项。 4. 其他一般的错漏	其他轻微错漏
埋石质量	1. 标石浇注质量、规格严重不符合规定。 2. 标石埋设完全不符合要求。 3. 其他严重的错漏	1. 上、下标志中心超限。 2. 标志类型、规格存在明显缺陷。 3. 标志不符合规定。 4. 没有点位托管手续或托管手续不完备。 5. 其他较重的错漏	1. 标石规格或浇注不规范。 2. 标石面埋设倾斜大于10°。 3. 标石外部未整饰。 4. 标石埋设或浇注深度不符合要求。 5. 其他一般的错漏	其他轻微错漏
整饰质量	1. 成果资料文字、数字错漏较多，给成果使用造成严重影响。 2. 其他严重的错漏	1. 成果资料重要文字、数字错漏。 2. 成果文档资料归类、装订不规整。 3. 其他较重的错漏	1. 成果资料装订及编号错漏。 2. 成果资料次要文字、数字错漏。 3. 其他一般的错漏	其他轻微错漏
资料完整性	1. 缺主要成果资料。 2. 其他严重的错漏	1. 缺成果附件资料。 2. 缺技术总结或检查报告。 3. 上交资料缺项。 4. 其他较重的错漏	1. 无成果资料清单，或成果资料清单不完整。 2. 技术总结、检查报告内容不全。 3. 其他一般的错漏	其他轻微错漏

2. 三角测量（见表 4.15、表 4-16）

表 4.15　三角测量成果质量元素、权及检查项

质量元素	权	质量子元素	权	检查项
数据质量	0.5	数学精度	0.3	1. 最弱边相对中误差符合性。 2. 最弱点中误差符合性。 3. 测角中误差符合性
		观测质量	0.4	1. 仪器检验项目、方法的齐全性和正确性。 2.各项观测误差的符合性。 3. 归心元素的测定方法、次数、时间及投影偏差情况，觇标高的测定方法及量取部位的正确性。 4. 水平角的观测方法、时间选择、光段分布成果取舍和重测的合理性和正确性。 5. 天顶距或垂直角的观测方法、时间选择，成果取舍和重测的合理性和正确性。 6. 记簿计算正确性、注记的完整性和数字记录、划改的规范性
		计算质量	0.3	1. 外业验算项目的齐全性、验算方法的正确性。 2. 验算数据的正确性及验算结果的符合性。 3. 已知三角点选取的合理性和起始数据的正确性
点位质量	0.3	选点质量	0.5	1. 点位密度的合理性。 2. 点位选择的合理性。 3. 锁段图形权倒数值的符合性。 4. 展点图内容的完整性和正确性。 5. 点之记内容的完整性和正确性
		埋石质量	0.5	1. 觇标的结构及橹柱与视线关系的合理性。 2. 标石的类型、规格和预制的质量情况。 3. 标石的埋设和外部整饰情况。 4. 托管手续内容的齐全性和正确性
资料质量	0.2	整饰质量	0.3	1. 选点、埋石及验算资料整饰的齐全性和规整性。 2. 成果资料整饰的规整性。 3. 技术总结整饰的规整性。 4. 检查报告整饰的规整性
		资料完整性	0.7	1. 技术总结内容的齐全性和完整性。 2. 检查报告内容的齐全性和完整性。 3. 上交资料的齐全性和完整性

表 4.16　三角测量成果质量错漏分类

质量元素	A 类	B 类	C 类	D 类
数学精度	1. 点位中误差超限。 2. 测角中误差超限。 3. 最弱边相对中误差超限			
观测质量	1. 测站观测中误差超限。 2. 三角形闭合差超限。 3. 投影方法及归心元素量取错误。 4. 其他严重的错漏	1. 成果取舍、重测不合理。 2. 仪器次要技术指标有轻微超限。 3. 光段比例轻微超限。 4. 记录划改不符合规定。 5. 其他较重的错漏	1. 观测条件掌握不严，不符合规定。 2. 不影响成果质量的计算错误。 3. 观测记录中影响成果质量的注记错漏。 4. 其他一般的错漏	其他轻微错漏
计算质量	1. 验算项目缺项。 2. 严重影响成果质量的计算错误。 3. 极条件自由项超限大于 5。 4. 基线条件自由项超限。 5. 方位角闭合差超限。 6. 其他严重的错漏	1. 验算过程资料不全。 2. 数据取位不合要求。 3. 极条件自由项超限小于或等于 5。 4. 对结果影响较小的计算错误。 5. 其他较重的错漏	1. 不影响成果质量的计算错误。 2. 其他一般的错漏	其他轻微错漏
选点质量	1. 点位条件完全不符合要求。 2. 其他严重的错漏	1. 漏绘点之记。 2. 点位选择不合理，极不利于扩展和观测。 3. 其他较重的错漏	1. 点之记内容漏项、缺项。 2. 漏注或错注重要注记或小数点。 3. 选点展点图缺项。 4. 其他一般的错漏	其他轻微错漏
埋石质量	1. 标石规格严重不符合规定。 2. 标石埋设完全不符合要求。 3. 其他严重的错漏	1. 上、下标志中心超限。 2. 标志类型、规格存在明显缺陷。 3. 没有点位托管手续或托管手续不完备。 4. 标志不符合规定。 5. 其他较重的错漏	1. 标石规格或浇注不符合。 2. 标石埋设倾斜大于10°。 3. 标石外部未整饰。 4. 其他一般的错漏	其他轻微错漏
整饰质量	1. 成果资料文字、数字错漏较多，给成果使用造成严重影响。 2. 其他严重的错漏	1. 成果资料重要文字、数字错漏。 2. 成果文档资料归类、装订不规整。 3. 其他较重的错漏	1. 成果资料装订及编号错漏。 2. 成果资料次要文字、数字错漏。 3. 其他一般的错漏	其他轻微错漏
资料完整性	1. 缺主要成果资料。 2. 其他严重的错漏	1. 缺成果附件资料。 2. 缺技术总结或检查报告。 3. 上交资料缺项。 4. 其他较重的错漏	1. 无成果资料清单或成果资料清单不完整。 2. 技术总结、检查报告内容不全。 3. 其他一般的错漏	其他轻微错漏

3. 导线测量（见表 4.17、表 4.18）

表 4.17　导线测量成果质量元素、权及检查项

质量元素	权	质量子元素	权	检查项
数据质量	0.5	数学精度	0.3	1. 点位中误差符合性。 2. 边长相对精度符合性。 3. 方位角闭合差符合性。 4. 测角中误差符合性
		观测质量	0.4	1. 仪器检验项目、方法、精度的齐全性和正确性。 2. 各项观测误差的符合性。 3. 归心元素的测定方法、次数、时间及投影偏差情况，觇标高的测定方法及量取部位的正确性。 4. 水平角和导线测距的观测方法、时间选择、光段分布成果取舍和重测的合理性和正确性。 5. 天顶距或垂直角的观测方法、时间选择，成果取舍和重测的合理性和正确性。 6. 记簿计算正确性、注记的完整性和数字记录、划改的规范性
		计算质量	0.3	1. 外业验算项目的齐全性、验算方法的正确性。 2. 验算数据的正确性及验算结果的符合性。 3. 已知三角点选取的合理性和起始数据的正确性。 4. 上交资料的齐全性
点位质量	0.3	选点质量	0.5	1. 导线网网形结构的合理性。 2. 点位密度的合理性。 3. 点位选择的合理性。 4. 展点图内容的完整性和正确性。 5. 点之记内容的完整性和正确性。 6. 导线曲折度
		埋石质量	0.5	1. 觇标的结构及橹柱与视线关系的合理性。 2. 标石的类型、规格和预制的规整性。 3. 标石的埋设和外部整饰。 4. 托管手续内容的齐全性和正确性
资料质量	0.2	整饰质量	0.3	1. 选点、埋石及验算资料整饰的齐全性和规整性。 2. 成果资料整饰的规整性。 3. 技术总结整饰的规整性。 4. 检查报告整饰的规整性
		资料完整性	0.7	1. 技术总结内容的齐全性和完整性。 2. 检查报告内容的齐全性和完整性。 3. 上交资料的齐全性和完整性

表4.18　导线测量成果质量错漏分类

质量元素	A类	B类	C类	D类
数学精度	1. 点位中误差超限。 2. 边长相对中误差超限。 3. 测角中误差超限。 4. 方位角闭合差超限			
观测质量	1. 测站观测中误差超限。 2. 导线曲折度超限。 3. 投影方法及归心元素量取错误。 4. 其他严重的错漏	1. 成果取舍、重测不合理。 2. 仪器次要技术指标有轻微超限。 3. 光段比例轻微超限。 4. 记录划改不符合规定。 5. 其他较重的错漏	1. 观测条件掌握不严，不符合规定。 2. 不影响成果质量的计算错误。 3. 观测记录中影响成果质量的注记错漏。 4. 其他一般的错漏	其他轻微错漏
计算质量	1. 验算项目缺项。 2. 导线各条件自由项超限。 3. 方位角条件闭合差超限。 4. 严重影响成果质量的计算错误。 5. 其他严重的错漏	1. 验算过程资料不全。 2. 数据取位不合要求。 3. 影响成果质量的计算错误。 4. 对结果影响较小的计算错误。 5. 其他较重的错漏	1. 不影响成果质量的计算错误。 2. 其他一般的错漏	其他轻微错漏
选点质量	1. 点位地质、地理条件极差，极不利于保护、稳定和观测。 2. 其他严重的错漏	1. 漏绘点之记。 2. 点位选择不合理，不利于扩展和观测。 3. 点位密度不合理。 4. 其他较重的错漏	1. 点之记内容漏项、缺项。 2. 漏注或错注重要注记或小数点。 3. 选点展点图缺项。 4. 其他一般的错漏	其他轻微错漏
埋石质量	1. 标石规格严重不符合规定。 2. 标石埋设完全不符合要求。 3. 其他严重的错漏	1. 上、下标志中心超限。 2. 标志类型、规格存在明显缺陷。 3. 标志不符合规定。 4. 没有点位托管手续或托管手续不完备。 5. 其他较重的错漏	1. 标石规格或浇注不规范。 2. 标石倾斜大于10°。 3. 标石外部未整饰。 4. 标石埋设或浇注深度不符合要求。 5. 其他一般的错漏	其他轻微错漏
整饰质量	1. 成果资料文字、数字错漏较多，给成果使用造成严重影响。 2. 其他严重的错漏	1. 成果资料重要文字、数字错漏。 2. 成果文档资料归类、装订不规整。 3. 其他较重的错漏	1. 成果资料装订及编号错漏。 2. 成果资料次要文字、数字错漏。 3. 其他一般的错漏	其他轻微错漏
资料完整性	1. 缺主要成果资料。 2. 其他严重的错漏	1. 成果附件资料缺失。 2. 缺技术总结或检查报告。 3. 其他较重的错漏	1. 无成果资料清单，或成果资料清单不完整。 2. 技术总结、检查报告内容不全。 3. 其他一般的错漏	其他轻微错漏

4. 水准测量（见表 4.19、表 4.20）

表 4.19 水准测量成果质量元素、权及检查项

质量元素	权	质量子元素	权	检验内容
数据质量	0.5	数学精度	0.3	1. 每千米偶然中误差的符合性。 2. 每千米全中误差的符合性
		观测质量	0.4	1. 仪器、标尺检验项目的齐全性，检验方法的正确性。 2. 测站观测误差的符合性。 3. 测段、区段、路线闭合差的符合性。 4. 对已有水准点和水准路线联测和接测方法的正确性。 5. 观测和检测方法的正确性。 6. 观测条件选择的正确、合理性。 7. 成果取舍和重测的正确、合理性。 8. 记簿计算正确性、注记的完整性和数字记录、划改的规范性
		计算质量	0.3	1. 环闭合差的符合性。 2. 外业验算项目的齐全性、验算方法的正确性。 3. 已知水准点选取的合理性和起始数据的正确性
点位质量	0.3	选点质量	0.5	1. 水准路线布设及点位密度的合理性。 2. 路线图绘制的正确性。 3. 点位选择的合理性。 4. 点之记内容的齐全、正确性
		埋石质量	0.5	1. 标石类型的正确性。 2. 标石埋设规格的规范性。 3. 托管手续内容的齐全、正确性
资料质量	0.2	整饰质量	0.3	1. 观测、计算资料整饰的规整性。 2. 成果资料的整饰规整性。 3. 技术总结整饰的规整性。 4. 检查报告整饰的规整性
		资料全面性	0.7	1. 技术总结内容的齐全性和完整性。 2. 检查报告内容的齐全性和完整性。 3. 上交资料的齐全性和完整性

表 4.20　水准测量成果质量错漏分类

质量元素	A 类	B 类	C 类	D 类
数学精度	1. 每千米偶然中误差超限。 2. 全中误差超限。 3. 其他重要精度指标超限			
观测质量	1. 测段、区段、路线高差不符值超限。 2. 原始记录中连环涂改或划改“毫米”。 3. 上、下午重站数比例严重超限。 4. 接测点未按要求进行检测。 5. 未按要求观测。 6. 闭合差超限。 7. 其他严重的错漏	1. 成果取舍、重测不合理。 2. 仪器、标尺测前、测后和过程检验次要技术指标超限。 3. 仪器检验项目缺项。 4. 上、下午重站数比例轻微超限。 5. 仪器、标尺测前、测后和过程未按要求进行检验。 6. 其他较重的错漏	1. 原始数据划改不规范。 2. 对结果影响较小的计算错误。 3. 原始观测记录中的注记错漏。 4. 观测条件掌握不严，不符合规定。 5. 其他一般的错漏	其他轻微错漏
计算质量	1. 改正项目不全。 2. 验算方法不正确。 3. 对结果影响达“cm”级的计算错误。 4. 观测成果采用不正确。 5. 环线闭合差超限。 6. 其他严重的错漏	1.外业验算项目缺项。 2.对结果影响达“mm”级的计算错误。 3.其他较重的错漏	1. 数字修约不规范。 2. 其他一般的错漏	其他轻微错漏
选点质量	1. 点位地质、地理条件极差，极不利于保护、稳定和观测。 2. 其他严重的错漏	1. 点位地理、地质条件不利于保护、稳定和观测。 2. 漏绘点之记或点之记重要内容错漏，造成无法使用。 3. 点位密度不合理。 4. 其他较重的错漏	1. 水准路线图、水准路线结点接测图错漏。 2. 点之记中一般项目内容错误或缺项。 3. 其他一般的错漏	其他轻微错漏
埋石质量	1. 标石规格极不符合规定。 2. 标石严重倾斜。 3. 标志严重不符合规定。 4. 现场浇注标石未使用模具，非岩石类。 5. 其他严重的错漏	1. 标石规格不符合规定。 2. 标石倾斜较大。 3. 标志不符合规定。 4. 标石埋设或浇注深度不符合要求。 5. 没有点位托管手续或托管手续不完备。 6. 其他较重的错漏	1. 标石外部整饰不规范。 2. 指示盘或指示碑不规整。 3. 标石规格或浇注不规范，标石略有倾斜。 4. 其他一般的错漏	其他轻微错漏
整饰质量	1. 成果资料文字、数字错漏较多，给成果使用造成严重影响。 2. 其他严重的错漏	1. 成果资料重要文字、数字错漏。 2. 成果文档资料归类、装订不规整。 3. 其他较重的错漏	1. 成果资料装订及编号错漏。 2. 成果资料次要文字、数字错漏。 3. 其他一般的错漏	其他轻微错漏
资料完整性	1. 缺主要成果资料。 2. 其他严重的错漏	1. 缺成果附件资料。 2. 缺技术总结或检查报告。 3. 上交资料缺项。 4. 其他较重的错漏	1. 无成果资料清单，或成果资料清单不完整。 2. 技术总结、检查报告内容不全。 3. 其他一般的错漏	其他轻微错漏

5. 光电测距（见表 4.21、表 4.22）

表 4.21　光电测距成果质量元素、权及检查项

质量元素	权	质量子元素	权	检验内容
数据质量	0.7	数学精度	0.3	边长精度超限
		观测质量	0.4	1. 仪器、仪表检验项目的齐全性，检验方法的正确性。 2. 记簿计算的正确性、注记的完整性和数字记录、划改的规范性。 3. 归心元素测定方法的正确性以及测定时间和投影偏差情况。 4. 测距边两端点高以及测定方法的正确性及精度情况。 5. 观测条件选择的正确、光段分配的合理性，气象元素测定情况。 6. 成果取舍和重测的正确、合理性。 7. 观测误差与限差的符合情况。 8. 外业验算的精度指标与限差的符合情况
		计算质量	0.3	1. 外业验算项目的齐全性。 2. 外业验算方法的正确性。 3. 验算结果的正确性。 4. 观测成果采用的正确性
资料质量	0.3	整饰质量	0.3	1. 观测、计算资料整饰的规整性。 2. 成果资料整饰的规整性。 3. 技术总结整饰的规整性。 4. 检查报告整饰的规整性
		资料全面性	0.7	1. 技术总结内容的齐全性和完整性。 2. 检查报告内容的齐全性和完整性。 3. 上交资料的齐全性和完整性

表 4.22　光电测距成果质量错漏分类

质量元素	A 类	B 类	C 类	D 类
数学精度	边长精度超限	1. 测回差、往返差、不同时段差超限。 2. 其他较重的错漏		
观测质量	1. 测量仪器测前、测后和过程检验主要技术指标超限。 2. 测距边两端点高差测定错误。 3. 归心元素测定错误。 4. 原始记录中连环涂改、划改观测数据或修改“毫米”级数据。 5. 其他严重的错漏	1. 成果取舍、重测不合理。 2. 仪器次要技术指标有轻微超限。 3. 光段分配不合理。 4. 观测条件掌握不严。 5. 气象数据不合理划改。 6. 其他较重的错漏	1. 数字修约不规范。 2. 观测记录中的原始注记错漏。 3. 其他一般的错漏	其他轻微错漏
计算质量	1. 验算方法错误。 2. 原始观测成果采用错误。 3. 验算结果错误。 4. 严重影响结果的计算错误。 5. 其他严重的错漏	1. 对结果影响较小的计算错误。 2. 验算项目缺项。 3. 仪器检验项目缺项。 4. 其他较重的错漏	1. 数字修约不规范。 2. 不影响结果的计算错误。 3. 其他一般的错漏	其他轻微错漏
整饰质量	1. 成果资料文字、数字错漏较多，给成果使用造成严重影响。 2. 其他严重的错漏	1. 成果资料重要文字、数字错漏。 2. 成果文档资料归类、装订不规整。 3. 其他较重的错漏	1. 成果资料装订及编号错漏。 2. 成果资料次要文字、数字错漏。 3. 其他一般的错漏	其他轻微错漏
资料完整性	1. 缺主要成果资料。 2. 其他严重的错漏	1. 缺成果附件资料。 2. 缺技术总结或检查报告。 3. 上交资料缺项。 4. 其他较重的错漏	1. 无成果资料清单，或成果资料清单不完整。 2. 技术总结、检查报告内容不全。 3. 其他一般的错漏	其他轻微错漏

6. 大地测量计算（见表 4.23、表 4.24）

表 4.23 大地测量计算成果质量元素、权及检查项

质量元素	权	质量子元素	权	检验内容
成果正确性	0.7	数学模型	0.3	1. 采用基准的正确性。 2. 平差方案及计算方法的正确、完备性。 3. 平差图形选择的合理性。 4. 计算、改算、平差、统计软件功能的完备性
		计算正确性	0.7	1. 外业观测数据取舍的合理、正确性。 2. 仪器常数及检定系数选用的正确性。 3. 相邻测区成果处理的合理性。 4. 计量单位、小数取舍的正确性。 5. 起算数据、仪器检验参数、气象参数选用的正确性。 6. 计算图、表编制的合理性。 7. 各项计算的正确性
成果完整性	0.3	整饰质量	0.3	1. 各种计算资料的规整性。 2. 成果资料的规整性。 3. 技术总结的规整性。 4. 检查报告的规整性
		资料完整性	0.7	1. 成果表编辑或抄录的正确、全面性。 2. 技术总结或计算说明内容的全面性。 3. 精度统计资料的完整性。 4.上 交成果资料的齐全性

表 4.24 大地测量计算成果质量错漏分类

质量元素	A 类	B 类	C 类	D 类
数学模型	1. 计算方法、公式错误。 2. 采用基准或起算数据错误			
计算正确性	1. 计算精度低，变形较大。 2. 原始资料采用不正确。 3. 严重的计算错误。 4. 其他严重的错漏	1. 平差图形或资料的选用不合理。 2. 接边处理不合理。 3. 对结果影响较小的计算错误。 4. 其他较重的错漏	1. 数字修约不规范。 2. 其他一般的错漏	其他轻微错漏

4.6 测绘安全生产管理

4.6.1 安全生产概述

中华人民共和国安全生产法

1. 安全生产的基本原则和总体要求

根据 2021 年 6 月修订的《中华人民共和国安全生产法》，安全生产工作应当以人为本，坚持人民至上、生命至上，把保护人民生命安全摆在首位，树牢安全发展理念，坚持安全第

一、预防为主、综合治理的方针，从源头上防范化解重大安全风险。

安全生产工作实行管行业必须管安全、管业务必须管安全、管生产经营必须管安全，强化和落实生产经营单位主体责任与政府监管责任，建立生产经营单位负责、职工参与、政府监管、行业自律和社会监督的机制。

生产经营单位必须遵守《中华人民共和国安全生产法》和其他有关安全生产的法律、法规，加强安全生产管理，建立健全全员安全生产责任制和安全生产规章制度，加大对安全生产资金、物资、技术、人员的投入保障力度，改善安全生产条件，加强安全生产标准化、信息化建设，构建安全风险分级管控和隐患排查治理双重预防机制，健全风险防范化解机制，提高安全生产水平，确保安全生产。

2. 安全生产保障

1）管理机构及人员

矿山、金属冶炼、建筑施工、运输单位和危险物品的生产、经营、储存、装卸单位，应当设置安全生产管理机构或者配备专职安全生产管理人员。其他从业人员超过 100 人的生产经营单位，应当设置安全生产管理机构或者配备专职安全生产管理人员；从业人员在 100 人以下的，应当配备专职或者兼职的安全生产管理人员。

2）安全生产责任制

（1）生产经营单位的主要负责人是本单位安全生产第一责任人，对本单位的安全生产工作全面负责，包括下列职责：

① 建立健全并落实本单位全员安全生产责任制，加强安全生产标准化建设。

② 组织制定并实施本单位安全生产规章制度和操作规程。

③ 组织制定并实施本单位安全生产教育和培训计划。

④ 保证本单位安全生产投入的有效实施。

⑤ 组织建立并落实安全风险分级管控和隐患排查治理双重预防工作机制，督促、检查本单位的安全生产工作，及时消除生产安全事故隐患。

⑥ 组织制定并实施本单位的生产安全事故应急救援预案。

⑦ 及时、如实报告生产安全事故。

生产经营单位可以设置专职安全生产分管负责人，协助本单位主要负责人履行安全生产管理职责。生产经营单位的其他负责人对职责范围内的安全生产工作负责。

（2）生产经营单位的安全生产管理机构以及安全生产管理人员履行下列职责：

① 组织或者参与拟订本单位安全生产规章制度、操作规程和生产安全事故应急救援预案。

② 组织或者参与本单位安全生产教育和培训，如实记录安全生产教育和培训情况。

③ 组织开展危险源辨识和评估，督促落实本单位重大危险源的安全管理措施。

④ 组织或者参与本单位应急救援演练。

⑤ 检查本单位的安全生产状况，及时排查生产安全事故隐患，提出改进安全生产管理的建议。

⑥ 制止和纠正违章指挥、强令冒险作业、违反操作规程的行为。

⑦ 督促落实本单位安全生产整改措施。

3）安全生产教育

生产经营单位应当对从业人员进行安全生产教育和培训，保证从业人员具备必要的安全生产知识，熟悉有关的安全生产规章制度和安全操作规程，掌握本岗位的安全操作技能，了解事故应急处理措施，知悉自身在安全生产方面的权利和义务。未经安全生产教育和培训合格的从业人员，不得上岗作业。

生产经营单位使用被派遣劳动者的，应当将被派遣劳动者纳入本单位从业人员统一管理，对被派遣劳动者进行岗位安全操作规程和安全操作技能的教育和培训。劳务派遣单位应当对被派遣劳动者进行必要的安全生产教育和培训。

生产经营单位接收中等职业学校、高等学校学生实习的，应当对实习学生进行相应的安全生产教育和培训，提供必要的劳动防护用品。学校应当协助生产经营单位对实习学生进行安全生产教育和培训。

生产经营单位应当建立安全生产教育和培训档案，如实记录安全生产教育和培训的时间、内容、参加人员以及考核结果等情况。

生产经营单位采用新工艺、新技术、新材料或者使用新设备，必须了解、掌握其安全技术特性，采取有效的安全防护措施，并对从业人员进行专门的安全生产教育和培训。

生产经营单位的特种作业人员必须按照国家有关规定经专门的安全作业培训，取得相应资格，方可上岗作业。

4）应急救援和事故处理

生产经营单位应当制定本单位生产安全事故应急救援预案，生产经营规模较小的单位应当指定兼职的应急救援人员。

生产经营单位发生生产安全事故后，事故现场有关人员应当立即报告本单位负责人。单位负责人接到事故报告后，应当迅速采取有效措施，组织抢救，防止事故扩大，减少人员伤亡和财产损失，并按照国家有关规定立即如实报告当地负有安全生产监督管理职责的部门，不得隐瞒不报、谎报或者迟报，不得故意破坏事故现场、毁灭有关证据。

事故调查处理应当按照科学严谨、依法依规、实事求是、注重实效的原则，及时、准确地查清事故原因，查明事故性质和责任，评估应急处置工作，总结事故教训，提出整改措施，并对事故责任单位和人员提出处理建议。事故调查报告应当依法及时向社会公布。

生产经营单位发生生产安全事故，经调查确定为责任事故的，除了应当查明事故单位的责任并依法予以追究外，还应当查明对安全生产的有关事项负有审查批准和监督职责的行政部门的责任，对有失职、渎职行为的，依法追究法律责任。

4.6.2　测绘外业生产安全管理

1. 出测、收测前的准备

根据《测绘作业人员安全规范》（CH1016—2008），测绘外业出测、收测前的准备工作主要有：

（1）针对生产情况，对进入测区的所有作业人员进行安全意识教育和安全技能培训。

（2）了解测区有关危害因素，包括动物、植物、微生物、流行传染病、自然环境、人文地理、交通、社会治安等状况，拟订具体的安全生产措施。

（3）按规定配发劳动防护用品，并根据测区具体情况添置必要的小组及个人的野外救生用品、药品、通信或特殊装备，并应检查有关防护及装备的安全可靠性。

（4）掌握人员身体健康情况，进行必要的身体健康检查，避免作业人员进入与其身体状况不适应的地区作业。

（5）组织赴疫区、污染区和有可能散发毒性气体地区作业的人员学习防疫、防毒、防污染知识，并注射相应的疫苗和配备防毒、防污染装备。对于发生高致病的疫区，应禁止作业人员进入。

（6）所有作业人员都应该熟练使用通信、导航定位等安全保障设备，以及掌握利用地图或地物、地貌等判定方位的方法。

（7）出测、收测前，应制订行车计划，对车辆进行安全检查，严禁疲劳驾驶。

2. 行　车

1）基本要求

（1）驾驶员应严格遵守《中华人民共和国道路交通安全法》等有关的法律、法规以及安全操作规程和安全运行的各种要求；具备野外环境下驾驶车辆的技能，掌握所驾驶车辆的构造、技术性能、技术状况、保养和维修的基本知识或技能。

（2）驾驶员应了解所运送物品的性能，保证人员和物品的安全。运送易燃易爆危险品时，应防止碰撞、泄漏，严禁危险物品与人员混装运送。

（3）货运汽车车厢内载人，应按公安交通部门的有关规定执行。行车时人要坐在安全位置上，人身不能超过车厢以外。车厢以外的任何部位严禁坐人和站人。

2）行车前的准备

（1）编制行车计划，明确负责人。单车行驶，应配有押车人员。

（2）外业生产车辆应配备必要的检修工具和通信设备。

（3）驾驶员应检查车辆各部件是否灵敏，油、水是否足够，轮胎充气是否适度；应特别注意检查传动系统、制动系统、方向系统、灯光照明等主要部件是否完好，发现故障即行检修，禁止勉强出车。

（4）机动车载货不得超过行驶证上核定的质量。运送的物资器材需装牢捆紧，其重量要分布均匀。

（5）在戈壁、沙漠和高原等人员稀少、条件恶劣的地区应采用双车作业，作业车辆应加固，配备适宜的轮胎，每车应有双备胎。

3）行　车

（1）途中停车休息或就餐，应锁好车门，关闭车窗。

（2）夜间行车要保持灯光完好，降低行驶速度，充分判断地形及行进方向。

（3）遇有暴风骤雨、冰雹、浓雾等恶劣天气时应停止行车。视线不清时不准继续行车。

（4）在雨、雪或泥泞、冰冻地带行车时应慢速，必要时应安装防滑链，避免紧急刹车。

遇陡坡时，助手或乘车人员应下车持三角木随车跟进，以备车辆下滑时抵住后轮。

（5）车辆穿越河流时，要慎重选择渡口，了解河床地质、水深、流速等情况，采取防范措施安全渡河。

（6）高温炎热天气行车应注意检查油路、电路、水温、轮胎气压；频繁使用刹车的路段应防止刹车片温度过高，导致刹车失灵。

（7）沙土地带行车应停车观察，选择行驶路线，低挡匀速行驶，避免中途停车。若沙土松软，难以通过，应事先采取铺垫等措施。

（8）高原、山区行车要特别注意油压表、气压表及温度表。气压低时应低挡行驶，少用制动，严禁滑行。遇到危险路段，如落石、滑坡、塌陷等，要仔细观察，谨慎驾驶。

3. 饮　食

（1）禁止食用霉烂、变质和被污染过的食物，禁止食用不易识别的野菜、野果、野生菌菇等植物。禁止酒后生产作业。不接触和不食用死、病畜肉。禁止饮用异味、异色和被污染的地表水和井水。

（2）使用煤气、天然气等灶具应保证其连接件和管道完好，防止漏气和煤气中毒。禁止点燃灶具后离人。

（3）生熟食物应分别存放，并应防止动物侵害。

4. 住　宿

1）室内住宿

（1）外业作业人员应尽量居住民房或招待所。住所的房屋应进行安全性检查，了解住宿环境和安全通道位置。禁止入宿存在安全隐患的房屋。

（2）应注意用电安全。便携式发电机应置于通风条件下使用，做到人、机分开，专人管理。应防止发电机漏电和超负荷运行对人员造成伤害。

（3）使用煤油灯应安装防风罩。离开房间或休息时，应及时熄灭煤油灯或蜡烛。取暖使用柴灶或煤炉前应先进行检修，防止失火和煤气中毒。

（4）禁止在草料旁堆放油料、易燃物品，禁止在仓库、木料场、木质建筑以及其他易燃物体附近用火。

2）野外住宿

（1）备好防寒、防潮、照明、通信等生活保障物品及必要的自卫器具。

（2）搭设帐篷时应了解地形情况，选择干燥避风处，避开滑坡、觇标、枯树、大树、独立岩石、河边、干涸湖、输电设备及线路等危险地带，防止雷击、崩陷、山洪、高辐射等伤害。

（3）帐篷周围应挖排水沟。在草原、森林地区，周围应开辟防火道。

（4）治安情况复杂或野兽经常出没的地区，应设专人值勤。

5. 外业作业环境

1）一般要求

（1）应持有效证件和公函与有关部门进行联系。在进入军事要地、边境、少数民族地区、林区、自然保护区或其他特殊防护地区作业时，应事先征得有关部门同意；了解当地民情和社会治安等情况，遵守所在地的风俗习惯及有关的安全规定。

（2）进入单位、居民宅院进行测绘时，应先出示相关证件，说明情况再进行作业。

（3）遇雷电天气应立刻停止作业，选择安全地点躲避，禁止在山顶、开阔的斜坡上、大树下、河边等区域停留，避免遭受雷电袭击。

（4）在高压输电线路、电网等区域作业时，应采取安全防范措施，优先选用绝缘性能好的标尺等辅助测量设备，避免人员和标尺、测杆、棱镜支杆等测量设备靠近高压线路，防止触电。

（5）外业作业时，应携带所需的装备以及水和药品等用品，必要时应设立供应点，保证作业人员的饮食供给；野外一旦发生水、粮和药品短缺，应及时联系补给或果断撤离，以免发生意外。

（6）外业作业时，所携带的燃油应使用密封、非易碎容器单独存放、保管，防止暴晒。洒过易燃油料的地方要及时处理。

（7）进入沙漠、戈壁、沼泽、高山、高寒等人烟稀少地区或原始森林地区，作业前须认真了解掌握该地区的水源、居民、道路、气象、方位等情况，并及时记入随身携带的工作手册中。应配备必要的通信器材，以保持个人与小组、小组与中队之间的联系；应配备必要的判定方位的工具，如导航定位仪器、地形图等。必要时要请熟悉当地情况的向导带路。

（8）外业测绘必须遵守各地方、各部门相关的安全规定：如在铁路和公路区域应遵守交通管理部门的有关安全规定；进入草原、林区作业必须严格遵守《森林防火条例》《草原防火条例》及当地的安全规定；下井作业前必须学习相关的安全规程，掌握井下工作的一般安全知识，了解工作地点的具体要求和安全保护规定。

（9）安全员必须随时检查现场的安全情况，发现安全隐患立即整改。

（10）外业测绘严禁单人夜间行动。在发生人员失踪时必须立即寻找，并应尽快报告上级部门，同时与当地公安部门取得联系。

2）城镇地区

（1）在人、车流量大的街道上作业时，必须穿着色彩醒目的带有安全警示反光的马甲，并应设置安全警示标志牌（墩），必要时还应安排专人担任安全警戒员。迁站时要撤除安全警示标志牌（墩），应将器材纵向肩扛行进，防止发生意外。

（2）作业中以自行车代步者，要遵守交通规则，严禁超速、逆行和撒把骑车。

3）铁路、公路区域

（1）沿铁路、公路作业时，必须穿着色彩醒目的带有安全警示反光的马甲。

（2）在电气化铁路附近作业时，禁止使用铝合金标尺、镜杆，防止触电。

（3）在桥梁和隧道附近以及公路弯道和视线不清的地点作业时，应事先设置安全警示标志牌（墩），必要时安排专人担任安全指挥。

（4）工间休息应离开铁路、公路路基，选择安全地点休息。

4）地下管线

（1）无向导协助，禁止进入情况不明的地下管道作业。

（2）作业人员必须佩戴防护帽、安全灯，身穿安全警示工作服，应配备通信设备，并保持与地面人员的通信畅通。

（3）在城区或道路上进行地下管线探测作业时，应在管道口设置安全隔离标志牌（墩），安排专人担任安全警戒员。打开窨井盖做实地调查时，井口要用警示栏圈围起来，必须有专人看管。夜间作业时，应设置安全警示灯。工作完毕必须清点人员，在确保井下没有留人的情况下及时盖好窨井盖。

（4）对规模较大的管道，在下井调查或施放探头、电极导线时，严禁明火，并应进行有害、有毒及可燃气体的浓度测定；有害、有毒及可燃气体超标时应打开连续的 3 个井盖排气通风半小时以上，确认安全并采取保护措施后方可下井作业。

（5）禁止选择输送易燃、易爆气体管道作为直接法或充电法作业的充电点。在有易燃、易爆隐患环境下作业时，应使用具备防爆性能的测距仪、陀螺经纬仪和电池等设备。

（6）使用大功率电气设备时，作业人员应具备安全用电和触电急救的基础知识。工作电压超过 36 V 时，供电作业人员应使用绝缘防护用具，接地电极附近应设置明显警告标志，并设专人看管。雷电天气禁止使用大功率仪器设备作业。井下作业的所有电气设备外壳都应接地。

（7）进入企业厂区进行地下管线探测的作业人员，必须遵守该厂安全保护规定。

5）水　上

（1）作业人员应穿救生衣，避免单人上船作业。

（2）应选择租用配有救生圈、绳索、竹竿等安全防护救生设备和必要的通信设备的船只，行船应听从船长指挥。

（3）租用的船只必须满足平稳性、安全性要求，并具有营业许可证。雇用的船工必须熟悉当地水性并有载客的经验。

（4）风浪太大的时段不能强行作业。对水流湍急的地段要根据实地的具体情况采取相应安全防护措施后方可作业。

（5）海岛、海边作业时，应注意涨落潮时间，避免事故发生。

6）涉水渡河

（1）涉水渡河前，应观察河道宽度，探明河水深度、流速、水温及河床沙石等情况，了解上游水库和电站放水情况。根据以上情况选择安全的涉水地点，并应做好涉水时的防护措施。

（2）水深在 0.6 m 以内、流速不超过 3 m/s，或者流速虽然较大但水深在 0.4 m 以内时允许徒涉。水深过腰，流速超过 4 m/s 的急流，应采取保护措施涉水过河，禁止独自一人涉水过河。

（3）遇较深、流速较大的河流，应绕道寻找桥梁或渡口。通过轻便悬桥或独木桥时，要检查木质是否腐朽，若可使用，应逐人通过，必要时应架防护绳。

（4）骑牲畜涉水时一般只限于水深 0.8 m 以内，同时应逆流斜上，不应中途停留。要了解牲畜的水性，必要时给牲畜蹄上采取防滑措施。

（5）乘小船或其他水运工具时，应检查其安全性能，并雇用有经验的水手操纵，严禁超载。

（6）暴雨过后要特别注意山洪的到来，严禁在无安全防护保障的条件下和河流暴涨时渡河。

7）高原、高寒地区

（1）进入高海拔区域前要进行气候适应训练，掌握高原基本知识。严禁单人夜间行动。雾天应停止作业。

（2）应配备防寒装备和充足的给养，配置氧气袋（罐）及高原反应防治专用药品，注意防止感冒、冻伤和紫外线灼伤。在高海拔区域发生高原反应、感冒、冻伤等疾病时，应立即采取有效的治疗措施。

（3）在冰川、雪山作业时，应戴雪镜，穿色彩醒目的防寒服。

（4）应按选定路线行进，遇无路情况，则应选择缓坡迂回行进。遇悬崖、绝壁、滑坡、崩陷、积雪较深及容易发生雪崩等危险地带时应该绕行，无安全防护保障不得强行通过。

8）高　空

（1）患有心脏病、高血压、癫痫、眩晕、深度近视等高空禁忌症人员，禁止从事高空作业。

（2）现场作业人员应佩戴安全防护带和防护帽，不得赤脚。作业前，要认真检查攀登工具和安全防护带，保证完好。安全防护带要高挂低用，不能打结使用。

（3）应事先检查树、杆、梯、站台以及觇标等各部位结构是否牢固，有无损伤、腐朽和松脱，存在安全隐患的应经过维修后才能作业。到达工作位置后要选坚固的枝干、桩作为依托，并扣好安全防护带后再开始作业；返回地面时严禁滑下或跳下。高楼作业时，应了解楼顶的设施和防护情况，避免在楼顶边缘作业。

（4）传递仪器和工具时，禁止抛投。使用的绳索要结实，滑轮转动要灵活，禁止使用断股或未经检查过的绳索，以防脱落伤人。

（5）造（维修）标、拆标工作时，应由专人统一指挥，分工明确，密切配合。在行人通过的道路或居民地附近造（维修）标、拆标时，必须将现场围好，悬挂“危险”标志，禁止无关人员进入现场。作业场地半径不得小于 15 m。

9）沙漠、戈壁地区

（1）作业小组应配备容水器、绳索、地图资料、导航定位仪器、风镜、药品、色彩醒目的工作服和睡袋等。

（2）在距水源较远的地区作业，应制订供水计划，必要时可分段设立供水站。

（3）应随时注意天气变化，防止沙漠寒潮和沙暴的侵袭。

10）沼泽地区

（1）应配备必要的绳索、木板和长约 1.5 m 的探测棒。

（2）过沼泽地时，应组成纵队行进，禁止单人涉险。遇有繁茂绿草地带应绕道而行。发生陷入沼泽的情况要冷静，及时采取妥善的救援、自救措施。

（3）应保持身体干燥清洁，防止皮肤溃烂。

11）人烟稀少或草原、林区

（1）在人烟稀少或草原、林区作业应携带手持导航定位仪器及地形图，着装要扎紧领口、袖口、衣摆和裤脚，防止虫等的叮咬。要特别注意配备防止蛇、虫叮咬的面罩及药品，并注射森林脑炎疫苗。

（2）行进路线及点位附近，均应留下能为本队人员所共同识别的明显标志。

（3）禁止夜间单人外出，特殊情况确需外出时，应两人以上结伴而行。应详细报告自己的去向，并要携带电源充足的照明和通信器材，以保持随时联系；同时，宿营地应设置灯光引导标志。

12）少数民族地区

（1）针对具体的作业区域，出测前要组织作业人员学习国家有关的少数民族政策，了解当地的风俗民情、社会治安和气候、环境特点，制定具体的安全防范措施。

（2）进入少数民族地区作业时，主动与当地测绘行政主管部门、公安部门进行沟通，了解当地民情和社会治安等情况，遵守所在地的风俗习惯及有关的安全规定。

（3）根据作业区域的环境特点，配备满足作业人员防护需要的相应设施，如通信设备、储水容器、手持导航仪、地形图、药品、绳索等适合在沼泽、沙漠和人烟稀少地区使用的必要的设备。

（4）在少数民族地区野外搭设帐篷时，夜间应有专人值勤。

（5）聘用当地少数民族作业人员、向导时，应注意民族团结，尊重当地的风俗习惯。

4.6.3　测绘生产内业安全管理

1. 作业场所要求

（1）照明、噪声、辐射等环境条件应符合作业要求。

（2）计算机等生产仪器设备的放置，应有利于减少放射线对作业人员的危害。各种设备与建（构）筑物之间，应留有满足生产、检修需要的安全距离。

（3）作业场所中不得随意拉高电线，防止电线、电源漏电。通风、空调、照明等用电设施要有专人管理、检修。

（4）面积大于 100 m^2 的作业场所的安全出口不少于两个。安全出口、通道、楼梯等应保持畅通并设有明显标志和应急照明设施。

（5）作业场所应按《中华人民共和国消防法》规定配备灭火器具，小于 40 m 的重点防火区域，如资料、档案、设备库房等，也应配置灭火器具。应定期进行消防设施和安全装置的有效期和能否正常使用检查，保证安全有效。

（6）作业场所应配置必要的安全（警告）标志，如配电箱（柜）标志、资料重地严禁烟火标志、严禁吸烟标志、紧急疏散示意图、上下楼梯警告线以及玻璃隔断提醒标志等，保证标志完好清晰。

（7）禁止在作业场所吸烟以及使用明火取暖，禁止超负荷用电。使用电器取暖或烧水，不用时要切断电源。

（8）严禁携带易燃易爆物品进入作业场所。

2. 作业人员安全操作

（1）仪器设备的安装、检修和使用，须符合安全要求。凡对人体可能构成伤害的危险部位，都要设置安全防护装置。所有用电动力设备，必须按照规定埋设接地网，保持接地良好。

（2）仪器设备须由专人管理，并进行定期的检查、维护和保养，禁止仪器设备带故障运行。

（3）作业人员应熟悉操作规程，必须严格按有关规程进行操作。作业前要认真检查所要操作的仪器设备是否处于安全状态。

（4）禁止用湿手拉合电闸或开关电钮。饮水时，应远离仪器设备，防止泼洒造成电路短路。

（5）擦拭、检修仪器设备应首先断开电源，并在电闸处置明显警示标志。修理仪器设备，一般不准带电作业，由于特殊情况而不能切断电源时，必须采取可靠的安全措施，并且须有两名电工现场作业。

（6）因故停电时，凡用电的仪器设备，应立即断开电源。

（7）汽油、煤油等挥发性易燃物质不得存放在作业室、车间及办公室内。洒过易燃油料的地方要及时处理。油料着火应用细沙、泥土熄灭，不可向油上浇水。

4.6.4 测绘仪器设备的安全管理

1. 仪器设备的管理制度

（1）根据单位仪器设备情况，专设仪器管理员（或组），负责仪器设备的保管、维护、检校和一般鉴定、修理。

（2）仪器设备必须建立技术档案，其内容包括仪器规格、性能、附件、精度鉴定、损伤记录、修理记录及移交验收记录等。

（3）仪器设备的借用、转借、调拨、大修、报废等应有一定的审批手续。

（4）外业队使用的仪器设备，必须由专人管理、使用。作业队的负责人，应经常了解仪器设备维护、保养、使用等情况，及时解决有关问题。

（5）仪器出入库必须有严格的检查和登记制度。

2. 仪器设备的保管

1）对仪器库房的基本要求

（1）测量仪器库房应是耐火建筑。

（2）库房内的温度不能有剧烈变化，最好保持室温在 12 ~ 16°C。

（3）库房应有消防设备，但不能用一般酸碱式灭火瓶，宜用液体二氧化碳等适用的消防瓶。

2）测绘仪器的三防措施

根据《测绘仪器防霉、防雾、防锈》（CH/T 8002-91），测绘仪器的三防措施主要有：

（1）防霉措施。

① 每日收装仪器前，应将仪器光学零件外露表面清刷干净后再盖镜头盖，并使仪器外表清洁后方能装箱密封保管。

② 仪器外壳有通孔的，用完后须将通孔盖住。

③ 仪器箱内放入适当的防霉剂。

④ 外业仪器一般情况下 6 个月（湿热季节或湿热地区 1 ~ 3 个月）应对仪器的光学零件外露表面进行一次全面的擦拭，内业仪器一般 1 年（湿热季节或湿热地区 6 个月）须对仪器未密封的部分进行一次全面的擦拭。

⑤ 每台内业仪器必须配备仪器罩，每次操作完毕，应将仪器罩罩上。

⑥ 检修时，对所修理的仪器外表和内部必须进行一次彻底的擦拭，注意不应用有机溶剂和粗糙擦布用力擦仪器的密封部位，以免破坏仪器的密封性，对产生霉斑的光学零件表面必须翻底除霉，使仪器的光学性能恢复到良好状态。

⑦ 修复的仪器装配时须对仪器内部的零件进行干燥处理，并更换或补放仪器内腔的防霉药片，修复装配后，仪器必须密封的部位，应恢复密封状态。

⑧ 在运输仪器过程中，必须有防震设施，以免因震动剧烈引起仪器的密封性能下降，密封性能下降的部位，应重新采取密封措施，使仪器恢复到良好的密封状态。

⑨ 作业中暂时停用的电子仪器，每周至少通电 1 小时，同时使各个功能正常运转。

（2）防雾措施。

① 每次清擦完光学零件表面后，再用干棉球擦拭一遍，以便除去表面潮气，每次测区作业终结后，应对仪器的光学零件外露表面进行擦拭。

② 调整或操作仪器时，勿用手心对准光学零件表面，并在仪器运转时避免将油脂挤压或拖粘于光学零件表面上。

③ 外业仪器一般情况下 6 个月（湿热季节或湿热地区 3 个月）须对仪器的光学零件外露表面进行一次全面擦拭，内业仪器一般在 1 年（湿热季节或湿热地区 3 ~ 6 个月）应对仪器外表进行一次全面清擦，并用电吹风机烘烤光学零件外露表面（温度升高不得超过 60 °C）。

④ 防止人为破坏仪器密封造成湿气进入仪器内腔和浸润光学零件表面。

⑤ 除雾后或新配置的光学零件表面须用防雾剂进行处理，一旦发现水性雾，应用烘烤或吸潮的方法清除；发现油性雾应用清洗剂擦拭干净并进行干燥处理。

⑥ 严禁使用吸潮后的干燥剂。

⑦ 保管室内应配备适当的除湿装置，长期不用的仪器的外露光学零件，经干燥后，垫一层干燥脱脂棉，再盖镜头盖。

（3）防锈措施。

① 凡测区作业终结收测时，将金属外露面的临时保护油脂全部清除干净，涂上新的防锈油脂。

② 外业仪器防锈用油脂，除了具有良好的防锈性能，还应具有优良的置换性，并应符合挥发性低、流散性小的要求，要根据仪器的润滑防锈要求和说明书用油的规定适当选用不同配合间隙、不同运转速度和不同轴线方向所用的油脂。

③ 外业仪器一般情况下 6 个月（湿热季节或湿热地区 1 ~ 3 个月）须对仪器外露表面的润滑防锈油脂进行一次更换，内业仪器一般应在 1 年（湿热季节或湿热地区 6 个月）须将仪器所用临时性防锈油脂全部更换一次，如发现锈蚀现象，必须立即除锈。并分析锈蚀原因，及时改进防锈措施。

④ 仪器进行检修时，对长锈部位必须除锈，除锈时应保持原表面粗糙度数值或降低不超过相邻的粗糙度值。并且在对金属裸露表面清洗或除锈后，必须进行干燥处理。

⑤ 必须将原用油脂彻底清除，通过干燥处理后，涂抹新的油脂进行防锈。

⑥ 对有运动配合的部位涂防锈油脂后必须来回运动几次，并除去挤压出来的多余油脂。

⑦ 防锈油脂涂抹后应用电容器纸或防锈纸等加封盖。

⑧ 保管室在不能保证恒温恒湿的要求时，须做到通风、干燥、防尘。

3. 仪器设备的运送

（1）长途搬运仪器时，应将仪器装入专门的运输箱内。若无防震运输箱，而又需运输较精密的仪器时，可特制套箱，再把装有仪器的箱子装入特别套箱内，仪器箱与套箱内包面之间的空隙处可用刨花或纸片等紧紧填实。

（2）短途搬运仪器时，一般仪器可不装入运输箱内，一定要由专人护送。对特别怕震的仪器设备，必须装入仪器箱内。不论长短距运送仪器，均要防止日晒雨淋，放置仪器设备的地方要安全妥当，并应保持清洁和干燥。

4. 仪器设备的使用

（1）仪器开箱前，应将仪器箱平放在地上，严禁手提或怀抱着仪器开箱，以免仪器在开箱时落地损坏。开箱后应注意看清楚仪器在箱中安放的状态，以便在用完后按原样入箱。仪器在箱中取出前，应松开各制动螺旋，提取仪器时，要用手托住仪器的基座，另一只手握持支架，将仪器轻轻取出，严禁用手提望远镜和横轴。仪器及所用部件取出后，应及时合上箱盖，以免灰尘进入箱内。仪器箱放在测站附近，箱上不许坐人。

作业完毕后，应将所有微动螺旋退回到正常位置，并用擦镜纸或软毛刷除去仪器上表面的灰尘。然后卸下仪器，双手托持，按出箱时的位置放入原箱。盖箱前应将各制动螺旋轻轻旋紧，检查附件齐全后可轻合箱盖，箱盖吻合方可上盖，不可强力施压，以免损坏仪器。

（2）架设仪器时，先将三脚架架稳并大致对中，然后放上仪器，并立即拧紧中心连接螺旋。

（3）对仪器要小心轻放，避免强烈的冲击震动，安置仪器前应检查三脚架的牢固性，作业过程中仪器要随时有人防护，以免造成重大损失。

（4）仪器在搬站时，可视搬站的远近、道路情况以及周围环境等因素决定仪器是否要装箱。搬站时，应把仪器的所有制动螺旋略微拧紧，但不要拧得太紧，目的是仪器万一受到碰撞时，还有转动的余地，以免仪器损伤。搬运过程中仪器脚架必须竖直拿稳，不得横扛在肩上。

（5）在野外使用仪器时，必须用伞遮住太阳。仪器望远镜的物镜和目镜的表面不能让太阳照射，也要避免灰沙雨水的侵袭。

（6）仪器任何部分若发生故障，不应勉强继续使用，要立即检修，否则将会使仪器损坏加剧。

（7）没有必要时，不要轻易拆开仪器，仪器拆卸次数太多会影响其测量精度。

（8）光学元件应保持清洁，如沾染灰尘必须用毛刷或柔软的擦镜纸清除，禁止用手指抚摸仪器的任何光学元件表面。

（9）在潮湿环境中作业，工作结束后，要用软布擦干仪器表面的水分或灰尘后才能装箱。回到驻地后立即开箱取出仪器放置干燥处，彻底晾干后才能装入仪器箱箱内。

（10）在连接外部所有仪器设备时，应注意相对应的接口、电极连接是否正确，确认无误后方可开启主机和外围设备。拔插接线时不要抓住线就往外拔，应握住接头顺方向拔插，也不要边摇晃插头边拔插，以免损坏接头。数据传输线、GPS（监控器）天线等在收线时不要弯折，应盘成圈收藏，以免各类连接线被折断而影响工作。

4.6.5　测绘安全事故应急处置

1. 食物中毒

如发现口服危害物非强酸、强碱或其他腐蚀物，可帮助其饮水 2～3 碗，至感到饱满为度。随即用手刺激其咽部与舌根，引起迷走神经兴奋而发生呕吐，将危害物吐出，或吃蓖麻油等泻药清肠。同时应立刻联系车辆或拨打 120，及时将事故者送往医院治疗。

2. 交通事故

首先视情况开展现场救援，立即联系车辆或拨打 120 求救。同时应注意保障自身安全，保护事故现场，立即向交警部门报案。因特殊情况需要改变现场的，做好标记，尽可能找到证明人，取得联系方式。

3. 触　电

（1）发现有人触电，现场人员在保障自身安全的情况下，首先应尽快帮助触电者脱离电源。具体做法包括：

① 切断电源，将出事附近电源开关刀拉掉，或将电源插头拔掉。必要时可用绝缘工具（如带有绝缘柄的电工钳、木柄、斧头以及锄头）切断电源线。

② 用干燥的绝缘木棒、竹竿、布带等物将电源线从触电者身上剥离，或者将触电者脱离电源。

③ 救护人可戴上手套或在手上包缠干燥的衣服、围巾、帽子等绝缘物品拖拽触电者。

④ 若触电者由于痉挛手指紧握导线缠绕在身上，救护人可先用干燥的木板塞进触电者身下，使其与地绝缘来隔断入地电流，然后再采取其他办法把电源切断。

（2）帮助触电者脱离电源后立刻开展施救，同时应联系车辆或拨打 120，及时将触电者送往医院抢救。

4. 动物伤害

1）被猫狗咬伤时的应急处理方法

用绳带等在距伤口上下方 5 cm 处紧紧勒住，用火罐等将伤口内的毒血吸出；用清水、20% 中性肥皂水或 0.1%新洁尔灭溶液反复冲洗伤口，至少半小时，必要时切除被咬的浅表组织，冲洗后，用 70%酒精涂擦局部，禁止包扎、缝合伤口。

2）被马蜂、火红蚁等叮蜇时的应急处理方法

可用肥皂水清洗，并涂抹清凉油或皮康霜。若伤口出现脓包，不要弄破脓包，防止二次感染。如出现过敏反应，出现发热、头晕现象时应到医院就诊。

3）被毒蛇咬伤时的应急处理方法

（1）伤员应就地休息，不要惊慌乱跑，减少体力消耗，防止毒素扩散。

（2）用绳带、手帕在伤口的近心端 5 ~ 10 cm 处勒住，以阻断混有毒素的静脉血、淋巴液回流，结扎后每 20 ~ 30 min 放松 1 ~ 2 min，防止肢体因缺血坏死。

（3）立即用冷开水、肥皂水冲洗伤口，有毒牙应拔出。

（4）用火烧消毒小刀，在伤口处切开一个“十”字形伤口，只切到皮下，不宜过深；再在伤口周围皮肤上开小口子，促使毒液外排；然后用拔火罐、吸引器、无伤口的口腔反复吸吮伤口，同时挤压伤处以加速排毒。

（5）用冰块、冰水冷敷伤口周围，可减缓毒素扩散。

（6）按要求使用蛇药，也可用半边莲、鬼针草、白菊花、金银花、雄黄、大蒜等草药治疗。

5. 高空坠落

（1）发生高处坠落事故，应马上组织抢救伤者，首先观察伤者的受伤情况、部位、伤害性质，如伤员发生休克，应先处理休克。遇呼吸、心跳停止者应立即进行人工呼吸，胸外心脏按压。处于休克状态的伤员，要让其安静、保暖、平卧、少动，并将下肢抬高约 20°，尽快送医院进行抢救治疗。

（2）出现颅脑损伤，必须维持呼吸道通畅。昏迷者应平卧，面部转向一侧，以防舌根下坠或分泌物、呕吐物吸入，发生喉阻塞。有骨折者，应初步固定后再搬运。

遇有凹陷骨折、严重的颅底骨折及严重的脑损伤症状出现时，创伤处用消毒的纱布或清洁布等覆盖伤口，用绷带或布条包扎后，及时送就近有条件的医院治疗。

（3）发现脊椎受伤者，创伤处用消毒的纱布或清洁布等覆盖伤口，用绷带或布条包扎好。搬运时将伤者平卧放在帆布担架或硬板上，以免受伤的脊椎移位、断裂造成截瘫，导致死亡。抢救脊椎受伤者，搬运过程中严禁只抬伤者的两肩与两腿或单肩背运。

发现伤者手足骨折，不要盲目搬动伤者，应在骨折部位用夹板把受伤位置临时固定，使断端不再移位或刺伤肌肉、神经和血管。固定方法：以固定骨折处上下关节为原则，可就地取材，用木板、竹头等，在无材料的情况下上肢可固定在身侧，下肢与健侧下肢缚在一起。

6. 中　暑

（1）立即将患者移到通风、阴凉、干燥的地方，如走廊、树阴下休息。

（2）尽快用物理方法降温，使体温下降到 38 °C 以下。让病人仰卧，解开衣扣，脱去或松开患者的衣服。如果衣服已经被汗水湿透，应更换干净衣服，同时打开电扇或空调，以尽快散热。

（3）经过降温处理后意识清醒，可以给患者服用绿豆汤、淡盐水等解暑食物和饮料。

（4）可在额部、颞部涂抹清凉油、风油精等，或服用人丹、十滴水、藿香正气水等中药。

（5）如果中暑者出现昏迷症状，可针刺人中、十宣穴等人体穴位，现场人员在开展现场救援的同时，应联系车辆或拨打 120，及时将严重患者送往医院抢救。

7. 雷　雨

（1）孤立的大树或孤立的建筑物最容易遭到雷击，雷电往往击中附近一带最高的物体，因此雷雨时不要在孤立的大树、岩石、小屋下躲雨，应马上离开。

（2）如果身在空旷的地方，应该马上趴在地上，这样可以减少雷击的危险；如果来不及离开高大的物体，应找些干燥的绝缘体，放在地上，坐在上面。

（3）远离金属物，手中不要拿着铁棍、铁柄雨伞等物，远离水、湿木棍等导体。

8. 山　洪

（1）山洪多发季节，应及时收听相关预警预报，并采取防范措施。

（2）不要在河谷、山谷低洼处等山洪经过之地或者干枯的河床上露营。露营地选择在高地更加安全。

（3）如果营地受到洪水威胁，时间允许的话，收拾必要的轻便物品，或把东西放到高处。时间不允许，因该马上往高处撤离。如果来不及跑上山坡等高地，可爬上附近的大树或岩石上暂避洪水。

（4）不幸落水时，切勿惊慌，抓住洪流中的树木等漂浮物，漂流而下。在河湾等水流较缓处游到河边，爬上河岸。

（5）如果被洪水困住，不要轻易涉水过河，若有可能，尽量绕道而走。遇险无法自救时，应尽快与测绘单位安全应急领导小组取得联系，报告自己的方位和险情，寻求救援。

9. 泥石流

（1）在泥石流多发地区出测前要留意暴雨预警预报，选好躲避路线，留心周围环境，警惕周边土石崩落、洪水咆哮等异常声响，做好防范准备。

（2）上游地区作业人员，如发现泥石流症状，应设法立即通知泥石流可能范围内下游作业人员。

（3）沟谷内作业，遇到大雨、暴雨时，应迅速转移到安全高地，严禁在低洼谷底或陡峻山坡下躲避、停留。

（4）泥石流袭来时，应向与泥石流方向垂直的两边山坡上面爬，且不要停留在凹坡处。

（5）遇险无法自救时，应尽快与测绘单位安全应急领导小组取得联系，报告自己的方位和险情，寻求救援。

10. 雪　崩

（1）如遇雪崩，应向山坡两边或地势较高的地方逃生，逃生时应抛弃所负仪器物品，加快逃生速度。

（2）雪崩无法逃生时，应闭口屏气，防止气浪伤害；雪崩强度不大时，应抓紧近旁稳固物，如矗立岩石、树木等，待冰雪泄完脱险；被雪崩冲下山坡时，应尽力爬上雪堆表面，平躺，用爬行姿势在雪崩面底部活动，休息时宜在身边造一个大的洞穴。

（3）崩雪凝固前，应尝试到达崩雪表面，增大逃生机会；被崩雪掩埋，应奋力破雪而出，避免雪崩停止数分钟后碎雪凝成硬块导致手脚活动困难，降低逃生机会；崩雪雪堆过大，一时无法破雪而出时，应双手抱头活动，创造最大的呼吸空间，让口中的口水流出，确定自己的真实上下方位，然后往上方破雪自救。

（4）遇险无法自救时，应尽快与测绘单位安全应急领导小组报告取得联系，报告自己的方位和险情，寻求救援。

11. 火　灾

1）森林火灾

（1）森林火灾的最佳逃生方式是朝河流或公路的方向逃走，此外也可跑到草木稀疏的地方。同时要注意风向，避开火头。

（2）如果被大火挡住去路，应走到最开阔的空地中央，清除自身周围的易燃物，不要走近干燥的灌木丛或野草茂盛的地方；如果带有水，弄湿毛毯或外衣，遮盖头部；如果附近有溪流、池塘，赶紧涉到中央；如果火焰逼近，跑已经来不及，应马上伏在空地上或岩石后，身体贴近地面，用外衣遮盖头部，以免吸进浓烟。

（3）倘若身在汽车内，不要下车，关闭车窗车门以及通风系统。虽然汽车的燃油箱可能爆炸，但是下车后被烈火烧伤或因吸入浓烟而窒息的危险更大。如有可能，立刻驾车逃离。

2）室内火灾

（1）室内火灾初起时，应立即组织力量扑救，使用消防设备或就近取水灭火。周围无水源时，应用麻袋、衣服和沙土等将燃烧物盖住，隔离氧气灭火。并拨打 119 报警。

（2）燃烧面积较大、救火措施无效时，应顺风跑出一段距离，除去草、木等可燃物，开辟防火隔离带。

第 5 章 基础测绘管理

5.1 基础测绘

5.1.1 基础测绘的概念

基础测绘条例

基础测绘是在我国国土进行的具有基础性和普适性的测绘活动。根据《测绘法》第十五条和《基础测绘条例》第二条，基础测绘是指建立全国统一的测绘基准和测绘系统，进行基础航空摄影，获取基础地理信息的遥感资料，测制和更新国家基本比例尺地图、影像图和数字化产品，建立、更新基础地理信息系统。

1）建立全国统一的测绘基准和测绘系统

测绘基准和测绘系统是测绘的依据，从事测绘活动应当使用国家规定的测绘基准和测绘系统。《测绘法》规定：国家设立和采用全国统一的大地基准、高程基准、深度基准和重力基准；国家建立全国统一的大地坐标系统、平面坐标系统、高程系统、地心坐标系统和重力测量系统；国务院自然资源主管部门和省、自治区、直辖市人民政府自然资源主管部门应当会同本级人民政府其他有关部门，按照统筹建设、资源共享的原则，建立统一的卫星导航定位基准服务系统。

2）进行基础航空摄影

基础航空摄影是指为满足测制和更新国家基本比例尺地图、建立和更新基础地理信息数据库的需要，在航空器上安装航空摄影仪，按照规定的技术要求，从空中对我国国土实施航空摄影，获取基础航空摄影资料。基础航空摄影资料详尽记载了一定区域范围的地物、地貌特征以及地物之间的相互关系，详尽地反映了国土资源的分布情况。局部摄影航空主要用于测绘基本比例尺地形图、影像图和数字化产品，可以用来识别地面目标和设施。基础航空摄影为经济建设、国防建设和科学研究等方面提供了极为重要的基础地理信息数据。

3）获取基础地理信息的遥感资料

获取基础地理信息的遥感资料是通过自主接收或者定购方式获取基础地理信息，用于更新、修测或者编制基本比例尺地图及更新、修测基础地理信息数据库，或测制遥感影像图及遥感影像数字化产品的航空、航天遥感影像数据资料。航空航天遥感影像资料是基础地理信息数据的重要来源，与基础航空摄影互为补充。及时获取基础地理信息的遥感资料，不但可以满足国家基础地理信息系统数据库及中小比例尺地形图更新和修测对数据源的需求，同时也为生态环境监测、资源调查和土地利用监测、水土综合治理等经济建设和社会发展提供急需的测绘保障服务。

4）测制和更新国家基本比例尺地图、影像图和数字化产品

地图是遵循一定的数学法则，将地理信息通过科学的概括综合，运用符号系统表示在一定的载体上的图形，以传递它们的数量、质量在时间和空间上的分布规律和发展变化。影像图是指对航空遥感、航空摄影获取数据或照片进行一系列几何变换和误差改正，附加一定的说明信息的具有坐标系、精度指标和直观真实的照片效果的地图。数字化产品是指利用坐标系中的集合数据、图像数据、文字和数字等准确描述地表形态和人文特性，易于在计算机上进行处理并可以生成图的产品。国家基本比例尺地图、影像图和数字化产品是国家经济建设和社会发展的基本用图，也是编制其他各种专题地图的基础资料。

5）建立、更新国家基础地理信息系统数据库

国家基础地理信息数据库是存储和管理全国范围多种比例尺、地貌、水系、居民地、交通、地名等基础地理信息，包括栅格地图数据库、矢量地形要素数据库、数字高程模型数据库、地名数据库和正射影像数据库等。国家基础地理信息系统数据库的建立和更新是基础测绘的重要组成部分。

5.1.2　基础测绘的特征

1）基础性

一是测绘基准和测绘系统是其他测绘工作的基础，没有测绘基准和测绘系统，其他测绘工作就无法进行。二是国家基本比例尺地图是编制各种比例尺地图的基础资料，是城乡规划、区域经济规划、专业经济规划、中大工程规划、资源调查等工作的基本依据，也是其他测绘工作的基础性资料。基础地理信息系统是建立各种地理信息系统、实现我国信息化的必不可少的基础性工作。

2）公益性

公益性是指公共事务的受益对象是全社会。公共事务是指涉及全体社会公众整体的生活质量和共同利益的一系列活动，它具有以下特点：一是在消费上的非排他性，即公共事务或者公共物品大家都可以消费、使用；二是公共事务具有非营利性，不以营利为目的；三是公共事务影响大，事关公共利益；四是公共利益覆盖面广，内容丰富。基础测绘为全社会提供基础地理信息服务，具有公共事务的基本特征和公益性的基本条件。

3）长期性

基础测绘工作覆盖整个国土范围，规模庞大，是一项长期的经常性的工作。由于社会经济的发展及自然变化，基础测绘成果需要不断更新和维护，以保持其现势性，满足国民经济和社会发展对基础测绘成果的不断需求，因此，具有长期性的特征。

4）法定性

基础测绘在法律法规、部门规章等层面都有法律效力的规定。2017 年 7 月 1 日全国人大常委会修订实施的《测绘法》设立了“基础测绘”一章，规定了基础测绘的基本制度。2009 年 8 月 1 日国务院发布的《基础测绘条例》进一步为基础测绘的管理提供了法律依据。相关的法规还包括《国家基础测绘项目管理办法（试行）》《基础测绘计划管理办法》《基础测绘经费管理办法》《基础测绘成果提供使用管理暂行办法》《基础测绘成果应急提供办法》《国家涉密基础测绘成果资料提供使用审批程序规定（试行）》等。

5.1.3　基础测绘的管理体制和工作原则

1. 基础测绘的管理体制

《测绘法》第十五条规定：国家对基础测绘实行分级管理。《基础测绘条例》第五条规定：国务院自然资源主管部门负责全国基础测绘工作的统一监督管理。县级以上地方人民政府负责管理自然资源工作的行政部门负责本行政区域基础测绘工作的统一监督管理。

基础测绘成果包括全国性基础测绘成果和地区性基础测绘成果，两者所表示基础地理信息的详细程度不同，服务对象也有所区别。基础测绘工作内容多，覆盖面广，投资大，基础测绘不可能都由中央政府包揽。按照各级政府财权与事权一致的原则，实行基础测绘分级管理是十分必要的。特别是 1995 年国家划分了中央和地方对基础测绘的职责权限，1997 年将基础测绘按照分级管理的模式正式列入国民经济和社会发展年度计划。2001 年财政部印发了《基础测绘经费管理办法》，确立了基础测绘分级投入的体制。2007 年国家发改委发布了《基础测绘计划管理办法》，确立了基础测绘计划分级管理的体制。2009 年国务院颁布了《基础测绘管理条例》，进一步细化了基础测绘的内容和机制。

2. 基础测绘的工作原则

通过长期测绘工作的实践，我国逐步形成了基础测绘工作的统筹规划、分级管理、定期更新、保障安全的工作原则。

1）统筹规划

统筹规划是指基础测绘规划的编制和组织实施、基础测绘成果的更新和利用要统筹规划。具体体现在以下五个方面：一是要统筹安排基础测绘工作中长期规划和年度计划，既要有中长期的发展目标，也要做好短期计划的执行保障，协调好各级计划的衔接；二是要统筹安排国家和地方各级基础测绘工作，充分发挥中央和地方的积极性；三是要统筹安排区域基础测绘工作，以地区经济社会发展需求为导向，同时兼顾地区平衡；四是根据基础测绘发展需要，统筹安排基础测绘设施建设和重大基础测绘项目；五是要统筹安排基础地理信息资源的开发利用，推进共建共享，避免重复投入和建设。

2）分级管理

分级管理是指明确各级政府的基础测绘工作的监督管理和职责；建立健全基础测绘的投入机制，将基础测绘工作投入到各级政府的预算；明确各级政府在测绘基础设施建设方面的职责和任务；明确各级自然资源主管部门组织实施基础测绘项目的内容。分级管理不仅可以明确中央和地方各级政府的事权，也有利于建立起高效的基础测绘工作运行机制。

3）定期更新

定期更新是根据地表景观的变化情况、经济社会发展的速度、国民经济建设、国防建设、社会发展和生态保护对不同基础测绘成果的现势性需求和政府财政支撑的能力，结合基础测绘生产能力和成果更新的实际情况，合理确定成果更新周期，建立健全基础地理信息的更新机制。定期更新制度的确立有利于从根本上改变基础测绘滞后于国民经济和社会发展的状况。

4）保障安全

基础测绘活动获取的大量成果都涉及国家秘密，关系国家安全，因此需要采取有效措施保障基础测绘成果的安全，防止成果损坏、丢失、灭失和泄密。利用基础测绘成果应当在遵守基础测绘成果安全的前提下，促进基础地理信息资源的高效利用开发。

5.2 基础测绘计划

根据 2007 年 3 月 5 日原国家发展改革委员会、国家测绘局发布并实施的《基础测绘计划管理办法》第三条规定：基础测绘计划包括基础测绘中长期规划和基础测绘年度计划。基础测绘计划纳入同级国民经济和社会发展中长期规划和年度计划。

国家对基础测绘计划实行分级管理。国务院发展改革主管部门和自然资源主管部门负责全国基础测绘计划的管理；县级以上地方人民政府发展改革主管部门和自然资源主管部门负责本级行政区域的基础测绘计划管理。

5.2.1 基础测绘中长期规划

1. 编制主体

（1）全国基础测绘规划由国务院自然资源部会同国务院其他有关部门、军队测绘主管部门，根据国家经济建设、社会发展、国防建设等需要，按照国务院发展改革主管部门编制的国民经济和社会发展中长期规划的要求编制，报国务院批准后组织实施。

（2）地方基础测绘规划由县级以上地方人民政府自然资源主管部门会同本级人民政府其他有关部门，根据国家和上一级人民政府的基础测绘规划和本行政区域的实际情况，组织编制本行政区域的基础测绘规划，报本级人民政府批准，并报上一级自然资源主管部门备案后组织实施。

（3）军队测绘部门负责编制军事测绘规划，按照国务院、中央军事委员会规定的职责分工负责编制海洋基础测绘规划，并组织实施。

军事测绘的主要任务是为军队作战、训练、战场准备、军事工程建设等建立测绘控制系统和测制军用地形图等，其技术要求、图式内容都有一些特别规定，同时涉及国防秘密，因此军事测绘规划由军队测绘主管部门负责编制并组织实施。

海洋基础测绘规划是全国基础测绘规划的组成部分，但是海洋基础测绘具有一定的特殊性，关系国家安全和发展利益，我国的海洋基础测绘工作一直主要由军队承担，长期以来形成了特有的管理体制。

2. 基本内容

基础测绘中长期规划是政府对基础测绘在时间和空间上的战略部署及其具体安排，其主要任务包括加强重大问题研究，理清发展思路，做好重大工程项目的筛选和指标论证；其规划期应当根据基础测绘工作特点、经济建设、社会发展和国防建设的实际需要合理确定，一般至少为 5 年。

基础测绘中长期规划原则上应当包括如下内容：发展目标、任务、布局、项目、规划实施的保障措施等，应当有布局示意图和规划项目表，全国基础测绘中长期规划还应当包括简明、准确的发展方针。发展目标应尽可能量化；任务明确，重点突出；布局原则要清晰，明确重点发展的区域及重大项目；保障措施要具有科学性和可操作性。

3. 备案和公布

县级以上地方自然资源主管部门会同有关部门编制的基础测绘中长期规划，在获同级人民政府批准后 30 个工作日内，报上一级自然资源主管部门备案。

全国基础测绘中长期规划在获批准后 2 个月内，县级以上地方自然资源主管部门组织编制的中长期规划再报上一级自然资源主管部门备案。备案后 2 个月内，除有保密要求的，自然资源主管部门应在测绘行业报纸或政府相关网站上公布规划文本的部分或者全部内容。

4. 规划的调整

在规划实施过程中，应当适时开展规划评估工作，评估内容应主要围绕规划提出的主要目标、重点任务和政策措施进行，对规划执行效果和各项政策的落实情况做出分析评价，并针对环境变化和存在的问题，提出调整和修订规划的意见。评估报告和规划调整方案应及时提交规划批准机关审批。

县级以上自然资源主管部门会同有关部门调整后的基础测绘中长期规划，应按规定程序上报备案和公布。

5.2.2 基础测绘年度计划

1997 年，原国家计划委员会开始将基础测绘正式纳入国民经济和社会发展年度计划。各省、自治区、直辖市陆续将基础测绘列入当地国民经济和社会发展计划，财政部门也相应地增加了经费投入。同年财政部颁布《测绘事业单位财务制度》中明确了基础测绘经费投入渠道。2001 年财政部颁布《基础测绘经费管理办法》，规定基础测绘经费由中央和地方财政部门分别核拨，分级管理；基础测绘经费实行项目管理；并规定了财政部门和测绘主管部门的责任，做出了基础测绘列入年度财政预算的有关规定。

1. 编制主体

基础测绘年度计划是基础测绘中长期规划的年度实施计划。全国基础测绘年度计划由国务院发展与改革主管部门会同国务院自然资源部编制。地方基础测绘年度计划由县级以上地方人民政府发展与改革主管部门和同级自然资源主管部门编制，地方基础测绘应当分别报上一级发展与改革主管部门和自然资源主管部门备案。

2. 基本内容

1）全国基础测绘年度计划

全国基础测绘年度计划由国家级基础测绘计划和地方级基础测绘计划组成。列入国家级基础测绘年度计划的内容主要包括：

（1）全国统一的大地基准、高程基准、深度基准和重力基准的建立和更新。

（2）全国统一的一、二等平面，高程控制网，重力网和 A、B 级空间定位网的建立和更新。

（3）全国 1∶100 万、1∶50 万、1∶25 万、1∶10 万、1∶5 万和 1∶2.5 万系列比例尺地形图、影像图的测制和更新。

（4）组织实施国家基础航空摄影、获取基础地理信息的遥感资料。

（5）国家基础地理信息系统的建立和更新维护。

（6）国家基础测绘公共服务体系的建立和完善。

（7）需中央财政安排的国家急需的其他基础测绘项目。

2）省级基础测绘年度计划

列入省级基础测绘年度计划的主要内容原则上应包括：

（1）在国家统一的大地控制网和空间定位网的框架内建立本省统一的平面控制网、高程控制网和空间定位网。

（2）测制省级基本比例尺地形图和影像图。

（3）建立省级基础地理信息系统。

（4）组织实施省级基础航空摄影、获取基础地理信息的遥感资料。

（5）按基础地理信息更新周期，对基本比例尺地图及其数据库进行更新维护。

（6）省级基础测绘公共服务体系的建立和完善。

（7）省级政府部门及其他有关部门急需的其他基础测绘项目。

3）市、县级基础测绘年度计划

市、县级基础测绘年度计划的指标内容，由各省、自治区、直辖市发展改革主管部门会同同级自然资源主管部门确定，并报国务院发展改革主管部门和自然资源主管部门备案。

3. 备　案

国家和省级基础测绘年度计划指标体系由国务院发展改革主管部门和自然资源部统一研究制定。

市、县级基础测绘年度计划指标体系由省级发展改革部门和自然资源主管部门研究制定后报国务院发展改革主管部门和自然资源主管部门审查批准。市、县级基础测绘年度计划的指标内容，由各省、自治区、直辖市发展改革主管部门会同同级自然资源主管部门确定，并报国务院发展改革主管部门和自然资源部备案。

4. 计划的调整

根据测绘科学技术发展水平的实际要求，应当及时对基础测绘年度计划指标体系进行调整，国家和省级基础测绘年度计划指标体系由国务院发展改革主管部门和自然资源部统一调整，市、县级基础测绘年度计划指标体系由省级发展改革主管部门和自然资源主管部门提出调整意见后报国务院发展改革主管部门和自然资源部批准。

5.2.3　基础测绘项目的组织实施

1. 组织实施的原则

1）分级实施

根据基础测绘分级管理的要求，基础测绘项目根据范围和级别的要求，分别由国务院自然资源部，省、自治区、直辖市自然资源主管部门，以及设区的市、县级人民政府负责组织实施。

（1）国务院自然资源部组织实施的基础测绘项目。包括建立全国统一的测绘基准和测绘系统；建立和更新国家基础地理信息系统；组织实施国家基础航空摄影；获取国家基础地理信息遥感资料；测制和更新全国 1∶100 万至 1∶2.5 万国家基本比例尺地图、影像图和数字化产品；国家急需的其他基础测绘项目。

（2）省、自治区、直辖市人民政府自然资源主管部门组织实施的基础测绘项目。包括建立本行政区域内与国家测绘系统相统一的大地控制网和高程控制网；建立和更新地方基础地理信息系统；组织实施地方基础航空摄影；获取地方基础地理信息遥感资料；测制和更新本行政区域 1∶1 万至 1∶5 000 国家基本比例尺地图、影像图和数字化产品。

（3）设区的市、县级人民政府依法组织实施的基础测绘项目。包括 1∶2 000 至 1∶500 比例尺地图、影像图和数字化产品的测制和更新以及地方性法规、地方政府规章确定由其组织实施的基础测绘项目。

2）依据基础测绘规划和基础测绘年度计划实施

为保障基础测绘工作的组织实施，根据测绘要求，国务院于 2015 年 6 月 1 日批准了《全国基础测绘中长期规划纲要（2015—2030 年）》，各级政府编制了不同层面的基础测绘中长期规划，明确了今后一个时期基础测绘工作的目标、任务和重点发展区域以及重大项目等内容。

3）依法确定基础测绘项目承担单位

基础测绘是国民经济和社会发展的基础性工作，县级以上人民政府自然资源主管部门和工商行政管理部门负责监督管理本行政区域内的测绘市场。测绘市场活动当事人必须遵守国家的法律、法规，不得扰乱社会经济秩序，不得损害国家利益、社会公共利益和他人的合法权益。测绘市场活动应当遵循等价有偿、平等互利、协商一致、诚实信用的原则，禁止测绘市场活动中的不正当竞争行为和非法封锁、垄断行为。

2. 对承担单位的要求

1）具备相应等级的测绘资质

基础测绘项目承担单位应当具有与所承担的基础测绘项目相应等级的测绘资质，并不得超越其资质等级许可的范围从事基础测绘活动。

测绘资质证书是指测绘单位具备从事测绘活动资质的证明，测绘单位取得了测绘资质证书就可以从事相应的测绘活动，没有取得测绘资质证书就不能从事测绘活动。测绘业务类别很多，每项测绘业务对于测绘单位的技术人员、仪器设备、生产能力的要求不同，测绘单位的综合素质和能力也千差万别，将测绘资质证书划分为若干等级，是符合我国的国情和测绘业发展的现状及测绘工作的实际的。当前，我国测绘资质证书划分为甲、乙级。取得测绘资质证书的测绘单位，只能依法在其测绘资质证书所载的业务范围和相应的作业限额内承揽测绘项目。

2）技术要求

从事基础测绘活动，应当使用全国统一的大地基准、高程基准、深度基准、重力基准，以及全国统一的大地坐标系统、平面坐标系统、高程系统、地心坐标系统、重力测量系统，执行国家规定的测绘技术规范和标准。因建设、城市规划和科学研究的需要，确需建立相对独立的平面坐标系统的，应当与国家坐标系统相联系。

3）保密责任

基础测绘项目承担单位应当具备健全的保密制度和完善的保密设施，严格执行有关保守国家秘密的法律、法规的规定。

测绘承担单位必须严格遵守《中华人民共和国保守国家秘密法》《中华人民共和国测绘法》《中华人民共和国档案法》《中华人民共和国测绘成果管理条例》，在测绘成果的汇交、保管、公布、利用、销毁等方面采取必要的保密措施，保障测绘成果的安全。

3. 国家基础测绘项目的管理

根据 2001 年 1 月原国家测绘局发布的《国家基础测绘项目管理办法（试行）》规定：国家基础测绘项目在实施过程中实行项目法人责任制管理。负责国家基础测绘项目实施的单位为项目法人单位，其他参与国家基础测绘项目实施的单位为项目协作单位。

国家基础测绘项目管理办法（试行）

国务院自然资源部和项目法人单位按下列职责与权限对国家基础测绘项目进行管理：

（1）国务院自然资源部审查国家基础测绘项目建议书；提出国家基础测绘项目需求建议；组织国家基础测绘项目可行性研究报告的论证；建立和维护国家基础测绘项目备选库；负责从项目备选库中选定项目；编制年度国家基础测绘项目计划；确定项目法人单位，签订国家基础测绘项目合同书；协调国家基础测绘项目组织实施中的重大问题；审批国家基础测绘项目设计书；监督、检查国家基础测绘项目的实施；组织国家基础测绘项目成果的验收。

（2）项目法人单位编报国家基础测绘项目可行性研究报告；编报国家基础测绘项目设计书；选择国家基础测绘项目的协作单位；审批协作单位编报的专业技术设计书；负责国家基

础测绘项目的实施工作；负责国家基础测绘项目成果和档案资料的汇交。

（3）基础测绘项目经费管理。

根据《基础测绘经费管理办法》规定：基础测绘经费是财政部门根据测绘事业发展计划和任务核定的专门用于基础测绘项目的经费。基础测绘经费中的航空摄影专项经费不执行此办法。

① 基本原则。

A. 基础测绘经费由中央和地方财政部门分别核拨，分级管理。

B. 基础测绘经费按规定用于基础测绘任务，实行专款专用，不得截留、挤占和挪用。

C. 基础测绘经费实行项目管理，履行项目申报、论证、立项和评估程序，并引入竞争机制，择优确定项目承担单位。

D. 基础测绘经费的使用应厉行节约，突出重点，紧密结合国民经济和社会发展对基础测绘的需求，充分发挥资金的社会和经济效益。

② 管理职责。

财政部门、测绘主管部门和项目承担单位应按国家有关法律、法规合理安排、使用和管理基础测绘经费，各司其职，各负其责。基础测绘经费管理各方的职责与权限：

A. 财政部门负责确定基础测绘经费的使用原则和使用方向及相应的成本费用定额标准；会同测绘主管部门批准基础测绘项目立项，下达批复年度基础测绘经费总预算和年度总决算；检查、监督基础测绘经费的管理和使用情况。

B. 测绘主管部门负责基础测绘经费的申报；审核、汇总并编报年度基础测绘经费预算和决算；审核、下达基础测绘项目经费预算；检查、监督基础测绘经费的管理和使用情况。

C. 项目承担单位编报基础测绘经费的项目经费预算和决算；承担基础测绘经费的财务管理和会计核算；审批在管理权限内的各项支出；接受有关部门的监督与检查。

③ 经费申报和审批。

A. 测绘主管部门所属项目承担单位按照测绘主管部门的要求申报基础测绘项目。

B. 测绘主管部门按照国民经济和社会发展对基础测绘的需求以及测绘中长期规划，对项目承担单位上报的基础测绘项目进行审核，将符合条件的项目列入测绘主管部门项目库，并按照项目的轻重缓急进行排序，实行项目滚动管理。

C. 编制年度预算时，测绘主管部门按照财政部《中央部门项目预算管理试行办法》的要求上报基础测绘项目申报文本和有关材料。

D. 财政部门对上报的基础测绘项目进行审核，对符合条件的项目，经商测绘主管部门后，排序纳入财政部门项目库；根据年度财政状况和基础测绘项目排序情况安排基础测绘项目支出预算，并列入测绘主管部门的年度预算。

E. 测绘主管部门根据财政部门批复的基础测绘项目支出预算组织项目实施，下达基础测绘经费细化预算和项目开工书，签订项目合同，责成项目承担单位严格执行项目计划和项目支出预算。

④ 经费预算及拨付。

项目承担单位编报基础测绘项目预算。基础测绘经费预算执行国家制定的相应成本费用定额标准。

成本和费用应按直接费用、间接费用和期间费用进行分类，并按用途分别归集到事业支出中的基本工资、补助工资、其他工资、职工福利费、社会保障费、设备购置费、修缮费、公务费、业务费、业务招待费和其他费用。

基础测绘经费预算一经核定，必须严格执行，在执行过程中原则上不予调整。如果国家有关政策的调整对基础测绘经费预算影响较大，确需调整预算时，项目承担单位可以通过测绘主管部门报请财政部门调整预算。预算调整后，相应调增或调减支出预算。

基础测绘经费由财政部门根据基础测绘年度预算及工作进度及时拨付。纳入政府采购的基础测绘项目执行财政部政府采购的有关规定。

⑤ 经费开支与成本核算。

基础测绘经费开支应与预算口径相一致，不得用于单位的自筹基本建设支出、对附属单位补助支出和上缴上级单位支出等。

基础测绘经费应按规定的开支范围、标准对基础测绘项目进行成本费用核算。跨年度的基础测绘项目，应保持其核算对象、核算口径连续一致，发生重大调整时应在提交的基础测绘项目执行情况报告中加以详细说明。

4. 基础测绘设施的建设与保护

1）基础测绘设施的概念

基础测绘设施是指为实现基础地理信息共享，用于基础地理信息的获取、处理、存储、传输、分发和提供的设备、软件及其他有关设施，包括：高分辨率立体测图卫星及相关卫星应用系统，地理信息变化监测体系，信息化测绘生产基地和测绘地理信息野外的技术装备，地理信息采集、处理、更新，测绘地理信息成果档案存储与分发服务，测绘地理信息的安全保障基础设施等。基础测绘设施是开展基础测绘工作的重要基础和保障，是国家重要的基础设施和宝贵财富，对国民经济和社会发展以及国防建设具有重要作用。

2）基础测绘设施的建设

《基础测绘条例》第十八条规定：县级以上人民政府及其有关部门应当遵循科学规划、合理布局、有效利用、兼顾当前与长远需要的原则，采取措施，加强基础测绘设施建设，避免重复投资。

（1）科学规划。基础测绘设施建设需要根据国民经济和社会发展以及测绘地理信息事业发展的实际需求，在详细调查、充分论证的基础上，组织编制基础测绘设施建设规划，对基础测绘设施的建设布局、规模、时序以及资金的落实做出具体安排，避免重复投资。

（2）合理布局。在基础测绘设施建设的空间布局上既要突出重点区域，又要兼顾地区之间的统筹和平衡。

（3）有效利用。要按照建设资源节约型社会的需求，充分利用现有的基础设施，最大限度地发挥基础测绘设施的作用。

（4）兼顾当前与长远需要。要根据基础测绘发展需求，优先安排各领域需求量大、要求迫切的基础测绘设施项目，使基础测绘设施满足实际应用需要。同时要兼顾基础测绘工作的基础性和长期性，按照规划积极推进重点基础测绘设施项目建设。

国家在安排基础测绘设施建设资金时，应当优先考虑航空摄影测量、卫星遥感、数据传输以及基础测绘应急保障的需要。

3）基础测绘设施的保护

《基础测绘条例》第十九条规定：国家依法保护基础测绘设施。任何单位和个人不得侵占、损毁、拆除或者擅自移动基础测绘设施。基础测绘设施遭受破坏的，县级以上地方人民政府自然资源主管部门应当及时采取措施，组织力量修复，确保基础测绘活动正常进行。

第三十二条规定：违反本条例规定，侵占、损毁、拆除或者擅自移动基础测绘设施的，责令限期改正，给予警告，可以并处 5 万元以下罚款；造成损失的，依法承担赔偿责任；构成犯罪的，依法追究刑事责任；尚不构成犯罪的，对负有直接责任的主管人员和其他直接责任人员，依法给予处分。

5.3　基础测绘应急保障

5.3.1　应急基础测绘

1. 应急基础测绘的概念

应急基础测绘是指由于重大事件的可能发生或突然发生，政府部门在紧急履行各自职责过程中对事发点的地物地貌等自然地理信息产生了强烈的需求，而由于现有资料的空缺或不可用，迫切需要测绘部门通过各种常规或非常规手段在短时间内提供可用的现势性强的基础测绘成果，以用于事前的预案评估、灾害应对或事后的救灾减灾、损失测算、规划设计等。

2. 应急测绘的特点

1）时效性强

在保证应用需求的前提下，缩短工期、争取时间摆在第一位。时间就是生命、时间就是金钱，基础测绘成果早一天甚至是早几天时间提交给相关部门，就能为其决策提供准确客观的依据，就能化被动为主动、化盲目为理性。

2）经济效益突出

应急性测绘成果施测一次就能为政府多个部门提供决策使用，实现一图多用，真正发挥其基础性、公益性、框架性作用，其重大的经济价值通过后续应用得以超常规体现，常常无法用货币来衡量。

3）社会反响巨大

测绘行业是纯技术型的辅助性行业，平常默默无闻，知道的人不多，理解的人更少。但在应对紧急性突发事件中，其地位得到突显：挂在墙上的地图、摆在桌面的方案、运行于计算机上的地理信息系统，这些出自测绘人之手的成果不仅用于领导指挥决策，也逐渐步入普通百姓的视野。

3. 基础测绘应急保障的内容

《基础测绘条例》第二十条规定：县级以上人民政府自然资源主管部门应当加强基础航空摄影和用于测绘的高分辨率卫星影像获取与分发的统筹协调，做好基础测绘应急保障工作，配备相应的装备和器材，组织开展培训和演练，不断提高基础测绘应急保障服务能力。基础测绘应急保障的内容包括：

1）制定测绘应急保障预案

各省级自然资源主管部门和局所属有关单位应制定本部门、本单位测绘应急保障预案，报国家测绘局备案。并结合实际有计划、有重点地组织预案演练，原则上每年不少于一次。

2）组建高素质测绘应急保障队伍

领导小组办公室按要求建立测绘应急保障专家库，根据实际需要协调有关专家为测绘应急保障决策及处置提供咨询、建议与技术指导；各单位遴选政治和业务素质较高的技术骨干组成测绘应急快速反应队伍。

3）测绘应急保障资金

根据测绘应急保障工作需要，结合预算管理有关规定，将应急保障工作所需资金纳入预算。

4）做好测绘应急保障成果资料储备工作

全面了解掌握测绘信息资源分布状况，完善测绘数据共享机制；收集、整理突发事件的重点防范地区的各类专题信息和测绘成果，根据潜在需求，有针对性地组织制作各种专题测绘产品，确保在国家需要应急测绘保障时，能够快速响应、高效服务。

5）建设应急地理信息服务平台

在全国地理信息公共服务平台基础上，根据中办（中国共产党中央委员会办公厅）、国办（国务院应急管理办公室）、国家减灾委员会、国家防汛抗旱总指挥部及公安、安全等有关部门的特殊要求，开发完善应急地理信息服务平台，提高测绘应急保障的效率、质量和安全性。

国家地理信息公共服务平台应急服务

6）完善测绘应急保障基础设施

规划建设全国性测绘应急技术装备保障系统，并建立突发事件测绘应急服务装备快速调配机制。重点推进测绘卫星体系项目建设，加快测绘应急生产装备和设施更新，联通政府内网，改造与扩容测绘专网，提高测绘应急保障服务能力。

7）加快测绘应急高技术攻关

深入研究应急测绘信息快速获取、处理、服务技术，实现“3S”与网络、通信、辅助决策技术集成。

8）确保通信畅通

充分利用现代通信手段，建立国家测绘应急保障通信网络，确保信息畅通。领导小组办公室组织编制国家测绘应急保障工作通信录，并适时更新。

5.3.2　国家测绘应急保障预案

国家测绘应急保障是指各级自然资源主管部门为国家应对突发事件提供的测绘保障活动。《基础测绘条例》第十一条规定：县级以上人民政府自然资源主管部门应当根据应对自然灾害等突发事件的需要，制定相应的基础测绘应急保障预案。第二十条规定：自然灾害等突发事件发生后，县级以上人民政府自然资源主管部门应当立即启动基础测绘应急保障预案，采取有效措施，开展基础地理信息数据的应急测制和更新工作。

根据 2009 年 3 月 18 日原国家测绘局发布的《国家测绘应急保障预案》，国家测绘应急保障预案的内容包括四个方面：应急保障组织体系、应急装备和器材配备、应急响应、基础地理信息数据的应急测制和更新等应急保障措施。

1. 应急保障组织体系

组织体系是指基础测绘应急保障工作的领导机构、工作机构和职责等。建立有效的组织体系是应急管理工作落实的基础。

1）领导机构

成立国家测绘应急保障领导小组（简称“领导小组”），负责领导、统筹、组织全国测绘应急保障工作。国家测绘局局长任组长，副局长任副组长。成员由局机关各司（室）和局所属有关事业单位主要领导组成。

2）办事机构

领导小组下设办公室，设在测绘成果管理与应用司，作为领导小组的办事机构，承担测绘应急日常管理工作。测绘成果管理与应用司司长任领导小组办公室主任。

3）工作机构

局直属事业单位为国家测绘应急保障主要工作机构，承担重大测绘应急保障任务。

国家基础地理信息中心主要负责应急测绘成果提供、数据处理与加工、应急地理信息服务平台运行、维护与更新等任务。作为国家测绘应急保障的常设机构单位，设置专门机构，确定专职人员，负责重大突发事件跟踪报告等测绘应急信息及保障日常工作。

中国测绘科学研究院主要负责应急技术保障、应急航摄任务的具体实施及其数据加工处理、专题图制作等任务。

中国地图出版社负责公开出版发行的应急地图产品的储备与提供等任务。

其他局属单位根据总体部署，承担相应测绘应急保障任务。

4）地方机构

各省级自然资源主管部门负责本行政区域测绘应急保障工作，成立本级测绘应急保障领导和办事机构。在本级人民政府的领导和领导小组的指导下，统筹、组织本行政区域突发事件测绘应急保障工作。按照领导小组的要求，调集整理现有成果、采集处理现势数据、加工制作专题地图，并及时向国家测绘局提供。

5）社会力量

具有测绘资质的相关企、事业单位作为国家测绘应急保障体系的重要组成部分，根据总体部署，承担相应测绘应急保障任务。

2. 保障应急装备和器材配备

保障应急装备和器材配备主要包括航空摄影、地面快速数据采集和处理等各种装备和器材配备。应急装备和器材装备是快速获取突发事件发生地基础地理信息数据的关键。

3. 应急响应

1）应急启动

特别重大、重大突发事件发生，或者收到国家一级、二级突发事件警报信息，宣布进入预警期后，领导小组办公室迅速提出应急响应级别建议，报领导小组研究确定。由领导小组组长宣布启动Ⅰ级响应，分管测绘成果的副组长宣布启动Ⅱ级响应。响应指令由领导小组办公室通知各有关部门、单位。

各有关部门、单位接到指令后，应迅速启动本部门、单位应急预案。并根据职责分工，部署、开展测绘应急保障工作。

2）Ⅱ级响应

需要进行大范围联合作业；大量的数据采集、处理和加工；成果提供工作量大的测绘应急响应。

（1）基本要求。承担应急任务的有关部门、单位人员、设备、后勤保障应及时到位；启动24小时值班制度。领导小组办公室应迅速与相关国家突发事件应急指挥机构沟通，与事发地省级自然资源主管部门取得联系，并保持信息联络畅通。

（2）成果速报。在Ⅱ级响应启动后4小时内，组织相关单位向党中央、国务院及有关应急指挥机构提供现有适宜的事发地测绘成果。

（3）成果提供。立即开通测绘成果提供绿色通道，按相关规定随时受理、提供应急测绘成果。

（4）专题加工。根据救援与处置工作的需要，组织有关单位进行局部少量的航空摄影等实地监测；收集国家权威部门专题数据；快速加工、生产事发地专题测绘成果。

（5）信息发布。如确有需要的，可通过政府门户网站向社会适时发布事发地应急测绘成果目录及能够公开使用的测绘成果。

3）Ⅰ级响应

以提供现有测绘成果为主，具有少量的实地监测、数据加工及专题地图制作需求的测绘应急响应。

（1）启动Ⅱ级响应的所有应急响应措施。

（2）领导小组各成员单位主要负责人出差、请假的，必须立即返回工作岗位；确实不能及时返回的，可先由主持工作的领导全面负责。

（3）根据国家应急指挥机构的特殊需求，及时组织开发专项应急地理信息服务系统。

（4）无适宜测绘成果，急需进行大范围联合作业时，由领导小组办公室提出建议，报经领导小组批准后，及时采用卫星遥感、航空摄影、地面测绘等手段获取相应测绘成果。

（5）领导小组成员单位（部门）根据各自工作职责，分别负责综合协调、成果提供、数据获取、数据处理、宣传发动、后勤保障等工作，并将应急工作进展及时反馈领导小组办公室。

4）响应中止

突发事件的威胁和危害得到控制或者消除，政府宣布停止执行应急处置措施，或者宣布解除警报、终止预警期后，由领导小组组长决定中止Ⅰ级响应，分管测绘成果的副组长决定中止Ⅱ级响应。响应终止通知由领导小组办公室下达。

各级自然资源主管部门应继续配合突发事件处置和恢复重建部门，做好事后测绘保障工作。

5）涉密测绘成果管理

应急测绘成果属于国家秘密的，申请使用人应按规定及时补办测绘成果提供使用审批手续；并严格按照国家保密法律法规及测绘法律法规的有关规定做好测绘成果的保管使用工作。对不具备长期保管条件的，由领导小组办公室或事发地自然资源主管部门负责督促其在任务结束后，按规定程序将所领用的涉密测绘成果进行销毁处理并报备。

4. 基础地理信息数据的应急测制和更新

基础地理信息数据的应急测制、更新是为了确保突发事件发生后，能够及时、快速、高效获取基础地理信息，为决策、救援、恢复和重建等工作提供有力的保障。相关的规范和技术标准有《基础地理信息应急制图规范》（CH/T 4018—2013）、《突发事件应急标绘图层规范》（GB/T 35651—2017）、《突发事件应急标绘符号规范》（GB/T 35649—2017）等。

1）基础地理信息应急制图的规范

应急制图是指为应对和处置突发公共事件，基于现有基础地理信息数据，快速制作不同产品模式的应急地图的过程。

（1）应急地图类型、内容和规格。

① 应急地图类型有矢量应急地图、晕渲应急地图和影像应急地图。晕渲应急地图应有核心地形要素数据和数字高程模型（DEM）数据生产的带有地势信息。影像应急地图应有居民地及设施、地名、境界、交通等数据，以及正射影像数据生产的带有地表影像特征。

② 应急地图表达要素类型包括地名、测量控制点、水系、居民地及设施、交通、地貌、管线、植被与土质、境界等。其中矢量应急地图上表示上述所有要素类型；晕渲应急地图和影像应急地图上主要表示地名、水系、居民地及设施、交通、管线和境界等。

③ 应急地图产品一般不按标准分幅，为便于图幅拼接，可采用矩形分幅。按照绘图仪和绘图纸的规格，应急制图对图幅宽度予以限制，图纸长度根据需要合理确定。应急地图图幅宽度限制为 4 种尺寸：600 mm、1 000 mm、1 200 mm、1 500 mm。根据应急制图的需求，选择合理的制图范围、制图比例尺和图幅规格，尽量避免跨图幅拼接。

（2）应急制图基本要求。

① 数学基础：应急地图平面坐标系统采用 2000 国家大地坐标系（CGCS2000），特殊情况可采用其他坐标系统；高程系统采用 1985 国家高程基准；比例尺小于 1∶1 000 000（含 1∶1 000 000）的应急地图采用正轴等角割圆锥投影，比例尺大于 1∶1 000 000 的应急地图采用高斯-克吕格投影，比例尺大于 1∶10 000（含 1∶10 000）的应急地图采用 3°分带，比例尺小于 1∶10 000 的应急地图采用 6°分带；对于自由分幅的应急地图，可以图幅正中的经线为中

央经线进行投影。

② 比例尺：在应急制图过程中，根据制图区域大小、纸张大小和突发公共事件的主题所需表达信息的负载量，参考制图所用的基础地理信息数据的比例尺，对制图比例尺做适当调整，但调整幅度不宜超过基本参考比例尺的 50%。

③ 精度：参照相应比例尺地形图数学精度要求，可适当放宽。

④ 要素关系：原则上地图符号之间、符号与地图注记之间不可叠加，同时，地图符号及其注记标注关系明确。

⑤ 完备性：矢量应急地图上要素内容、要素注记基本无遗漏。晕渲应急地图、影像应急地图根据需要选择表示主要要素。

⑥ 现势性：以最新的国家基本比例尺地形数据库现势性为基础，根据需要，利用最新获取的影像数据对交通、居民地及设施、水系等核心要素数据进行局部更新。

（3）应急地图制作。

应急地图的矢量数据按照图层进行组织。矢量要素图层包括测量控制点、水系、居民地及设施、交通、地貌、管线、植被与土质、境界等图层。矢量应急地图中应保持水系、交通、居民地、地貌等要素之间的相离、相切、相割关系。对于地物密集、无法自动实现符号避让的情况，可通过对点状符号和线状符号添加定位点和定位线，辅助判读要素之间合理的相对位置关系。

应急地图上的注记主要包括地名注记、测量控制点注记、水系注记、居民地及设施注记、交通注记和地貌注记。图廓整饰要素主要包括内外图廓、图名、图例、比例尺、密级、等高距、制图单位、制图时间等。应急地图可不添加三北方向线。

（4）地图输出。

根据需要，应急地图可输出为 GeoPDF、PDF、JPG、GeoTIFF 等数据格式，输出分辨率不低于 300dpi（每英寸点数）。应急地图的输出介质包括重磅纸、防水背胶纸、涂塑纸（RC）、艺术布等，可根据具体情况选择打印载体。

2）突发事件应急标绘图层的规范

根据突发事件应急标绘需求，将突发事件应急标绘图层分为突发事件、危险源、防护目标、应急保障资源、应急行动、预测分析结果、灾情与事件要情标注、其他等 8 个图层。各个图层要素如下：

（1）突发事件。含突发事件名称、突发事件标识码、符号编码、经度、纬度、高程、事件类型、事件等级、事发时间、事发地点、事件基本信息描述、事件标绘单位信息等要素。

（2）危险源。含危险源名称、危险源标识码、符号编码、经度、纬度、高程、危险源类型、危险源等级、可能灾害形式、威胁人数、监测方式、地点描述、影响范围、危险源基本信息描述、责任单位信息描述等要素。

（3）防护目标。含防护目标名称、防护目标标识码、符号编码、经度、纬度、高程、防护目标类型、防护目标等级、防护等级、防护措施、基本信息描述、地点描述、责任单位信息描述等要素。

（4）应急保障资源。含应急保障资源名称、应急保障资源标识码、符号编码、经度、纬度、高程、应急保障资源类型、地点描述、资源用途、管理单位信息描述等要素。

（5）应急行动。含应急行动标识码、符号编码、警戒区域基本情况描述、几何信息、行动开始时间、行动结束时间、行动基本信息描述、行动发起人姓名、应急行动标绘单位信息等要素。

（6）预测分析结果。含预测类型、预测部门信息、预测时间、预测用途、预测分析报告、预测分析结果空间信息、预测图等要素。

（7）灾情与事件要情标注。含标注标识码、几何信息、灾情与事件要情描述、标注时间、标注单位等要素。

3）突发事件应急标绘符号的规范

（1）符号的分类。

① 符号几何形态分类。突发事件应急标绘符号从几何形态分为点状、线状和面状标绘符号。点状标绘符号均为不依比例符号，线状标绘符号均为半比例符号。线状及面状标绘符号的主体部分线划长度依比例变化，而宽度维持不变；其中包含的非线状要素如三角形、圆形、开口夹角等，其尺寸不随比例变化。

② 点状标绘符号分类。点状标绘符号分为突发事件符号、危险源符号、防护目标符号、应急保障资源符号四大类。

③ 线状标绘符号分类。线状标绘符号分为隔离符号，交通工具、道路及基础设施符号，以及行动路线符号三大类。

④ 面状标绘符号分类。面状标绘符号包括但不限于警戒区域符号、事故控制区域符号、事故蔓延区域符号等。

（2）符号样式。

① 点状标绘符号：由外框、符号主体以及标识文字（非必备要素）构成。

② 线状标绘符号：由线条主体及辅助元素构成。其中线条主体包括直线、折线及曲线，线条形态可为实线或虚线；辅助元素包括但不限于箭头、圆形、短线等。

③ 面状标绘符号：由闭合的符号主体及各类辅助元素构成。其中符号主体包括由直线、折线或曲线构成的闭合图形；辅助元素包括但不限于箭头、圆形、短线等。

（3）符号使用。

① 符号颜色。

标绘符号均采用三原色红、绿、蓝（记作 RGB）色彩模式，按色阶（256 色阶）记数设置。点状突发事件符号用红色标注；点状危险源符号用黄色标注；点状防护目标符号用蓝色标注；点状应急保障资源符号用绿色标注。线状和面状标绘符号用红色标注。

② 符号尺寸。

点状标绘符号大小：32*32 像素；基础图形边框粗细：1 像素；圆角矩形圆角半径：5 像素；文字标识区域大小：8*32 像素；标识文字：黑体，7pt，加粗。

线状标绘符号线宽一般不小于 2 像素。面状标绘符号边线宽度不小于 2 像素。

③ 符号定位。

A. 点状符号的定位有以下几种方式：

a）中心点定位，包括几何图形中心定位、几何组合图形下部图形中心定位。

b）底边中心点定位，包括宽底符号底部为直角的符号。

c）区域定位，用点状符号表达图面区域面积较大的地物，其定位依据确定原则（如单位正门处、区域中心等）示意区域范围，亦可略去符号用单位名称注记表达。

B. 线状符号的定位有以下几种方式：

a）中心线定位，如道路、交通线等。

b）底边中心线定位，如长城、缆车符号。

C. 面状符号的定位具有以下特征：

a）边线定位，确定其范围，内部图案及色彩仅表示范围内的信息类别。

b）内置图案，不表示信息的具体位置，仅示意区域内的信息类别或类别组合。

D. 动态标注。

采用引线标注的方式，针对当前标绘对象（如突发事件造成的人员伤亡及财产损失情况等）的动态演变，对其状态实时进行说明。

E. 符号透明度。

点状及面状标绘符号不应压盖底图重要地物，并应以百分比的形式提供透明度设置。

（4）符号扩充。

扩充新的应急标绘符号应遵循继承性、通用性、易读性、系统性原则。扩充的方法有两种：色彩拓展和图形拓展。

色彩拓展是针对新增加的点状标绘符号大类，采用 RGB 方式拓展色彩，并和已有符号颜色区分；图形拓展是根据表达对象的特征，在遵循已有符号构成规则的前提下设计新符号。

5.4 基础测绘成果更新

5.4.1 基础测绘成果更新的规定

《测绘法》第十五条规定：基础测绘成果应当定期更新，国民经济、国防建设和社会发展急需的基础测绘成果应当及时更新。基础测绘成果的更新周期根据不同地区国民经济和社会发展的需要确定。

《基础测绘条例》第二十一条规定：国家实行基础测绘成果定期更新制度。基础测绘成果更新周期应当根据不同地区国民经济和社会发展的需要、测绘科学技术水平和测绘生产能力、基础地理信息变化情况等因素确定。其中，1∶100 万至 1∶5 000 国家基本比例尺地图、影像图和数字化产品至少 5 年更新一次；自然灾害多发地区以及国民经济、国防建设和社会发展急需的基础测绘成果应当及时更新。

基础测绘成果更新周期确定的具体办法，由国务院自然资源部会同军队测绘主管部门和国务院其他有关部门制定。

第二十二条规定：县级以上人民政府自然资源主管部门应当及时收集有关行政区域界线、地名、水系、交通、居民点、植被等地理信息的变化情况，定期更新基础测绘成果。

5.4.2　国家基本比例尺地形图更新的规范

1. 更新类型

地形图更新分为动态更新和定期更新两类。动态更新又称及时更新，是指根据需要对地形图上某种重要地物或某区域进行更新。定期更新又称周期更新，是指按一定年限对地形图上应表示的地形要素进行更新。

2. 更新周期

地形图定期更新的周期应根据比例尺、地物变化情况或经济发展情况以及地形要素的重要性等因素确定。不同比例尺地形图的更新周期参照表 5.1。

表 5.1　地形图更新周期

比例尺	更新周期		
	经济发达区	经济中等发达区	经济欠发达区
1：50～1：2 000	2～3 年，不宜超过 3 年		
1：5 000～1：10 000	4～5 年	5～8 年	8～10 年
1：25 000～1：10 000	5～10 年	8～12 年	10～15 年
1：250 000～1：1 000 000	不宜超过 15 年		

3. 更新方案

地形图更新方法依据地形要素变化情况、比例尺大小、资料情况等因素可采用重测、修测或修编的方法。

1）重　测

对全部的地形要素进行测绘。重测更新适宜于 1：500～1：100 000 比例尺地形图的更新。

出现下列情况之一时，宜进行重测更新：原图内的地物要素变化率超过 40%；原图采用修测或修编更新方法更新 3 次原图精度达不到现行标准规定的精度要求。

2）修　测

对部分地物要素和相应变化了的地貌要素进行实测修正。修测更新适宜于 1：500～1：100 000 比例尺地形图的更新。

出现下列情况之一时，宜进行修测更新：地物要素变化率超过 10%，但小于 40%；原图内某种重要地物位置发生变化。

3）修　编

依据最新的地形图和现势资料编绘地形图或补充修正原图的部分地物要素。修编更新适宜于 1：25 000～1：10 000 000 比例尺地形图的更新。

出现下列情况之一时，宜进行修编更新：原图所依据的技术标准如分类代码或地形图图式发生变化；原图内地物要素属性发生变化；已有现势性强的较大比例尺地形图。

4. 更新的技术方法

根据地形变化情况、资料情况、仪器设备、人员技术水平等情况，选择修测或修编更新技术方法。可采用的技术方法有以下几种，在实际更新工作中，可选择一种或几种方法结合使用。无论采用何种作业方法，应符合相应比例尺地形图的精度要求。

1）外业实测法

通过野外测量数据采集系统，获取地形点的坐标和高程。1∶500、1∶1 000、1∶2 000、1∶10 000 地形图更新宜采用此技术方法。一般用于补测新建的住宅楼群或独立的高大建筑物。

2）摄影测量法

（1）航空摄影法：采用航空摄影测量方法与外业调绘的作业方法，获取地形点的坐标和高程。精度要求为：地形点对于最近野外控制点平面位置中误差不大于图上 0.5 mm，高程中误差不大于 1/2 等高距。1∶5 000、1∶10 000、1∶25 000、1∶500 000 地形图更新或地物变化范围较大或较复杂的地貌，宜采用此技术方法。

（2）航天遥感更新法。可选择现势性强、影像地面分辨率不低于图上 0.1 mm 的卫星相片，用于地形变化范围不大的局部更新。1∶100 000 地形图更新宜采用此技术方法。

3）数字正射影像图采集法

首先将 DLG 与 DOM 叠合，对变化了的要素进行图形采集。从 DOM 上能准确判绘的水系、交通、居民地、植被等要素，几何位置依据 DOM 影像采集。然后根据内业预采的成果，到野外进行核查、纠错，并补调不能准确判绘的地名、管线、境界等要素以及有关要素的属性。地物变化范围较大或已变化的较复杂的地貌，宜采用此技术方法。

4）地形图转绘法

收集与成图比例尺相同的最新的数字栅格地图（DRG）或较大比例尺的最新地形图制作为数字栅格地图，将 DRG 与 DLG 叠合，未变化的矢量要素与其同名栅格数据套合的偏差应在平面位置中误差允许的范围内。对变化了的要素进行图形采集，或利用补充参考的地图资料目视进行转绘、修改或增加地物要素。各种比例尺地形图更新均适合采用此技术方法。

5）地形图编绘法

利用不小于成图比例尺的最新地形图和现势资料，通过内容取舍与更新、制图综合与编辑等编绘技术方法编制地形图。1∶25 000 及小于 1∶25 000 比例尺的地形图更新宜采用此技术方法。

5.4.3 基础地理信息数字产品更新的规范

1. 更新的类型

1∶5 000、1∶10 000 数字产品及数据库（下同）更新类型按时间分为定期更新和动态更新；按区域分为全域更新和局部更新；按要素分为全要素更新和分要素更新。

2. 更新周期

同国家基本比例尺地形图更新规范规定的更新周期。

3. 更新方案

数字线划图根据要素变化率及要素变化的情况确定更新方案。

1）全要素更新

区域内的基础地理信息要素变化率超过 40%或原始数据精度达不到现行标准规定的精度要求，采用全要素更新。

2）分要素更新

区域内的基础地理信息要素变化率未超过 40%，可根据需求对区域内发生变化的部分要素或单类要素及属性采用分要素更新。

4. 更新技术

1）外业实测法

利用野外测量数据采集系统获取地形要素的坐标、高程及属性，适用于 1∶5 000、1∶10 000 数字线划图中的全要素更新、分要素更新中新增地物的补测。

2）航空摄影测量法

采用航空摄影测量内外业结合的方法获取数字线划图地形要素的坐标、高程、属性，适用于 1∶5 000、1∶10 000 数字线划图的全要素更新和分要素更新。

3）航天遥感测量法

利用航天遥感影像立体模型，采用内外业结合的方法获取数字线划图地形要素的坐标、高程、属性，适用于 1∶5 000、1∶10 000 数字线划图的全要素更新和分要素更新。利用单景卫星遥感影像制作正射影像图，适用于 1∶5 000、1∶10 000 数字线划图分要素更新。

4）地图编绘法

地图编绘法是利用大于成图比例尺的数字线划图进行缩编、更新并补充现势资料进行基础地理数据的更新。其方法是通过对大于成图比例尺的数字线划图进行坐标转换、内容取舍与更新、制图综合与编辑等编绘技术方法编制地形要素。适用于 1∶5 000、1∶10 000 基础地理信息数字线划图全要素更新和分要素更新。

5）地图转绘法

地图转绘法是通过对所收集到的权威部门专业资料的分析、研究以及与原始数据的比对，找出对基础地理信息数据更新的可利用数据，将专业资料中的可利用数据转换为更新数据。适用于 1∶5 000、1∶10 000 基础地理信息数字线划图的分要素更新。

第 6 章　测绘成果管理

6.1　测绘成果汇交

6.1.1　测绘成果汇交的概念和特征

1. 测绘成果汇交的概念

《测绘法》第三十三条规定：国家实行测绘成果汇交制度。测绘成果汇交是指测绘项目完成后，由法定主体（部门或者单位）依照法律规定，将测绘成果目录或副本交给法定的自然资源主管部门，自然资源主管部门依法移交给保管单位保管，并定期编制测绘成果目录向社会公布，更新测绘公共产品和依法向社会提供利用。

实行测绘成果汇交是为了推进地理信息共享，减少资源浪费，促进我国社会经济学信息化建设。当今社会经济活动中 80%的信息与地理空间信息有关，地理信息资源是十分重要的公共信息资源，强化地理信息资源共享，对于推进地理信息资源在国民经济和社会发展各领域的广泛应用、加速推进信息化建设具有重要的意义。

2. 测绘成果汇交的特征

中华人民共和国测绘成果管理条例

1）法定性

测绘成果汇交制度是《测绘法》确定的一项重要法律制度。《测绘成果管理条例》不仅规定了测绘成果汇交的主体、接受主体和汇交的形式，同时也规定了测绘成果汇交的具体内容和具体程序。

2）无偿性

测绘成果汇交的目的是促进测绘成果的广泛利用、提高测绘成果的使用效益。《测绘成果管理条例》规定了测绘成果目录或者副本实行无偿汇交的制度。

3）完整性

测绘成果具有科学性、系统性和专业性等特点，测绘成果所包含的数据、信息、图件以及相关的技术资料是有机统一的整体，不可分割。如果只汇交了测量控制网坐标成果，而没有成果说明及技术设计等资料，那么整个控制网所采用的测量基准和测量系统等都是不可知的，测量成果也是不能使用的，因此，测绘成果汇交必须完整。

4）时效性

测绘成果所承载的自然地理要素或者地表人工设施的形状、大小、空间位置及其属性信息会不断发生变化，测绘成果汇交必须坚持一定的时效性。《测绘成果管理条例》规定：测绘项目出资人或者承担国家投资的测绘项目的单位应当自测绘项目验收完成之日起 3 个月内，向自然资源主管部门汇交测绘成果副本或者目录。

6.1.2　测绘成果汇交的内容

根据《测绘法》和《测绘成果管理条例》的规定：测绘成果属于基础测绘成果的，应当汇交副本；属于非基础测绘成果的，应当汇交目录。

下列测绘成果为基础测绘成果：（1）为建立全国统一的测绘基准和测绘系统进行的天文测量、三角测量、水准测量、卫星大地测量、重力测量所获取的数据、图件；（2）基础航空摄影所获取的数据、影像资料；（3）遥感卫星和其他航天飞行器对地观测所获取的基础地理信息遥感资料；（4）国家基本比例尺地图、影像图及其数字化产品；（5）基础地理信息系统的数据、信息等。

副本是在内容和形式特征上与测绘成果正本保持一致的复制本；目录是按照一定分类方法，对测绘成果元数据进行编制而形成的一组信息。成果副本由汇交人到测绘地理信息项目登记所在地的自然资源主管部门进行汇交，成果目录通过全国测绘成果汇交系统进行汇交。

全国测绘成果目录汇交系统

1. 测绘成果目录汇交

1）测绘成果目录汇交的分类

根据 2021 年 11 月国家基础地理信息中心发布的《测绘成果目录汇交数据规范（试行稿）》，测绘成果目录汇交内容分为：大地测量、航空摄影与遥感、地理信息工程、工程测量、不动产测绘、海洋测绘、地图编制、导航电子地图制作等八大类，详见表 6.1。

表 6.1　测绘成果目录汇交分类与代码

序号	类别	代码	名称	说明
1	大地测量	1.1	测量控制点	各种类型测量控制点数据集，包括且不限于重力、平面、高程测量控制点，卫星导航定位基准站
2	航空摄影与遥感	2.1	航空摄影成果	原始航空影像数据集
		2.2	遥感影像	航空航天遥感影像数据成果，包括且不限于原始卫星影像、正射影像
		2.3	地形数据	陆地地形地貌数据，包括且不限于数字高程模型（DEM）、数字表面模型（DSM）、三维点云数据等
		2.4	三维模型	地形地貌、房屋建筑、道路水系等地理要素的地理信息三维表达，包括且不限于几何数据、纹理数据及属性数据等
3	地理信息系统工程	3.1	矢量地图数据	以坐标序列点位基础，表达地形要素的地理信息矢量数据集，包括且不限于各级比例尺的数字线划图、地理数据库等

续表

序号	类别	代码	名称	说明
3	地理信息系统工程	3.2	实景影像数据	反应地表真实空间关系、时间及环境等信息要素的近地面影像数据，需具备可量测性
		3.3	地下市政基础设施数据	地下市政基础设施的空间信息、管理信息和技术信息，包括且不限于地下管线及附属设施、地下通道、地下公共停车场、人防工程等
4	工程测量	4.1	工程测量控制点	用于工程实施的高等级、可复用的测量控制点
		4.2	矢量地图数据	用于工程实施的大比例尺矢量地形数据
5	不动产测绘	5.1	地籍测量成果	为获取和表述不动产权属的基础测绘资料，包括且不限于地籍数据集、地籍簿册和地籍图
		5.2	房产测量成果	为采集和表述房屋和房屋用地有关信息测绘的基础资料，包括且不限于房产簿册、房产数据和房产图册
6	海洋测绘	6.1	海底地形数据	用于描述水下地貌形态空间分布的数据集，包括且不限于数字水深模型、海底地形模型等
		6.2	海底地形图	用等深线表示海底地形起伏状况且详细表示海底地质、礁石等基本地理要素的地图成果
7	地图编制	7.1	地形图成果	表示地表居民地、道路、水系、境界、土质与植被等基本地理要素，且用等高线表示地形起伏的地图成果
		7.2	通用地图成果	综合反应自然地理与人文地理要素的地图成果
8	导航电子地图	8.1	导航电子地图	含有空间位置地理坐标，能够与空间定位信息系统结合，用于导航的电子地图或数据集

2）测绘成果目录的内容

测绘成果目录包括目录元数据、项目验收报告或者质量检查报告。下面重点讲述元数据的内容。

元数据是定义或描述数据的数据。依据《地理信息元数据》（GB/T 19710—2005）、《基础地理信息数字产品元数据》（CH/T 1007—2001）、《地理信息网络分发服务元数据内容规范》（CH/Z 9018—2012）等相关国家、行业标准，元数据的内容主要选取元数据实体集、标识、限制、参照系、分发、覆盖范围等元数据子集中的必要内容构成测绘成果目录元数据。

（1）实体集信息。

包括成果联系单位和元数据上传日期，主要用于管理目的。

（2）标识信息。

标识信息是测绘成果与其他测绘地理信息成果区别最明显的内容，从成果单元名称或图名、比例尺、分辨率、所属项目名称以及测绘地理信息成果分类方面进行描述。

（3）限制信息。

目前我国测绘地理信息成果使用主要受涉密安全限制，故选用“密级”作为必填限制信息的属性项。

（4）参照系信息。

用于标识成果所用的平面、高程、重力基准参照系的元数据信息，主要说明测绘成果的空间定位的参考框架，该项信息由“大地基准”“高程基准”“深度基准”等元数据项进行进一步描述。

其中重力基准常用的有：国家重力控制网（57 网）、1985 国家重力基本网（85 网）、2000 国家重力基准网等；高程基准常用的有：1956 黄海高程基准、1985 国家高程基准、独立高程基准等；大地基准常用的有：1954 北京坐标系、1980 西安坐标系、2000 国家大地坐标系、独立坐标系等；深度基准常用的有：理论深度基准面、平均海平面等；坐标系常用的有：投影坐标系、地理坐标系等。

（5）分发信息。

分发信息的“成果联系单位”是描述用户获取到测绘成果的关键信息，应填单位全称。“链接地址”方便用户从网络获取成果提供或服务信息。

（6）覆盖信息

主要说明测绘成果的时空属性（地理位置与现势性水平），描述空间位置最具直观性的方法是用空间图形方式记录元数据的空间覆盖范围信息。

元数据采用空间图形挂接属性的形式汇交，测量控制点的元数据采用点图形，其他成果类型元数据采用面图形。

对各类测绘成果的元数据用 8 个字段属性进行描述。包括“元数据子集”“元数据实体”“元数据元素”“缩写名”“约束/条件”“数据类型”“值域”“说明”。其中“约束/条件”用来说明一个元数据元素是否应当选用：M 表示必选：元数据元素应当选用。C 表示特定条件下必选：元数据元素满足该条件时为必选。O 表示可选：元数据元素可以选用也可以不选用。“数据类型”说明表示元数据元素的一组不同的值，例如整型、串、日期时间型、布尔型。也使用数据类型属性定义元数据实体、构造型和元数据关联。“值域”说明允许的值。

（7）资质管理信息。

该类信息是为服务测绘市场主体汇交成果目录，并对其汇交目录进行管理的分类属性项。

表 6.2 为测量控制点的元数据表及其内容，表 6.3 为测量控制点精度类型。

表 6.2　测量控制点的元数据

元数据子集	元数据实体	元数据内容	字段名	约束/条件	值域	说明
元数据实体信息	元数据 Metadata	元数据联系单位	mdOwnerDep	M	自由文本	对元数据信息负责的单位（全称）。元数据上传时系统自动记录
		元数据上传日期	mdSubmitDate	M	Datetime	元数据在系统中上传日期
标识信息	标识 Identification	点名	idPtName	M	自由文本	成果名称
		网名	idNetName	O	datetime	控制点所在控制网名。如：2000 国家重力基本网

续表

元数据子集	元数据实体	元数据内容	字段名	约束/条件	值域	说明
		控制点类型	idPtType	M	水准点（高程控制点）、平面控制点、重力控制点	
		精度等级	idPrcGrade	M	见表 6.3	参照国家测量规范相应标准，根据控制点类型枚举
		生产时间	idPrdDate	M	datetime	生产完成时间
		所属项目	idPrjName	O	datetime	成果所属项目名称
参照系信息	坐标参照系 CrdRefSys	大地基准	crsHDatum	M		采用的大地基准、坐标系统
		高程基准	crsVDatum	M		
		重力基准	crsGDatum	C	2000 国家重力控制网、1985 国家重力基本网（85 网）、相对重力网	控制点类型为重力点时需填写
分发信息	分发 Distribution	分发单位	dtContactDept	M	自由文本	成果提供服务单位（全称），如：国家基础地理信息中心
		链接地址	dtResUrl	O	有效网络地址	成果服务相关网络地址
限制信息	安全限制 SecCons	密级	SecLvl	M	公开、内部、秘密、机密	对测绘成果资源操作限制的名称

表 6.3　测量控制点精度类型

序号	控制点类型	测量方式	精度等级	说明
1	重力控制点			
2	平面控制点	三角测量	一等、二等、三等、四等、等外	参照 GB/T 17942—2000
3		GNSS 测量	A 级、B 级、C 级、D 级、E 级别	参照 GB/T 18314—2009
4		导线测量	三等、四等、一级、二级、三级、其他	参照 CH/T 2007—2001，GB 50026—2007
5	高程控制点	水准测量	一等、二等、三等、四等、等外	参照 GB/T 12897—2006、GB/T 12898—2009

2. 测绘成果副本汇交

测绘成果副本包括数据成果和文档成果。数据成果指文本文件（含插图、插表）、图像、音频、视频、矢量、栅格、影像等成果。文档成果指项目技术设计、技术总结、验收报告或者质量检查报告等技术文档。不同测绘专业类别的测绘成果副本是不同的，详细可参照各类测绘成果相关标准中的测绘成果提交的内容。

参照 2013 年 1 月实施的《基础测绘项目文件归档技术规定》（CH/T 1030—2012），下面简述基础测绘成果副本汇交的内容。

1）项目立项文件

包括项目申请（建议）书；项目可行性报告及其评估、报批文件；项目评估、论证文件项目任务书、计划的报批文件和批复文件。

2）项目实施文件

包括调研报告；招投标书；项目设计书（项目专业技术设计书）、实施方案；项目设计书、实施方案的报批文件和批复文件；项目各阶段的工作总结、技术总结（专业技术总结）；监理报告；产品检验报告；项目相关公文（通知、函、批复、报告、会议纪要等）；试验报告、测试报告；协议、合同。

3）项目总结验收文件

包括项目阶段性总结；项目工作总结；项目技术总结（专业技术总结）；评审结果。

4）项目测量成果资料

（1）控制测量成果资料。包括点之记；控制点分布图、水准路线图；测量标志委托保管书；选点、埋石、建站照片；外业观测数据；外业观测手簿；内业计算资料、误差计算；成果表；点位对照表；监理报告（测绘成果质量检验报告）；仪器检定资料。

（2）卫星（航空）影像调绘成果资料。包括控制相片；解译目标样本；自然地理、资源环境、经济、社会等基本信息参考资料；图历簿（少数民族地区应附少数民族地名调查表）及各种附图、附表；测区结合图、测区接图表；景观图片；质量检验报告及相关资料；监理报告及相关资料。

（3）航测内业成果资料。包括作业区卫星影像接合图、图幅分幅接合图；控制点及加密点分布图；卫星（航空）影像区域网平差成果；数字高程模型，包括数字高程模型数据、元数据、图历簿、精度检验报告（仅限外业施测检验点的图幅）及相关文档；数字正射影像，包括以景为单位做色彩调整的数字正射影像数据和标准分幅的数字正射影像数据、元数据、图历簿、精度检验（仅限外业施测检验点的图幅）及相关文档；数字线划图数据、建库数据和制图数据、元数据、图历簿；地表覆盖专题数据；技术设计、技术总结；质量检验报告及相关数据；监理报告及相关资料。

此外，还包括其他相关资料、数据、软件。

6.1.3　测绘成果汇交的法律关系

1. 汇交主体

1）测绘项目出资人

非财政投资测绘项目出资人往往是测绘成果的所有者，按照未经所有权人同意不得随意处分其财产的民法理念，只有具有测绘成果处分权的出资人才有资格实际履行测绘成果汇交义务。测绘成果属于基础测绘成果的，应当汇交副本；属于非基础测绘成果的，应当汇交目录。

2）承担国家、地方两级投资的测绘单位

国家投资的测绘项目，其形成的测绘成果归国家所有，由承担国家投资的测绘项目的单位或测绘项目的组织实施单位保管测绘成果和行使测绘成果的处分权，由承担测绘项目的单位汇交测绘成果。测绘成果属于基础测绘成果的，应当汇交副本；属于非基础测绘成果的，应当汇交目录。

3）中方部门或者单位

外国的组织或者个人与中华人民共和国有关部门或者单位合资、合作，经批准在中华人民共和国领域内从事测绘活动的，规定测绘成果归中方部门或者单位所有，并由中方部门或者单位汇交测绘成果副本。

外国的组织或者个人依法在中华人民共和国管辖的其他海域从事测绘活动的，由其按照国务院自然资源部的规定汇交测绘成果副本或目录。

2. 接收主体

1）国务院自然资源部

中央财政投资完成的测绘项目，由承担测绘项目的单位向国务院自然资源部汇交测绘成果资料；外国的组织或者个人依法与中华人民共和国有关部门或者单位合资、合作，经批准在中华人民共和国领域内从事测绘活动的，测绘成果归中方部门或者单位所有，并由中方部门或者单位向国务院自然资源部汇交测绘成果副本。

外国的组织或者个人依法在中华人民共和国管辖的其他海域从事测绘活动的，由其按照国务院自然资源部的规定汇交测绘成果副本或者目录。

2）地方人民政府自然资源主管部门

地方财政投资完成的测绘项目，由承担测绘项目的单位向测绘项目所在地的省、自治区、直辖市人民政府自然资源主管部门汇交测绘成果资料；使用其他资金完成的测绘项目，由测绘项目出资人向测绘项目所在地的省、自治区、直辖市人民政府自然资源主管部门汇交测绘成果资料。测绘成果属于基础测绘成果的，应当汇交副本；属于非基础测绘成果的，应当汇交目录。

3. 法律责任

1）对汇交主体

《测绘法》第六十条规定：不汇交测绘成果资料的，责令限期汇交；测绘项目出资人逾期不汇交的，处重测所需费用一倍以上二倍以下的罚款；承担国家投资的测绘项目的单位逾期不汇交的，处五万元以上二十万元以下的罚款，并处暂扣测绘资质证书，自暂扣测绘资质证书之日起六个月内仍不汇交的，吊销测绘资质证书；对直接负责的主管人员和其他直接责任人员，依法给予处分。

2）对接收主体

接收测绘成果副本或目录的自然资源主管部门应当履行下列义务：

（1）出具测绘成果汇交凭证。

测绘成果目录汇交凭证主要说明测绘成果目录元数据符合规范，予以接收，并有附表《测绘成果目录汇交清单》，包括成果内容、覆盖范围、成果现势性、数据格式、数据量、目录条数、成果来源项目、汇交单位等信息。

测绘成果副本汇交凭证主要包括项目名称、项目出资方、项目备案编号、施测单位、资质证书编号、成果内容、成果范围、介质形式和编号、介质数量、清单页数、数据量等主要内容。

（2）及时将测绘成果副本和目录移交给保管单位。

自然资源主管部门自收到汇交的测绘成果副本或者目录之日起 10 个工作日内，应当将其移交给测绘成果保管单位。测绘成果保管单位是指各级政府自然资源主管部门授权或者指定的测绘成果档案管理机构，不是指广义上的各种测绘成果的权属单位。

《测绘成果管理条例》第二十六条规定：县级以上人民政府自然资源主管部门有下列行为之一的，由本级人民政府或者上级人民政府自然资源主管部门责令改正，通报批评；对直接负责的主管人员和其他直接责任人员，依法给予处分。

① 接收汇交的测绘成果副本或者目录，未依法出具汇交凭证的。

② 未及时向测绘成果保管单位移交测绘成果资料的。

③ 未依法编制和公布测绘成果资料目录的。

④ 发现违法行为或者接到对违法行为的举报后，不及时进行处理的。

⑤ 不依法履行监督管理职责的其他行为。

3）对测绘成果保管单位

《测绘成果管理条例》第二十八条规定：测绘成果保管单位有下列行为之一的，由自然资源主管部门给予警告，责令改正；有违法所得的，没收违法所得；造成损失的，依法承担赔偿责任；对直接负责的主管人员和其他直接责任人员，依法给予处分：

① 未按照测绘成果资料的保管制度管理测绘成果资料，造成测绘成果资料损毁、散失的。

② 擅自转让汇交的测绘成果资料的。

③ 未依法向测绘成果的使用人提供测绘成果资料的。

6.2　测绘成果保管

6.2.1　测绘成果保管的特点

测绘成果保管是指测绘成果保管单位依照国家有关档案法律、行政法规的规定，采取科学的防护措施和手段，对测绘成果进行归档、保存和管理的活动。由于测绘成果具有专业性、系统性、保密性等特点，同时，测绘成果又以纸质资料和数据形态共同存在，使测绘成果保管不同于一般的文档资料。

1）测绘成果保管要采取安全保障措施

测绘成果是不同时期获取的自然地理要素和地表人工设施的真实反映，不仅数量大，而且测绘成果的获取需要花费大量人力、物力和财力，测绘成果一经丢失损坏，必须再到实地重新测绘才能获得。《测绘成果管理条例》第十一条规定：测绘成果保管单位应当建立健全测绘成果资料的保管制度，配备必要的设施，确保测绘成果资料的安全。

2）基础测绘成果保管要采取异地备份存放制度

基础测绘成果是国家经济建设、国防建设和社会发展的重要保障和基础，为保障国家基础测绘成果资料的安全，《测绘成果管理条例》第十一条规定：基础测绘成果资料实行异地备份存放制度。

3）测绘成果保管不得损毁、散失和转让

由于测绘成果的重要性、保密性和具有著作权特点，而且大部分测绘成果属于国家秘密，国家秘密测绘成果的损毁、散失，会给国家安全和发展利益造成危害。《测绘成果管理条例》第十二条规定：测绘成果保管单位应当按照规定保管测绘成果资料，不得损毁、散失、转让。

6.2.2　测绘地理信息业务档案管理办法

为加强测绘业务档案管理，原自然资源部、国家档案局于 2015 年 3 月 5 日修改发布了《测绘地理信息业务档案管理办法》，对测绘业务档案的内容、机构及其职责、建档和归档、保管、利用、销毁、监督与管理等做出了规定。

1. 测绘地理信息业务档案的内容

测绘地理信息业务档案是指在从事测绘地理信息业务活动中形成的具有保存价值的文字、数据、图件、电子文件、声像等不同形式和载体的历史记录。

测绘地理信息业务档案主要包括：

（1）航空、航天遥感影像获取档案。

（2）基础测绘项目档案。

（3）地理国情监测（普查）档案。

（4）应急测绘保障服务档案。

（5）测绘成果与地理信息应用档案。

（6）测绘科学技术研究项目档案。

（7）工程测量档案。

（8）海洋测绘与江河湖水下测量档案。

（9）界线测绘与不动产测绘档案。

（10）公开地图制作档案。

2. 测绘业务档案管理机构及其职责

国家测绘地理信息局负责全国测绘地理信息业务档案管理工作。县级以上地方人民政府测绘地理信息行政主管部门负责本行政区域内的测绘地理信息业务档案管理工作。国家和地方档案行政管理部门应当加强对测绘地理信息业务档案的监督和指导。

1）国家测绘地理信息局测绘地理信息业务档案管理职责

（1）贯彻执行国家档案工作的法律、法规和方针政策，统筹规划全国测绘地理信息业务档案工作。

（2）制定国家测绘地理信息业务档案管理制度、标准和技术规范。

（3）指导、监督、检查全国测绘地理信息业务档案工作。

（4）组织国家重大测绘地理信息项目业务档案验收工作。

2）县级以上地方人民政府测绘地理信息行政主管部门测绘地理信息业务档案管理职责

（1）贯彻执行档案工作的法律、法规和方针政策，制定本行政区域的测绘地理信息业务档案工作管理制度。

（2）指导、监督、检查本行政区域的测绘地理信息业务档案工作。

（3）组织本行政区域内重大测绘地理信息项目业务档案验收工作。

3）省级以上测绘地理信息行政主管部门及有条件的市、县测绘地理信息行政主管部门应当设立专门的测绘地理信息业务档案保管机构（简称“档案保管机构”）

档案保管机构职责包括：

（1）接收、整理、集中保管测绘地理信息业务档案。

（2）开发和提供利用馆藏测绘地理信息业务档案资源。

（3）开展测绘地理信息业务档案信息化建设。

（4）指导测绘地理信息业务档案的形成、积累、整理、立卷等档案业务工作。

（5）督促建档单位按时移交测绘地理信息业务档案。

（6）承担测绘地理信息业务档案验收工作。

（7）负责测绘地理信息业务档案鉴定工作。

（8）收集国内外有利用价值的测绘地理信息资料、文献等。

（9）开展馆际交流活动。

3. 测绘业务档案管理的规定

1）建档与归档

（1）测绘地理信息项目承担单位（简称“建档单位”）负责测绘地理信息业务文件资料归档材料的形成、积累、整理、立卷等建档工作。

国家或地方重大测绘地理信息项目业务档案验收应当由相应的自然资源主管部门组织实施，并出具验收意见。其他测绘地理信息项目业务档案的验收，由相应的档案保管机构负责，并出具验收意见。未获得档案验收合格意见的测绘地理信息项目不得通过项目验收。

（2）建档单位应当将归档材料收集齐全、整理立卷，确保测绘地理信息业务档案的完整、准确、系统和安全。不得篡改、伪造、损毁、丢失测绘地理信息业务档案。

建档单位应当在测绘地理信息项目验收完成之日起 2 个月内，向项目组织部门所属的档案保管机构移交测绘地理信息业务档案，办理归档手续。

2）保管与销毁

（1）保管。

档案保管机构应当具备档案安全保管条件，库房配备防火、防盗、防渍、防有害生物、温湿度控制、监控等保护设施设备，库房管理应当符合国家有关规定。重要的测绘地理信息业务档案实行异地备份保管。

档案保管机构应当将测绘地理信息业务档案进行分类、整理并编制目录，做到分类科学、整理规范、排架有序和目录完整。

测绘地理信息业务档案保管期限分为永久和定期。具有重要查考利用保存价值的，应当永久保存；具有一般查考利用保存价值的，应当定期保存，期限为 10 年或 30 年。具体划分办法按照表 6.4 中的要求执行。

表 6.4　测绘地理信息业务档案保管期限（部分）

序号	归档范围	保管期限
1	项目管理	
1.1	立项	
	项目建议书	30 年
	可行性研究报告	30 年
	项目评估、论证意见	30 年
	请示和批复	30 年
1.2	设计	
	初步设计、总体设计	30 年
	技术设计、专业设计、设计变更	30 年
	设计审批文件	30 年
1.3	组织实施	
	组织管理文件（计划、合同、招投标、实施方案等）	30 年
	技术管理文件	30 年
	质量管理文件（质量检查、验收、监理、评估等）	30 年
	安全管理文件（事故调查、分析、处理等）	30 年
	资金管理文件	30 年
1.4	项目验收	
	项目验收报告（验收意见、专家名单等）	永久
	工作与技术总结（项目总结、阶段总结、各工序小结、数据处理报告等）	永久
	工程监理总结	永久

续表

序号	归档范围	保管期限
	质量检查报告（院级检查报告、局级检查报告、国家级检查报告）	永久
	财务审计决算报告	永久
	档案验收报告（归档质量检验报告、文件信息采集目录、移交清单）	永久
3.1.4	GNSS 大地控制网	
3.1.4.1	选点埋石	
	测量标志普查资料、标石情况统计表	30 年
	测量标志点之记、展点图、委托保管书	永久
3.1.4.2	外业观测（控制点联测）	
	观测手簿、联测示意图	10 年
	观测数据、点之记及变更记录	10 年
	同步观测与异步观测成果统计表、重合点统计表、展点图	永久
	联测数据处理报告、成果表、展点图	永久
3.1.4.3	数据处理	
	参加全网数据处理的其他数据、资料、成果	永久
	起算坐标成果、观测数据、精密星历、各相关地球空间参数表	永久
	大地控制网新、旧点名对照表	永久
	经过预处理的数据、协方差成果 H 文件	永久
	全网平差成果及误差改正表、全网竣工展点图、重合点成果表、分布图、S 文件	永久
	相关技术、成果研究分析报告	永久
3.2.3	水准测量	
3.2.3.1	选点埋石	
	水准点普查资料、登记表、普查照片	10 年
	水准点点之记、选埋照片、委托保管书	永久
	水准路线点位分布展点图	永久
3.2.3.2	水准观测	
	水准仪及标尺检定资料	10 年
	水准路线观测手簿、联测手簿、检测手簿、观测数据	30 年

续表

序号	归档范围	保管期限
	水准路线结点接测图	10年
	水准路线外业计算资料、外业观测高差及概略高程表	10年
	水准点上、下标志统计表	10年
	水准路线观测图、水准路线拼环图、水准网展点图	10年
	跨河水准测量全套资料	30年
	GNSS、重力联测观测手簿、观测数据	30年
	联测数据处理报告及成果、示意图	30年
3.2.3.3	水准数据处理	
	参与水准数据处理的观测数据、成果资料	永久
	平差过程数据	10年
	数据处理报告、水准网图、平差成果表	永久
	平差软件、操作手册	30年
9	工程测量	
9.1	测量作业	
	观测记录手簿、观测数据	10年
	仪器设备检定资料	10年
9.2	控制测量	
	控制网选埋资料、点之记	永久
	GNSS、三角、导线、水准等观测数据与观测手簿	10年
	数据处理报告、成果表、展点图、平差计算资料	永久
9.3	数据处理	
	起算点成果资料	10年
	平差计算手簿、图表	10年
	数据处理报告	永久
	成果图表、数据库	永久

（2）销毁。

档案保管机构应当对保管期满的测绘地理信息业务档案提出鉴定意见，并报同级测绘地理信息行政主管部门批准。对不再具有保存价值的档案应当登记、造册，经批准后按规定销毁。禁止擅自销毁测绘地理信息业务档案。

3）服务与利用

（1）各级测绘地理信息行政主管部门和档案保管机构应当依法向社会开放测绘地理信息业务档案，法律、法规另有规定的除外。单位和个人持合法证明，可以依法利用已经开放的测绘地理信息业务档案。档案保管机构应当定期公布馆藏开放的测绘地理信息业务档案目录，并为档案利用创造条件，简化手续，提供方便。测绘地理信息业务档案的阅览、复制、摘录等应当符合国家有关规定。

（2）各级测绘地理信息行政主管部门和档案保管机构应当采取档案编研、在线服务、交换共享等多种方式，加强对档案信息资源的开发利用，提高档案利用价值，扩大利用领域。

全国地理信息资源目录服务系统

向档案保管机构移交、捐赠、寄存测绘地理信息业务档案的单位和个人，对其档案具有优先利用权，并可对其不宜向社会开放的档案提出限制利用意见，维护其合法权益。

6.3　测绘成果提供使用

6.3.1　测绘成果提供使用的基本原则

1. 保障国家秘密安全

《测绘法》第三十四规定：测绘成果属于国家秘密的，适用保密法律、行政法规的规定；需要对外提供的，按照国务院和中央军事委员会规定的审批程序执行。

《测绘成果管理条例》第十六条规定：国家保密工作部门、国务院自然资源部应当商军队测绘主管部门，依照有关保密法律、行政法规的规定，确定测绘成果的秘密范围和秘密等级。利用涉及国家秘密的测绘成果开发生产的产品，未经国务院自然资源部或者省、自治区、直辖市人民政府自然资源主管部门进行保密技术处理的，其秘密等级不得低于所用测绘成果的秘密等级。

第十七条规定：法人或者其他组织需要利用属于国家秘密的基础测绘成果的，应当提出明确的利用目的和范围，报测绘成果所在地的自然资源主管部门审批。自然资源主管部门审查同意的，应当以书面形式告知测绘成果的秘密等级、保密要求以及相关著作权保护要求。

第十八条规定：对外提供属于国家秘密的测绘成果，应当按照国务院和中央军事委员会规定的审批程序，报国务院自然资源部或者省、自治区、直辖市人民政府自然资源主管部门审批；自然资源主管部门在审批前，应当征求军队有关部门的意见。

我国已加入了世界贸易组织，将实行更加开放的对外政策，因城市规划、工程建设等需要对外提供测绘成果的事例将越来越多，而大多数测绘成果是保密的，涉及国家安全。为确保使用中的安全，必须加强保密管理，要建立严格的对外提供使用测绘成果的审批制度，杜绝测绘成果对外提供使用时泄密问题的发生。

对外提供属于国家秘密的测绘成果，是指向境外、国外以及其与国内有关单位合资、合作的法人或者其他组织提供的属于国家秘密的测绘成果。对外提供属于国家秘密的测绘成果的，要严格按照国务院和中央军事委员会规定的审批程序，报国务院自然资源部或者省、自治区、直辖市人民政府自然资源主管部门审批。

2. 无偿提供和有偿使用

《测绘法》第三十六条规定：基础测绘成果和国家投资完成的其他测绘成果，用于政府决策、国防建设和公共服务的，应当无偿提供。除上述规定情形外，测绘成果依法实行有偿使用制度。但是，各级人民政府及有关部门和军队因防灾减灾、应对突发事件、维护国家安全等公共利益的需要，可以无偿使用。

《测绘成果管理条例》第十九条规定：依法有偿使用测绘成果的，使用人与测绘项目出资人应当签订书面协议，明确双方的权利和义务。

基础测绘成果和国家投资完成的其他测绘成果是由公共财政支付的用于公共服务的产品，其所有权归国家，属于全体人民。作为国家意志的实际执行者的国家机关在决策时，有权无偿使用国家所有的测绘成果。国防建设和公共服务属于社会公益性事业，是服务于广大人民群众的生产、生活活动的非营利性事业，是我国实现可持续发展战略不可或缺的基础，本着取之于民、用之于民精神，基础测绘成果和国家投资完成的其他测绘成果用于国防建设和公共服务，应当无偿提供。

无偿使用测绘成果的前提是政府及其有关部门和军队因防灾减灾、应对突发事件、维护国家安全等公共利益的需要。例如：《中华人民共和国防震减灾法》和《中华人民共和国防洪法》都规定：在地震灾害发生后的救灾期间和汛情紧急及抢险期间，负责救灾、抢险的政府及其有关部门可以临时征用物资、交通工具等，救灾、抢险结束后应当归还或适当补偿。测绘成果是通过提供有关数据和信息来实现其使用价值的，测绘成果使用后便无法归还。因此，政府及其有关部门和军队因防灾、减灾、国防建设等公共利益的需要，可以无偿使用各种测绘成果。

政府决策、国防建设和公共服务需要使用非基础测绘成果和不是国家投资完成的其他测绘成果的；不属于政府决策、国防建设和公共服务需要使用基础测绘或者国家投资完成的其他测绘成果的，都实行有偿使用制度。

3. 促进地理信息共享和应用

《测绘法》第三十四条规定：测绘成果保管单位应当采取措施保障测绘成果的完整和安全，并按照国家有关规定向社会公开和提供利用。

第三十五条规定：使用财政资金的测绘项目和涉及测绘的其他使用财政资金的项目，有关部门在批准立项前应当征求本级人民政府测绘地理信息主管部门的意见；有适宜测绘成果的，应当充分利用已有的测绘成果，避免重复测绘。

《测绘成果管理条例》第十四条规定：县级以上人民政府自然资源主管部门应当积极推进公众版测绘成果的加工和编制工作，并鼓励公众版测绘成果的开发利用，促进测绘成果的社会化应用。

6.3.2 基础测绘成果提供使用

基础测绘成果提供使用的法规有原自然资源部于 2006 年 9 月印发的《基础测绘成果提供

使用管理暂行办法》、2007 年 6 月印发的《国家涉密基础测绘成果资料提供使用审批程序规定》、2008 年 1 月印发的《基础测绘成果应急提供办法》等。

1. 基础测绘成果提供使用的管理

1）部门职能

自然资源部主管全国基础测绘成果提供使用管理工作。县级以上地方人民政府自然资源主管部门负责本行政区域内基础测绘成果的提供使用管理工作。

（1）自然资源部负责审批的基础测绘成果。

① 全国统一的一、二等平面控制网、高程控制网和国家重力控制网的数据、图件。

② 1：50 万、1：25 万、1：10 万、1：5 万、1：2.5 万国家基本比例尺地图、影像图和数字化产品。

③ 国家基础航空摄影所获取的数据、影像等资料，以及获取基础地理信息的遥感资料。

④ 国家基础地理信息数据。

⑤ 其他应当由自然资源部审批的基础测绘成果。

（2）省级自然资源主管部门负责审批的基础测绘成果。

① 本行政区域内统一的三、四等平面控制网、高程控制网的数据、图件。

② 本行政区域内的 1：1 万、1：5 000 等国家基本比例尺地图、影像图和数字化产品。

③ 本行政区域内的基础航空摄影所获取的数据、影像等资料，以及获取基础地理信息的遥感资料。

④ 本行政区域内的基础地理信息数据。

⑤ 属自然资源部审批范围，但已委托省、自治区、直辖市自然资源主管部门负责管理的基础测绘成果。

⑥ 其他应当由省、自治区、直辖市自然资源主管部门审批的基础测绘成果。

（3）市（地）、县级自然资源主管部门负责审批的基础测绘成果。

① 本行政区域内加密控制网的数据、图件。

② 本行政区域内 1：500、1：1 000、1：2 000 国家基本比例尺地图、影像图及其数字化成果。

③ 本行政区域内的基础地理信息数据。

④ 其他应当由市（地）、县级自然资源主管部门负责审批的基础测绘成果。

⑤ 属省级自然资源主管部门审批范围，但已委托市级自然资源主管部门审批的基础测绘成果。

2）提供使用程序

（1）申请。

申请使用基础测绘成果，应当提交《基础测绘成果使用申请表》及加盖有关单位公章的证明函，属于各级财政投资的项目，须提交项目批准文件。

证明函按如下规定出具：

① 申请使用的基础测绘成果属于自然资源部或者其他省、自治区、直辖市自然资源主管部门受理审批范围的，应当提供申请人所在地的省、自治区、直辖市自然资源主管部门出具的证明函。

② 申请使用的基础测绘成果属于本省、自治区、直辖市自然资源主管部门受理审批范围

的，应当提供申请人所在地的县级以上自然资源主管部门出具的证明函。

③ 属于中央国家机关或者单位的申请人，应当提供其所属中央国家机关或者单位司（局）级以上机构出具的证明函。其中，申请无偿使用基础测绘成果的，应当由中央国家机关、单位或者办公厅另行出具公函。

④ 属于军队和武警部队的申请人，应当提供其所属师级以上机构出具的公函。

省、自治区、直辖市自然资源主管部门申请管理并对外提供该省级行政区域全部范围的国家级基础测绘成果的，需持省级人民政府或政府办公厅公函，向自然资源部申请办理委托管理手续。

申请人应当对其申请材料实质内容的真实性负责。自然资源主管部门不得要求申请人提交与审批工作无关的技术资料和其他材料。

（2）受理。

申请人提交的申请材料齐全、符合规定形式要求的，自然资源主管部门应当受理其申请，并向申请人出具书面受理通知。

申请材料不齐全或者不符合法定形式的，自然资源主管部门应当当场或者在 5 日内一次性告知申请人需要补正的全部内容。对不予受理的，必须向申请人书面说明理由，并退回申请材料。

（3）决定。

自然资源主管部门受理使用申请后，能够当场作出决定的，应当当场作出决定；应当自受理使用申请之日起 20 个工作日内作出决定。

自然资源主管部门作出准予使用基础测绘成果决定的，应当自决定之日起 10 个工作日内向申请人送达批准文件，并同时抄送申请人所在地的县级以上自然资源主管部门。

自然资源主管部门依法作出不准予使用基础测绘成果决定的，应当书面说明理由，并告知申请人享有依法申请行政复议或者提起行政诉讼的权利。

3）使用规定

经自然资源主管部门批准准予使用基础测绘成果的，被许可使用人持批准文件到指定的测绘成果资料保管单位领取。测绘成果资料保管单位应当按照批准文件的内容，及时向被许可使用人提供基础测绘成果。

提供基础地理信息数据的，需与被许可使用人签订基础地理信息数据提供使用许可协议。被许可使用人应当严格按照下列规定使用基础测绘成果：

（1）被许可使用人必须根据基础测绘成果的密级按国家有关保密法律法规的要求使用，并采取有效的保密措施，严防泄密。

（2）被许可使用人所领取的基础测绘成果仅限于在本单位的范围内，按其申请并经批准的使用目的使用。本单位以被许可使用人在企业登记主管机关、机构编制主管机关或者社会团体登记管理机关的登记为限，不得扩展到所属系统和上级、下级或者同级其他单位。

（3）被许可使用人若委托第三方开发，项目完成后，负有督促其销毁相应测绘成果的义务。第三方为外国组织和个人以及在我国注册的外商独资企业和中外合资、合作企业的，被许可使用人应当履行对外提供我国测绘成果的审批程序，依法经自然资源部或者省、自治区、直辖市自然资源主管部门批准后，方可委托。

（4）被许可使用人应当在使用基础测绘成果所形成的成果的显著位置注明基础测绘成果版权的所有者。

（5）被许可使用人主体资格发生变化时，应向原受理审批的自然资源主管部门重新提出使用申请。

2. 涉密基础测绘成果资料提供使用的审批

国家自然资源部所属测绘成果管理部门负责涉密成果提供使用审批管理，国家基础地理信息中心负责提供涉密成果，国家测绘行政许可集中受理窗口负责受理申请。

涉密基础测绘成果安全保密责任书

1）申　请

申请人申请使用涉密成果，应当向受理窗口提交下列申请材料：

（1）《国家秘密基础测绘成果使用申请表》。

（2）《国家秘密基础测绘成果资料使用证明函》和《涉密基础测绘成果安全保密责任书》。

（3）属于各级财政投资的项目，须提交项目批准文件；属于非财政投资的项目，须提交项目合同书、委托函等合法有效证明文件。

（4）申请无偿使用涉密成果，须提交相应机关的公函。

（5）经办人有效身份证明及复印件。

申请人首次申请使用涉密成果的，还应同时提交下列申请材料：

（1）单位注册登记证书和相应的组织机构代码证及复印件。

（2）相应的保密管理制度和保密设备条件的证明材料。

（3）单位内部负责保管涉密成果的机构、人员（有效身份证明及复印件、联系方式）等基本情况的证明文件。

其中，《涉密基础测绘成果安全保密责任书》的主要内容或规定如下：

案例 4

（1）用户为基础测绘成果的直接使用者；用户不得擅自复制、转让或者转借基础测绘成果。未经主管部门的书面许可，用户不得以任何形式向第三方（包括所属系统和上级、下级或者同级其他单位）提供基础测绘成果。

（2）用户若需委托第三方从事批准用途的应用开发，应与第三方签订相应的基础测绘成果安全保密责任书，实施有效监督和销毁。第三方为外国组织和个人以及在我国注册的外商独资企业和中外合资、合作企业的，用户应当履行对外提供我国测绘成果的审批程序，须依法经国务院自然资源部或者省、自治区、直辖市自然资源主管部门批准。

（3）基础测绘成果存放设施与条件应符合国家保密、消防及档案管理的有关规定和要求，并建立完善的测绘成果资料保密内部管理制度；经批准复制的秘密载体要进行编号与登记，按同等密级进行管理；涉密计算机系统应按相关规定办理批准使用手续，严防失泄密事件的发生。用户单位被撤销或合并时，应当将基础测绘成果移交给承担其原职能的机关、单位或上级机关，并履行登记、签收手续。

（4）利用基础测绘成果开发生产的产品，未经国务院自然资源部或者省、自治区、直辖市自然资源主管部门进行保密技术处理的，其秘密等级不得低于所用基础测绘成果的秘密等级。

2）审　核

受理窗口收到涉密成果使用申请材料后，按照《基础测绘成果提供使用管理暂行办法》对申请人提交的申请材料进行审核。审核的主要内容有：

（1）申请事项是否需要依法进行审批，是否属于本机关审批范围。

（2）申请材料是否齐全、有效，填报是否符合规定要求。

3）审　批

受理窗口根据审核情况，填写《涉密基础测绘成果审批表》，在 4 个工作日内连同全部受理和申请材料一并报送审批机关审批。受理窗口应当依据审批机关的审批意见，在 2 个工作日内制作准予或不准予使用决定书，加盖自然资源部行政许可专用章；在 10 个工作日内，将准予或不准予使用决定书送达申请人，并抄送有关部门或单位。

3. 基础测绘成果应急提供

1）基础测绘成果应急提供的原则

（1）时效性。及时提供应对突发事件所需的各种基础测绘成果。

（2）安全性。按照国家保密法律法规的相关要求提供基础测绘成果，确保国家秘密安全。

（3）可靠性。所提供基础测绘成果的范围、种类、数量等应当与所需一致，各种相关资料应当一致。

（4）无偿性。应对突发事件所需的基础测绘成果无偿提供使用。

2）应急提供的程序

（1）申请。

申请基础测绘成果应急服务，应当具备以下条件：一是发生突发事件；突发事件是指《中华人民共和国突发事件应对法》所规定的突然发生，造成或者可能造成严重社会危害，需要采取紧急处置措施予以应对的自然灾害、事故灾难、公共卫生事件和社会安全事件。二是申请人为应对突发事件的相关部门或者单位。

申请基础测绘成果应急服务，采用简化申请程序的方式办理。申请人可先电话向相应自然资源主管部门提出要求，再以加盖本部门印章的传真形式如实提交应急申请材料，主要包括突发事件的概况以及所需测绘成果的范围、种类、数量等。

（2）审批。

自然资源主管部门应当场或者在 4 小时内完成基础测绘成果应急服务申请的审核与批复，明确并及时通知相关测绘成果保管单位。

基础测绘成果不能满足应对突发事件需求时，自然资源主管部门应予以说明，并提出有关应急解决方案。

（3）提供。

基础测绘成果应急提供时，各级自然资源主管部门可无偿调用所缺的基础测绘成果。被调用方接到调用方加盖本机关印章的书面通知（传真）后，应在 8 小时内（特殊情况不超过 24 小时）准备好相关基础测绘成果，并及时通知调用方领取。无正当理由，被调用方不得以任何借口拒绝或者延迟提供。

测绘成果保管单位负责提供应对突发事件时所需的基础测绘成果。测绘成果保管单位应当根据相关批复或者调用通知（情况特别紧急时，可以依据相关自然资源主管部门的电话通知），在最短时间内完成基础测绘成果应急提供，一般提供期限为 8 小时，特殊情况不超过 24 小时。

（4）领取。

被许可使用人应当到指定的测绘成果保管单位领取应对突发事件所需的基础测绘成果，并同时按照《基础测绘成果提供使用管理暂行办法》的规定办理领用手续。

情况特别紧急时，自然资源主管部门可以及时向有关部门送达所需的基础测绘成果。在确保安全的前提下，也可经涉密网络传输有关数据，以提高应急时效。

3）被许可人的义务

（1）被许可使用人应当在 7 个工作日内，按照《基础测绘成果提供使用管理暂行办法》的规定，向自然资源主管部门提交有关申请材料，补齐基础测绘成果使用审批手续。

（2）被许可使用人应当严格按照国家有关保密和知识产权等法律法规的要求保管和使用基础测绘成果，并向相应自然资源主管部门反馈测绘成果应急服务的效用信息。

（3）因应对突发事件领（调）用的基础测绘成果，不得另作他用。

6.3.3　对外提供涉密测绘成果的规定

根据原国家测绘地理信息局 2010 年 12 月发布的《对外提供我国涉密测绘成果审批程序规定》，对外提供涉密测绘成果是指在开展对外经济、文化、科技合作中向国外、境外的组织、国内合资合作单位的外方、外资企业及在国内的外国组织提供我国涉密测绘成果。

1. 部门职能

国务院自然资源部国际合作司负责承办对外提供我国涉密测绘成果审批工作。

2. 程　序

1）申　请

对外提供我国涉密测绘成果资料的范围跨省、自治区、直辖市区域的，向自然资源部提出申请；其他情形向成果内容表现地的省、自治区、直辖市自然资源主管部门提出申请。申请人应当向自然资源部提交下列材料：

（1）《对外提供我国涉密测绘成果申请表》。

（2）企业法人营业执照或者事业单位法人证书（申请人为政府部门的除外）。

（3）外方身份证明材料。

（4）国家批准合作项目批文。

（5）申请人与外方签订的合同或协议。

（6）拟提供成果的说明性材料，包括成果种类、范围、数量及精度等。

（7）拟提供成果为申请人既有的，应当提交该成果一套及成果所有部门或单位同意申请人使用的证明文件。

（8）拟提供成果非申请人既有、需自然资源部提供的，申请人应当提交本单位具有的保密管理制度、成果保管条件、管理机构和人员的证明材料。

（9）其他应当提供的材料。

2）审　查

标准处承办人员收到申请材料后，应当及时登记，并对申请材料进行形式审查。

3）审　批

有下列情形之一的申请不予批准：

（1）成果对外提供后妨碍国家安全的。

（2）已有非涉密成果能够满足需求的。

（3）申请人隐瞒有关情况或者提供虚假材料的。

（4）依法不予批准的其他情况。

审批过程中需要征求有关省、自治区、直辖市自然资源主管部门意见的，应将申请材料送有关省、自治区、直辖市自然资源主管部门。省、自治区、直辖市自然资源主管部门在 4 个工作日内提出意见并上报。

4）领取成果

符合法定条件予以批准的，自作出决定之日起 10 个工作日内，向申请人送达批准文件和对相应成果进行保密技术处理的通知。

接到批准文件和保密技术处理通知后，申请人应当持批准文件、保密技术处理通知和相应成果到国家自然资源主管部门认可的保密技术处理机构进行保密技术处理。

拟提供成果非申请人既有的、需自然资源部提供的，申请人应持批准文件到相应成果保管单位办理成果使用手续，领取成果后到自然资源部认可的保密技术处理机构做保密处理。

5）备　案

保密技术处理完成后，申请人应当将保密技术处理机构出具的保密技术处理证明报国际司合作司备案。

3. 使用规定

申请人改变提供对象、提供方式、提供成果内容、提供时间等，应当依照规定重新提出申请。

6.3.4　非涉密测绘地理信息成果提供使用

根据原国家测绘地理信息局 2017 年 9 月发布的《国家测绘地理信息局非涉密测绘地理信息成果提供使用管理办法》，非密成果是指由中央财政投资、国家局及其所属单位组织生产、履行定密程序后确定为不涉及国家秘密的测绘地理信息成果。非密成果主要包括基础测绘、地理国情监测、应急测绘、航空航天遥感测绘、全球地理信息资源建设等业务形成的不涉及国家秘密的数据、信息、图件、报告。

非密成果提供和使用应当遵循目录管理、分类保管、按需提供、鼓励使用的原则。

1. 目录管理

非密成果实行目录管理制度。所有非密成果应当在纳入《国家测绘地理信息局非涉密测绘地理信息成果目录》后，方可向社会提供和使用。非密成果保管单位和测绘项目承担单位（有牵头单位的由牵头单位负责，下同）负责非密成果目录的编制与更新维护，并及时向国家局提交非密成果目录及其元数据。以在线形式实时或者准实时提供非密成果的，也应当同步编制并提交成果目录及其元数据。

国家自然资源主管部门汇总各单位提交的目录形成《国家测绘地理信息局非涉密测绘地理信息成果目录》，并及时向社会公布，同时在全国地理信息资源目录服务系统发布非密成果元数据，供公民、法人、其他组织（简称“用户”）查询和申请使用。

2. 分类保管

国家基础地理信息中心、国土卫星遥感应用中心等有关单位按照自然资源部确定的职责，分别负责有关非密成果的保管。测绘项目承担单位负责生产过程中产生的非密成果的保管。

非密成果保管单位应当建立健全保管制度，配备符合安全要求的设施，并采用异地备份等形式，确保非密成果的完整和安全。鼓励有条件的非密成果保管单位建设非密成果保管、分发、服务信息系统，提升非密成果资源共享能力和信息化管理水平。

3. 按需提供

（1）非密成果保管单位应当依据相关规定，按照便民、高效的原则，制定非密成果提供办法，报国家自然资源部批准后实施。

（2）鼓励非密成果保管单位优先采用在线服务、前置服务等方式提供非密成果，一般不采用拷贝数据本体的方式提供。非密成果保管单位应当与用户签署非密成果提供使用协议，明确双方权利与义务以及相关知识产权保护要求。

（3）应急测绘保障过程中形成的非密成果、辅助决策用图等成果的应急提供，参照《基础测绘成果应急提供办法》执行，其成果可以先提供后纳入目录管理。

（4）对外提供非密成果原则上采取国别化政策，向国外用户只提供其本国或者本地区范围内的非密成果。提供覆盖范围广、数据量大、影响深的非密成果，以及对外提供涉及敏感地区、敏感时段的非密成果，应当报国家自然资源部批准。

（5）国家自然资源部与有关部门开展合作时，涉及非密成果提供、共享等事宜的，相关牵头部门应当事先征求测绘成果管理部门的意见。

4. 鼓励使用

（1）国家基础地理信息中心、国土卫星遥感应用中心等有关单位应当通过保密技术处理，积极推进公众版测绘地理信息成果的加工和编制工作，增加非密成果的有效供给，促进测绘地理信息成果的社会化应用。

（2）非密成果保管单位应当按照国家有关法律法规和政策，依托国家地理信息公共服务平台“天地图”、全国地理信息资源目录服务系统，积极主动开放共享所保管的非密成果。

（3）鼓励非密成果保管单位通过合作开发、资源置换、代理销售、技术服务等方式，丰富非密成果产品，加速非密成果的商业化应用和产业化进程，深入服务于政府管理、企业运营和百姓生活。

第7章　测绘国家主权和安全管理

7.1　外国组织或者个人来华测绘

7.1.1　基本概念

外国的组织或者个人来华测绘管理暂行办法

1. 外国组织或者个人来华测绘

外国组织或者个人来华测绘（简称“来华测绘”）是指中华人民共和国以外的国家或者地区的政府部门、企业、民间组织和不具有中华人民共和国国籍的公民在中华人民共和国领域和管辖的其他海域从事的测绘活动。

2. 测绘活动

测绘活动是指对自然地理要素或者地表人工设施的形状、大小、空间位置及其属性等进行测定、采集、表达以及对获取的数据、信息、成果进行处理和提供的活动。

2007年3月原国家测绘局在《关于界定测绘活动及测量用GPS问题的复函》中指出：① 在进行生态环境考察及考古、登山、探险、旅游等活动中，使用GPS接收设备采集地理坐标并对坐标所对应的自然地理要素或者地表人工设施的形状、大小、空间位置及其属性进行测定、采集、表述的，均属测绘活动范畴；② 在我国境内使用国外印制的我国地形图，并对地形图上的相关地理信息要素进行采集、标注或者更新的，属于测绘活动。

3. 中华人民共和国领域和管辖的其他海域

中华人民共和国领域是指我国行使主权和排他性管辖权的空间，包括国家疆界以内的陆地、水域及其上空和底土，即由领陆、领水、领陆和领水的上空和底土所组成。

（1）领陆指国家主权管辖下的陆地及其底土，包括边界以内的大陆和岛屿，是国家领土的基本组成部分。

（2）领水指国家主权管辖下的全部水域及其底土，是国家领土的重要组成部分。领水包括内水和领海两部分。内水指国家领陆内的水域和领海基线陆地一侧的水域，包括河流及其河口、湖泊、港口、港湾和内海等。领海是从领海基线量起向海洋方向延伸一定宽度的水域。每个沿海国家有权确定其领海宽度，但不能超过12海里。

（3）领空指国家领陆和领水上的大气空间。国际法规定各国对其大气空间（大气层）拥有主权，而宇宙空间对于各国的研究和利用都是开放的。因此，领空的高度应由大气空间和宇宙空间的分界线来决定，但这条分界线实际上却很难用一个准确的数字来界定。

中华人民共和国管辖的其他海域是指沿海国在其领海以外设立的临接领海并属于沿海国专属管辖的一定宽度的海域，即毗连区、专属经济区和大陆架及我国享有历史性权利的海域。

7.1.2　来华测绘

1. 来华测绘的原则

根据《测绘法》第八条和 2019 年 7 月自然资源部修订的《外国的组织或者个人来华测绘管理暂行办法》（简称《来华测绘管理暂行办法》）第三条，来华测绘应当遵循以下原则：

（1）必须遵守中华人民共和国的法律、法规和国家有关规定。

（2）不得涉及中华人民共和国的国家秘密。

（3）不得危害中华人民共和国的国家安全。

2. 来华测绘的形式

《测绘法》第八条规定：外国的组织或者个人在中华人民共和国领域从事测绘活动，应当与中华人民共和国有关部门或者单位合作进行。

《来华测绘管理暂行办法》第六条规定：外国的组织或者个人在中华人民共和国领域测绘，必须与中华人民共和国的有关部门或者单位依法采取合资、合作的形式（简称“合资、合作测绘”）。合资、合作的形式是指依照外商投资的法律法规设立的合资、合作企业。

1）合资形式

中外合资经营企业亦称股权式合营企业。它是由外国公司、企业和其他经济组织或者个人同中国的公司、企业或者其他经济组织，依然中国的法律和行政法规，经中国政府批准，设在中国境内的，由双方共同投资、共同经营，按照各自和出资比例共担风险、共负盈亏的企业。

设立中外合资经营企业是国外组织或个人来我国从事测绘活动的主要形式，其又可以分为两类：一类是以经营测绘业务为主的测绘企业，如工程测量、地理信息系统建设、电子地图、房地产业务等；另一类是以经营与测绘业务相关为主，如矿产调查、城市规划、江河流域规划、开发、治理等。

2）合作形式

中外合作经营企业亦称契约式合营企业。它是由外国公司、企业和其他经济组织或者个人同中国的公司、企业或者其他经济组织，依照中国的法律和行政法规，经中国政府批准设在中国境内的，由双方通过合作经营企业合同约定各自的权利和义务的企业。

3）一次性测绘

《来华测绘管理暂行办法》第六条规定：经国务院及其有关部门或者省、自治区、直辖市人民政府批准，外国的组织或者个人来华开展科技、文化、体育等活动时，需要进行一次性测绘活动的（简称“一次性测绘”），可以不设立合资、合作企业，但是必须经国务院自然资源主管部门会同军队测绘主管部门批准，并与中华人民共和国的有关部门和单位的测绘人员共同进行。

7.1.3 来华测绘的管理

1. 部门职能

《测绘法》第八条规定：外国的组织或者个人在中华人民共和国领域和中华人民共和国管辖的其他海域从事测绘活动，应当经国务院自然资源主管部门会同军队测绘部门批准。

《来华测绘管理暂行办法》第四条规定：国务院自然资源主管部门会同军队测绘主管部门负责来华测绘的审批。县级以上各级人民政府自然资源主管部门依照法律、行政法规和规章的规定，对来华测绘履行监督管理职责。

第十六条规定：县级以上地方人民政府自然资源主管部门，应当加强对本行政区域内来华测绘的监督管理，定期对下列内容进行检查：

（1）是否涉及国家安全和秘密。

（2）是否在《测绘资质证书》载明的业务范围内进行。

（3）是否按照国务院自然资源主管部门批准的内容进行。

（4）是否按照《中华人民共和国测绘成果管理条例》的有关规定汇交测绘成果副本或者目录。

（5）是否保证了中方测绘人员全程参与具体测绘活动。

2. 合资、合作测绘的资质管理

1）资质申请的条件

《来华测绘管理暂行办法》第八条规定：合资、合作测绘应当取得国务院自然资源主管部门颁发的《测绘资质证书》。申请测绘资质应当具备下列条件：符合《中华人民共和国测绘法》以及外商投资的法律法规的有关规定；符合《测绘资质管理规定》的有关要求；已经依法进行企业登记，并取得中华人民共和国法人资格。

2）资质申请流程

（1）提交申请：合资、合作企业应当向国务院自然资源主管部门提交申请材料，包括：《测绘资质管理规定》中要求提供的申请材料；企业法人营业执照；国务院自然资源主管部门规定应当提供的其他材料。

（2）受理：国务院自然资源主管部门在收到申请材料后依法作出是否受理的决定。

（3）审查：国务院自然资源主管部门决定受理后 10 个工作日内送军队测绘主管部门会同审查，并在接到会同审查意见后 10 个工作日内作出审查决定。

（4）发证：审查合格的，由国务院自然资源主管部门颁发相应等级的《测绘资质证书》；审查不合格的，由国务院自然资源主管部门作出不予许可的决定。

3）合资、合作测绘的测绘范围。

《来华测绘管理暂行办法》第五条规定了合资、合作测绘的测绘范围，即：来华测绘应当符合测绘管理工作国家秘密范围的规定；测绘活动中涉及国防和国家其他部门或者行业的国家秘密事项，从其主管部门的国家秘密范围规定；合资、合作测绘不得从事下列活动：① 大地测量；② 测绘航空摄影；③ 行政区域界线测绘；④ 海洋测绘；⑤ 地形图、世界政区地图、全国政区地图、省级及以下政区地图、全国性教学地图、地方性教学地图和真三维地图的编制；⑥ 导航电子地图编制；⑦ 国务院自然资源主管部门规定的其他测绘活动。

3. 一次性测绘的申请

1）提交申请

经国务院及其有关部门或者省、自治区、直辖市人民政府批准，外国的组织或者个人来华开展科技、文化、体育等活动时，需要进行一次性测绘活动的，应当向国务院自然资源主管部门提交申请材料，包括：

（1）申请表。

（2）国务院及其有关部门或者省、自治区、直辖市人民政府的批准文件。

（3）按照法律法规规定应当提交的有关部门的批准文件。

（4）外国的组织或者个人的身份证明和有关资信证明。

（5）测绘活动的范围、路线、测绘精度及测绘成果形式的说明。

（6）测绘活动时使用的测绘仪器、软件和设备的清单和情况说明。

（7）中华人民共和国现有测绘成果不能满足项目需要的说明。

2）受　理

国务院自然资源主管部门在收到申请材料后依法作出是否受理的决定。

3）审　查

国务院自然资源主管部门决定受理后 10 个工作日内送军队测绘主管部门会同审查，并在接到会同审查意见后 10 个工作日内作出审查决定。

4）批　准

准予一次性测绘的，由国务院自然资源主管部门依法向申请人送达批准文件，并抄送测绘活动所在地的省、自治区、直辖市人民政府自然资源主管部门；不准予一次性测绘的，应当作出书面决定。

案例 5

4. 法律责任

（1）来华测绘应当保证中方测绘人员全程参与具体测绘活动，不得涉及国家秘密和危害国家安全。违反规定，来华测绘涉及中华人民共和国的国家秘密或者危害中华人民共和国的国家安全的行为的，依法追究其法律责任。

（2）合资、合作企业应当在《测绘资质证书》载明的业务范围内从事测绘活动。违反规定，外国的组织或者个人未经批准，或者未与中华人民共和国有关部门、单位合作，擅自从事测绘活动的，责令停止违法行为，没收违法所得、测绘成果和测绘工具，并处10万元以上50万元以下的罚款；情节严重的，并处50万元以上100万元以下的罚款，限期出境或者驱逐出境；构成犯罪的，依法追究刑事责任。

（3）来华测绘成果归中方部门或者单位所有，并由中方部门或者单位向国务院自然资源主管部门汇交测绘成果副本；未经依法批准，不得以任何形式将测绘成果携带或者传输出境。违反规定，未经依法批准将测绘成果携带或者传输出境的，由国务院自然资源主管部门处3万元以下罚款；构成犯罪的，依法追究刑事责任。

（4）来华测绘涉及其他法律法规规定的审批事项的，应当依法经相应主管部门批准。违反规定，法律、法规已规定行政处罚的，从其规定。

香港特别行政区、澳门特别行政区、台湾地区的组织或者个人来内地从事测绘活动的，参照《来华测绘管理暂行办法》进行管理。

7.2 测绘成果的保密

7.2.1 测绘成果的概念和特征

1. 测绘成果的概念

根据《测绘成果管理条例》，测绘成果是指通过测绘形成的数据、信息、图件以及相关的技术资料。测绘成果包括：

（1）天文测量、大地测量、卫星大地测量、重力测量的数据和图件。

（2）摄影与遥感测绘图像拷贝、磁带等。

（3）各种地图（包括地形图、普通地图、地籍图、海图和其他专题地图等）及其数字化成果。

（4）工程测量数据和图件。

（5）各类基础地理信息及其挖掘、分析形成的数据。

（6）地理信息系统中的地理信息数据及其运行软件。

（7）与测绘成果直接有关的技术资料等。

2. 测绘成果的特征

1）科学性

测绘成果的采集、加工和处理，必须依据一定的数学法则，借助于特定的测绘仪器装备及特定的软件系统来进行。

2）保密性

测绘成果涉及自然地理要素和地表人工设施的形状、大小、空间位置及其属性，大部分测绘成果都涉及国家秘密，关系国家安全和利益。

3）系统性

不同的测绘成果以及测绘成果的不同表达形式，都是依据一定的数学基础和投影法则，在一定的测绘基准和测绘系统控制下，有着内在的关联。

4）专业性

不同种类的测绘成果，由于专业不同，其表达形式和精度要求不相同。

5）具有著作权

测绘成果具有专业性、科学性和创造性，具有作品著作权的基本要素。

7.2.2　测绘成果的密级和范围

1. 测绘成果的密级

测绘成果的保密是指测绘成果由于涉及国家秘密，综合运用法律和行政手段将测绘成果严格限定在一定范围内和被一定的人员知悉的活动。

根据 2020 年 6 月自然资源部、国家保密局发布的《自然资源管理工作国家秘密范围的规定》，测绘成果国家密级分为绝密、机密、秘密三级：

1）绝密级事项

泄露后会对国家安全、利益和领土主权及海洋权益造成特别严重威胁或者损害的；会对国家重要军事设施、国家安全警卫目标造成特别严重威胁或者损害的；会对国家整体军事防御能力造成特别严重威胁或者损害的。

2）机密级事项

泄露后会对国家安全、利益和领土主权及海洋权益造成严重威胁或者损害的；会对国家重要军事设施、国家安全警卫目标造成严重威胁或者损害的；会对国家整体军事防御能力造成严重威胁或者损害的；会对社会稳定和民族团结造成严重损害的。

3）秘密级事项

泄露后会对国家安全、利益和领土主权及海洋权益造成威胁或者损害的；会对国家重要军事设施、国家安全警卫目标造成威胁或者损害的；会对国家局部军事防御能力造成损害的；会对国家自然资源核心技术水平、知识产权保护造成损害的；会对社会稳定和民族团结造成损害的。

2. 测绘成果秘密的范围

根据《测绘成果管理条例》第十六条规定：国家保密工作部门、国务院自然资源部应当商军队测绘主管部门，依照有关保密法律、行政法规的规定，确定测绘成果的秘密范围和秘密等级。

测绘管理国家秘密范围及密级如表 7.1 所示。

表 7.1　测绘管理国家秘密范围及密级

序号	国家秘密事项名称	密级	保密期限	知悉范围	备注
1	略				
2	2000 国家大地坐标系、1954 年北京坐标系、1980 西安坐标系之间的相互转换参数；国家大地坐标系与相对独立的平面坐标系统之间相互转换精度优于 ±10 cm 的转换参数	机密	长期	省级以上自然资源主管部门批准的测绘成果保管单位及用户；战区、军兵种以上军队测绘部门批准的军事测绘成果保管单位及用户	
3	国家认定的地理信息保密处理技术算法及参数	机密	长期	自然资源部批准的测绘成果保管单位	
4	略				
5	分辨率高于 5′×5′，精度优于 ±5 毫伽的重力异常成果；精度优于 ±3″的垂线偏差成果	机密	长期	省级以上自然资源主管部门批准的测绘成果保管单位及用户；战区、军兵种以上军队测绘部门批准的军事测绘成果保管单位及用户	
6	1∶2.5 万、1∶5 万国家基本比例尺地形图（模拟产品）及其全要素数字化成果	机密	长期	省级以上自然资源主管部门批准的测绘成果保管单位及用户；战区、军兵种以上军队测绘部门批准的军事测绘成果保管单位及用户	
7	军事禁区大于或等于 1∶1 万的国家基本比例尺地形图（模拟产品）及其全要素数字化成果	机密	长期	省级以上自然资源主管部门批准的测绘成果保管单位及用户；战区、军兵种以上军队测绘部门批准的军事测绘成果保管单位及用户	
8	军事禁区平面精度优于（含）10 m 的正射影像；军事禁区和军事管理区（不含作战指挥工程和重要军事设施区域）以及国家安全要害部门所在地标注有敏感地理实体属性信息的遥感影像	机密	长期	省级以上自然资源主管部门批准的测绘成果保管单位及用户；战区、军兵种以上军队测绘部门批准的军事测绘成果保管单位及用户；战区、军兵种以上军事设施建设部门批准的军用土地测绘成果保管单位及用户	
9	军事禁区平面精度优于（含）10 m 或高程精度优于（含）15 m 的数字高程模型和数字表面模型成果	机密	长期	省级以上自然资源主管部门批准的测绘成果保管单位及用户；战区、军兵种以上军队测绘部门批准的军事测绘成果保管单位及用户；战区、军兵种以上军事设施建设部门批准的军用土地测绘成果保管单位及用户	

续表

序号	国家秘密事项名称	密级	保密期限	知悉范围	备注
10	军事禁区平面精度优于（含）10 m 或地物高度相对量测精度优于（含）5%的三维模型、点云、倾斜影像、实景影像、导航电子地图等实测成果	机密	长期	省级以上自然资源主管部门批准的测绘成果保管单位及用户；战区、军兵种以上军队测绘部门批准的军事测绘成果保管单位及用户；战区、军兵种以上军事设施建设部门批准的军用土地测绘成果保管单位及用户	
11	体现和表明我国政府立场与主张的敏感、争议地区自然资源成果，以及泄露后会对国家利益、社会稳定和民族团结造成重大影响的重要地理信息数据	机密	公布前	有关领导、相关部门及承办人员	
12	与上述机密级条款涉及的要素、空间精度和范围相当的其他自然资源成果	机密	长期	省级以上自然资源主管部门批准的测绘成果保管单位及用户；战区、军兵种以上军队测绘部门批准的军事测绘成果保管单位及用户；战区、军兵种以上军事设施建设部门批准的军用土地测绘成果保管单位及用户	
13	略				
14	构成环线且覆盖范围大于 2 500 km^2 或线路长度超过 1 000 km 的国家等级水准网成果	秘密	长期	县级以上自然资源主管部门批准的测绘成果保管单位及用户；战区、军兵种以上军队测绘部门批准的军事测绘成果保管单位及用户	
15	军事禁区（不含作战指挥工程和重要军事设施区域）内卫星导航定位基准站观测数据；军事禁区以外卫星导航定位基准站坐标、基准站网观测数据	秘密	长期	县级以上自然资源主管部门批准的测绘成果保管单位及用户；战区、军兵种以上军队测绘部门批准的军事测绘成果保管单位及用户	
16	军事禁区和军事管理区以外带有名称、属性、位置等信息的国家等级控制点的坐标成果，国家等级重力控制点成果、重力加密点成果及其观测数据，国家等级全球导航卫星系统（GNSS）大地控制点、天文、三角、导线的观测成果	秘密	长期	县级以上自然资源主管部门批准的测绘成果保管单位及用户；战区、军兵种以上军队测绘部门批准的军事测绘成果保管单位及用户	GNSS 大地控制点不含卫星导航定位基准站站点
17	分辨率在 5′×5′至 30′×30′，精度在 ±5 毫伽至 ±7 毫伽的重力异常成果；精度优于 ±0.2 m 的高程异常成果；精度在 ±3″至 ±6″的垂线偏差成果	秘密	长期	县级以上自然资源主管部门批准的测绘成果保管单位及用户；战区、军兵种以上军队测绘部门批准的军事测绘成果保管单位及用户	

续表

序号	国家秘密事项名称	密级	保密期限	知悉范围	备注
18	军事禁区以外 1：1 万、1：5 千国家基本比例尺地形图（模拟产品）及其全要素数字化成果；军事禁区以外连续覆盖范围超过 25 km^2 的大于 1：5 千的国家基本比例尺地形图（模拟产品）及其全要素数字化成果	秘密	长期	县级以上自然资源主管部门批准的测绘成果保管单位及用户；战区、军兵种以上军队测绘部门批准的军事测绘成果保管单位及用户	
19	含有国家法律法规、部门规章及其他规定禁止公开内容的水系、交通、居民地及设施、管线等分要素自然资源专题成果	秘密	长期	县级以上自然资源主管部门批准的测绘成果保管单位及用户；战区、军兵种以上军队测绘部门批准的军事测绘成果保管单位及用户	
20	优于（含）20 m 等高距的等高线，以及与其精度相当的高程注记点	秘密	长期	县级以上自然资源主管部门批准的测绘成果保管单位及用户；战区、军兵种以上军队测绘部门批准的军事测绘成果保管单位及用户	
21	军事禁区以及国家安全要害部门所在地地面分辨率优于 0.5 m 的航摄影像	秘密	长期	县级以上自然资源主管部门批准的测绘成果保管单位及用户；战区、军兵种以上军队测绘部门批准的军事测绘成果保管单位及用户；战区、军兵种以上军事设施建设部门批准的军用土地测绘成果保管单位及用户	
22	军事禁区以外平面精度优于 10 m 或者地面分辨率优于 0.5 m，且连续覆盖范围超过 25 km^2 的正射影像	秘密	长期	县级以上自然资源主管部门批准的测绘成果保管单位及用户；战区、军兵种以上军队测绘部门批准的军事测绘成果保管单位及用户；战区、军兵种以上军事设施建设部门批准的军用土地测绘成果保管单位及用户	
23	军事禁区以外平面精度优于（含）10 m 或高程精度优于（含）15 m，且连续覆盖范围超过 25 km^2 的数字高程模型和数字表面模型成果	秘密	长期	县级以上自然资源主管部门批准的测绘成果保管单位及用户；战区、军兵种以上军队测绘部门批准的军事测绘成果保管单位及用户；战区、军兵种以上军事设施建设部门批准的军用土地测绘成果保管单位及用户	
24	军事禁区以外平面精度优于（含）10 m 或地物高度相对量测精度优于（含）5%，且连续覆盖范围超过 25 km^2 的三维模型、点云、倾斜影像、实景影像、导航电子地图等实测成果	秘密	长期	县级以上自然资源主管部门批准的测绘成果保管单位及用户；战区、军兵种以上军队测绘部门批准的军事测绘成果保管单位及用户；战区、军兵种以上军事设施建设部门批准的军用土地测绘成果保管单位及用户	

续表

序号	国家秘密事项名称	密级	保密期限	知悉范围	备注
25	涉及军事、国家安全要害部门的点位名称及坐标；与军事、国家安全相关的国民经济重要设施精度优于（含）±10 m 的点位坐标及其名称属性	秘密	长期	县级以上自然资源主管部门批准的测绘成果保管单位及用户；战区、军兵种以上军队测绘部门批准的军事测绘成果保管单位及用户；战区、军兵种以上军事设施建设部门批准的军用土地测绘成果保管单位及用户	
26	与上述秘密级条款涉及的要素、空间精度和范围相当的其他自然资源成果	秘密	长期	县级以上自然资源主管部门批准的测绘成果保管单位及用户；战区、军兵种以上军队测绘部门批准的军事测绘成果保管单位及用户；战区、军兵种以上军事设施建设部门批准的军用土地测绘成果保管单位及用户	

注：1. 测绘地理信息管理工作国家秘密事项由从事测绘地理信息活动的测绘资质单位、军队测绘部门（单位）产生。上述单位应当严格根据本目录规定对有关测绘地理信息成果进行标密并采取相应保密管理措施，不再申请定密授权。

2. 本规定发布前生产的 1∶10 万、1∶25 万、1∶50 万国家基本比例尺地形图解密、销毁或者公开前，应当履行相关审批程序。

3. 本规定第 12 项、第 26 项中“其他测绘地理信息成果”的定密标准和管理范围，由自然资源部会同国家保密局，商军委联合参谋部共同确定。

7.2.3　测绘成果保密的相关规定

1.《保密法》的保密制度

国家秘密关系国家安全和利益。2010 年 4 月 29 日十一届全国人大十四次会议修订的《中华人民共和国保守国家秘密法》制定的保密制度有：

（1）绝密级国家秘密载体应当在符合国家保密标准的设施、设备中保存，并指定专人管理；未经原定密机关、单位或者其上级机关批准，不得复制和摘抄；收发、传递和外出携带，应当指定人员负责，并采取必要的安全措施。

（2）存储、处理国家秘密的计算机信息系统（简称“涉密信息系统”）按照涉密程度实行分级保护。涉密信息系统应当按照国家保密标准配备保密设施、设备。保密设施、设备应当与涉密信息系统同步规划，同步建设，同步运行。经检查合格后，方可投入使用。

（3）机关、单位应当加强对涉密信息系统的管理，任何组织和个人不得有下列行为：将涉密计算机、涉密存储设备接入互联网及其他公共信息网络；在未采取防护措施的情况下，在涉密信息系统与互联网及其他公共信息网络之间进行信息交换；使用非涉密计算机、非涉密存储设备存储、处理国家秘密信息；擅自卸载、修改涉密信息系统的安全技术程序、管理程序；将未经安全技术处理的退出使用的涉密计算机、涉密存储设备赠送、出售、丢弃或者改作其他用途。

（4）机关、单位应当加强对国家秘密载体的管理，任何组织和个人不得有下列行为：非法获取、持有国家秘密载体；买卖、转送或者私自销毁国家秘密载体；通过普通邮政、快递等无保密措施的渠道传递国家秘密载体；邮寄、托运国家秘密载体出境；未经有关主管部门批准，携带、传递国家秘密载体出境。

禁止非法复制、记录、存储国家秘密；禁止在互联网及其他公共信息网络或者未采取保密措施的有线和无线通信中传递国家秘密。禁止在私人交往和通信中涉及国家秘密。

（5）报刊、图书、音像制品、电子出版物的编辑、出版、印制、发行，广播节目、电视节目、电影的制作和播放，互联网、移动通信网等公共信息网络及其他传媒的信息编辑、发布，应当遵守保密规定。

（6）机关、单位对外交往与合作中需要提供国家秘密事项，或者任用、聘用的境外人员因工作需要知悉国家秘密的，应当报国务院有关主管部门或者省、自治区、直辖市人民政府有关主管部门批准，并与对方签订保密协议。

（7）机关、单位应当将涉及绝密级或者较多机密级、秘密级国家秘密的机构确定为保密要害部门，将集中制作、存放、保管国家秘密载体的专门场所确定为保密要害部位，按照国家保密规定和标准配备、使用必要的技术防护设施、设备。

（8）在涉密岗位工作的人员（简称“涉密人员”），按照涉密程度分为核心涉密人员、重要涉密人员和一般涉密人员，实行分类管理。任用、聘用涉密人员应当按照有关规定进行审查。机关、单位应当建立健全涉密人员管理制度，明确涉密人员的权利、岗位责任和要求，对涉密人员履行职责情况开展经常性的监督检查。

2.《测绘法》的规定

《测绘法》第三十四条规定：测绘成果属于国家秘密的，适用保密法律、行政法规的规定；需要对外提供的，按照国务院和中央军事委员会规定的审批程序执行。

测绘成果的秘密范围和秘密等级，应当依照保密法律、行政法规的规定，按照保障国家秘密安全、促进地理信息共享和应用的原则确定并及时调整、公布。

第四十七条规定：地理信息生产、保管、利用单位应当对属于国家秘密的地理信息的获取、持有、提供、利用情况进行登记并长期保存，实行可追溯管理。

从事测绘活动涉及获取、持有、提供、利用属于国家秘密的地理信息，应当遵守保密法律、行政法规和国家有关规定。

第六十五条规定：违反规定，地理信息生产、保管、利用单位未对属于国家秘密的地理信息的获取、持有、提供、利用情况进行登记、长期保存的，给予警告，责令改正，可以并处二十万元以下的罚款；泄露国家秘密的，责令停业整顿，并处降低测绘资质等级或者吊销测绘资质证书；构成犯罪的，依法追究刑事责任。

违反规定，获取、持有、提供、利用属于国家秘密的地理信息的，给予警告，责令停止违法行为，没收违法所得，可以并处违法所得二倍以下的罚款；对直接负责的主管人员和其他直接责任人员，依法给予处分；造成损失的，依法承担赔偿责任；构成犯罪的，依法追究刑事责任。

3. 基础地理信息公开表示内容的规定

原国家测绘局 2010 年 9 月发布的《基础地理信息公开表示内容的规定（试行）》，对公开地图及地理信息生产制作、发布使用，网络地图内容选取与地理信息标注等活动做出规定。下面主要讲述基础地理信息公开表示限制性内容的规定。

基础地理信息公开表示内容的规定（试行）

公开基础地理信息及相关要素按表 7.2 所列范围及限制条件或内容执行。

表 7.2　基础地理信息公开表示内容分层（部分）

大类	中类	小类	层	限制条件或内容	备注
定位基础	测量控制点	平面控制点	大地原点	精确坐标不可公开	国家水平控制网即 1980 西安坐标系的起算点
		高程控制点	水准原点		国家高程控制网即 1985 国家高程基准的起算点
		卫星定位控制点	卫星定位连续运行站点	未经批准公开的不可公开	利用卫星技术测定的国家 AA 级控制点
	数学基础	内图廓线	内图廓线	比例尺等于或大于 1∶50 万时不可公开	由经线和纬线组成，是图幅范围的边线，四角有经纬度注记
		坐标网线	坐标网线		由相同间距纵横交错的直线构成的平面直角网，又称方里网
		经线	经线		
		纬线	纬线		
			北回归线		
			南回归线		
			北极圈线		
			南极圈线		
水系	河流	常年河	地面河流	通航能力、水深、流速、底质、河口地区潮水位、潮流速、潮水温、潮流量、潮波不可公开	
	水库	库区	水库	实时库容不可公开	
	海洋要素	干出滩、滩涂	干出滩、滩涂	细分为沙滩、沙砾滩、砾石滩、岩石滩等不可公开	
		沼泽、湿地	沼泽、湿地	通行性质不可公开	
	水利及附属设施	堤	干堤	材质、堤顶高度、设防标准不可公开	有重要的防洪、防潮作用的人工修建的挡水建筑物
			一般堤		
			防波堤		
			导流堤		一道墙或堤，常被淹没在水中，用于引导、限制河流或潮流的流动，或用于防冲刷
			堤道		一段高出地面的通过低洼、湿地或水域的通道
		闸	船闸	船闸尺度不可公开	

续表

大类	中类	小类	层	限制条件或内容	备注
		坝	滚水坝	高度、材质、长度、宽度不可公开	
			拦水坝		
			制水坝		调节水流方向或减缓水流流速，防护河岸的护岸式堤坝
居民地及设施	党政机关、团体、使领馆	党政机关	公安机关	未对外挂牌的不可公开	
	公共服务及其设施	文教卫生	军队院校	未经批准公开的不可公开	
			军队医院	未挂牌并对外服务的不可公开	
		公共传媒与通信	电视发射塔	未成为公共标志性建筑的不可公开	
交通	城际公路	国道	建成	铺设材料、最大纵坡、最小曲率半径不可公开	
			建筑中		
		省道	建成		
			建筑中		
		县道	建成		
			建筑中		
		乡道	乡道		
		匝道	匝道（连接道、交换道）		
	城市道路	快速路	快速路	铺设材料、最大纵坡、最小曲率半径不可公开	
		高架路	高架路		
		引道	引道		
地貌	等高线	等高线	首曲线	等高距小于 50 m 时不可公开	
			计曲线		
			间曲线		
			助曲线		
		草绘等高线	首曲线		
			计曲线		
		雪山等高线	首曲线		
			计曲线		

续表

大类	中类	小类	层	限制条件或内容	备注
地貌	高程注记点	高程点	高程点	未正式公布的不可公开	
	水域等值线	水下等高线	首曲线	军事区（含训练区）和非开放海区、港湾、航道的水深不可公开	是指海岸线以下（或陆地水面以下）按基本等高距测绘的等高线
			计曲线		
			间曲线		
			当地平均海水面		
		等深线	等深线		是指根据深度基准面测定的深度值相等的各相邻点所连成的闭合曲线

4. 遥感影像公开使用管理的规定

原国家自然资源局 2011 年 11 月发布的《遥感影像公开使用管理规定（试行）》，对公开出版、登载、展示和引进、销售、传播等方式公开使用遥感影像做出如下规定：

（1）公开使用的遥感影像空间位置精度不得高于 50 m；影像地面分辨率（简称“分辨率”）不得优于 0.5 m；不标注涉密信息，不处理建筑物、构筑物等固定设施；标注地名、地址或者其他属性信息，应当符合《基础地理信息公开表示内容的规定（试行）》《公开地图内容表示若干规定》《公开地图内容表示补充规定（试行）》等规定：各类公开地图（或示意性地图）的位置精度不能高于 1∶50 万国家基本比例尺地图的精度（不得高于 50 m），等高距不得小于 50 m，数字高程模型格网不得小于 100 m；比例尺等于或大于 1∶50 万的各类公开地图均不得绘出经纬线和直角坐标网。

（2）属于国家秘密且确需公开使用的遥感影像，公开使用前应当依法送省级以上自然资源行政主管部门会同有关部门组织审查并进行保密技术处理。分辨率优于 0.5 m 的遥感影像，公开使用前应当报送国务院自然资源部组织审查并进行保密技术处理。向社会公开出版、传播、登载和展示遥感影像的，还应当报送省级以上自然资源行政主管部门进行地图审核，并取得审图号。

（3）从事遥感影像采集、加工处理、地名地物属性标注等活动，应当按规定取得相应的测绘资质。从事提供或销售分辨率高于 10 m 的卫星遥感影像活动的机构，应当建立客户登记制度，包括客户名称与性质、提供的影像覆盖范围和分辨率、用途、联系方式等内容。每半年一次向所在地省级以上自然资源行政主管部门报送备案。

5.《测绘成果管理条例》的规定

（1）国家保密工作部门、国务院自然资源主管部门应当商军队测绘主管部门，依照有关保密法律、行政法规的规定，确定测绘成果的秘密范围和秘密等级。

（2）汇交、保管、公布、利用、销毁测绘成果应当遵守有关保密法律、法规的规定，采取必要的保密措施，保障测绘成果的安全。测绘成果资料的存放设施与条件，应当符合国家保密、消防及档案管理的有关规定和要求。

（3）利用涉及国家秘密的测绘成果开发生产的产品，未经国务院自然资源主管部门或者省、自治区、直辖市人民政府自然资源主管部门进行保密技术处理的，其秘密等级不得低于所用测绘成果的秘密等级。

保密处理技术是指依照国家相关法律法规规定，经自然资源部会同国家保密局和军队测绘主管部门共同认定，实现涉密地图数据解密处理的技术方法（包括参数及算法等）及其相应的软件程序。

地形图保密处理技术参数及算法属国家绝密级事项。原国家测绘局 2009 年 9 月发布《关于加强地形图保密处理技术使用管理的通知》，对地形图保密处理技术的使用管理做出如下规定：

① 自然资源部统一监督管理地形图保密处理技术的使用工作，对确需使用地形图保密处理技术的实行审批。任何单位和个人不得擅自使用地形图保密处理技术开展保密技术处理活动。

② 省级自然资源主管部门对申请使用地形图保密处理技术的有关材料进行审核并报国务院自然资源部审批。申请单位要说明目的和用途、需要保密技术处理的数据内容、范围、数据生产者及版权归属等。

导航电子地图测绘资质单位使用地形图保密处理技术可直接向自然资源部提出申请（限于导航电子地图）。

③ 中国测绘科学研究院根据自然资源部审批同意意见，对申请单位提交的地图数据进行保密技术处理，并出具保密技术处理证明。

④ 地形图数据保密处理系统主要用于各地“数字城市”和省市级地理信息公共服务平台中的公共地理框架数据处理，不得用于商业用途及其他用途。凡使用此方法处理的数据，必须符合公开地图内容表示、基础地理信息公开表示、遥感影像公开表示等有关规定。

（4）法人或者其他组织需要利用属于国家秘密的基础测绘成果的，应当提出明确的利用目的和范围，报测绘成果所在地的自然资源主管部门审批。自然资源主管部门审查同意的，应当以书面形式告知测绘成果的秘密等级、保密要求以及相关著作权保护要求。

（5）对外提供属于国家秘密的测绘成果，应当按照国务院和中央军事委员会规定的审批程序，报国务院自然资源部或者省、自治区、直辖市人民政府自然资源主管部门审批；自然资源主管部门在审批前，应当征求军队有关部门的意见。

6. 测绘地理信息档案管理的规定

原国家自然资源局和国家档案局 2017 年 7 月发布的《测绘地理信息档案管理规定》，涉及测绘成果保密的规定有：

测绘地理信息档案管理规定

（1）各单位应当建立健全档案安全保密管理制度，为档案保管保密提供条件保障，确保档案信息系统、档案实体、电子档案安全有效，严防档案损毁和失泄密事件发生。

（2）网络利用档案应当采取有效的安全保护措施，对上网文件、档案进行严格审查，禁止把涉密文件和档案传输到非涉密或密级不符的网络。

7.3 地图的管理

7.3.1 地图的概念和特征

1. 地图的概念

地图是遵循一定的数学法则，将地理信息通过科学的概括综合，运用符号系统表示在一定的载体上的图形，以传递它们的数量、质量在时间和空间上的分布规律和发展变化。地图在经济建设、国防建设和人民生活中都具有重要的作用。绘有完整国界线的地图是国家版图的主要表现形式，体现着一个国家的主权方面的意志和在国际社会中的政治外交立场，具有鲜明的政治性、严密的科学性和严格的法定性。

因此，《测绘法》第七条规定：各级人民政府和有关部门应当加强对国家版图意识的宣传教育，增强公民的国家版图意识。新闻媒体应当开展国家版图意识的宣传。教育行政部门、学校应当将国家版图意识教育纳入中小学教学内容，加强爱国主义教育。

《地图管理条例》第五条规定：各级人民政府及其有关部门、新闻媒体应当加强国家版图宣传教育，增强公民的国家版图意识。国家版图意识教育应当纳入中小学教学内容。公民、法人和其他组织应当使用正确表示国家版图的地图。

地图管理条例

2. 地图的特征

1）地图必须遵守一定的数学法则

地图是绘制在平面上的，必须经过投影处理并准确地反映它与客观实体在位置、属性等要素之间的关系。

2）地图必须应用地图语言描述

地图表现的客体主要是地球，地球上具有数量极其庞大的包括自然与社会经济现象的地理信息。只有透过完整的符号系统，科学地应用地图语言，才能准确地表达和描述这种现象。

3）地图必须经过制图综合

地图通过一定的比例尺，表示了地表自然地理和人文地理各种要素，缩小了地图不可能容纳地面所有的现象，必须经过制图综合。

4）地图是地理信息的载体

地图容纳和储存了数量巨大的地理信息和其他经济社会信息，而作为信息的载体，可以是传统概念上的纸质地图、实体模型，可以是各种可视化屏幕影像、声像地图，也可以是触觉地图。

7.3.2 地图编制的管理

1. 资质管理

《地图管理条例》第七条规定：从事地图编制活动的单位应当依法取得相应的测绘资质证书，并在资质等级许可的范围内开展地图编制工作。

地图编制的测绘资质分为甲、乙级，业务类型包括地形图、教学地图、世界政区地图、全国及地方政区地图、电子地图、真三维地图、其他专用地图的编制。乙级不得从事世界和全国政区地图、超出省级行政区域范围的教学地图编制。

2. 公开地图内容表示的管理

1）《地图管理条例》的规定

《地图管理条例》第八条规定了公开地图内容表示的基本原则，即：地图上不得表示下列内容：危害国家统一、主权和领土完整的；危害国家安全、损害国家荣誉和利益的；属于国家秘密的；影响民族团结、侵害民族风俗习惯的；法律、法规规定不得表示的其他内容。

2）《公开地图内容表示若干规定》的规定

《公开地图内容表示若干规定》第三条规定：公开地图和地图产品上不得表示下列内容：

（1）国防、军事设施，及军事单位。

（2）未经公开的港湾、港口、沿海潮浸地带的详细性质，火车站内站线的具体线路配置状况。

（3）航道水深、船闸尺度、水库库容、输电线路电压等精确数据，桥梁、渡口、隧道的结构形式和河底性质。

（4）未经国家有关部门批准公开发表的各项经济建设的数据等。

（5）未公开的机场（含民用、军民合用机场）和机关、单位。

（6）其他涉及国家秘密的内容。

3）《公开地图内容表示补充规定（试行）》的规定

《公开地图内容表示补充规定（试行）》第五条规定：公开地图不得表示下列内容（对社会公众开放的除外）：

（1）指挥机关、地面和地下的指挥工程、作战工程，军用机场、港口、码头，营区、训练场、试验场，军用洞库、仓库，军用通信、侦察、导航、观测台站和测量、导航、助航标志，军用道路、铁路专用线，军用通信、输电线路，军用输油、输水管道等直接服务于军事目的的各种军事设施。

（2）军事禁区、军事管理区及其内部的所有单位与设施。

（3）武器弹药、爆炸物品、剧毒物品、危险化学品、铀矿床和放射性物品的集中存放地等与公共安全相关的设施。

（4）专用铁路及站内火车线路、铁路编组站，专用公路。

（5）未公开机场。

（6）国家法律法规、部门规章禁止公开的其他内容。

第六条规定：公开地图不得表示下列内容的具体形状及属性（用于公共服务的设施可以标注名称），确需表示位置时其位置精度不得高于 100 米。

（1）大型水利设施、电力设施、通信设施、石油和燃气设施、重要战略物资储备库、气象台站、降雨雷达站和水文观测站（网）等涉及国家经济命脉，对人民生产、生活有重大影响的民用设施。

（2）监狱、劳动教养所、看守所、拘留所、强制隔离戒毒所、救助管理站和安康医院等与公共安全相关的单位。

（3）公开机场的内部结构及运输能力属性。

（4）渡口的内部结构及属性。

第七条规定：公开地图不得表示下列内容的属性：

（1）重要桥梁的限高、限宽、净空、载重量和坡度属性，重要隧道的高度和宽度属性，公路的路面铺设材料属性。

（2）江河的通航能力、水深、流速、底质和岸质属性，水库的库容属性，拦水坝的构筑材料和高度属性，水源的性质属性，沼泽的水深和泥深属性。

（3）高压电线、通信线、管道的属性。

3. 中国国界线画法的规定

《地图管理条例》第九条规定：编制涉及中华人民共和国国界的世界地图、全国地图，应当完整表示中华人民共和国疆域。为此，2001 年由外交部、原国家测绘局发布了《1∶100 万中国国界线画法标准样图》，适用于比例尺等于或小于 1∶100 万、大于 1∶400 万地图的国界线；《1∶400 万中华人民共和国地形图》适用于比例尺小于 1∶400 万地图的国界线。

《公开地图内容表示若干规定》第六条规定：中国地图必须准确反映中国领土范围。

（1）图幅范围：东边绘出黑龙江与乌苏里江交汇处，西边绘出喷赤河南北流向的河段，北边绘出黑龙江最北江段，南边绘出曾母暗沙（汉朝以前的历史地图除外）。

（2）中国全图必须表示南海诸岛、钓鱼岛、赤尾屿等重要岛屿，并用相应的符号绘出南海诸岛归属范围线。比例尺等于或小于 1∶1 亿的，南海诸岛归属范围线可由 9 段线改为 7 段线，即从左起删去第 2 段和第 7 段线，可不表示钓鱼岛、赤尾屿岛点。

案例 6

第七条规定：中国示意性地图必须遵守下列规定：

（1）用实线表示中国疆域范围，陆地界线与海岸线粗细有区别，用相应的简化符号绘出南海诸岛范围线，并表示南海诸岛以及钓鱼岛、赤尾屿等重要岛屿岛礁。

（2）用轮廓线或色块表示中国疆域范围，南海诸岛范围线可不表示，但必须表示南海诸岛、钓鱼岛、赤尾屿等重要岛屿岛礁。

（3）比例尺等于或小于 1∶1 亿的，可不表示南海诸岛范围线以及钓鱼岛、赤尾屿等岛屿岛礁。

4. 有关省区地图表示的规定

（1）广东省地图必须包括东沙群岛。

（2）海南省及南海诸岛地图表示规定如下：

① 海南省全图，其图幅范围必须包括南海诸岛。南海诸岛既可以包括在全图内，也可以作附图。以单幅表示南海诸岛地图时，应配置一幅“南海诸岛在中国的地理位置”图作附图，海南岛的区域地图，也必须附“南海诸岛”地图。

② 南海诸岛附图的四至范围是：北面绘出中国大陆和部分台湾岛，东面绘出马尼拉，南面绘出加里曼丹岛上印度尼西亚与马来西亚间的全部界线（对于不表示邻国间界线的专题图，南面绘出曾母暗沙和马来西亚的海岸线），西面绘出河内。

③ 南海诸岛作为海南省地图的附图时，附图名称为“海南省全图”；作为中国全图的附图时，一律称“南海诸岛”。

④ 专题地图上，南海诸岛作附图时，正图重复出现时，附图也要重复出现，不得省略。必须与正图一样表示有关的专题内容。

⑤ 东沙、西沙、中沙、南沙四群岛以及曾母暗沙、黄岩岛必须表示并注名称。大于 1∶400 万的地图，黄岩岛应括注民主礁，即：黄岩岛（民主礁）。比例尺过小时，可只画岛礁符号，不注岛礁名称。

⑥ 南海诸岛与大陆同时表示时，中国国名注在大陆上，南海诸岛范围内不注国名，不在岛屿名称下面括注“中国”字样。在不出现中国大陆的南海诸岛局部地图上，在各群岛和曾母暗沙、黄岩岛等名称下括注“中国”字样。

⑦ 南海诸岛的岛礁名称，按照 1983 年国务院批准公布的标准名称标注。

（3）台湾地区地图表示规定如下：

① 台湾地区在地图上应按省级行政区划单位表示。台北市作为省级行政中心表示（图例中注省级行政中心）。在分省设色的地图上，台湾地区要单独设色。

② 台湾地区地图的图幅范围，必须绘出钓鱼岛和赤尾屿（以“台湾岛”命名的地图除外）。钓鱼岛和赤尾屿既可以包括在台湾地区全图中，也可以用台湾本岛与钓鱼岛、赤尾屿的地理关系作插图反映。

③ 台湾地区挂图，必须反映台湾岛与大陆之间的地理关系或配置相应的插图。

④ 专题地图上，台湾地区应与中国大陆一样表示相应的专题内容，资料不具备时，必须在地图的适当位置注明：“台湾地区资料暂缺”的字样。

⑤ 台湾地区的文字说明中，必须对台湾岛、澎湖列岛、钓鱼岛、赤尾屿、彭佳屿、兰屿、绿岛等内容做重点说明。

7.3.3 互联网地图的管理

互联网地图服务是以提供地理位置定位、地理信息上传标注、地图数据库开发为主要业务的地图服务新类型。《地图管理条例》和国务院自然资源部发布的多件规范性文件，均对规范互联网服务网站中地图的使用做出规定。

1.《地图管理条例》的规定

（1）向公众提供地理位置定位、地理信息上传标注和地图数据库开发等服务的，应当依法取得相应的测绘资质证书；从事互联网地图出版活动的，应当经国务院出版行政主管部门依法审核批准。

（2）应当将存放地图数据的服务器设在中华人民共和国境内，并制定互联网地图数据安全管理制度和保障措施。

（3）需要收集、使用用户个人信息的，应当公开收集、使用规则，不得泄露、篡改、出售或者非法向他人提供用户的个人信息；应当采取技术措施和其他必要措施，防止用户的个人信息泄露、丢失。

（4）用于提供服务的地图数据库及其他数据库不得存储、记录含有按照国家有关规定在地图上不得表示的内容。

（5）任何单位和个人不得通过互联网上传标注含有按照国家有关规定在地图上不得表示的内容。

（6）应当使用经依法审核批准的地图，加强对互联网地图新增内容的核查校对，并按照国家有关规定向国务院自然资源行政主管部门或者省、自治区、直辖市自然资源行政主管部门备案。

2.《关于进一步加强地图市场监督管理工作的意见》的规定

（1）各级自然资源主管部门要加强对地图市场的日常监督管理，要强化地图编制的资质管理和地图审核工作。

（2）各级新闻出版行政主管部门要加强对地图出版单位资质审核和地图出版范围、选题的审批，严格执行图书出版重大选题备案制度。

（3）各级工商行政管理部门在受理从事地图编制单位登记注册时，要查验自然资源主管部门核发的地图编制资质证件，在办理广告业务和市场巡查中，凡发现涉及中国地图图形的广告、商品，都要查验自然资源主管部门核发的《地图图形审核批准书》或标注在地图版权页上的“审图号”。

（4）各级商务部门在审批地图产品加工贸易业务时，要严格按原外经贸部《关于进一步加强加工贸易审批管理、严禁开展任何违法、违规加工贸易业务的紧急通知》执行。

（5）各级海关在监管中如发现有政治性问题的地图产品，一律予以扣留，并移送当地自然资源主管部门处理。

3.《关于加强互联网地图和地理信息服务网站监管的意见》的规定

（1）外国的组织或者个人不得在我国境内从事互联网地图编制和出版活动。

（2）从事互联网地图和地理信息服务的，应当依法向信息产业（通信）主管部门申请办理互联网信息服务经营许可证或者履行备案手续。

（3）利用涉及国家秘密的测绘成果开发生产互联网地图和提供地理信息服务，必须先经国务院自然资源主管部门或者省、自治区、直辖市自然资源主管部门进行保密技术处理。

4.《关于加强互联网地图管理工作的通知》的规定

（1）互联网地图服务单位提供增值服务（包括浏览、搜索、导航、定位、标注、复制、链接、发送、转发、引用、嵌入、下载等）必须使用经自然资源主管部门审核批准的互联网地图。

（2）互联网地图的编制（包括编辑加工、格式转换、质量测评）、更新等活动，必须由取得相应电子地图编制或者导航电子地图制作专业范围测绘资质的单位承担。

（3）提供互联网地图服务的数据库服务器不得设在境外（含港澳台地区）。

（4）互联网地图必须由相应互联网地图编制单位按照地图审核有关管理规定送审。未经依法审核批准的互联网地图，一律不得公开登载、传输。互联网地图审图号有效期为 2 年。审图号有效期内地图表示内容发生变化或审图号到期前，应重新送审，取得新的审图号。

（5）任何单位或个人不得在互联网上登载危害国家主权和民族尊严的地图，不得在互联网上传输、标注可能危害国家主权、安全的地理信息。互联网地图服务单位应采取有效措施规范用户上传标注行为，及时发布相关警示信息。

（6）在互联网上登载、复制、发送、转发、引用、嵌入互联网地图，必须在相应页面显著位置标明地图审图号和著作权信息，并应经互联网地图著作权人的同意。任何单位或个人不得复制、链接、发送、转发、引用、嵌入未经依法审核批准的互联网地图。

5.《关于进一步加强互联网地图服务资质管理工作的通知》的规定

（1）互联网地图服务资质单位应当使用经省级以上自然资源行政主管部门审核批准的地图提供服务，并将地图审图号、测绘资质证书编号、互联网信息服务增值电信业务经营许可证编号共同标注在网站显著位置。

（2）互联网地图服务资质单位应当依据有关规定，提供省级以上自然资源主管部门认可的互联网地图新增内容备案的证明材料。

（3）有外资进入的互联网地图服务资质单位，应当及时向自然资源行政主管部门报告，并按照《外国的组织或者个人来华测绘管理暂行办法》重新申请资质审查。

（4）互联网地图服务资质单位不得提供境外互联网地图服务的链接。

6.《关于进一步加强网络地图服务监管工作的通知》的规定

（1）通信管理部门要严把涉及地图的网络服务与手机等终端产品进网关，在审核前征求自然资源行政主管部门意见，并作为网络地图服务经营许可或者履行备案手续的一项前置条件。

（2）自然资源行政主管部门要严格做好测绘资质管理，认真把好网络地图服务市场准入关；要认真开展地图审核工作，确保网络地图表示内容符合国家有关要求。

（3）凡从事地图编制活动的单位必须在资质等级许可的范围内开展地图编制工作，用于网络地图服务的地图必须依法履行地图审核程序，并取得审图号，严格遵守“一图一审”，不得“一号多用”。

7.《关于进一步加强实景地图审核管理工作的通知》的规定

（1）实景地图的采集、编制和服务活动，应当由取得相应测绘资质的单位承担。编制公开使用实景地图的单位，应严格对实景地图中不得公开表示的内容进行处理并详细记录处理方法、工作流程和处理内容，必要时应组织军地有关方面专家对实景地图内容进行安全评估。

（2）公开使用涉及城市建成区、风景名胜、旅游景点等与社会公众日常生活密切相关区域的实景地图，应依法经有审核权的自然资源行政主管部门审核批准，并取得地图审图号。未经依法审核批准的实景地图，一律不得公开。

公开使用的实景地图，必须遵守《公开地图内容表示若干规定》《公开地图内容表示补充规定（试行）》《遥感影像公开使用管理规定（试行）》《基础地理信息公开表示内容的规定（试行）》等有关公开地图管理规定。

8.《关于规范互联网服务单位使用地图的通知》的规定

（1）网站中引用地图时，要使用从合法渠道获得的正确地图，不能引用未经审核特别是来源于国外网站登载的地图，引用地图时要注明地图来源和审图号。

（2）地图在登载前应依法送审（景区图、街区图、地铁线路图等内容简单的地图除外），不得在地图上标注涉密信息或者违反我国民族政策及政治主张的内容。经审核批准的地图在登载使用时，应在地图上或者适当显著位置标明地图审图号。

7.3.4　导航电子地图的管理

导航电子地图是指含有空间位置地理坐标，能够与空间定位系统结合，准确引导人或交通工具从出发地到达目的地的电子地图及数据集。

1. 导航电子地图安全处理技术的基本要求

2006 年 10 月 1 日实施的国家标准《导航电子地图安全处理技术基本要求（GB 20263—2006）》对导航电子地图的表示内容的安全做出限制性规定。

1）不得采集的内容

导航电子地图编制过程中，不得采用各种测量手段获取以下地理空间信息：重力数据、测量控制点；高程点、等高线及数字高程模型；高压电线、通信线及管道；植被和土地覆盖信息；国界和国内各级行政区划界线。

2）不得表达的内容

导航电子地图表达与导航定位相关的路线信息和社会公众关注的兴趣点信息时，下列内容不得在导航电子地图上出现：

（1）直接服务于军事目的的各种军事设施：指挥机关、地面和地下的指挥工程、作战工程；军用机场、港口、码头；营区、训练场、试验场；军用洞库、仓库；军用通信、侦察、导航、观测台站和测量、导航、助航标志；军用公路、铁路专用线，军用通信、输电线路，军用输油、输水管道。

（2）军事禁区、军事管理区及其内部的所有单位与设施。

（3）与公共安全相关的单位及设施：人民武装部、监狱、刑事拘留所、劳动教养管理所、戒毒所（站）和收容院；武器弹药、爆炸物品、剧毒物品、危险（化工）品存储厂库区、铀矿床和放射性物品的集中存放地。

（4）涉及国家经济命脉，对人民生产、生活有重大影响的民用设施：大型水利设施、电力设施、通信设施、石油与燃气（天然气、煤气）设施、粮库、棉花库（站）、气象台站、降雨雷达站和水文观测站（网）。

（5）专用铁路及站内火车线路、铁路编组站；专用公路。

（6）桥梁的限高、限宽、净空、载重量和坡度属性；隧道的高度和宽度属性；公路的路面铺设材料属性。

（7）江河的通航能力、水深、流速、底质和岸质属性；水库的库容属性、拦水坝的高度属性；水源的性质属性；沼泽的水深和泥深属性及其边界轮廓范围；渡口的内部结构及其属性。

（8）公开机场的内部结构及其运输能力属性。

（9）高压电线、通信线及管道。

（10）参考椭球体及其参数、经纬网和方里网及其注记数据。

（11）重力数据、测量控制点。

（12）优于 1∶100 万地形图精度的高程信息。国家正式公布的重要地理信息除外。

（13）空间位置坐标数值。国家正式公布的空间位置坐标数值除外。

（14）国家法律法规、部门规章禁止公开的其他信息。

2.《关于导航电子地图管理有关规定的通知》的规定

原国家测绘局 2007 年 11 月发布的《关于导航电子地图管理有关规定的通知》对导航电子地图的管理做出如下规定：

（1）导航电子地图的数据采集活动，应当由具有导航电子地图测绘资质的单位承担，必须按照《导航电子地图安全处理技术基本要求（GB 20263—2006）》进行，不得采用任何测量手段获取不得采集的内容。

（2）导航电子地图的编辑加工、格式转换和地图质量测评等活动，属于导航电子地图编制活动，只能由依法取得导航电子地图测绘资质的单位实施。没有资质的单位，不得以任何形式从事上述导航电子地图编制活动。

（3）公开出版、展示和使用的导航电子地图，不得以任何形式（显式或隐式）表达涉及国家秘密和其他不得表达的属性内容。必须按照《公开地图内容表示若干规定》《导航电子地图安全处理技术基本要求》等有关规定与标准，对上述内容进行过滤并删除，并送自然资源部指定的机构进行空间位置的保密技术处理。

（4）导航电子地图在公开出版、展示和使用前，必须按照规定程序送自然资源部审核。未依法经自然资源部审核批准的导航电子地图，一律不得公开出版、展示和使用。

（5）经审核批准的导航电子地图，编制出版单位应当严格按照地图审核批准的样图出版、展示和使用。改变地图内容的（包括地图数据格式转换、地图覆盖范围变化、地图表示内容更新等），应当按照规定程序重新送审。

（6）导航电子地图编制单位，必须按照地图审核批准书上载明的用途使用导航电子地图，严格实行“一图一审”，不得“一号多用”。对于公开出版的导航电子地图，出版（或编制）单位应当向自然资源部地图技术审查中心送交样品一式两份备案。

（7）公开出版、展示和使用的导航电子地图，应当在地图版权页或地图的显著位置上载明审图号。导航电子地图著作权人有权在地图上署名并显示著作权人的标识。

（8）导航电子地图测绘资质单位申请使用地图保密插件，须报自然资源部批准，由自然资源部指定的机构负责办理。在地图保密插件使用过程中，应当严格遵守国家保密法律法规规定，确保国家秘密和相关保密技术的安全。未经批准，不得擅自超数量使用地图保密插件。

（9）除依法取得导航电子地图测绘资质的外，其他单位和个人在使用导航电子地图过程中，不得携带其他带有空间定位系统（如 GPS 等）信号接收、定位功能的仪器开展显示、记录、存储、标注空间坐标、高程、地物属性信息，以及检测、校核、更改导航电子地图相关内容等测绘活动。

（10）由导航电子地图、导航软件、导航设备构成的导航产品，不得设置以文本或数据库等任何形式显示、记录、存储涉密基础地理信息数据（坐标、高程等）的功能选项。

（11）导航电子地图测绘资质单位要加强对地图数据的保密管理，配备必要的设施，采取必要的措施，确保涉密测绘成果资料的安全。未经依法审批，不得向外国的组织和个人以及在我国注册的外商独资和中外合资、合作企业提供涉密测绘成果资料。

（12）外国的组织和个人在我国境内不得从事地图数据采集、编辑加工、格式转换和地图质量测评等导航电子地图编制出版活动。公开出版的导航电子地图产品需要出口的，应当执行国家出版管理的有关规定。

3. 自动驾驶地图的管理

自动驾驶地图属于导航电子地图的新型种类和重要组成部分。原国家自然资源局 2016 年 2 月下发的《关于加强自动驾驶地图生产测试与应用管理的通知》，对自动驾驶地图的管理做出如下规定：

（1）自动驾驶地图的数据采集、编辑加工和生产制作必须由具有导航电子地图制作测绘资质的单位承担。导航电子地图制作单位在与汽车企业合作开展自动驾驶地图的研发测试时，必须由导航电子地图制作单位单独从事所涉及的测绘活动。

（2）用于自动驾驶技术试验、道路测试的地图数据（包括在传统导航电子地图基础上增添内容、要素或精度提升的），应当按照涉密测绘成果进行管理，并采取有效措施确保数据安全。

（3）未经省级以上自然资源行政主管部门批准，不得向外国的组织和个人以及在我国注册的外商独资和中外合资、合作企业提供、共享地图数据，不得在相关技术试验或道路测试中允许超出范围的人员接触地图数据。

7.3.5　地图审核的管理

1. 地图审核制度

《地图管理条例》第十五条规定：国家实行地图审核制度。向社会公开的地图，应当报送有审核权的自然资源主管部门审核。

《地图审核管理规定》第六条规定：下列地图不需要审核：直接使用自然资源主管部门提供的具有审图号的公益性地图；景区地图、街区地图、公共交通线路图等内容简单的地图；法律法规明确应予公开且不涉及国界、边界、历史疆界、行政区域界线或者范围的地图。

2. 送审单位的规定

出版地图的，由出版单位送审；展示或者登载不属于出版物的地图的，由展示者或者登载者送审；进口不属于出版物的地图或者附着地图图形的产品的，由进口者送审；进口属于出版物的地图，依照《出版管理条例》的有关规定执行；出口不属于出版物的地图或者附着地图图形的产品的，由出口者送审；生产附着地图图形的产品的，由生产者送审。

3. 部门职能

国务院自然资源主管部门负责全国地图审核工作的监督管理。省、自治区、直辖市人民政府自然资源主管部门以及设区的市级人民政府自然资源主管部门负责本行政区域地图审核工作的监督管理。

（1）国务院自然资源主管部门负责下列地图的审核：全国地图；主要表现地为两个以上省、自治区、直辖市行政区域的地图；香港特别行政区地图、澳门特别行政区地图以及台湾地区地图；世界地图以及主要表现地为国外的地图；历史地图。

（2）省、自治区、直辖市人民政府自然资源行政主管部门负责审核主要表现地在本行政区域范围内的地图。其中，主要表现地在设区的市行政区域范围内不涉及国界线的地图，由设区的市级人民政府自然资源行政主管部门负责审核。

（3）涉及专业内容的地图，应当依照国务院自然资源主管部门会同有关部门制定的审核依据进行审核。世界地图、历史地图、时事宣传地图由国务院自然资源行政主管部门商外交部进行审核。

（4）全国性中小学教学地图，由国务院教育行政部门会同国务院自然资源行政主管部门、外交部组织审定；地方性中小学教学地图，由省、自治区、直辖市人民政府教育行政部门会同省、自治区、直辖市人民政府自然资源行政主管部门组织审定。

4. 地图审查

（1）自然资源主管部门受理地图审核申请后，应当对下列内容进行审查：

① 地图表示内容中是否含有《地图管理条例》规定的不得表示的内容。

② 中华人民共和国国界、行政区域界线或者范围以及世界各国间边界、历史疆界在地图上的表示是否符合国家有关规定。

③ 重要地理信息数据、地名等在地图上的表示是否符合国家有关规定。

④ 主要表现地包含中华人民共和国疆域的地图，中华人民共和国疆域是否完整表示。

⑤ 地图内容表示是否符合地图使用目的和国家地图编制有关标准。

⑥ 法律、法规规定需要审查的其他内容。

（2）中华人民共和国国界、中国历史疆界、世界各国间边界、世界各国间历史疆界依照《地图管理条例》的下列规定进行审查：

① 中华人民共和国国界，按照中国国界线画法标准样图绘制。

② 中国历史疆界，依据有关历史资料，按照实际历史疆界绘制。

③ 世界各国间边界，按照世界各国国界线画法参考样图绘制。

④ 世界各国间历史疆界，依据有关历史资料，按照实际历史疆界绘制。

（3）县级以上行政区域界线或者范围，按照由国务院民政部门和国务院自然资源主管部门拟订并经国务院批准公布的行政区域界线标准画法图进行审查。

特别行政区界线或者范围，按照国务院批准公布的特别行政区行政区域图和国家其他有关规定进行审查。

（4）重要地理信息数据、地名以及有关专业内容在地图上的表示，按照自然资源主管部门制定的有关规定进行审查。

5. 审图号的核发

地图审查通过予以批准的，由有审核权的自然资源主管部门核发地图审核批准文件和审图号。审图号由审图机构代号、通过审核的年份、序号等组成。

经审核批准的地图，申请人应当在地图或者附着地图图形的产品的适当位置显著标注审图号。属于出版物的，应当在版权页标注审图号；没有版权页的，应当在适当位置标注审图号。属于互联网地图服务的，应当在地图页面左下角标注审图号。互联网地图服务审图号有效期为两年。审图号到期，应当重新送审。

7.4　军事测绘

7.4.1　军事测绘的概念和特征

1. 军事测绘的概念

军事测绘是指具有军事内容或者为军队作战、训练、军事工程、战略准备等实施的测绘活动，目的是保障指挥员了解战区地理形势，掌握战场地形情况，保障部队在作战中正确利用地形，保障技术兵器准确定位，充分发挥射击效能。

军事测绘主要包括生产测绘成果和实施测绘保障两方面的工作。生产测绘成果主要是测制符合规范要求的测绘产品，包括天文大地测量、物理大地测量、卫星大地测量，航空、航天摄影测量，地形测量，海洋测量，工程测量，地形图、海图、航空图和军事专题图的编制、印刷，军事地理的调查、编写与出版等。实施测绘保障主要是为保障部队作战、训练和科研而组织实施的测绘技术工作，如军兵种测绘保障、国防科技测绘保障，合成军队测绘保障。

2. 军事测绘的特征

1）保密性

军事测绘是为军队作战、训练、军事工程、战场准备而实施的测绘工作，军事测绘成果承载了大量军事设施、军事工程和军队作战、训练等重要信息，这些信息与国家安全和利益紧密相关，属于军事秘密。

2）精确性

现代战争的精确制导和精确打击都离不开精确的地理信息数据。有了精确及时可靠的军事测绘保障，才能正确地感知战场，拥有空间信息优势，才能更及时有效地运用作战力量，发挥作战效能。

3）实时性

现代军事战争是信息化战争，地理信息为赢得现代战争提供了保障。《中国人民解放军测绘条例》明确规定：军事测绘的根本要求是及时、准确、真实。军事测绘成果必须注重实时性，实时地把握战场地形条件和地貌特征，为赢得战争提供保障条件。

4）测绘保障范围广

军事测绘是各级司令部的一项勤务工作，如各军种、兵种的测绘保障，合成军队测绘保障，国防科技测绘保障等，内容包括进行战区、海区的军事地理研究和战场地形分析，储备、供应军事测绘成果和其他地形资料，组织实施野战快速测绘，指导部队地形训练等。随着科学技术发展，军事测绘的范围已从陆地、海洋扩展到外层空间。

7.4.2 军事测绘的管理

军事测绘是与国家安全和利益密切相关的测绘工作，具有严格的保密性。军事测绘的管理是一种特殊的测绘管理。《测绘法》《测绘成果管理条例》《基础测绘条例》《地图管理条例》《测量标志保护条例》《外国的组织或者个人来华测绘管理暂行办法》等法律法规中都明确阐述了关于军队测绘主管部门的相关职责和权利。

1.《测绘法》的规定

（1）负责管理军事部门的测绘工作；负责军事测绘单位的测绘资质审查；负责审批拆迁军用控制点标志。

（2）会同国务院自然资源主管部门及其他有关部门编制全国基础测绘规划；负责编制军事测绘规划；负责海洋基础测绘工作和编制海洋基础测绘规划。

（3）与国务院自然资源主管部门及其他有关部门会商，审核全国统一的大地基准、高程基准、深度基准和重力基准的数据；会同国务院自然资源主管部门及其他有关部门建立全国统一的大地坐标系统、平面坐标系统、高程系统、地心坐标系统和重力测量系统，确定国家大地测量等级和精度以及国家基本比例尺地图的系列和基本精度；接收国务院自然资源主管部门关于全国卫星导航定位基准站建设备案情况的通报。

（4）与国务院自然资源主管部门及其他有关部门会商，审核中华人民共和国领域和中华人民共和国管辖的其他海域的位置、高程、深度、面积、长度等重要地理信息数据。

（5）会同国务院制定对外提供属于国家秘密的测绘成果的审批程序；会同国务院自然资源主管部门批准外国的组织或者个人在中华人民共和国领域和中华人民共和国管辖的其他海域从事测绘活动。

（6）无偿使用基础测绘成果和国家投资完成的其他测绘成果用于国防建设、防灾减灾、应对突发事件、维护国家安全等公共利益。

2.《测绘成果管理条例》的规定

（1）会商国家保密工作部门、国务院自然资源主管部门确定测绘成果的秘密范围和秘密等级。

（2）在国务院自然资源主管部门或者省、自治区、直辖市人民政府自然资源主管部门审批对外提供属于国家秘密的测绘成果的过程中，提出意见。

（3）按照中央军事委员会的有关规定管理军事测绘成果。

3.《基础测绘条例》的规定

（1）地方的基础测绘规划，涉及军事禁区、军事管理区或者作战工程的，还应当征求军事机关的意见。

（2）基础测绘成果更新周期确定的具体办法，由国务院自然资源主管部门会同军队测绘主管部门和国务院其他有关部门制定。

4.《地图管理条例》的规定

军队单位编制的地图的管理以及海图的管理，按照国务院、中央军事委员会的规定执行。

5.《测量标志保护条例》的规定

军队测绘主管部门负责管理军事部门测量标志保护工作，并按照国务院、中央军事委员会规定的职责分工负责管理海洋基础测量标志保护工作。

6.《外国的组织或者个人来华测绘管理暂行办法》的规定

军队测绘主管部门会同国务院自然资源主管部门审查来华合资、合作测绘企业资质申请和进行一次性测绘活动的申请材料。

7.《关于加强涉军测绘管理工作的紧急通知》的规定

测绘单位在项目施测前，必须提前踏勘熟悉测区情况，凡可能涉及军事禁区、军事管理区的，要主动与当地驻军联系。根据《中华人民共和国军事设施保护法》的有关规定，未经军区级以上军事机关批准，测绘人员一律不得进入军事禁区；测绘人员进入军事管理区的，必须经过军事管理区管理单位的许可。对发现涉军测绘活动的，要配合军方和国家安全部门查清事件原因，确认测绘活动是否涉密，妥善进行处理。

导航电子地图资质单位不得以任何形式雇用外籍员工，从事导航电子地图数据采集的人员要穿着标志明显的作业服装，作业车辆应当粘贴或喷涂明显的测绘作业标志。

案例 7

7.5　海洋测绘

7.5.1　海洋测绘的概念和特征

1. 海洋测绘的概念

海洋测绘是海洋测量和海图绘制的总称，其任务是对海洋及其邻近陆地和江河湖泊进行测量和调查，获取海洋基础地理信息，编制各种海图和航海资料，为航海、国防建设、海洋开发和海洋研究服务。

海洋测绘的主要内容有海洋大地测量、水深测量、海洋工程测量、海底地形测量、障碍物探测、水文要素调查、海洋重力测量、海洋磁力测量、海洋专题测量和海区资料调查以及各种海图、海图集、海洋资料的编制和出版，海洋地理信息的分析、处理及应用。

2. 海洋测绘的特征

海洋测绘的对象是海洋中的各种自然现象和人文现象，相对于陆地上的测绘活动，有其特殊性：

（1）海洋测绘中的垂直坐标是和船体的平面位置同步测定的，而陆地上所测定的点的三维坐标是分别采用不同的方法、不同的仪器设备分别测定的。

（2）海洋测绘工作是在不断运动着的海面上进行的，而陆地上的测站点与在海上的测站点相比，可以说是固定不变的。

（3）海洋测绘一般采用声波信号，在陆地测量中一般采用电磁波信号。

（4）在海上测定海底某点的深度是指其低于大地水准面或水深基准面的高度，而陆地上测定的高程是某点高出大地水准面的高度。

（5）陆地地形测量及工程制图采用高斯投影，而海洋制图除采用高斯投影外，还有墨卡托投影、横轴等角割圆柱投影等，海图投影一般采用墨卡托投影。

7.5.2 海洋测绘的管理

海洋测绘有着其特殊性，在我国也有特殊的管理体制和管理规定。《测绘法》《基础测绘管理条例》《测绘成果管理条例》等法规有如下规定：

（1）国务院自然资源主管部门负责全国测绘工作的统一监督管理。军队测绘部门并按照国务院、中央军事委员会规定的职责分工负责管理海洋基础测绘工作。

（2）军队测绘部门负责编制军事测绘规划，按照国务院、中央军事委员会规定的职责分工负责编制海洋基础测绘规划，并组织实施。

（3）外国的组织或者个人在中华人民共和国领域和中华人民共和国管辖的其他海域从事测绘活动，应当经国务院自然资源主管部门会同军队测绘部门批准。

在中华人民共和国领海、中华人民共和国领海基线向陆地一侧至海岸线的海域和中华人民共和国管辖的其他海域从事海洋基础测绘活动，按照国务院、中央军事委员会的有关规定执行。

（4）外国的组织或者个人依法在中华人民共和国管辖的其他海域从事测绘活动的，由其按照国务院自然资源主管部门的规定汇交测绘成果副本或者目录。

第 8 章 其他测绘

8.1 行政区域界线测绘

8.1.1 行政区域界线测绘的概念

行政区域界线是指国务院或者省、自治区、直辖市人民政府批准的行政区域毗邻的各有关人民政府行使行政区域管辖权的分界线。行政区域界线测绘是利用测绘技术手段完成界线勘察划定，在实地及地图上反映勘界成果，全面表述区域界线的实地与图上位置及相关信息，为区域边界管理提供科学依据。

行政区域界线涉及边界地区的行政争议，关乎边界地区的稳定与发展。为此，党中央、国务院高度重视划界工作。1995 年国家制定了《省、自治区、直辖市行政区域界线勘定办法（试行）》《省级行政区域界线勘界测绘技术规定》；2002 年，国务院颁布了《行政区域界线管理条例》，为行政区域界线测绘和管理提供了直接参考和依据。

8.1.2 行政区域界线测绘的内容

行政区域界线测绘的内容包括界桩的埋设与测定、边界线的标绘、边界协议书附图的绘制、边界线走向和界桩位置说明的编写、行政区域界线详图集的编纂和制印。

1）界桩的埋设与测定

界桩位置一般选定在实地地貌不易辨别的边界线转折处、过境道路与边界线相交处、以线状地物中心线为界的边界线起讫处。另外，如界线在河中，或在河流交汇处，河中无法竖立界桩，需要在界河两岸（同号双立）、界河交叉口岸上（同号三立）竖立界桩，并测量每一个界桩点与边界线交接点（或交叉口转折点）的距离，并标绘在 1∶10 000 比例尺界桩位置略图上。每个界桩点要测定平面坐标与高程，按规定统一编号，界碑要牢固地埋设在实地，标绘在边界线路图上。

2）边界线的标绘

将确定的边界线、界桩点的位置准确标绘在规定的地形图上，一般用 1∶50 000 比例尺地形图，个别地段也可用 1∶10 000 或 1∶25 000 比例尺地形图，并对边界线两侧 3～5 km 范围内确定与边界线及界桩位置有关的地物、地貌及地理名称（如关隘、河流、沟渠、堤塘、桥梁、涵洞、道路、居民地及其名称），进行补测、修测并标绘在图上。

3）边界协议书附图的绘制

边界协议书附图是根据实测界桩点坐标，确定边界线及边界线两侧图上各 10 cm 的相关地物，绘制成 1∶50 000 或 1∶100 000 比例尺带状边界地形图，经双方政府签字并经上级政府主管部门批准的具有法律效力的边界线画法图，是边界协议书的重要组成部分，是边界线和界桩位置在官方地图中的图形表示。

4）边界线走向和界桩位置的说明

边界线走向说明是对边界线实地走向的完整描述，是边界协议书的核心内容。边界线走向说明以明确描述边界线实际走向为原则，叙述简明清楚，采用通用的名词术语，要求地名准确、译名规范，并与边界协议书附图和实际情况一致。界桩位置说明根据界桩登记表上所填内容编写，包括界桩号、类型、材质、界桩与周围地物和地貌的关系、界桩与边界线的关系、界桩与方位物的关系等内容。

5）行政区域界线详图集的编纂和制印

行政区域界线详图集是依据签订的勘界协议书及其附图和界桩成果表等资料编制而成的行政区域界线系列专题图集，反映县级以上行政区域界线标准画法的国家专题地图，具有权威性、法定性，任何涉及行政区域界线的地图，其行政区域界线画法一律以行政区域界线详图为准绘制。

国务院民政部门负责编制省、自治区、直辖市行政区域界线详图；省、自治区、直辖市人民政府民政部门负责编制本行政区域内的行政区域界线详图。我国共有省级陆地行政区域界线 68 条、62 400 多千米。68 条省界详图共计 2 402 幅，其中 1∶1 万比例尺的 1 127 幅、1∶5 万比例尺的 1 097 幅、1∶10 万比例尺的 178 幅，已全部编制完成。《中华人民共和国省级行政区域界线详图集》的内容包括封面、内封、序图（含编制说明、详图接图表、图例）、详图（主体部分）和封底等五部分。图集统一采用对开开本，其成品尺寸东西宽为 75 cm，南北高为 52 cm，采用分册图集的方式组卷。分册原则是以每条省级行政区域界线为一个单元装帧成册。

8.1.3 行政区域界线测绘的管理

《测绘法》第二十一条规定：行政区域界线的测绘，按照国务院有关规定执行。省、自治区、直辖市和自治州、县、自治县、市行政区域界线的标准画法图，由国务院民政部门和国务院自然资源主管部门拟定，报国务院批准后公布。

《地图管理条例》第十一条规定：在地图上绘制我国县级以上行政区域界线或者范围，应当符合行政区域界线标准画法图、国务院批准公布的特别行政区行政区域图和国家其他有关规定。

1. 行政区域界线标准画法图

国家民政部、原国家测绘局 2004 年 6 月 3 日颁布了《1：100 万中华人民共和国省级行政区域界线标准画法图集》和《1：400 万中华人民共和国省级行政区域界线标准画法图》，是各种地图上省级行政区域界线画法的标准。其中，《1：100 万中华人民共和国省级行政区域界线标准画法图集》适用于比例尺等于或小于 1：100 万、大于 1：400 万的各种地图，《1：400 万中华人民共和国省级行政区域界线标准画法图》适用于比例尺等于或小于 1：400 万的各种地图。

（1）国务院已经划定界线的，或者相邻省、自治区、直辖市人民政府已经协商确定界线的，按照有关文件或者协议确定的界线画法绘制。

（2）相邻省、自治区、直辖市人民政府虽未就界线划分签订协议，但是双方地图上界线绘制一致，并且无争议的，按照双方地图上绘制一致的界线画法绘制。

（3）相邻省、自治区、直辖市人民政府对界线划分有争议，并且双方地图上界线绘制不一致的，按照国务院自然资源主管部门和国务院民政部门制定并报国务院批准发布的省、自治区、直辖市行政区域界线标准画法图绘制。

需要特别说明的是，上述两个图集并不能作为解决行政区域界线纠纷问题的依据。

2. 特别行政区行政区域图

《中华人民共和国澳门特别行政区行政区域图》是在 2015 年 12 月 16 日国务院第 116 次常务会议通过，自 2015 年 12 月 20 日起施行；《中华人民共和国香港特别行政区行政区域图》是在 1997 年 5 月 7 日国务院第 56 次常务会议通过，1997 年 7 月 1 日公布施行。

（1）澳门特别行政区的行政区域界线包括陆地和海上两部分。陆地部分由关闸澳门边检大楼段和鸭涌河段两段组成。海上部分由内港段、路氹航道段、澳门南部海域段、澳门东部海域段、人工岛段和澳门北部海域段六段组成。

（2）香港特别行政区的行政区域界线由陆地部分和海上部分组成。陆地部分由沙头角镇段、沙头角镇至伯公坳段、伯公坳至深圳河入海段三段组成。海上部分由深圳湾海域段、南面海域段、大鹏湾海域段三段组成。

8.2　地籍测绘

8.2.1　地籍测绘的概念

地籍测绘是为获取和表达地籍信息所进行的测绘工作。地籍最初的含义是为征收土地税而建立的土地登记册。随着社会和经济的发展，地籍不但为土地税收服务，而且还要为保护土地的产权和土地利用规划等服务。现代地籍则是以土地权属为核心、以地块为基础的土地及其附着物的权属、位置、数量、质量和利用现状等土地基本信息的集合。地籍测绘的目的是获取和表述不动产的权属、位置、形状、数量等有关信息，为不动产产权管理、税收、规划、市政、环境保护、统计等多种用途提供定位系统和基础资料。

8.2.2 地籍测绘的内容

地籍测绘的内容包括地籍建立或地籍修测中的地籍平面控制测量、地籍要素调查、地籍要素测量、地籍图绘制、面积量算等。

1. 地籍平面控制测量

地籍平面控制测量可选用三角测量、三边测量、导线测量、GPS 定位测量等方法。平面控制点包括基本控制点和地籍控制点。基本控制点包括一、二、三、四等控制点；地籍控制点包括一、二、三级控制点。

2. 地籍要素调查

地籍要素调查的基本内容包括地块权属、土地利用类别、土地等级、建筑物状况等。

（1）地块权属是指地块所有权或使用权的归属。地块权属调查包括地块权属性质、权属主名称、地块坐落和四至，以及行政区域界线和地理名称。

（2）土地利用类别调查以地块为单位调记一个主要利用类别。地块内如有几个土地利用类别时，以地类界符号标出分界线，分别调注利用类别。

（3）土地等级调查在地块内调注，地块内土地等级不同时，则按不同土地等级分别调记。对尚未制定土地等级标准的地区，暂不调记。

（4）建筑物状况调查包括地块内建筑物的结构和层数。建筑物结构根据建筑物的梁、柱、墙等主要承重构件的建筑材料划分类别。建筑物层数是指建筑物的自然层数，从室内地坪以上计算，采光窗在地坪以上的半地下室且高度在 2.2 m 以上的算层数。地下室、假层、附层（夹层）、假楼（暗楼）、装饰性塔楼不算层数。

3. 地籍要素测量

地籍要素测量的对象主要包括：界址点、线以及其他重要的界标设施；行政区域和地籍区、地籍子区的界线；建筑物和永久性的构筑物；地类界和保护区的界线。

4. 地籍图绘制

地籍图表示的基本内容有界址点、界址线；地块及其编号；地籍区、地籍子区编号；地籍区名称；土地利用类别；永久性的建筑物和构筑物；地籍区与地籍子区界；行政区域界；平面控制点；有关地理名称及重要单位名称；道路和水域。根据需要，在考虑图面清晰的前提下，可择要表示一些其他要素。

5. 面积量算

面积量算是指水平面积量算，其内容包括地块面积量算和土地利用面积量算。面积量算的方法有坐标解析法、实地量距法和图解法。

8.2.3 地籍测绘的管理

《测绘法》第二十二条规定：县级以上人民政府测绘地理信息主管部门应当会同本级人民

政府不动产登记主管部门，加强对不动产测绘的管理。

测量土地、建筑物、构筑物和地面其他附着物的权属界址线，应当按照县级以上人民政府确定的权属界线的界址点、界址线或者提供的有关登记资料和附图进行。权属界址线发生变化的，有关当事人应当及时进行变更测绘。

《中华人民共和国民法典》第二百一十一条规定：当事人申请登记，应当根据不同登记事项提供权属证明和不动产界址、面积等必要材料。

8.3　房产测绘

8.3.1　房产测绘的概念

房产测绘是指利用测绘技术手段测定和表述房屋及其自然状况、权属状况、位置、数量、质量，以及利用状况及其属性，并对获取的数据、信息、成果进行处理和提供的活动。房产测绘的目的是为房产产权、房籍管理、房地产开发利用、征收税费，以及城镇规划建设提供测量数据和资料。

8.3.2　房产测绘的内容

房产测绘的内容包括房产平面控制测量、房产调查、房产要素测量、房产图绘制、房产面积测算、房产变更测量、成果资料的检查与验收等，提供的成果内容由房产簿册、房产数据和房产图集三部分组成。

1. 房产平面控制测量

房产平面控制测量可选用三角测量、三边测量、导线测量、GPS 定位测量等方法。房产平面控制点包括二、三、四等平面控制点和一、二、三级平面控制点。

2. 房产调查

房产调查分为房屋用地调查和房屋调查。

房屋用地调查的内容包括用地坐落、产权性质、等级、税费、用地人、用地单位所有制性质、使用权来源、四至、界标、用地用途分类、用地面积和用地纠纷等基本情况，以及绘制用地范围略图。房屋调查的内容包括房屋坐落、产权人、产别、层数、所在层次、建筑结构、建成年份、用途、墙体归属、权源、产权纠纷和他项权利等基本情况，以及绘制房屋权界线示意图。

3. 房产要素测量

房产要素测量的主要内容包括界址测量、境界测量、房屋及其附属设施测量、陆地交通测量、水域测量和其他相关地物测量。

4. 房产图绘制

房产图分为房产分幅平面图、房产分丘平面图和房产分户平面图。

房产分幅图表示控制点、行政境界、丘界、房屋、房屋附属设施和房屋围护物，以及与房地产有关的地籍地形要素和注记。房产分丘图上除表示分幅图的内容外，还应表示房屋权界线、界址点点号、窑洞使用范围以及挑廊、阳台、建成年份、用地面积、建筑面积、墙体归属和四至关系等各项房地产要素。房产分户图表示的主要内容包括房屋权界线、四面墙体的归属和楼梯、走道等部位以及门牌号、所在层次、户号、室号、房屋建筑面积和房屋边长等。

5. 房产面积测算

房产面积测算分为房屋面积测算和用地面积测算两类。

房屋面积测算包括房屋建筑面积、共有建筑面积、产权面积、使用面积等测算。用地面积测算包括房屋占地面积、其他用途的土地面积测算以及各项地类面积的测算。

6. 房产变更测量

房产变更测量分为现状变更测量和权属变更测量。

现状变更测量包括房屋的新建、拆迁、改建、扩建、房屋建筑结构、层数、附属设施、地名、门牌号以及用地分类面积的变化等。权属变更测量包括房屋权属转移、土地使用权界的变化以及他项权利范围的变化和注销。

7. 成果资料的检查与验收

房产测量成果实行二级检查一级验收制。

一级检查为过程检查，在全面自检、互查的基础上，由作业组的专职或兼职检查人员承担。二级检查由施测单位的质量检查机构和专职检查人员在一级检查的基础上进行。检查验收工作应在二级检查合格后由房产测绘单位的主管机关实施。

8.3.3 房产测绘的管理

1. 部门职能

（1）国务院自然资源主管部门和国务院建设行政主管部门根据国务院确定的职责分工负责房产测绘及成果应用的监督管理。

（2）省、自治区、直辖市人民政府自然资源主管部门和省、自治区人民政府建设行政主管部门、直辖市人民政府房地产行政主管部门根据省、自治区、直辖市人民政府确定的职责分工负责房产测绘及成果应用的监督管理。

2. 房产测绘的委托

（1）有下列情形之一的，房屋权利申请人、房屋权利人或者其他利害关系人应当委托房产测绘单位进行房产测绘：申请产权初始登记的房屋；自然状况发生变化的房屋；房屋权利人或者其他利害关系人要求测绘的房屋。

委托房产测绘的，委托人与房产测绘单位应当签订书面房产测绘合同。房产测绘单位应当是独立的经济实体，与委托人不得有利害关系。

（2）房产管理中需要的房产测绘，由房地产行政主管部门委托房产测绘单位进行。房产测绘所需费用由委托人支付。房产测绘收费标准按照国家有关规定执行。

3. 成果管理

（1）用于房屋权属登记等房产管理的房产测绘成果，房地产行政主管部门应当对测绘成果的适用性、界址点准确性、面积测算依据与方法等内容进行审核。审核后的房产测绘成果纳入房产档案统一管理。

（2）向国（境）外团体和个人提供、赠送、出售未公开的房产测绘成果资料，委托国（境）外机构印制房产测绘图件，应当按照《中华人民共和国测绘法》和《测绘成果管理条例》以及国家安全、保密等有关规定办理。

（3）当事人对房产测绘成果有异议的，可以委托国家认定的房产测绘成果鉴定机构鉴定。

4. 法律责任

房产测绘单位有下列情况之一的，由县级以上房地产行政主管部门给予警告并责令限期改正，并可处以一万元以上三万元以下的罚款；情节严重的，由发证机关予以降级或取消其房产测绘资格：在房产面积测算中不执行国家标准、规范和规定的；在房产面积测算中弄虚作假、欺骗房屋权利人的；房产面积测算失误，造成重大损失的。

8.4　海域权属测绘

8.4.1　海域的概念和特征

1. 海域的概念

海域是指海洋的一定范围，是由一定范围内的海面、水体、海床及其底土所构成的立体空间。在地理上，海域泛指海洋的所有组成部分。依据法律地位的不同，可划分为内海、领海、毗连区、群岛水域、专属经济区、大陆架、公海、国际海底区域、用于国际航行的海峡等。

根据《中华人民共和国海域使用管理法》，海域特指中华人民共和国内水、领海的水面、水体、海床和底土。内水是指中华人民共和国领海基线向陆地一侧至海岸线的海域。

2. 海域的特征

1）资源性

海域是资源的宝库，海面有娱乐资源、港口资源，水体中有渔业资源，海床和底土有矿产资源等。海域在人类生产、生活中占有十分重要的地位。从海水养殖、旅游开发、矿藏开发、能源利用，海域资源不断为人们开发利用。

2）立体性

海域是立体性的，它自上而下可以划分为水面、水体、海床和底土四部分，各部分纵横交错，是一个有机结合的整体。海域的立体性决定了海域内所蕴含的资源也是立体的，并且只要对各种资源的利用相互间不冲突，就可以对其同时进行开发利用。

3）特定性

海域的各组成部分可以成为无数个特定、具体和相对独立的物。但海域也具有功能的多宜性和水体的流动性等特点，是一个无法截然分开的空间资源整体。

8.4.2 海域权属测绘的管理

1.《中华人民共和国海域使用管理法》的规定

《中华人民共和国海域使用管理法》第三条规定：海域属于国家所有，国务院代表国家行使海域所有权。任何单位或者个人不得侵占、买卖或者以其他形式非法转让海域。单位和个人使用海域，必须依法取得海域使用权。

第七条规定：国务院自然资源主管部门负责全国海域使用的监督管理。沿海县级以上地方人民政府自然资源主管部门根据授权，负责本行政区毗邻海域使用的监督管理。

第二十四条规定：海域使用权人在使用海域期间，未经依法批准，不得从事海洋基础测绘。海域使用权人发现所使用海域的自然资源和自然条件发生重大变化时，应当及时报告自然资源主管部门。

2.《测绘法》的规定

《测绘法》第二十三条规定：水利、能源、交通、通信、资源开发和其他领域的工程测量活动，应当执行国家有关的工程测量技术规范。

海域权属测绘相关的技术规范有《海籍调查规范》《宗海图编绘技术规范（试行）》《海域使用面积测量规范》《无居民海岛开发利用测量规范》《填海项目竣工海域使用验收测量报告编写大纲》《填海项目竣工海域使用验收测量技术要求》《海洋观测站点管理办法》等。下面简要介绍前三者。

1）《海籍调查规范（HY/T 124—2009）》

海籍指记载各项目用海的位置、界址、权属、面积、类型、用途、用海方式、使用期限、海域等级、海域使用金征收标准等基本情况的簿册和图件。海籍调查的内容包括权属核查、宗海界址界定、海籍测量、面积量算以及宗海图和海籍图绘制等。海籍调查的成果包括海籍测量数据、海籍调查报告（含宗海图和海籍图）。

（1）权属核查。

权属核查是对本宗海海域使用权的归属进行调查核实，包括调查本宗海的申请人或使用权人、用海类型、坐落位置以及与相邻宗海的位置与界址关系等。

（2）宗海界址界定。

宗海界址界定的流程包括宗海分析、用海类型与方式确定、宗海内部单元划分、宗海平面界址界定、宗海垂向范围界定。

（3）海籍测量。

海籍测量主要内容包括平面控制测量、界址点测量或推算。海籍测量的对象是界址点及其他用于推算界址点坐标的标志点。界址点测量一般采用 GPS 定位法、解析交会法和极坐标定位法进行施测。根据实测数据，采用解析法解算出实测标志点或界址点的点位坐标。

（4）面积量算。

面积计算是指对宗海及各内部单元的面积解算。面积计算方法采用坐标解析法，通过手工或计算机图形处理系统计算面积。面积计算单位为平方米，结果取整数。转换为公顷时，保留 4 位小数。

（5）宗海图和海籍图绘制。

海籍测量结束后，应依据“海籍现场测量记录表”“界址点坐标记录表”和“宗海及内部单元记录表”等绘制宗海图、修订海籍图。宗海图精确记载宗海位置、界址点、界址线及与相邻宗海关系，是申明海域使用权属的重要依据。海籍图反映所辖海域内的宗海分布情况，主要内容包括已明确的行政界线；水深渲染、毗邻陆域要素（岸线、地名等）、明显标志物；各宗海界址点及界址线、登记编号、项目名称、海籍测量平面控制点及必要的图饰等。

2）《宗海图编绘技术规范（试行）》

宗海是指被权属界址线所封闭的用海单元，宗海图是指记载宗海位置、界址点、界址线及其与相邻宗海位置关系的各类图件的总称。

宗海图包括宗海位置图和宗海界址图。当宗海位置图无法清晰反映各宗海间相对位置关系时，应增加宗海平面布置图。

（1）宗海位置图是指反映项目用海地理位置、平面轮廓及其与周边重要地物位置关系的图件。

（2）宗海界址图是指反映宗海及内部单元的界址点分布、界址范围、用海面积、用途、用海方式及其相邻宗海信息的图件。

（3）宗海平面布置图是指反映同一用海项目内多宗宗海之间平面布置、位置关系的图件。

3）《海域使用面积测量规范（HY 070—2003）》

（1）测量方法。

海域使用面积测量可采用测距仪与经纬仪交会法、全站仪极坐标法和信标差分 GPS（RBN-DGPS）法、自设岸台差分 GPS 法、广域差分 GPS 法、载波相位 GPS（RTK）法，其中潮间带面积测量宜采用测距仪与经纬仪交会法、全站仪极坐标法，来测量海域界线拐点的坐标值，然后计算其面积。

（2）测量误差。

所测海域离岸 20 km 以内，测量误差优于 ± 1 m；所测海域离岸 20 ~ 50 km，测量误差优于 ± 3 m；所测海域离岸 50 km 以外，测量误差优于 ± 5 m。

（3）测量成果。

海域使用面积测量成果包括使用海域平面位置图、测量数据和测量成果说明。

① 使用海域平面位置图内容一般包括：海域名称、图幅编号、海岸线、等深线、居民区、典型地物标志及其地理名称、海陆使用界线、测量起算点和拐点等，起算点和主要拐点应注记坐标值（经纬度）。

② 测量数据包括作业中形成的原始数据及计算的面积，以计算机数据文件形式保存。

③ 测量成果说明包括：测区位置与范围、自然地理条件等；技术依据、仪器设备和作业情况；测量计划执行情况、测量方法要点；测量成果和数据处理的评估。

8.5 建立地理信息系统

8.5.1 地理信息系统的概念

地理信息系统（简称 GIS）是在计算机软、硬件技术的支持下，对整个或部分地球表层的地理分布数据进行采集、存储、管理、分析以及再现，以提供对规划、管理、决策和研究所需信息的空间信息系统。地理信息系统包括地理信息数据采集、地理信息数据处理、地理信息系统及数据库建设、地面移动测量、地理信息软件开发等内容。

8.5.2 地理信息系统的组成和功能

地理信息系统一般包括五个主要部分：系统硬件、软件系统、空间数据、用户和应用模型。

1. 硬件系统

硬件系统是系统中实际物理设备的总称，主要包括计算机主机、输入设备、存储设备、输出设备及网络设备等。

（1）计算机主机包括机箱内部的各种硬件。

（2）输入设备包括数字化仪、图像扫描仪、手写笔、光笔等。

（3）存储设备包括光盘刻录机、磁带机、磁盘阵列、光盘塔、移动硬盘等。

（4）输出设备包括笔式绘图仪、喷墨绘图仪（打印机）、激光打印机等。

（5）网络设备包括集线器、网桥、交换机、路由器、网关等。

硬件系统是 GIS 的物理外壳，GIS 的规模、精度、速度、功能、形式、使用方法，甚至软件等都受到硬件指标的支持或制约。

2. 软件系统

地理信息系统的软件系统是整个系统的核心部分，用于执行地理信息系统功能的各种操作，包括数据的输入、处理、管理、分析等。软件系统包括三类软件：

（1）操作系统软件。操作系统软件主要指计算机操作系统，提供各种应用程序运行的环境以及用户操作环境。

（2）GIS 功能软件。GIS 功能软件通常可以分为 GIS 基础软件平台和 GIS 应用软件两类。

（3）GIS 基础支撑软件。基础支撑软件主要包括各种系统库软件和数据库软件等。

3. 空间数据

空间数据是地理信息的载体，是地理信息系统的操作对象，是地理信息系统的重要组成部分。空间数据描述着地理实体的空间特征、属性特征以及时间特征，其中，空间特征是指地理实体的空间位置及相互关系；属性特征表示地理实体的名称、数量、质量、类型等；时间特征是指实体随时间而发生的变化。

4. 用户和应用模型

用户是对系统进行组织、管理、维护、数据更新、系统扩充完善以及应用程序开发，并利用 GIS 的分析模型提供的多种信息为生产和决策服务的应用人员。

应用模型是为了某一特定的实际工作而建立的运用地理信息系统的解决方案。应用模型是人们对客观世界的规律性认识，再经过从概念世界到信息世界的映射，反映了人类对客观世界的利用、改造的能动作用，是 GIS 技术产生社会经济效益的关键所在。

8.5.3　建立地理信息系统的规定

《测绘法》第二十四条规定：建立地理信息系统，应当采用符合国家标准的基础地理信息数据。

1. 基础地理信息数据的概念

基础地理信息数据是作为统一的空间定位框架和空间分析基础的地理信息数据，该数据反映和描述了地球表面测量控制点、水系、居民地及设施、交通、管线、境界与政区、地貌、植被与土质、地籍、地名等有关自然和社会要素的位置、形态和属性等信息。

2. 基础地理信息数据的国家标准

根据《基础地理信息标准数据基本规定（GB 21139—2007）》，基础地理信息标准数据包括数学基础、数据内容、生产过程和数据认定 4 个方面。

1）数学基础

（1）平面坐标系应采用国家规定的统一坐标系；确有必要时，可采用依法批准的独立坐标系。

（2）高程系应采用 1985 国家高程基准或 1956 年黄海高程系；确有必要时，可采用与国家高程基准建立联系的独立高程系。深度基准应采用理论最低潮面。

（3）比例尺系列应为：1 : 500、1 : 1 000、1 : 2 000、1 : 5 000、1 : 10 000、1 : 25 000、1 : 50 000、1 : 100 000、1 : 250 000、1 : 500 000、1 : 1 000 000。

（4）地图投影方式应为：1 : 1 000 000 采用正轴等角割圆锥投影；1 : 25 000、1 : 500 000 采用高斯-克吕格投影，按 6°分带；1 : 500 ~ 1 : 10 000 采用高斯-克吕格投影，按 3°分带，确有必要时，按 1.5°分带。

（5）若以图幅为单元，1 : 500 ~ 1 : 2 000 分幅与编号按 GB/T 20257.1 执行；1 : 5 000 ~ 1 : 1 000 000 分幅与编号按 GB/T 13989 执行。

2）数据内容

基础地理信息标准数据必须是（1）~（12）中的一条或多条的组合，并应采用国家标准或测绘行业标准建立元数据。元数据的标准详见本书相关章节内容。

（1）测量控制点数据。

测量控制点数据应包括平面控制点、高程控制点、天文点、重力点、卫星定位控制点和其他测量控制点的位置、属性及点之记。其中，平面控制点包括大地原点，一、二、三、四等三角点，一、二、三、四等导线点；高程控制点包括水准原点，一、二、三、四等水准点；天文点包括天文主点，一、二、三、四等天文点；重力点包括基准点，基本点，一等、二等重力点，加密点；卫星定位控制点包括 AA 级（连续运行站），A、B、C、D、E 级点；其他测量控制点包括城市等级测量控制点、像控点等。

（2）水系数据。

水系数据应包括河流、沟渠、湖泊、水库、海洋要素、其他水系要素和水利及附属设施的位置及属性。

（3）居民地及设施数据。

居民地及设施数据应包括居民地、工矿及其设施、农业及其设施、公共服务及其设施、名胜古迹、宗教设施、科学观测站和其他建筑物及其设施的位置及属性。

（4）交通数据。

交通数据应包括铁路、城际公路、城市道路、乡村道路、道路构造物及附属设施、水运设施、航道、空运设施和其他交通设施的位置及属性。

（5）管线数据。

管线数据应包括输电线、通信线、油（气、水）输送主管道和城市管线的位置及属性。其中，1∶2 000 以下比例尺可以不含城市管线数据，1∶100 000 以下比例尺可以不含输电线数据。

（6）境界与政区数据。

境界与政区数据应包括国界、未定国界、国内各级行政区划界线（省级行政区、地级行政区、县级行政区和乡级行政区）和其他区域界线（村界、特殊地区界和自然保护区界等）的位置及属性。

（7）地貌数据。

地貌数据应包括等高线、高程点注记、数字高程模型、水域等值线、水下注记点、自然地貌和人工地貌的位置及属性。

（8）植被与土质数据。

植被数据应包括天然和人工植被的位置及属性。土质数据应包括沙地、戈壁、盐碱地、裸土地、荒漠和苔原的位置及属性。

（9）地名数据。

地名数据应包括自然的和人文的地理实体的名称、位置及属性。

（10）数字正射影像数据。

数字正射影像数据是经过辐射校正和几何校正，并进行投影差改正处理的影像；影像可以是全色的或彩色的，也可以是多光谱的，有时附之以主要居民地、地名和境界等矢量数据。

（11）地籍测量数据。

地籍测量数据应包括地籍（子）区、界址线、界址点和其他重要界标设施的位置以及含有坐落、土地使用者或所有者和土地等级信息等的属性。1∶2 000 以下比例尺可以不含地籍测量数据。

（12）其他数据。

依法公布的重要地理信息数据和国务院自然资源主管部门依法组织施测的其他基础地理信息数据。

3）生产过程

（1）设计书应依据充分、格式规范，并经项目主管部门审批认可。设计书内容应包括项目来源、目标、工作内容、资料收集与分析利用、技术路线及工艺流程、采用的标准、提交的成果及主要技术指标、质量保障措施和组织实施方案等。

（2）利用的资料和数据源应符合设计书的要求，有国家标准、行业标准或地方标准的，应符合相应的标准。

（3）生产过程中采用的技术方法应符合设计书的要求。其中，采用的基础标准和产品标准应符合现行的相关国家标准。有明确要求的作业方法，应遵循相关规定。

（4）生产质量控制应严格执行过程检查、最终检查和验收制度，以及设计书规定的其他质量控制要求。

（5）质量检查由生产单位完成，验收由项目主管部门组织或委托有关单位实施。

（6）使用的仪器设备应按照国家有关规定进行检定或校准。

4）数据认定

（1）大地原点，一、二等平面控制点数据，水准原点，一、二等水准点数据，天文点数据，重力点数据，AA 级、A 级和 B 级卫星定位控制点数据，1∶25 000、1∶50 000、1∶100 000、1∶250 000、1∶500 000、1∶1 000 000 基础地理信息数据（不含测量控制点数据），重要地理信息数据和国务院自然资源主管部门依法组织施测的其他基础地理信息数据，由国务院自然资源主管部门授权的机构认定，或依法律法规规定的程序审核批准。其他等级测量控制点数据，1∶500、1∶1 000、1∶2 000、1∶5 000、1∶10 000 基础地理信息数据（不含测量控制点数据），由数据表现地的省级自然资源主管部门授权的机构认定。

（2）数据认定时，申请认定的单位应提供数据生产单位相应的测绘资质证明文件、数据生产设计书、数据经注册测绘师签字认可的证明文件和依照规定进行验收的完整文档。

根据《测绘成果质量监督抽查与数据认定规定（GB/H 1018—2009）》，数据认定的内容为：

① 生产单位合法性：基础地理信息数据生产单位是否具有相应的测绘资质及业务范围。

② 数学基础符合性：平面坐标系、高程系、比例尺、地图投影方式、分幅及编号是否符合规定要求。

③ 数据内容符合性：数据内容是否属于基础地理信息标准数据所需要认定的范畴，数据内容是否完整并符合设计书要求等。

④ 生产过程符合性：包括数据生产设计书的内容、审批认可程序的符合性；利用的资料和数据源的符合性；采用技术方法的符合性；质量控制的有效性；仪器设备计量检定或校准的符合性。

数据认定的方法为下列方法的一种或组合：

① 资料审核：审核数据生产设计书、技术总结、数据成果、数据生产质量控制资料、检查及验收的全部文档资料、仪器设备检定证书、资质证书，经注册测绘师签字并加盖执业印章或单位技术负责人签字的数据证明文件等资料。

② 专家评审：召开相关专家会议，由数据生产单位介绍基础地理信息数据获取过程、成果质量等，由专家组认定数据的符合性。

③ 关键参数测试：认定机构对关键参数有疑问时，应对基础地理信息数据的关键参数进行测试，作为数据认定的依据。

④ 现场核查：当有必要时，质量控制有效性可以通过现场核查的方式进行认定。

8.6 地理国情监测

8.6.1 地理国情监测的概念

地理国情监测是综合利用全球卫星导航定位技术、航空航天遥感技术、地理信息系统技术等现代测绘技术，综合各时期已有测绘成果档案，对地形、水系、交通、地表覆盖等要素进行动态和定量化、空间化的监测，并统计分析其变化量、变化频率、分布特征、地域差异、变化趋势等，形成反映各类资源、环境、生态、经济要素的空间分布及其发展变化规律的监测数据、地图图件和研究报告。

概括地说，地理国情监测是以地球表层的自然、生物和人文这三个方面的空间变化和它们之间的相互关系特征为基础内容，对构成国家物质基础的各种条件要素进行宏观性、综合性、整体性的调查、分析和描述。

8.6.2 基础性地理国情监测的内容

基础性地理国情监测是面向通用目标，以获取持续、稳定、标准和全覆盖的时间序列化地理国情信息数据为目的，针对地表形态、地表覆盖以及水系、道路等要素，在全国范围内进行的周期性、常态化监测活动。

根据《基础性地理国情监测内容与指标（CH/T 9029—2019）》，基础性地理国情监测主要包括地表覆盖分类、重要要素和地表形态三个方面：

（1）地表覆盖分类信息反映地表自然营造物和人工建造物的自然属性或状况。地表覆盖不同于土地利用，一般不侧重于土地的社会属性（人类对土地的利用方式和目的意图）等。该数据应无缝覆盖全部采集区域，几何类型为面或栅格。

（2）重要要素信息反映与社会经济生活密切相关、具有较为稳定的空间范围或边界、具有或可以明确标识、有独立监测和统计分析意义的重要地物及其属性。如城市、道路、设施和管理区域等人文要素实体，湖泊、河流、沼泽、沙漠等自然要素实体，以及高程带、平原、盆地等自然地理单元。该数据按指标采集，几何类型为点、线、面。

（3）地表形态数据反映地表的地形及地势特征，也间接反映地貌形态。地表形态宜用数字高程模型表示。

基础性地理国情监测内容分为 10 个一级类，59 个二级类，143 个三级类。10 个一级类包括：种植土地、林草覆盖、房屋建筑（区）、铁路与道路、建筑物、人工堆掘地、荒漠与裸露地、水域、地理单元、地形。其中地理单元是指按照规划、管理、识别或利用的需求，按一定尺度和性质将多种地理要素组合在一起而形成的空间单位。

8.6.3　地理国情监测的管理

《测绘法》第二十六条规定：县级以上人民政府测绘地理信息主管部门应当会同本级人民政府其他有关部门依法开展地理国情监测，并按照国家有关规定严格管理、规范使用地理国情监测成果。各级人民政府应当采取有效措施，发挥地理国情监测成果在政府决策、经济社会发展和社会公众服务中的作用。

第 9 章　测量标志管理

9.1　测量标志

9.1.1　测量标志的概念

测量标志是在陆地和海洋标定测量控制点位置的标石、觇标以及其他标记的总称。标石一般埋设于地下，用于测量和标定控制点地理位置、高程、重力等；觇标是建在地面上或其他建筑物上的测量专用标架，作为观测照准目标和提供提升仪器。

根据用途和使用年限，测量标志可分为永久性测量标志和临时性测量标志。永久性测量标志，是指各等级的三角点、基线点、导线点、军用控制点、重力点、天文点、水准点和卫星定位点的木质觇标、钢质觇标和标石标志，以及用于地形测图、工程测量和变形测量的固定标志和海底大地点设施。此外，还有一些重要的永久性测量标志，如国家基准性的测量标志，包括国家大地原点、水准原点、重力基准点等。临时性测量标志是测绘单位在测量过程中设置和使用，工作结束后不需长期保存的标志和标记。如测站点的木桩、活动觇标、测杆、航空摄影测量的地面标志、绘在地面或建筑物上的标记等。

9.1.2　测量标志的特征

测量标志是国家的一种重要的基础设施和宝贵财富，它对经济建设、国防建设和社会发展具有重要的作用。测量标志具有如下特征：

1）空间位置精确性

每一个永久性的测量标志都是经过测绘工作者精心建设和测量后保存下来的，它们不仅仅是一个建筑物，更重要的是每一个标志都有精确的平面位置和高程数据，任何损坏或移动都会造成难以挽回的损失。因而，应严禁损毁或者擅自移动地下或者地上的永久性测量标志以及使用中的临时性测量标志。

2）永久性测量标志占领土地，有安全控制范围

为了保证测量标志的使用效能和安全，建设永久性测量标志需要占用土地，或者在建筑

物上建设，有关单位和个人不得干扰和阻挠。同时，任何单位和个人不得侵占永久性测量标志用地。

3）测量标志高度分散，遍布全国

永久性测量标志有的建设在空旷无人地区，很多分布在农村、山区、沙漠、戈壁等地区，遍布全国各个角落。

4）永久性测量标志须长期保存和使用

永久性测量标志是测绘、土地、规划、建设、军事、科研工作的基础设施，是将长期服务于国家经济建设和科学研究。

9.1.3　测量标志的立法

全国人大、国务院和中央军委高度重视测量标志的保护。1955 年 12 月 29 日，国务院、中央军委颁布了《关于长期保护测量标志的命令》；1979 年 7 月第五届全国人民代表大会第二次会议通过的《中华人民共和国刑法》中规定：故意破坏国家边境界碑、界桩或者永久性测量标志的处三年以下有期徒刑或者拘役；1981 年 9 月 12 日，国务院、中央军委联合发布了《关于长期保护测量标志的通告》；1984 年 1 月 7 日，国务院公布了《测量标志保护条例》；1992 年 12 月 28 日发布的《中华人民共和国测绘法》中专设了“测量标志保护”一章；1996 年 9 月 4 日，国务院发布了《中华人民共和国测量标志保护条例》；2010 年 12 月 30 日，原国家测绘局发布了《国家永久性测量标志拆迁审批程序规定》等，这些都说明了保护测量标志工作的重要性。

9.2　测量标志的管理

9.2.1　部门职能

中华人民共和国测量标志保护条例

《测量标志保护条例》第五条规定：国务院自然资源主管部门主管全国的测量标志保护工作。国务院其他有关部门按照国务院规定的职责分工，负责管理本部门专用的测量标志保护工作。

县级以上地方人民政府自然资源主管部门负责本行政区域内的测量标志保护工作。乡级人民政府应当做好本行政区域内的测量标志保护管理工作。

军队测绘主管部门负责管理军事部门测量标志保护工作，并按照国务院、中央军事委员会规定的职责分工负责管理海洋基础测量标志保护工作。

9.2.2 测量标志的建立

《测量标志保护条例》第八至十条规定：设置永久性测量标志，应当符合下列要求：使用国家规定的测绘基准和测绘标准；选择有利于测量标志长期保护和管理的点位；符合法律、法规规定的其他要求。

设置永久性测量标志的，应当对永久性测量标志设立明显标记；设置基础性测量标志的，还应当设立由国务院自然资源主管部门统一监制的专门标牌。

建设永久性测量标志需要占用土地的，地面标志占用土地的范围为 36 ~ 100 m^2，地下标志占用土地的范围为 16 ~ 36 m^2。设置永久性测量标志，需要依法使用土地或者在建筑物上建设永久性测量标志的，有关单位和个人不得干扰和阻挠。

9.2.3 测量标志的保管

（1）国家对测量标志实行义务保管制度。设置永久性测量标志的部门应当将永久性测量标志委托测量标志设置地的有关单位或者人员负责保管，签订测量标志委托保管书，明确委托方和被委托方的权利和义务，并由委托方将委托保管书抄送乡级人民政府和县级以上人民政府管理测绘工作的部门备案。

（2）负责保管测量标志的单位和人员，应当对其所保管的测量标志经常进行检查；发现测量标志有被移动或者损毁的情况时，应当及时报告当地乡级人民政府，并由乡级人民政府报告县级以上地方人民政府管理测绘工作的部门。

（3）负责保管测量标志的单位和人员有权制止、检举和控告移动、损毁、盗窃测量标志的行为，任何单位或者个人不得阻止和打击报复。

（4）保管测量标志的人员应当查验测量标志使用后的完好状况。

9.2.4 测量标志的保护

国家级测量标志分类保护方案

1. 部门职能

县级以上人民政府应当采取有效措施加强测量标志的保护工作。县级以上人民政府测绘地理信息主管部门应当按照规定检查、维护永久性测量标志。乡级人民政府应当做好本行政区域内的测量标志保护工作。

2. 禁止行为

《测量标志保护条例》第二十二条规定：测量标志受国家保护，禁止下列有损测量标志安全和使测量标志失去使用效能的行为：

（1）损毁或者擅自移动地下或者地上的永久性测量标志以及使用中的临时性测量标志的。

（2）在测量标志占地范围内烧荒、耕作、取土、挖沙或者侵占永久性测量标志用地的。

（3）在距永久性测量标志 50 m 范围内采石、爆破、射击、架设高压电线的。

（4）在测量标志的占地范围内，建设影响测量标志使用效能的建筑物的。

（5）在测量标志上架设通信设施、设置观望台、搭帐篷、拴牲畜或者设置其他有可能损毁测量标志的附着物的。

（6）擅自拆除设有测量标志的建筑物或者拆除建筑物上的测量标志的。

（7）其他有损测量标志安全和使用效能的。

9.2.5　永久性测量标志的拆迁

1. 申　请

进行工程建设，应当避开永久性测量标志；确实无法避开，需要拆迁永久性测量标志或者使永久性测量标志失去使用效能的，工程建设单位应当通知负责保管测量标志的有关单位和人员，并由工程建设单位提出申请。

但是不得申请拆迁下列永久性测量标志或者使其失去使用效能：国家大地原点；国家水准原点；国家绝对重力点；全球定位系统连续运行基准站（GNSS）；基线检测场点；在全国测绘基准体系和测绘系统中具有关键作用的控制点。

2. 审　批

（1）拆迁基础性测量标志或者使基础性测量标志失去使用效能的，由国务院测绘行政主管部门或者省、自治区、直辖市人民政府管理测绘工作的部门批准。

（2）拆迁部门专用的永久性测量标志或者使部门专用的永久性测量标志失去使用效能的，应当经设置测量标志的部门同意，并经省、自治区、直辖市人民政府管理测绘工作的部门批准。

3. 迁建费用

经批准拆迁部门专用的测量标志或者使部门专用的测量标志失去使用效能的，工程建设单位应当按照国家有关规定向设置测量标志的部门支付迁建费用；设置测量标志的部门查找不到的，工程建设单位应当按照国家有关规定向省、自治区、直辖市人民政府管理测绘工作的部门支付迁建费用。

9.2.6　测量标志的使用

1. 有偿使用和无偿使用

国家对测量标志实行有偿使用；但是，使用测量标志从事军事测绘任务的除外。

2. 使用要求

测绘人员使用永久性测量标志，应当持有测绘工作证件，并接受县级以上人民政府管理测绘工作的部门的监督和负责保管测量标志的单位和人员的查询，确保测量标志完好。

3. 法律责任

1）《测绘法》的规定

《测绘法》第六十四条规定：违反规定，有下列行为之一的，给予警告，责令改正，可以并处二十万元以下的罚款；对直接负责的主管人员和其他直接责任人员，依法给予处分；造成损失的，依法承担赔偿责任；构成犯罪的，依法追究刑事责任：

案例 8

（1）损毁、擅自移动永久性测量标志或者正在使用中的临时性测量标志。

（2）侵占永久性测量标志用地。

（3）在永久性测量标志安全控制范围内从事危害测量标志安全和使用效能的活动。

（4）擅自拆迁永久性测量标志或者使永久性测量标志失去使用效能，或者拒绝支付迁建费用。

（5）违反操作规程使用永久性测量标志，造成永久性测量标志毁损。

2）《测量标志保护条例》的规定

《测量标志保护条例》第二十三条规定：有下列行为之一的，给予警告，并可以根据情节处以 5 万元以下的罚款；对负有直接责任的主管人员和其他直接责任人员，依法给予行政处分；造成损失的，应当依法承担赔偿责任：

（1）干扰或者阻挠测量标志建设单位依法使用土地或者在建筑物上建设永久性测量标志的。

（2）工程建设单位未经批准擅自拆迁永久性测量标志或者使永久性测量标志失去使用效能的，或者拒绝按照国家有关规定支付迁建费用的。

（3）违反测绘操作规程进行测绘，使永久性测量标志受到损坏的。

（4）无证使用永久性测量标志并且拒绝县级以上人民政府管理测绘工作的部门监督和负责保管测量标志的单位和人员查询的。

附录1 《中华人民共和国测绘法》

（1992年12月28日第七届全国人民代表大会常务委员会第二十九次会议通过，2002年8月29日第九届全国人民代表大会常务委员会第二十九次会议第一次修订，2017年4月27日第十二届全国人民代表大会常务委员会第二十七次会议第二次修订。）

第一章 总 则

第一条 为了加强测绘管理，促进测绘事业发展，保障测绘事业为经济建设、国防建设、社会发展和生态保护服务，维护国家地理信息安全，制定本法。

第二条 在中华人民共和国领域和中华人民共和国管辖的其他海域从事测绘活动，应当遵守本法。

本法所称测绘，是指对自然地理要素或者地表人工设施的形状、大小、空间位置及其属性等进行测定、采集、表述，以及对获取的数据、信息、成果进行处理和提供的活动。

第三条 测绘事业是经济建设、国防建设、社会发展的基础性事业。各级人民政府应当加强对测绘工作的领导。

第四条 国务院测绘地理信息主管部门负责全国测绘工作的统一监督管理。国务院其他有关部门按照国务院规定的职责分工，负责本部门有关的测绘工作。

县级以上地方人民政府测绘地理信息主管部门负责本行政区域测绘工作的统一监督管理。县级以上地方人民政府其他有关部门按照本级人民政府规定的职责分工，负责本部门有关的测绘工作。

军队测绘部门负责管理军事部门的测绘工作，并按照国务院、中央军事委员会规定的职责分工负责管理海洋基础测绘工作。

第五条 从事测绘活动，应当使用国家规定的测绘基准和测绘系统，执行国家规定的测绘技术规范和标准。

第六条 国家鼓励测绘科学技术的创新和进步，采用先进的技术和设备，提高测绘水平，推动军民融合，促进测绘成果的应用。国家加强测绘科学技术的国际交流与合作。

对在测绘科学技术的创新和进步中做出重要贡献的单位和个人，按照国家有关规定给予奖励。

第七条 各级人民政府和有关部门应当加强对国家版图意识的宣传教育，增强公民的国家版图意识。新闻媒体应当开展国家版图意识的宣传。教育行政部门、学校应当将国家版图意识教育纳入中小学教学内容，加强爱国主义教育。

第八条 外国的组织或者个人在中华人民共和国领域和中华人民共和国管辖的其他海域从事测绘活动，应当经国务院测绘地理信息主管部门会同军队测绘部门批准，并遵守中华人民共和国有关法律、行政法规的规定。

外国的组织或者个人在中华人民共和国领域从事测绘活动，应当与中华人民共和国有关部门或者单位合作进行，并不得涉及国家秘密和危害国家安全。

第二章　测绘基准和测绘系统

第九条　国家设立和采用全国统一的大地基准、高程基准、深度基准和重力基准，其数据由国务院测绘地理信息主管部门审核，并与国务院其他有关部门、军队测绘部门会商后，报国务院批准。

第十条　国家建立全国统一的大地坐标系统、平面坐标系统、高程系统、地心坐标系统和重力测量系统，确定国家大地测量等级和精度以及国家基本比例尺地图的系列和基本精度。具体规范和要求由国务院测绘地理信息主管部门会同国务院其他有关部门、军队测绘部门制定。

第十一条　因建设、城市规划和科学研究的需要，国家重大工程项目和国务院确定的大城市确需建立相对独立的平面坐标系统的，由国务院测绘地理信息主管部门批准；其他确需建立相对独立的平面坐标系统的，由省、自治区、直辖市人民政府测绘地理信息主管部门批准。

建立相对独立的平面坐标系统，应当与国家坐标系统相联系。

第十二条　国务院测绘地理信息主管部门和省、自治区、直辖市人民政府测绘地理信息主管部门应当会同本级人民政府其他有关部门，按照统筹建设、资源共享的原则，建立统一的卫星导航定位基准服务系统，提供导航定位基准信息公共服务。

第十三条　建设卫星导航定位基准站的，建设单位应当按照国家有关规定报国务院测绘地理信息主管部门或者省、自治区、直辖市人民政府测绘地理信息主管部门备案。国务院测绘地理信息主管部门应当汇总全国卫星导航定位基准站建设备案情况，并定期向军队测绘部门通报。

本法所称卫星导航定位基准站，是指对卫星导航信号进行长期连续观测，并通过通信设施将观测数据实时或者定时传送至数据中心的地面固定观测站。

第十四条　卫星导航定位基准站的建设和运行维护应当符合国家标准和要求，不得危害国家安全。

卫星导航定位基准站的建设和运行维护单位应当建立数据安全保障制度，并遵守保密法律、行政法规的规定。

县级以上人民政府测绘地理信息主管部门应当会同本级人民政府其他有关部门，加强对卫星导航定位基准站建设和运行维护的规范和指导。

第三章　基础测绘

第十五条　基础测绘是公益性事业。国家对基础测绘实行分级管理。

本法所称基础测绘，是指建立全国统一的测绘基准和测绘系统，进行基础航空摄影，获取基础地理信息的遥感资料，测制和更新国家基本比例尺地图、影像图和数字化产品，建立、更新基础地理信息系统。

第十六条 国务院测绘地理信息主管部门会同国务院其他有关部门、军队测绘部门组织编制全国基础测绘规划，报国务院批准后组织实施。

县级以上地方人民政府测绘地理信息主管部门会同本级人民政府其他有关部门，根据国家和上一级人民政府的基础测绘规划及本行政区域的实际情况，组织编制本行政区域的基础测绘规划，报本级人民政府批准后组织实施。

第十七条 军队测绘部门负责编制军事测绘规划，按照国务院、中央军事委员会规定的职责分工负责编制海洋基础测绘规划，并组织实施。

第十八条 县级以上人民政府应当将基础测绘纳入本级国民经济和社会发展年度计划，将基础测绘工作所需经费列入本级政府预算。

国务院发展改革部门会同国务院测绘地理信息主管部门，根据全国基础测绘规划编制全国基础测绘年度计划。

县级以上地方人民政府发展改革部门会同本级人民政府测绘地理信息主管部门，根据本行政区域的基础测绘规划编制本行政区域的基础测绘年度计划，并分别报上一级部门备案。

第十九条 基础测绘成果应当定期更新，经济建设、国防建设、社会发展和生态保护急需的基础测绘成果应当及时更新。基础测绘成果的更新周期根据不同地区国民经济和社会发展的需要确定。

第四章 界线测绘和其他测绘

第二十条 中华人民共和国国界线的测绘，按照中华人民共和国与相邻国家缔结的边界条约或者协定执行，由外交部组织实施。中华人民共和国地图的国界线标准样图，由外交部和国务院测绘地理信息主管部门拟定，报国务院批准后公布。

第二十一条 行政区域界线的测绘，按照国务院有关规定执行。省、自治区、直辖市和自治州、县、自治县、市行政区域界线的标准画法图，由国务院民政部门和国务院测绘地理信息主管部门拟定，报国务院批准后公布。

第二十二条 县级以上人民政府测绘地理信息主管部门应当会同本级人民政府不动产登记主管部门，加强对不动产测绘的管理。

测量土地、建筑物、构筑物和地面其他附着物的权属界址线，应当按照县级以上人民政府确定的权属界线的界址点、界址线或者提供的有关登记资料和附图进行。权属界址线发生变化的，有关当事人应当及时进行变更测绘。

第二十三条 城乡建设领域的工程测量活动，与房屋产权、产籍相关的房屋面积的测量，应当执行由国务院住房城乡建设主管部门、国务院测绘地理信息主管部门组织编制的测量技术规范。

水利、能源、交通、通信、资源开发和其他领域的工程测量活动，应当执行国家有关的工程测量技术规范。

第二十四条 建立地理信息系统，应当采用符合国家标准的基础地理信息数据。

第二十五条 县级以上人民政府测绘地理信息主管部门应当根据突发事件应对工作需要，及时提供地图、基础地理信息数据等测绘成果，做好遥感监测、导航定位等应急测绘保障工作。

第二十六条 县级以上人民政府测绘地理信息主管部门应当会同本级人民政府其他有关部门依法开展地理国情监测，并按照国家有关规定严格管理、规范使用地理国情监测成果。各级人民政府应当采取有效措施，发挥地理国情监测成果在政府决策、经济社会发展和社会公众服务中的作用。

第五章 测绘资质资格

第二十七条 国家对从事测绘活动的单位实行测绘资质管理制度。

从事测绘活动的单位应当具备下列条件，并依法取得相应等级的测绘资质证书，方可从事测绘活动：

（一）有法人资格；

（二）有与从事的测绘活动相适应的专业技术人员；

（三）有与从事的测绘活动相适应的技术装备和设施；

（四）有健全的技术和质量保证体系、安全保障措施、信息安全保密管理制度以及测绘成果和资料档案管理制度。

第二十八条 国务院测绘地理信息主管部门和省、自治区、直辖市人民政府测绘地理信息主管部门按照各自的职责负责测绘资质审查、发放测绘资质证书。具体办法由国务院测绘地理信息主管部门商国务院其他有关部门规定。

军队测绘部门负责军事测绘单位的测绘资质审查。

第二十九条 测绘单位不得超越资质等级许可的范围从事测绘活动，不得以其他测绘单位的名义从事测绘活动，不得允许其他单位以本单位的名义从事测绘活动。

测绘项目实行招投标的，测绘项目的招标单位应当依法在招标公告或者投标邀请书中对测绘单位资质等级做出要求，不得让不具有相应测绘资质等级的单位中标，不得让测绘单位低于测绘成本中标。

中标的测绘单位不得向他人转让测绘项目。

第三十条 从事测绘活动的专业技术人员应当具备相应的执业资格条件。具体办法由国务院测绘地理信息主管部门会同国务院人力资源社会保障主管部门规定。

第三十一条 测绘人员进行测绘活动时，应当持有测绘作业证件。

任何单位和个人不得阻碍测绘人员依法进行测绘活动。

第三十二条 测绘单位的测绘资质证书、测绘专业技术人员的执业证书和测绘人员的测绘作业证件的式样，由国务院测绘地理信息主管部门统一规定。

第六章 测绘成果

第三十三条 国家实行测绘成果汇交制度。国家依法保护测绘成果的知识产权。

测绘项目完成后，测绘项目出资人或者承担国家投资的测绘项目的单位，应当向国务院测绘地理信息主管部门或者省、自治区、直辖市人民政府测绘地理信息主管部门汇交测绘成果资料。属于基础测绘项目的，应当汇交测绘成果副本；属于非基础测绘项目的，应当汇交测绘成果目录。负责接收测绘成果副本和目录的测绘地理信息主管部门应当出具测绘成果汇交凭证，并及时将测绘成果副本和目录移交给保管单位。测绘成果汇交的具体办法由国务院规定。

国务院测绘地理信息主管部门和省、自治区、直辖市人民政府测绘地理信息主管部门应当及时编制测绘成果目录，并向社会公布。

第三十四条 县级以上人民政府测绘地理信息主管部门应当积极推进公众版测绘成果的加工和编制工作，通过提供公众版测绘成果、保密技术处理等方式，促进测绘成果的社会化应用。

测绘成果保管单位应当采取措施保障测绘成果的完整和安全，并按照国家有关规定向社会公开和提供利用。

测绘成果属于国家秘密的，适用保密法律、行政法规的规定；需要对外提供的，按照国务院和中央军事委员会规定的审批程序执行。

测绘成果的秘密范围和秘密等级，应当依照保密法律、行政法规的规定，按照保障国家秘密安全、促进地理信息共享和应用的原则确定并及时调整、公布。

第三十五条 使用财政资金的测绘项目和涉及测绘的其他使用财政资金的项目，有关部门在批准立项前应当征求本级人民政府测绘地理信息主管部门的意见；有适宜测绘成果的，应当充分利用已有的测绘成果，避免重复测绘。

第三十六条 基础测绘成果和国家投资完成的其他测绘成果，用于政府决策、国防建设和公共服务的，应当无偿提供。

除前款规定情形外，测绘成果依法实行有偿使用制度。但是，各级人民政府及有关部门和军队因防灾减灾、应对突发事件、维护国家安全等公共利益的需要，可以无偿使用。

测绘成果使用的具体办法由国务院规定。

第三十七条 中华人民共和国领域和中华人民共和国管辖的其他海域的位置、高程、深度、面积、长度等重要地理信息数据，由国务院测绘地理信息主管部门审核，并与国务院其他有关部门、军队测绘部门会商后，报国务院批准，由国务院或者国务院授权的部门公布。

第三十八条 地图的编制、出版、展示、登载及更新应当遵守国家有关地图编制标准、地图内容表示、地图审核的规定。

互联网地图服务提供者应当使用经依法审核批准的地图，建立地图数据安全管理制度，采取安全保障措施，加强对互联网地图新增内容的核校，提高服务质量。

县级以上人民政府和测绘地理信息主管部门、网信部门等有关部门应当加强对地图编制、出版、展示、登载和互联网地图服务的监督管理，保证地图质量，维护国家主权、安全和利益。

地图管理的具体办法由国务院规定。

第三十九条 测绘单位应当对完成的测绘成果质量负责。县级以上人民政府测绘地理信息主管部门应当加强对测绘成果质量的监督管理。

第四十条 国家鼓励发展地理信息产业，推动地理信息产业结构调整和优化升级，支持开发各类地理信息产品，提高产品质量，推广使用安全可信的地理信息技术和设备。

县级以上人民政府应当建立健全政府部门间地理信息资源共建共享机制，引导和支持企业提供地理信息社会化服务，促进地理信息广泛应用。

县级以上人民政府测绘地理信息主管部门应当及时获取、处理、更新基础地理信息数据，通过地理信息公共服务平台向社会提供地理信息公共服务，实现地理信息数据开放共享。

第七章　测量标志保护

第四十一条　任何单位和个人不得损毁或者擅自移动永久性测量标志和正在使用中的临时性测量标志，不得侵占永久性测量标志用地，不得在永久性测量标志安全控制范围内从事危害测量标志安全和使用效能的活动。

本法所称永久性测量标志，是指各等级的三角点、基线点、导线点、军用控制点、重力点、天文点、水准点和卫星定位点的觇标和标石标志，以及用于地形测图、工程测量和形变测量的固定标志和海底大地点设施。

第四十二条　永久性测量标志的建设单位应当对永久性测量标志设立明显标记，并委托当地有关单位指派专人负责保管。

第四十三条　进行工程建设，应当避开永久性测量标志；确实无法避开，需要拆迁永久性测量标志或者使永久性测量标志失去使用效能的，应当经省、自治区、直辖市人民政府测绘地理信息主管部门批准；涉及军用控制点的，应当征得军队测绘部门的同意。所需迁建费用由工程建设单位承担。

第四十四条　测绘人员使用永久性测量标志，应当持有测绘作业证件，并保证测量标志的完好。

保管测量标志的人员应当查验测量标志使用后的完好状况。

第四十五条　县级以上人民政府应当采取有效措施加强测量标志的保护工作。

县级以上人民政府测绘地理信息主管部门应当按照规定检查、维护永久性测量标志。

乡级人民政府应当做好本行政区域内的测量标志保护工作。

第八章　监督管理

第四十六条　县级以上人民政府测绘地理信息主管部门应当会同本级人民政府其他有关部门建立地理信息安全管理制度和技术防控体系，并加强对地理信息安全的监督管理。

第四十七条　地理信息生产、保管、利用单位应当对属于国家秘密的地理信息的获取、持有、提供、利用情况进行登记并长期保存，实行可追溯管理。

从事测绘活动涉及获取、持有、提供、利用属于国家秘密的地理信息，应当遵守保密法律、行政法规和国家有关规定。

地理信息生产、利用单位和互联网地图服务提供者收集、使用用户个人信息的，应当遵守法律、行政法规关于个人信息保护的规定。

第四十八条　县级以上人民政府测绘地理信息主管部门应当对测绘单位实行信用管理，并依法将其信用信息予以公示。

第四十九条　县级以上人民政府测绘地理信息主管部门应当建立健全随机抽查机制，依法履行监督检查职责，发现涉嫌违反本法规定行为的，可以依法采取下列措施：

（一）查阅、复制有关合同、票据、账簿、登记台账以及其他有关文件、资料；

（二）查封、扣押与涉嫌违法测绘行为直接相关的设备、工具、原材料、测绘成果资料等。

被检查的单位和个人应当配合，如实提供有关文件、资料，不得隐瞒、拒绝和阻碍。

任何单位和个人对违反本法规定的行为，有权向县级以上人民政府测绘地理信息主管部门举报。接到举报的测绘地理信息主管部门应当及时依法处理。

第九章 法律责任

第五十条 违反本法规定，县级以上人民政府测绘地理信息主管部门或者其他有关部门工作人员利用职务上的便利收受他人财物、其他好处或者玩忽职守，对不符合法定条件的单位核发测绘资质证书，不依法履行监督管理职责，或者发现违法行为不予查处的，对负有责任的领导人员和直接责任人员，依法给予处分；构成犯罪的，依法追究刑事责任。

第五十一条 违反本法规定，外国的组织或者个人未经批准，或者未与中华人民共和国有关部门、单位合作，擅自从事测绘活动的，责令停止违法行为，没收违法所得、测绘成果和测绘工具，并处十万元以上五十万元以下的罚款；情节严重的，并处五十万元以上一百万元以下的罚款，限期出境或者驱逐出境；构成犯罪的，依法追究刑事责任。

第五十二条 违反本法规定，未经批准擅自建立相对独立的平面坐标系统，或者采用不符合国家标准的基础地理信息数据建立地理信息系统的，给予警告，责令改正，可以并处五十万元以下的罚款；对直接负责的主管人员和其他直接责任人员，依法给予处分。

第五十三条 违反本法规定，卫星导航定位基准站建设单位未报备案的，给予警告，责令限期改正；逾期不改正的，处十万元以上三十万元以下的罚款；对直接负责的主管人员和其他直接责任人员，依法给予处分。

第五十四条 违反本法规定，卫星导航定位基准站的建设和运行维护不符合国家标准、要求的，给予警告，责令限期改正，没收违法所得和测绘成果，并处三十万元以上五十万元以下的罚款；逾期不改正的，没收相关设备；对直接负责的主管人员和其他直接责任人员，依法给予处分；构成犯罪的，依法追究刑事责任。

第五十五条 违反本法规定，未取得测绘资质证书，擅自从事测绘活动的，责令停止违法行为，没收违法所得和测绘成果，并处测绘约定报酬一倍以上二倍以下的罚款；情节严重的，没收测绘工具。

以欺骗手段取得测绘资质证书从事测绘活动的，吊销测绘资质证书，没收违法所得和测绘成果，并处测绘约定报酬一倍以上二倍以下的罚款；情节严重的，没收测绘工具。

第五十六条 违反本法规定，测绘单位有下列行为之一的，责令停止违法行为，没收违法所得和测绘成果，处测绘约定报酬一倍以上二倍以下的罚款，并可以责令停业整顿或者降低测绘资质等级；情节严重的，吊销测绘资质证书：

（一）超越资质等级许可的范围从事测绘活动；

（二）以其他测绘单位的名义从事测绘活动；

（三）允许其他单位以本单位的名义从事测绘活动。

第五十七条 违反本法规定，测绘项目的招标单位让不具有相应资质等级的测绘单位中标，或者让测绘单位低于测绘成本中标的，责令改正，可以处测绘约定报酬二倍以下的罚款。招标单位的工作人员利用职务上的便利，索取他人财物，或者非法收受他人财物为他人谋取利益的，依法给予处分；构成犯罪的，依法追究刑事责任。

第五十八条 违反本法规定，中标的测绘单位向他人转让测绘项目的，责令改正，没收违法所得，处测绘约定报酬一倍以上二倍以下的罚款，并可以责令停业整顿或者降低测绘资质等级；情节严重的，吊销测绘资质证书。

第五十九条 违反本法规定，未取得测绘执业资格，擅自从事测绘活动的，责令停止违法行为，没收违法所得和测绘成果，对其所在单位可以处违法所得二倍以下的罚款；情节严重的，没收测绘工具；造成损失的，依法承担赔偿责任。

第六十条 违反本法规定，不汇交测绘成果资料的，责令限期汇交；测绘项目出资人逾期不汇交的，处重测所需费用一倍以上二倍以下的罚款；承担国家投资的测绘项目的单位逾期不汇交的，处五万元以上二十万元以下的罚款，并处暂扣测绘资质证书，自暂扣测绘资质证书之日起六个月内仍不汇交的，吊销测绘资质证书；对直接负责的主管人员和其他直接责任人员，依法给予处分。

第六十一条 违反本法规定，擅自发布中华人民共和国领域和中华人民共和国管辖的其他海域的重要地理信息数据的，给予警告，责令改正，可以并处五十万元以下的罚款；对直接负责的主管人员和其他直接责任人员，依法给予处分；构成犯罪的，依法追究刑事责任。

第六十二条 违反本法规定，编制、出版、展示、登载、更新的地图或者互联网地图服务不符合国家有关地图管理规定的，依法给予行政处罚、处分；构成犯罪的，依法追究刑事责任。

第六十三条 违反本法规定，测绘成果质量不合格的，责令测绘单位补测或者重测；情节严重的，责令停业整顿，并处降低测绘资质等级或者吊销测绘资质证书；造成损失的，依法承担赔偿责任。

第六十四条 违反本法规定，有下列行为之一的，给予警告，责令改正，可以并处二十万元以下的罚款；对直接负责的主管人员和其他直接责任人员，依法给予处分；造成损失的，依法承担赔偿责任；构成犯罪的，依法追究刑事责任：

（一）损毁、擅自移动永久性测量标志或者正在使用中的临时性测量标志；

（二）侵占永久性测量标志用地；

（三）在永久性测量标志安全控制范围内从事危害测量标志安全和使用效能的活动；

（四）擅自拆迁永久性测量标志或者使永久性测量标志失去使用效能，或者拒绝支付迁建费用；

（五）违反操作规程使用永久性测量标志，造成永久性测量标志毁损。

第六十五条 违反本法规定，地理信息生产、保管、利用单位未对属于国家秘密的地理信息的获取、持有、提供、利用情况进行登记、长期保存的，给予警告，责令改正，可以并处二十万元以下的罚款；泄露国家秘密的，责令停业整顿，并处降低测绘资质等级或者吊销测绘资质证书；构成犯罪的，依法追究刑事责任。

违反本法规定，获取、持有、提供、利用属于国家秘密的地理信息的，给予警告，责令停止违法行为，没收违法所得，可以并处违法所得二倍以下的罚款；对直接负责的主管人员和其他直接责任人员，依法给予处分；造成损失的，依法承担赔偿责任；构成犯罪的，依法追究刑事责任。

第六十六条 本法规定的降低测绘资质等级、暂扣测绘资质证书、吊销测绘资质证书的行政处罚，由颁发测绘资质证书的部门决定；其他行政处罚，由县级以上人民政府测绘地理信息主管部门决定。

本法第五十一条规定的限期出境和驱逐出境由公安机关依法决定并执行。

第十章 附 则

第六十七条 军事测绘管理办法由中央军事委员会根据本法规定。

第六十八条 本法自2017年7月1日起施行。

附录2 《中华人民共和国保守国家秘密法》

（1988年9月5日第七届全国人民代表大会常务委员会第三次会议通过，2010年4月29日第十一届全国人民代表大会常务委员会第十四次会议修订。）

第一章 总 则

第一条 为了保守国家秘密，维护国家安全和利益，保障改革开放和社会主义建设事业的顺利进行，制定本法。

第二条 国家秘密是关系国家安全和利益，依照法定程序确定，在一定时间内只限一定范围的人员知悉的事项。

第三条 国家秘密受法律保护。

一切国家机关、武装力量、政党、社会团体、企业事业单位和公民都有保守国家秘密的义务。

任何危害国家秘密安全的行为，都必须受到法律追究。

第四条 保守国家秘密的工作（以下简称保密工作），实行积极防范、突出重点、依法管理的方针，既确保国家秘密安全，又便利信息资源合理利用。

法律、行政法规规定公开的事项，应当依法公开。

第五条 国家保密行政管理部门主管全国的保密工作。县级以上地方各级保密行政管理部门主管本行政区域的保密工作。

第六条 国家机关和涉及国家秘密的单位（以下简称机关、单位）管理本机关和本单位的保密工作。

中央国家机关在其职权范围内，管理或者指导本系统的保密工作。

第七条 机关、单位应当实行保密工作责任制，健全保密管理制度，完善保密防护措施，开展保密宣传教育，加强保密检查。

第八条 国家对在保守、保护国家秘密以及改进保密技术、措施等方面成绩显著的单位或者个人给予奖励。

第二章 国家秘密的范围和密级

第九条 下列涉及国家安全和利益的事项，泄露后可能损害国家在政治、经济、国防、外交等领域的安全和利益的，应当确定为国家秘密：

（一）国家事务重大决策中的秘密事项；

（二）国防建设和武装力量活动中的秘密事项；

（三）外交和外事活动中的秘密事项以及对外承担保密义务的秘密事项；

（四）国民经济和社会发展中的秘密事项；

（五）科学技术中的秘密事项；

（六）维护国家安全活动和追查刑事犯罪中的秘密事项；

（七）经国家保密行政管理部门确定的其他秘密事项。

政党的秘密事项中符合前款规定的，属于国家秘密。

第十条 国家秘密的密级分为绝密、机密、秘密三级。

绝密级国家秘密是最重要的国家秘密，泄露会使国家安全和利益遭受特别严重的损害；机密级国家秘密是重要的国家秘密，泄露会使国家安全和利益遭受严重的损害；秘密级国家秘密是一般的国家秘密，泄露会使国家安全和利益遭受损害。

第十一条 国家秘密及其密级的具体范围，由国家保密行政管理部门分别会同外交、公安、国家安全和其他中央有关机关规定。

军事方面的国家秘密及其密级的具体范围，由中央军事委员会规定。

国家秘密及其密级的具体范围的规定，应当在有关范围内公布，并根据情况变化及时调整。

第十二条 机关、单位负责人及其指定的人员为定密责任人，负责本机关、本单位的国家秘密确定、变更和解除工作。

机关、单位确定、变更和解除本机关、本单位的国家秘密，应当由承办人提出具体意见，经定密责任人审核批准。

第十三条 确定国家秘密的密级，应当遵守定密权限。

中央国家机关、省级机关及其授权的机关、单位可以确定绝密级、机密级和秘密级国家秘密；设区的市、自治州一级的机关及其授权的机关、单位可以确定机密级和秘密级国家秘密。具体的定密权限、授权范围由国家保密行政管理部门规定。

机关、单位执行上级确定的国家秘密事项，需要定密的，根据所执行的国家秘密事项的密级确定。下级机关、单位认为本机关、本单位产生的有关定密事项属于上级机关、单位的定密权限，应当先行采取保密措施，并立即报请上级机关、单位确定；没有上级机关、单位的，应当立即提请有相应定密权限的业务主管部门或者保密行政管理部门确定。

公安、国家安全机关在其工作范围内按照规定的权限确定国家秘密的密级。

第十四条 机关、单位对所产生的国家秘密事项，应当按照国家秘密及其密级的具体范围的规定确定密级，同时确定保密期限和知悉范围。

第十五条 国家秘密的保密期限，应当根据事项的性质和特点，按照维护国家安全和利益的需要，限定在必要的期限内；不能确定期限的，应当确定解密的条件。

国家秘密的保密期限，除另有规定外，绝密级不超过三十年，机密级不超过二十年，秘密级不超过十年。

机关、单位应当根据工作需要，确定具体的保密期限、解密时间或者解密条件。

机关、单位对在决定和处理有关事项工作过程中确定需要保密的事项，根据工作需要决定公开的，正式公布时即视为解密。

第十六条 国家秘密的知悉范围，应当根据工作需要限定在最小范围。

国家秘密的知悉范围能够限定到具体人员的，限定到具体人员；不能限定到具体人员的，限定到机关、单位，由机关、单位限定到具体人员。

国家秘密的知悉范围以外的人员，因工作需要知悉国家秘密的，应当经过机关、单位负责人批准。

第十七条 机关、单位对承载国家秘密的纸介质、光介质、电磁介质等载体（以下简称国家秘密载体）以及属于国家秘密的设备、产品，应当做出国家秘密标志。

不属于国家秘密的，不应当做出国家秘密标志。

第十八条 国家秘密的密级、保密期限和知悉范围，应当根据情况变化及时变更。国家秘密的密级、保密期限和知悉范围的变更，由原定密机关、单位决定，也可以由其上级机关决定。

国家秘密的密级、保密期限和知悉范围变更的，应当及时书面通知知悉范围内的机关、单位或者人员。

第十九条 国家秘密的保密期限已满的，自行解密。

机关、单位应当定期审核所确定的国家秘密。对在保密期限内因保密事项范围调整不再作为国家秘密事项，或者公开后不会损害国家安全和利益，不需要继续保密的，应当及时解密；对需要延长保密期限的，应当在原保密期限届满前重新确定保密期限。提前解密或者延长保密期限的，由原定密机关、单位决定，也可以由其上级机关决定。

第二十条 机关、单位对是否属于国家秘密或者属于何种密级不明确或者有争议的，由国家保密行政管理部门或者省、自治区、直辖市保密行政管理部门确定。

第三章　保密制度

第二十一条 国家秘密载体的制作、收发、传递、使用、复制、保存、维修和销毁，应当符合国家保密规定。

绝密级国家秘密载体应当在符合国家保密标准的设施、设备中保存，并指定专人管理；未经原定密机关、单位或者其上级机关批准，不得复制和摘抄；收发、传递和外出携带，应当指定人员负责，并采取必要的安全措施。

第二十二条 属于国家秘密的设备、产品的研制、生产、运输、使用、保存、维修和销毁，应当符合国家保密规定。

第二十三条 存储、处理国家秘密的计算机信息系统（以下简称涉密信息系统）按照涉密程度实行分级保护。

涉密信息系统应当按照国家保密标准配备保密设施、设备。保密设施、设备应当与涉密信息系统同步规划，同步建设，同步运行。

涉密信息系统应当按照规定，经检查合格后，方可投入使用。

第二十四条 机关、单位应当加强对涉密信息系统的管理，任何组织和个人不得有下列行为：

（一）将涉密计算机、涉密存储设备接入互联网及其他公共信息网络；

（二）在未采取防护措施的情况下，在涉密信息系统与互联网及其他公共信息网络之间进行信息交换；

（三）使用非涉密计算机、非涉密存储设备存储、处理国家秘密信息；

（四）擅自卸载、修改涉密信息系统的安全技术程序、管理程序；

（五）将未经安全技术处理的退出使用的涉密计算机、涉密存储设备赠送、出售、丢弃或者改作其他用途。

第二十五条 机关、单位应当加强对国家秘密载体的管理，任何组织和个人不得有下列行为：

（一）非法获取、持有国家秘密载体；

（二）买卖、转送或者私自销毁国家秘密载体；

（三）通过普通邮政、快递等无保密措施的渠道传递国家秘密载体；

（四）邮寄、托运国家秘密载体出境；

（五）未经有关主管部门批准，携带、传递国家秘密载体出境。

第二十六条 禁止非法复制、记录、存储国家秘密。

禁止在互联网及其他公共信息网络或者未采取保密措施的有线和无线通信中传递国家秘密。

禁止在私人交往和通信中涉及国家秘密。

第二十七条 报刊、图书、音像制品、电子出版物的编辑、出版、印制、发行，广播节目、电视节目、电影的制作和播放，互联网、移动通信网等公共信息网络及其他传媒的信息编辑、发布，应当遵守有关保密规定。

第二十八条 互联网及其他公共信息网络运营商、服务商应当配合公安机关、国家安全机关、检察机关对泄密案件进行调查；发现利用互联网及其他公共信息网络发布的信息涉及泄露国家秘密的，应当立即停止传输，保存有关记录，向公安机关、国家安全机关或者保密行政管理部门报告；应当根据公安机关、国家安全机关或者保密行政管理部门的要求，删除涉及泄露国家秘密的信息。

第二十九条 机关、单位公开发布信息以及对涉及国家秘密的工程、货物、服务进行采购时，应当遵守保密规定。

第三十条 机关、单位对外交往与合作中需要提供国家秘密事项，或者任用、聘用的境外人员因工作需要知悉国家秘密的，应当报国务院有关主管部门或者省、自治区、直辖市人民政府有关主管部门批准，并与对方签订保密协议。

第三十一条 举办会议或者其他活动涉及国家秘密的，主办单位应当采取保密措施，并对参加人员进行保密教育，提出具体保密要求。

第三十二条 机关、单位应当将涉及绝密级或者较多机密级、秘密级国家秘密的机构确定为保密要害部门，将集中制作、存放、保管国家秘密载体的专门场所确定为保密要害部位，按照国家保密规定和标准配备、使用必要的技术防护设施、设备。

第三十三条 军事禁区和属于国家秘密不对外开放的其他场所、部位，应当采取保密措施，未经有关部门批准，不得擅自决定对外开放或者扩大开放范围。

第三十四条 从事国家秘密载体制作、复制、维修、销毁，涉密信息系统集成，或者武器装备科研生产等涉及国家秘密业务的企业事业单位，应当经过保密审查，具体办法由国务院规定。

机关、单位委托企业事业单位从事前款规定的业务，应当与其签订保密协议，提出保密要求，采取保密措施。

第三十五条 在涉密岗位工作的人员（以下简称涉密人员），按照涉密程度分为核心涉密人员、重要涉密人员和一般涉密人员，实行分类管理。

任用、聘用涉密人员应当按照有关规定进行审查。

涉密人员应当具有良好的政治素质和品行，具有胜任涉密岗位所要求的工作能力。

涉密人员的合法权益受法律保护。

第三十六条 涉密人员上岗应当经过保密教育培训，掌握保密知识技能，签订保密承诺书，严格遵守保密规章制度，不得以任何方式泄露国家秘密。

第三十七条 涉密人员出境应当经有关部门批准，有关机关认为涉密人员出境将对国家安全造成危害或者对国家利益造成重大损失的，不得批准出境。

第三十八条 涉密人员离岗离职实行脱密期管理。涉密人员在脱密期内，应当按照规定履行保密义务，不得违反规定就业，不得以任何方式泄露国家秘密。

第三十九条 机关、单位应当建立健全涉密人员管理制度，明确涉密人员的权利、岗位责任和要求，对涉密人员履行职责情况开展经常性的监督检查。

第四十条 国家工作人员或者其他公民发现国家秘密已经泄露或者可能泄露时，应当立即采取补救措施并及时报告有关机关、单位。机关、单位接到报告后，应当立即做出处理，并及时向保密行政管理部门报告。

第四章 监督管理

第四十一条 国家保密行政管理部门依照法律、行政法规的规定，制定保密规章和国家保密标准。

第四十二条 保密行政管理部门依法组织开展保密宣传教育、保密检查、保密技术防护和泄密案件查处工作，对机关、单位的保密工作进行指导和监督。

第四十三条 保密行政管理部门发现国家秘密确定、变更或者解除不当的，应当及时通知有关机关、单位予以纠正。

第四十四条 保密行政管理部门对机关、单位遵守保密制度的情况进行检查，有关机关、单位应当配合。保密行政管理部门发现机关、单位存在泄密隐患的，应当要求其采取措施，限期整改；对存在泄密隐患的设施、设备、场所，应当责令停止使用；对严重违反保密规定的涉密人员，应当建议有关机关、单位给予处分并调离涉密岗位；发现涉嫌泄露国家秘密的，应当督促、指导有关机关、单位进行调查处理。涉嫌犯罪的，移送司法机关处理。

第四十五条 保密行政管理部门对保密检查中发现的非法获取、持有的国家秘密载体，应当予以收缴。

第四十六条 办理涉嫌泄露国家秘密案件的机关，需要对有关事项是否属于国家秘密以及属于何种密级进行鉴定的，由国家保密行政管理部门或者省、自治区、直辖市保密行政管理部门鉴定。

第四十七条 机关、单位对违反保密规定的人员不依法给予处分的，保密行政管理部门应当建议纠正，对拒不纠正的，提请其上一级机关或者监察机关对该机关、单位负有责任的领导人员和直接责任人员依法予以处理。

第五章 法律责任

第四十八条 违反本法规定，有下列行为之一的，依法给予处分；构成犯罪的，依法追究刑事责任：

（一）非法获取、持有国家秘密载体的；

（二）买卖、转送或者私自销毁国家秘密载体的；

（三）通过普通邮政、快递等无保密措施的渠道传递国家秘密载体的；

（四）邮寄、托运国家秘密载体出境，或者未经有关主管部门批准，携带、传递国家秘密载体出境的；

（五）非法复制、记录、存储国家秘密的；

（六）在私人交往和通信中涉及国家秘密的；

（七）在互联网及其他公共信息网络或者未采取保密措施的有线和无线通信中传递国家秘密的；

（八）将涉密计算机、涉密存储设备接入互联网及其他公共信息网络的；

（九）在未采取防护措施的情况下，在涉密信息系统与互联网及其他公共信息网络之间进行信息交换的；

（十）使用非涉密计算机、非涉密存储设备存储、处理国家秘密信息的；

（十一）擅自卸载、修改涉密信息系统的安全技术程序、管理程序的；

（十二）将未经安全技术处理的退出使用的涉密计算机、涉密存储设备赠送、出售、丢弃或者改作其他用途的。

有前款行为尚不构成犯罪，且不适用处分的人员，由保密行政管理部门督促其所在机关、单位予以处理。

第四十九条 机关、单位违反本法规定，发生重大泄密案件的，由有关机关、单位依法对直接负责的主管人员和其他直接责任人员给予处分；不适用处分的人员，由保密行政管理部门督促其主管部门予以处理。

机关、单位违反本法规定，对应当定密的事项不定密，或者对不应当定密的事项定密，造成严重后果的，由有关机关、单位依法对直接负责的主管人员和其他直接责任人员给予处分。

第五十条 互联网及其他公共信息网络运营商、服务商违反本法第二十八条规定的，由公安机关或者国家安全机关、信息产业主管部门按照各自职责分工依法予以处罚。

第五十一条 保密行政管理部门的工作人员在履行保密管理职责中滥用职权、玩忽职守、徇私舞弊的，依法给予处分；构成犯罪的，依法追究刑事责任。

第六章 附 则

第五十二条 中央军事委员会根据本法制定中国人民解放军保密条例。

第五十三条 本法自 2010 年 10 月 1 日起施行。

附录3 《注册测绘师制度暂行规定》

第一章 总 则

第一条 为了提高测绘专业技术人员素质，保证测绘成果质量， 维护国家和公众利益，依据《中华人民共和国测绘法》和国家职业资格证书制度有关规定，制定本规定。

第二条 本规定适用于在具有测绘资质的机构中，从事测绘活动的专业技术人员。

第三条 国家对从事测绘活动的专业技术人员，实行职业准入制度，纳入全国专业技术人员职业资格证书制度统一规划。

第四条 本规定所称注册测绘师，是指经考试取得《中华人民共和国注册测绘师资格证书》，并依法注册后，从事测绘活动的专业技术人员。

注册测绘师英文译为：Registered Surveyor。

第五条 人事部、国家测绘局共同负责注册测绘师制度工作，并按职责分工对该制度的实施进行指导、监督和检查。

各省、自治区、直辖市人事行政部门、测绘行政主管部门按职责分工，负责本行政区域内注册测绘师制度的实施与监督管理。

第二章 考 试

第六条 注册测绘师资格实行全国统一大纲、统一命题的考试制度，原则上每年举行一次。

第七条 国家测绘局负责拟定考试科目、考试大纲、考试试题，研究建立并管理考试题库，提出考试合格标准建议。

第八条 人事部组织专家审定考试科目、考试大纲和考试试题。会同国家测绘局确定考试合格标准和对考试工作进行指导、监督、检查。

第九条 凡中华人民共和国公民，遵守国家法律、法规，恪守职业道德，并具备下列条件之一的，可申请参加注册测绘师资格考试：

（一）取得测绘类专业大学专科学历，从事测绘业务工作满6年。

（二）取得测绘类专业大学本科学历，从事测绘业务工作满4年。

（三）取得含测绘类专业在内的双学士学位或者测绘类专业研究生班毕业，从事测绘业务工作满3年。

（四）取得测绘类专业硕士学位，从事测绘业务工作满2年。

（五）取得测绘类专业博士学位，从事测绘业务工作满1年。

（六）取得其他理学类或者工学类专业学历或者学位的人员，其从事测绘业务工作年限相应增加2年。

第十条 注册测绘师资格考试合格，颁发人事部统一印制，人事部、国家测绘局共同用印的《中华人民共和国注册测绘师资格证书》，该证书在全国范围有效。

第十一条 对以不正当手段取得《中华人民共和国注册测绘师资格证书》的，由发证机关收回。自收回该证书之日起，当事人3年内不得再次参加注册测绘师资格考试。

第三章 注 册

第十二条 国家对注册测绘师资格实行注册执业管理，取得《中华人民共和国注册测绘师资格证书》的人员，经过注册后方可以注册测绘师的名义执业。

第十三条 国家测绘局为注册测绘师资格的注册审批机构。各省、自治区、直辖市人民政府测绘行政主管部门负责注册测绘师资格的注册审查工作。

第十四条 申请注册测绘师资格注册的人员，应受聘于一个具有测绘资质的单位，并通过聘用单位所在地（聘用单位属企业的通过本单位工商注册所在地）的测绘行政主管部门，向省、自治区、直辖市人民政府测绘行政主管部门提出注册申请。

第十五条 省、自治区、直辖市人民政府测绘行政主管部门在收到注册测绘师资格注册的申请材料后，对申请材料不齐全或者不符合法定形式的，应当当场或者在5个工作日内，一次告知申请人需要补正的全部内容，逾期不告知的，自收到申请材料之日起即为受理。

对受理或者不予受理的注册申请，均应出具加盖省、自治区、直辖市人民政府测绘行政主管部门专用印章和注明日期的书面凭证。

第十六条 省、自治区、直辖市人民政府测绘行政主管部门自受理注册申请之日起20个工作日内，按规定条件和程序完成申报材料的审查工作，并将申报材料和审查意见报国家测绘局审批。

国家测绘局自受理申报人员材料之日起20个工作日内作出审批决定。在规定的期限内不能作出审批决定的，应将延长的期限和理由告知申请人。

国家测绘局自作出批准决定之日起10个工作日内，将批准决定送达经批准注册的申请人，并核发统一制作的《中华人民共和国注册测绘师注册证》和执业印章。对作出不予批准的决定，应当书面说明理由，并告知申请人享有依法申请行政复议或者提起行政诉讼的权利。

第十七条 《中华人民共和国注册测绘师注册证》每一注册有效期为3年。《中华人民共和国注册测绘师注册证》和执业印章在有效期限内是注册测绘师的执业凭证，由注册测绘师本人保管、使用。

第十八条 初始注册者，可自取得《中华人民共和国注册测绘师资格证书》之日起1年内提出注册申请。逾期未申请者，在申请初始注册时，须符合本规定继续教育要求。

初始注册需要提交下列材料：

（一）《中华人民共和国注册测绘师初始注册申请表》；

（二）《中华人民共和国注册测绘师资格证书》；

（三）与聘用单位签订的劳动或者聘用合同；

（四）逾期申请注册的人员的继续教育证明材料。

第十九条 注册有效期届满需继续执业的，应在届满前30个工作日内，按照本规定第十四条规定的程序申请延续注册。审批机构应当根据申请人的申请，在规定的时限内作出是否准予延续注册的决定；逾期未作出决定的，视为准予延续。

延续注册需要提交下列材料：

（一）《中华人民共和国注册测绘师延续注册申请表》；

（二）与聘用单位签订的劳动或者聘用合同；

（三）达到注册期内继续教育要求的证明材料。

第二十条 在注册有效期内，注册测绘师变更执业单位，应与原聘用单位解除劳动关系，并按本规定第十四条规定的程序办理变更注册手续。变更注册后，其《中华人民共和国注册测绘师注册证》和执业印章在原注册有效期内继续有效。

变更注册需要提交下列材料：

（一）《中华人民共和国注册测绘师变更注册申请表》；

（二）与新聘用单位签订的劳动或者聘用合同；

（三）工作调动证明或者与原聘用单位解除劳动或者聘用合同的证明、退休人员的退休证明。

第二十一条 注册测绘师因丧失行为能力、死亡或者被宣告失踪的，其《中华人民共和国注册测绘师注册证》和执业印章失效。

第二十二条 注册申请人有下列情形之一的，应由注册测绘师本人或者聘用单位及时向当地省、自治区、直辖市人民政府测绘行政主管部门提出申请，由国家测绘局审核批准后，办理注销手续，收回《中华人民共和国注册测绘师注册证》和执业印章：

（一）不具有完全民事行为能力的；

（二）申请注销注册的；

（三）注册有效期满且未延续注册的；

（四）被依法撤销注册的；

（五）受到刑事处罚的；

（六）与聘用单位解除劳动或者聘用关系的；

（七）聘用单位被依法取消测绘资质证书的；

（八）聘用单位被吊销营业执照的；

（九）因本人过失造成利害关系人重大经济损失的；

（十）应当注销注册的其他情形。

第二十三条 注册申请人有下列情形之一的，不予注册：

（一）不具有完全民事行为能力的；

（二）刑事处罚尚未执行完毕的；

（三）因在测绘活动中受到刑事处罚，自刑事处罚执行完毕之日起至申请注册之日止不满3年的；

（四）法律、法规规定不予注册的其他情形。

第二十四条 注册申请人以不正当手段取得注册的，应当予以撤销，并由国家测绘局依法给予行政处罚；当事人在3年内不得再次申请注册；构成犯罪的，依法追究刑事责任。

第二十五条 被注销注册或者不予注册的人员，重新具备初始注册条件，并符合本规定继续教育要求的，可按本规定第十四条规定的程序申请注册。

第二十六条 国家测绘局应及时向社会公告注册测绘师注册有关情况。当事人对注销注册或者不予注册有异议的，可依法申请行政复议或者提起行政诉讼。

第二十七条 继续教育是注册测绘师延续注册、重新申请注册和逾期初始注册的必备条件。在每个注册期内，注册测绘师应按规定完成本专业的继续教育。

注册测绘师继续教育，分必修课和选修课，在一个注册期内必修课和选修课均为60学时。

第四章 执 业

第二十八条 注册测绘师应在一个具有测绘资质的单位，开展与该单位测绘资质等级和业务许可范围相应的测绘执业活动。

第二十九条 注册测绘师的执业范围：

（一）测绘项目技术设计；

（二）测绘项目技术咨询和技术评估；

（三）测绘项目技术管理、指导与监督；

（四）测绘成果质量检验、审查、鉴定；

（五）国务院有关部门规定的其他测绘业务。

第三十条 注册测绘师的执业能力：

（一）熟悉并掌握国家测绘及相关法律、法规和规章；

（二）了解国际、国内测绘技术发展状况，具有较丰富的专业知识和技术工作经验，能够处理较复杂的技术问题；

（三）熟练运用测绘相关标准、规范、技术手段，完成测绘项目技术设计、咨询、评估及测绘成果质量检验管理；

（四）具有组织实施测绘项目的能力。

第三十一条 在测绘活动中形成的技术设计和测绘成果质量文件，必须由注册测绘师签字并加盖执业印章后方可生效。

第三十二条 修改经注册测绘师签字盖章的测绘文件，应由该注册测绘师本人进行；因特殊情况，该注册测绘师不能进行修改的，应由其他注册测绘师修改，并签字、加盖印章，同时对修改部分承担责任。

第三十三条 注册测绘师从事执业活动，由其所在单位接受委托并统一收费。因测绘成果质量问题造成的经济损失，接受委托的单位应承担赔偿责任。接受委托的单位依法向承担测绘业务的注册测绘师追偿。

第五章 权利、义务

第三十四条 注册测绘师享有下列权利：

（一）使用注册测绘师称谓；

（二）保管和使用本人的《中华人民共和国注册测绘师注册证》和执业印章；

（三）在规定的范围内从事测绘执业活动；

（四）接受继续教育；

（五）对违反法律、法规和有关技术规范的行为提出劝告，并向上级测绘行政主管部门报告；

（六）获得与执业责任相应的劳动报酬；

（七）对侵犯本人执业权利的行为进行申诉。

第三十五条 注册测绘师应履行下列义务：

（一）遵守法律、行政法规和有关管理规定，恪守职业道德；

（二）执行测绘技术标准和规范；

（三）履行岗位职责，保证执业活动成果质量，并承担相应责任；

（四）保守知悉的国家秘密和委托单位的商业、技术秘密；

（五）只受聘于一个有测绘资质的单位执业；

（六）不准他人以本人名义执业；

（七）更新专业知识，提高专业技术水平；

（八）完成注册管理机构交办的相关工作。

第六章 附 则

第三十六条 对本规定印发之日前，长期从事测绘专业工作，并符合考核认定条件的专业技术人员，可通过考核认定，获得《中华人民共和国注册测绘师资格证书》。

第三十七条 通过考试取得《中华人民共和国注册测绘师资格证书》，并符合《工程技术人员职务试行条例》工程师专业技术职务任职条件的人员，用人单位可根据工作需要优先聘任工程师专业技术职务。

第三十八条 需注册测绘师签字盖章的文件种类和办法、继续教育的内容、测绘单位配备注册测绘师数量、注册执业管理等工作的具体办法，由国家测绘局另行规定。

第三十九条 符合考试报名条件的香港和澳门居民，可申请参加注册测绘师资格考试。申请人在报名时应提交本人身份证明、国务院教育行政部门认可的相应专业学历或者学位证书、从事测绘相关专业实践年限证明。台湾地区专业技术人员考试办法另行规定。

外籍专业人员申请参加注册测绘师资格考试、申请注册和执业等管理办法另行制定。

第四十条 在实施注册测绘师制度过程中，相关行政部门和相关机构，因工作失误，使专业技术人员合法权益受到损害的，应当依据《中华人民共和国国家赔偿法》给予相应赔偿，并可向有关责任人追偿。

第四十一条 实施注册测绘师制度的相关行政部门和相关机构的工作人员，有不履行工作职责，监督不力，或者谋取其他利益等违纪违规行为，并造成不良影响或者严重后果的，由其上级相关行政部门责令改正，对直接负责的主管人员和其他直接责任人员依法给予行政处分；构成犯罪的，依法追究刑事责任。

第四十二条 本规定自 2007 年 3 月 1 日起施行。

附录4　测绘违法典型案件

1. 河北省××测绘有限公司违法分包和××测绘服务有限公司超范围作业案

2010年12月，河北省测绘局在测绘资质监督检查中发现，××测绘服务有限公司存在超越测绘资质许可范围从事测绘活动的行为。经查，2009年6月，××测绘服务有限公司在不具有地理信息系统工程资质的情况下，从××测绘有限公司分包了××县城镇地籍数据库建设项目。两单位的行为违反了《中华人民共和国测绘法》第二十四条关于测绘单位不得超越资质许可范围从事测绘活动以及发包单位不得向不具有相应测绘资质等级的单位发包测绘项目的规定。2011年1月，河北省测绘局依据《中华人民共和国测绘法》第四十三条、四十四条关于超越测绘资质许可范围和违法发包测绘项目法律责任的有关规定，分别给予××测绘有限公司和××测绘服务有限公司相应数额罚款的行政处罚。

2. 北京××有限公司无测绘资质实施无人飞行器航摄案

2013年12月，北京××有限公司在首都空中管制区进行无人飞行器测绘航空摄影作业，导致多架次民航飞机避让、延误。北京市规划委员会对该案件立案调查，经查，北京××有限公司无测绘资质，擅自从事无人飞行器航摄活动，该公司的行为违反了《中华人民共和国测绘法》第二十二条“从事测绘活动的单位应当具备下列条件，并依法取得相应等级的测绘资质证书后，方可从事测绘活动”的规定。同时，该公司相关人员的行为违反了《中华人民共和国刑法》的有关规定。2015年4月，北京市平谷区人民法院对相关人员作出过失以危险方法危害公共安全罪的刑事判决，并没收涉案测绘工具和测绘成果。2016年5月，北京市规划委员会依据《中华人民共和国测绘法》第四十二条的规定，对北京××有限公司作出处以210 000元罚款的行政处罚。

3. 江西省××勘测设计有限公司骗取测绘资质案

2008年1月，江西省测绘局根据举报，对××勘测设计有限公司以欺骗手段取得测绘资质证书的行为进行立案调查。经查，××勘测设计有限公司在2005年12月申办丙级测绘资质证书时，伪造一名中级测绘专业技术人员的职称证书和学历证书，以欺骗手段取得了测绘资质证书。该公司以欺骗手段取得测绘资质证书的行为，违反了《中华人民共和国测绘法》第二十二条关于测绘资质条件的有关规定。2008年2月26日，江西省测绘局依据《中华人民共和国测绘法》第四十二条关于以欺骗手段取得测绘资质证书的法律责任的有关规定，对××勘测设计有限公司作出吊销测绘资质证书，并处罚款人民币1.9万元的行政处罚。

4. 北京××有限公司未登记备案从事测绘活动案

2014年11月，吉林省测绘地理信息局在通化地区进行《吉林省测绘项目招标投标管理办法》专项执法检查时发现，北京××有限公司自2014年4月起，在梅河口市开展农村土地承包经营权确权发证工作，未按规定到吉林省测绘地理信息局进行事前登记备案。该公司的行为违反了《吉林省测绘条例》第二十三条“省外测绘单位进入本省承担测绘项目的，实施测绘前应当向省人民政府测绘行政主管部门登记备案”的规定。2015年1月，吉林省测绘地理信息局依据《吉林省测绘条例》第四十六条的规定，对北京××有限公司作出通报批评，并处20 000元罚款的行政处罚。

5. 浙江省××公司未汇交测绘成果案

2008年1月，浙江省金华市规划局在测绘市场监督检查时发现，2007年浙江省××公司在金华市区范围内共敷设了4条地下通信管线，都没有按照规定将竣工测绘成果在工程竣工后九十日内向金华市规划局备案。经调查取证，发现该公司2006年敷设和更新的地下管线项目竣工测绘成果也未备案。1月14日，金华市规划局下发了《限期改正违法行为通知书》，要求该公司在2008年1月31日前将2006年、2007年两年敷设和更新的地下管线项目竣工测绘成果各一套送交备案。该公司在规定期限内仍未送交备案。该公司的行为违反了《浙江省测绘管理条例》第二十二条关于竣工测绘成果备案的有关规定。8月28日，金华市规划局依据《浙江省测绘管理条例》第五十六条关于未备案竣工测绘成果的法律责任的有关规定，作出责令该公司在收到《行政处罚决定书》之日起一周内将有关地下管线项目竣工测绘成果送交备案，并处罚款人民币1万元的行政处罚。

6. 辽宁省××测绘勘察有限公司未按照测绘成果资料保管制度管理测绘成果案

2015年4月，辽宁省××市规划局接到有关部门通报，反映辽宁省××测绘勘察有限公司因未妥善保管，造成测绘成果资料损毁。经查，该公司在辽宁省××市1∶5 000地形图测绘项目中，未按照测绘成果资料的保管制度管理测绘成果，造成了5幅1∶5 000地形图资料损毁。该公司的行为违反了《中华人民共和国测绘成果管理条例》第十二条“测绘成果保管单位应当按照规定保管测绘成果资料，不得损毁、散失、转让”的规定。2015年5月，××市规划局依据《中华人民共和国测绘成果管理条例》第二十八条的规定，对××测绘勘察有限公司做出警告，责令改正，并处没收违法所得12 000元的行政处罚。

7. ××股份有限公司擅自委托他人复制1∶5万机密地形图案

2009年5月，四川省测绘局接到群众举报，××股份有限公司擅自委托他人复制1∶5万机密地形图，四川省测绘局立即进行了立案调查。经查，××股份有限公司擅自委托非保密资料定点复制单位××图文有限公司对4幅机密地形图进行复制、描绘。××图文有限公司使用连接互联网的计算机对4幅机密地形图进行描绘，并将扫描的图件存储在该计算机内。2009年8月17日，四川省测绘局依据《××省测绘成果管理办法》第十三条关于未经批准擅自复制测绘成果的有关规定，对××股份有限公司作出相应罚款的行政处罚。××图文有限公司由××省国家保密局按照国家保密法律法规处理。

8. 台湾籍人员在新疆非法测绘案

2015年6月，新疆维吾尔自治区测绘地理信息局接到有关部门移交的一起台湾籍人员焦某等6人擅闯军事禁区、涉嫌非法实施一次性测绘活动的案件。经查，2015年4月，焦某以寻找陨石为名到达新疆哈密市，在5名当地人员陪同引导下，前往罗布泊中部区域，途中多次使用手持GPS接收机采集地理信息数据。焦某等人未经批准，擅自闯入某军事管理区被发现后查扣。经鉴定，焦某持有的手持GPS接收机共存储了35 207个中国境内地理坐标，涉及7个省、自治区、直辖市，采集时间从2009年持续到2015年。根据《外国的组织或者个人来华测绘管理暂行办法》第二十一条"台湾地区的组织或者个人来内地从事测绘活动的，参照本办法进行管理"的规定，焦某的行为违反了《中华人民共和国测绘法》的相关规定，属于非法测绘活动。11月20日，新疆维吾尔自治区测绘地理信息局依据《中华人民共和国测绘法》第五十一条的规定，对焦某作出责令停止违法测绘行为、没收涉案手持GPS接收机及该设备中存储的中国内地测绘地理信息数据、并处30 000元罚款的行政处罚。

9. 上海××有限公司未经审核擅自印发"问题地图宣传品"案

2014年4月，上海市测绘管理办公室接到举报，称上海××有限公司印发的"全国甜蜜版图"宣传品中的中国地图属"问题地图"。经查，该图未经测绘地理信息行政主管部门审核，且存在漏绘我国南海诸岛、钓鱼岛和赤尾屿等问题。

该公司的行为违反了《地图审核管理规定》第八条关于地图审核的有关规定。上海市测绘管理办公室要求其立即停止发放涉案地图宣传品。该公司立即停止发放，并主动销毁了尚存的30万份宣传品。2014年6月，上海市测绘管理办公室依据《地图审核管理规定》第二十五条的规定，对该公司做出责令停止使用未经审核批准的地图，并给予警告的行政处罚。

10. 浙江省××印刷有限公司出口未经审核地图案

2016年1月，上海海关发现浙江省××印刷有限公司申报出口的一批世界地图疑似"问题地图"，通报上海市规划和国土资源管理局核查。经审核，该批世界地图未按规定送审，且存在违反"一个中国"原则、克什米尔地区表示不符合我国有关规定、中沙群岛岛点底色设置错误等问题。上海市规划和国土资源管理局与上海海关、浙江省测绘与地理信息局共同进行现场调查后，按照属地管辖原则，将该案移送浙江省测绘与地理信息局立案调查。经查，××印刷有限公司为外方印制纸质世界地图，图样由外方设计。2015年8月，该公司将地图电子稿送国家测绘地理信息局审核，并取得地图审图号。2015年9～12月，该公司分两批印制了2 500张和1 620张世界地图，经上海海关出口美国。第三批地图印制前，外方将图样做了修改，该公司未将修改后的地图样图送审，导致发生"问题地图"。该公司的行为违反了《地图管理条例》第十五条"向社会公开的地图，应当报送有审核权的测绘地理信息行政主管部门审核"和第二十四条"任何单位和个人不得出版、展示、登载、销售、进口、出口不符合国家有关标准和规定的地图"的规定。2016年5月，浙江省××县测绘与地理信息局依据《地图管理条例》第四十九条的规定，对××印刷有限公司作出责令限期改正、警告、没收违法纸质地图及电子地图、并处50 000元罚款的行政处罚。

参考文献

[1] 曹康泰，陈邦柱. 中华人民共和国测绘法释义[M]. 北京：法律出版社，2004.
[2] 国家测绘地理信息局职业技能鉴定指导中心. 测绘管理与法律法规[M]. 3 版. 北京：测绘出版社，2015.
[3] 国家测绘局. 测绘与地理信息标准化指导与实践[M]. 北京：测绘出版社，2008.
[4] 黄华明. 测绘工程管理[M]. 北京：测绘出版社，2011.
[5] 黄张裕，高俊强. 测绘管理法规概论[M]. 南京：河海大学出版社，2007.
[6] 库热西·买合苏提. 中华人民共和国测绘法释义[M]. 北京：中国民主法制出版社，2017.
[7] 库热西·买合苏提. 新测绘法学习 60 问[M]. 北京：中国民主法制出版社，2017.
[8] 李维森，谢经荣，等. 中华人民共和国测绘成果管理条例释义[M]. 北京：中国法制出版社，2006.
[9] 王建敏，王井利. 测绘工程管理与法规[M]. 北京：清华大学出版社，2014.
[10] 姚承宽. 测绘管理探索与实践[M]. 福州：福建省地图出版社，2005.
[11] 姚承宽. 测绘法行政管理基础[M]. 西安：西安地图出版社，2006.
[12] 杨明强. 测绘法律法规与测绘管理监理[M]. 成都：西南交通大学出版社，2012.
[13] 张万峰. 测绘法实施实用参考[M]. 北京：法律出版社，2004.
[14] 张万峰. 测绘法律知识读本[M]. 北京：法律出版社，2006.
[15] 张万峰. 中国测绘法律制度概论[M]. 北京：人民交通出版社，2007.